TAUSEND WIDERSTÄNDIGE TERRITORIEN

PETER GELDERLOOS

STRATEGIEN FÜR EINE ÖKOLOGISCHE REVOLUTION

VON UNTEN

UNRAST

Peter Gelderloos ist Aktivist und Publizist und seit Langem in den Bewegungen gegen Gefängnisse, Grenzen, Entwaldung und Tagebau aktiv. Er setzt sich für eine Welt der Fürsorge, Vorstellungskraft und gegenseitigen Hilfe ein. Mit *How Nonviolence Protects the State* schrieb er eine viel beachtete Kritik an prinzipieller Gewaltfreiheit, die ein Dauerbrenner der grauen Literatur ist. Weitere Bücher von ihm sind *Worshiping Power: An Anarchist View of Early State Formation* und *Anarchy Works*.

Bibliografische Information der Deutschen Bibliothek: Die Deutsche Bibliothek verzeichnet diese Publikation in der Deutschen Nationalbibliografie; detaillierte bibliografische Daten sind im Internet über https://dnb.de abrufbar.

Peter Gelderloos:
Tausend widerständige Territorien
Strategien für eine ökologische Revolution von unten
Aus dem Englischen übersetzt von der bm-crew
1. Auflage, Juni 2024
ISBN 978-3-89771-387-1

Originalausgabe:
The Solutions Are Already Here
Strategies for Ecological Revolution from Below

First published by Pluto Press, London. www.plutobooks.com

www.unrast-verlag.de – kontakt@unrast-verlag.de
Mitglied in der assoziation Linker Verlage (aLiVe)

Umschlag & Satz: gegenfeuer.net
Druck: Multiprint, Kostinbrod

Vorwort 5

1. Die Lage im Überblick **9**

2. Wenn Füchse Hühnerställe bauen **63**

3. Auswege gibt es schon längst **137**

4. Vielfältige Strategien **221**

5. Eine wirklich andere Zukunft **261**

Endnoten 306

Einige Wiederholungen sind
Clichés, andere haben Priorität.
Dieses Buch ist denjenigen gewidmet,
denen die Zukunft gehört:
Es ist für Rowan, für Bruno, für Ara,
für Lucía.

Now we push right past to find out
Oh, how to win what they all lost
[Jetzt drängen wir vor um herauszufinden
oh, wie wir gewinnen können, was sie alle
verloren haben]

—Santigold.

Vorwort

Dieses Buch handelt von Wegen aus der Krise, die unseren Planeten und so viele seiner Bewohner*innen zerstört. Es ist weder eine weitere Warnung, die uns angesichts des Problems noch depressiver machen wird, noch bietet es eine schnelle Lösung an, die uns bloß ein gutes Gefühl gibt, während das Problem sich weiter verschlimmert. Stattdessen geht es darum, dem Problem direkt ins Auge zu blicken, ehrlich mit uns darüber zu sein, was wir verändern müssen, um es wirklich zu lösen.

Weil die Zerstörung des Planeten unmittelbar mit der Ausbeutung in menschlichen Gesellschaften zusammenhängt, ist die ökologische Krise vor allem eine Frage von Gerechtigkeit, Reparationen oder Revolution. Im Einklang mit der Kritik, die ich hier an der Klima-Apartheid und dem grünen Kapitalismus vorbringe, geht das gesamte Autorenhonorar aus den Verkäufen dieses Buches an indigene Initiativen gegen den Ökozid und für die Wiederherstellung ihrer Territorien in Indonesien und Brasilien – an Communitys also, die dieses Buch unterstützten, indem sie Interviews gegeben und Übersetzungen in andere Sprachen organisiert haben.

Danksagung

Ich möchte mich bei meiner Lektorin Neda Tehrani bedanken, die mir mit ihrer Kritik und ihren Ideen für die Gliederung dabei geholfen hat, das Buch, das ich schrieb, auch wirklich zu verstehen.

Ich bin all den Menschen, die sich für Interviews zur Verfügung gestellt haben, sehr dankbar. Sie geben diesem Buch eine globale Dimension und verleihen jenen eine Stimme, die oft ausgeschlossen werden. Ganz besonders dankbar bin ich all denjenigen, die mit Engagement und Herzblut zu den Initiativen und Kämpfen beitragen, auf die sich die Interviews in diesem Buch beziehen. Sie sind die wahren Akteur*innen hinter dem Wissen, dass dieses Buch bündeln und vermitteln möchte.

Besonders danken möchte ich Zenite für ihren Enthusiasmus, ihre Hilfe dabei, großartiges Quellenmaterial zu finden und aus dem Portugiesischen zu übersetzen. Danke an die Gefährt*innen in Indonesien, die diese Welt mit ihrer Solidarität und ihrem Engagement kleiner und verbundener gemacht haben. Danke an Baky für die Ermutigung und die Unterhaltungen über die kontroverseren Aspekte dieses Buches. Dank an Adrianna für unseren vagabundierenden Dialog, den wir über drei Kontinente hinweg geführt und in dem wir Verwurzelungen erkundet und Macht hinterfragt haben. Danke an Xander für die guten Unterhaltungen, die Unterstützung und all die PDFs und Rechercheempfehlungen, die sich als unschätzbar wertvoll für dieses Buch erwiesen haben. Danke an *Return Fire* für die Ermutigung und das Quellenmaterial. Dank an T Châu für die Quellen und Einblicke zum engagierten Buddhismus. Danke an Gabriel Kuhn für das großzügige Teilen seiner Bücher. Dank an Tawinikay für Hinweise auf indigene Kämpfe, die mir den notwendigen Kontext vermittelt haben, für das, was heute im sogenannten Kanada geschieht.

Danke an Lp für die Unterstützung bei der Therapie, als ich sie mir nicht leisten konnte und danke an X und Kevon für die finanzielle Hilfe. Danke an M für den uralten Laptop (Jahrgang 2006) und an Vayra für die Hilfe, einen neuen (gebrauchten) zu beschaffen.

Danke an meine Mutter, dafür das sie in mir die Liebe zur natürlichen Welt gefördert und mich immer zum Schreiben ermutigt hat. Und an meinen Dad für die frühen Spaziergänge im Wald, um zu schauen, was bei den Bibern geht und dafür, dass er mir das Gärtnern beigebracht hat.

Liebe und Kraft an alle Gefährt*innen, die an meiner Seite gegen diese unersättliche Maschinerie gekämpft haben, sei es gegen sie vorstoßend oder meinen Rücken stärkend: Ihr gebt mir Leben; an die Generationen die vor uns gekämpft haben: Wir tragen eure Kämpfe mit uns; an das Wasser und die Erde, die mir Nahrung gegeben haben, während ich diese Zeilen schreibe. Danke an Gali für die Liebe und Umarmungen während eines Winters der Pandemie und der Einschränkungen und dafür, dass du mich in genau dem richtigen Umfang vom Schreiben abgehalten hast, nicht zu oft, aber auch nicht zu selten. Schließlich, süßen Dank an R, dafür dass du das Beenden des Buches so hart gemacht hast.

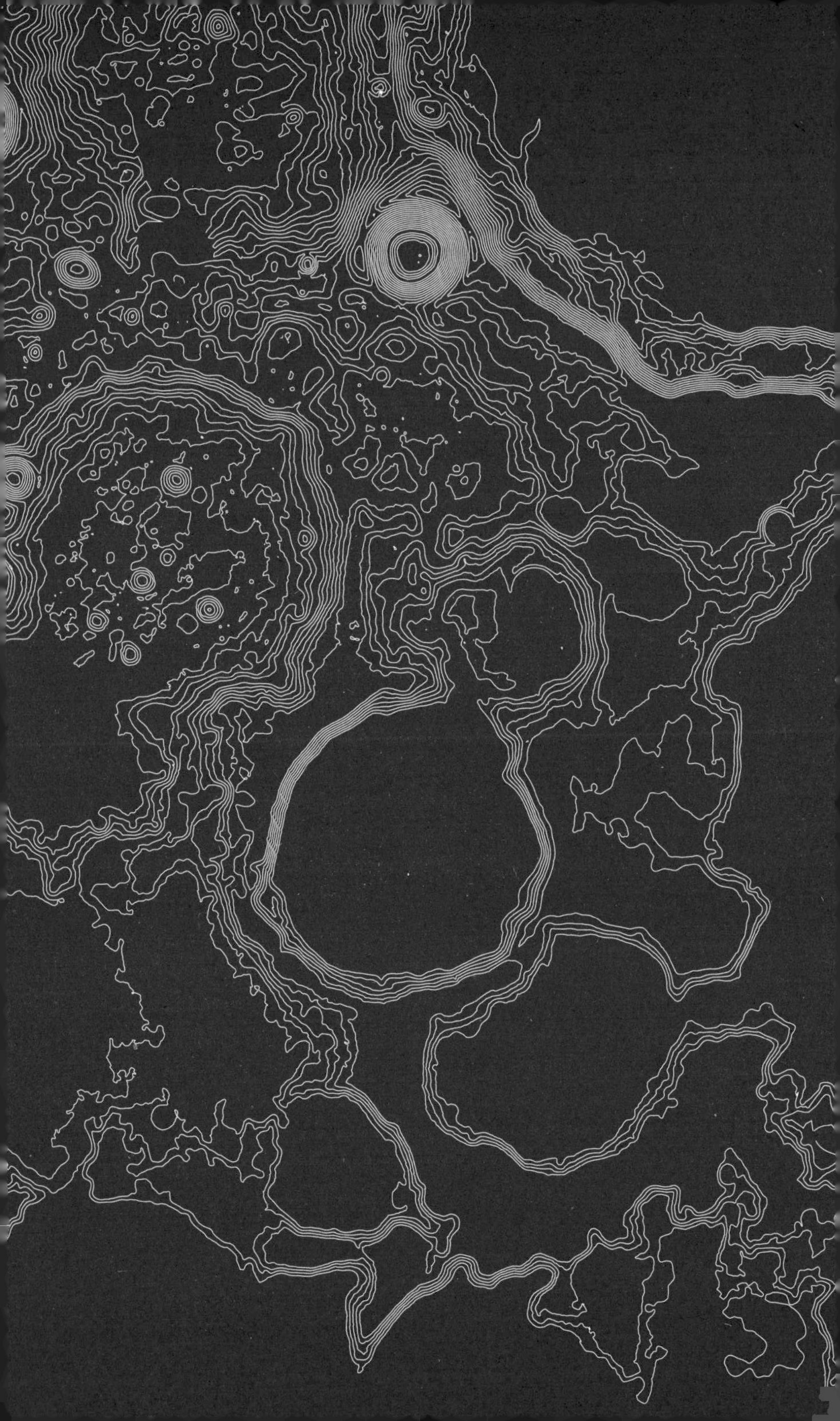

1.
Die Lage im Überblick

Das Wichtigste in Kürze: Zur gegenwärtigen Situation und unseren wahrscheinlichen Zukünften

Unser Planet befindet sich in einer gleichermaßen katastrophalen wie beispiellosen Krise.

Die Katastrophe ist allgegenwärtig. Wir können sie messen, wir können sie am eigenen Leib erfahren. Selbst wenn wir unseren Blick zunächst auf die globale Erwärmung beschränken, jenen Aspekt der Krise, dem bisher am meisten Aufmerksamkeit zukommt, ergeben sich etliche Perspektiven, die unsere Aufmerksamkeit auf weitere Probleme lenken, die nicht nur einschließen, wie wir unsere Energie produzieren, sondern auch, wie wir uns ernähren, wie wir regiert werden und wie wir Wohlstand erschaffen und verteilen. Nehmen wir diese Perspektiven ein, müssen wir uns, selbst in der komprimierten Zusammenfassung, die ich geben werde, mit zahlreichen hässlichen und deprimierenden Fakten auseinandersetzen. Trotzdem ist es notwendig, das ganze Ausmaß des Problems zu erfassen, um nach Auswegen aus der Krise zu suchen – und darum geht es schließlich in diesem Buch.

Die Menge an Kohlenstoffdioxid in der Atmosphäre ist seit dem 19. Jahrhundert von 250 auf 418 Teile pro Million gestiegen, die durchschnittliche Oberflächentemperatur der Erde um fast 1°C gestiegen und sie erwärmt sich stetig weiter. In einem komplexen System zeigt sich eine Veränderung dieser Größenordnung nicht durch eine gleichmäßige, langsame Erwärmung, sondern durch einen massiven Ausbruch von Turbulenzen, deren Schockwellen sich durch die miteinander verknüpften Systeme des Planeten ausbreiten. Diese Schockwellen erleben wir zum einen in Form von stärkeren Stürmen[1] und kräftigeren Regenfällen, häufigeren tödlichen Fluten und katastrophalen Erdrutschen, zum anderen in intensiveren Dürreperioden und großflächigeren Waldbränden. Im Sommer 2020 ging die Westküste Nordamerikas, nach der schlimmsten Dürre der letzten 1200 Jahre, in Flammen auf. Kalifornien und Oregon erlebten eine Waldbrandintensität, die um ein vielfaches über dem Niveau der vorangegangenen zwei Jahrzehnte lag.[2] Sogar der Amazonas steht in Flammen.

Steigenden Temperaturen und Dürren tragen zu einer ausgedehnten Wüstenbildung bei. Wird die Wasserversorgung durch Bergbau oder kommerzielle Bewässerung unterbrochen und der Boden durch Abholzung, Überweidung oder landwirtschaftliche Monokultur zerstört, breiten sich Wüsten aus. Die Wüste Gobi allein frisst jedes Jahr mehr als 3000 km² Land. In der Sahelzone sind innerhalb der letzten 50 Jahre eine halbe Millionen Quadratkilometer ackerfähiges Land verschwunden. Ungefähr 40 % der kontinentalen Fläche der USA werden zur Wüste, während in Mexiko, Paraguay und Argentinien mehr als die Hälfte des Territoriums bedroht ist.[3]

Andere Schockwellen zeigen sich in Form tödlicher Hitzeperioden. In den gemäßigten und sogar in den arktischen Zonen gab es längere Zeiträume, in denen die Temperaturen 40 °C überschritten. Gleichzeitig wurden im Death Valley (54,4 °C in 2020) und in der Sahara (51,3 °C in 2018) neue Hitzerekorde aufgestellt. Hitzeperioden haben sich durch den von Menschen verursachten Klimawandel in ihrer Frequenz um 80 % erhöht.[4] Die Ozeane versauern und verlieren an Sauerstoff, was beinahe alle maritimen Lebensformen mit Populationsschwund oder Auslöschung bedroht. Zunehmend werden immer weitere Teile der Arktis jeden Sommer eisfrei – was zu einem Verlust von Habitaten führt und darüber hinaus eine Feedbackschleife in Gang setzt: Da ein geringerer Teil der Erdoberfläche mit Eis bedeckt ist, wird mehr Sonneneinstrahlung absorbiert, was zu einer noch stärkeren Erwärmung beiträgt.

Die miteinander verbundenen Probleme der starken Erwärmung, der Umweltverschmutzung, der schädlichen Infrastrukturen und extraktivistischen[5] Industrien verursachen ein massenhaftes Aussterben von Arten. Eine Million Spezies sind vom Aussterben bedroht und die Tierpopulationen sind seit 1970 um 68 % zurückgegangen.[6] Das Aussterben von Tieren geschieht gegenwärtig 1000-mal schneller als es der regulären Hintergrundsterberate entsprechen würde.

In Anbetracht der Tatsache, dass ein Habitat ein Netzwerk sich wechselseitig begünstigender Beziehungen zwischen lebendigen Spezies und einer Vielzahl geologischer Entitäten wie Gewässern, Erde und Luft ist, überrascht es nicht, das ganze Lebensräume verschwinden. Nach geologischen Maßstäben sind Habitate in ständiger Veränderung. Im Laufe der Geschichte unseres Planeten stellte der Verlust eines Lebensraums für die eine Spezies einen Verlust und für eine andere einen Gewinn dar. Obwohl es richtig ist, dass wir Wasser mit Leben assoziieren, ist sogar die Ausbreitung von Wüsten oft nur der Wechsel von einer Form der Biodiversität zu einer anderen.

Im Laufe des letzten Jahrhunderts haben wir jedoch in zunehmendem Maße eine ganz andere Art von Veränderung erlebt, die wir als objektiven Verlust von Lebensraum für alle Lebewesen beschreiben können: Die Ausbreitung von Ödland oder toten Zonen. Dies sind Orte, die quantitativ eine niedrige Biodiversität und Biomasse aufweisen. In anderen Worten: Dort lebt fast nichts mehr. Es ist, als wäre eine ganzes Gebiet aus der lebendigen Welt entfernt worden.

Ein gutes Beispiel dafür sind ozeanische Totzonen, große Gebiete in den Ozeanen oder Meeren, in denen der Sauerstoffgehalt sinkt und die meisten Lebensformen verschwunden sind. Die sich heute ausbreitenden toten Zonen werden durch Chemikalien aus der industriellen Landwirtschaft verursacht, die ein Wassereinzugsgebiet sättigen und Algenblüten verursachen, die den gesamten Sauerstoff verbrauchen. Gegenwärtig gibt es mehr als 400 solcher Totzonen weltweit, darunter Chesapeake Bay vor der Küste Lousianas, die nördliche Adria, das Kattegat, eine Meerenge zwischen der Ostsee und der Nordsee, sowie in den Küstengewässern vor China, Japan und Neuseeland.[7]

Ein weiteres Beispiel von Ödland, ein Habitat welches durch unsere Gesellschaft zu einer lebensfeindlichen Umgebung gemacht wurde, sind vergiftete Flächen, die durch eine Vielzahl industrieller Praktiken verschmutzt wurden. Industrielle Fertigung – besonders in der Chemie- und Elektroindustrie –, Bergbau sowie Energieproduktion verursachen riesigen Mengen toxischen Abfalls, der für Menschen und andere Lebensformen tödlich ist. Ein großer Teil dieser Gifte bleibt für eine sehr lange Zeit in der Umwelt, beispielsweise radioaktive Nebenprodukte der Atomkraft mit einer Halbwertszeit von mehreren Millionen Jahren oder synthetische Chemikalien wie PFOA (Perfluoroctansäure, ein Karzinogen, das zum Beispiel in Teflon-Produkten Verwendung findet), die so stabil ist, dass sie nahezu unzerstörbar ist.

Diese Giftstoffe finden sich in großer Konzentration an den jeweiligen Orten der Industrie oder sie werden gezielt auf einer Mülldeponie entsorgt. Solche Opferzonen werden als Kavaliersdelikte gesehen und als notwendiger Preis für Lufterfrischer oder neue Handys gerechtfertigt, obwohl in Wahrheit keine Opferzone jemals perfekt isoliert ist und Karzinogene und andere Gifte auf absehbare Zeit ins Wasser, in den Boden oder in die Luft gelangen. In anderen Fällen jedoch, wie etwa im Fall der 2,5 Millionen Tonnen Pestizide, die jedes Jahr in der industriellen Landwirtschaft Verwendung finden, werden giftige Chemikalien vorsätzlich und so weiträumig wie möglich in die Umwelt gepumpt.[8]

In den Vereinigten Staaten werden stark kontaminierte industrielle Brachflächen durch das Umweltprogramms Superfund identifiziert und gesammelt, welches 40 000 über das ganze Land verteilte toxische Deponien zählt. 50 % der Bevölkerung von New Jersey leben drei Kilometern oder weniger von einer Superfund-Deponie entfernt.[9] Für die Sanierung dieser Gebiete kommen Kund*innen und Steuerzahler*innen auf; die meisten Deponien jedoch werden ohne jegliche Sanierung sich selbst und ihren langsam auslaufenden Lecks überlassen.

Die Auswirkungen und die Bedeutung von Giftmülldeponien sind unmöglich quantitativ zu bestimmen. Um zu verstehen, was unserem Planeten angetan wird, müssen wir noch etwas bildhafter werden. Die lebensfeindlichsten Orte, die ich je gesehen habe, sind ein Kupfertagebau in der Atacama-Wüste in Südamerika und die Sierra Minera in Cartagena in Spanien.

Die Atacama-Wüste ist der trockenste Ort der Erde. Wer sich hier aufhält, fühlt sich wie auf einem anderen Planeten. Trotzdem gibt es einige Lebewesen, die in dieser scheinbar unbewohnbaren Umgebung leben, und je mehr Zeit du hier verbringst, je aufmerksamer du bist, desto mehr bemerkst du, wie lebendig sie ist – sogar bevor du die *lomas* oder Nebeloasen entdeckst, Pflanzenformationen die überleben, indem sie Feuchtigkeit aus der Luft aufnehmen, oder die *Chañar*-Wälder, die durch Grundwasser am Leben erhalten werden.

Der Kupfertagebau, betrieben von multinationalen Konzernen oder dem staatlichen Minenbetreiber Codelco, ist etwas völlig anderes. Die Mine, die ich gesehen habe, sah aus wie eine klaffende Wunde in der Erde, zu groß, zu brutal, um wahr zu sein. Es war verstörend, wie die Mine, offensichtlich ohne Rücksicht auf die damit verbundenen Schäden, dennoch in nahezu geometrischer Perfektion ausgehoben wurde – ein terrassenförmiger Abgrund aus konzentrischen Kreisen – als entspräche sie den Schönheitsvorstellungen einer zutiefst unglücklichen Kreatur. Die Zerstörung des Lebensraums, die Wunden, die die schweren Maschinen, zahllose Tonnen Sprengstoff und toxische Abwässer hinterlassen haben, resultierten in einer Landschaft, die dem Leben selbst feindlich ist. Sie bringt Tod weit über das gigantische Loch hinaus, welches beinahe einen Kilometer tief und mehrere Kilometer breit ist. All das Wasser, welches von der Industrie gestohlen wurde, hat den Grundwasserspiegel erschöpft, auf dem das fragile Ökosystem der Wüste basiert. Viele einst üppige Wälder in den Oasen der Wüste sind nun Friedhöfe voll verdorrter Bäume.

In der Sierra Minera in Cartagena gab es bereits 2500 Jahre lang Minen, seit den Zeiten der Phönizier und Karthager. Zur Mitte des 20. Jahrhunderts wechselten die multinationalen Bergbauunternehmen zum rentableren Tagebaubetrieb. Nun sieht es dort aus wie in Mordor. Das, nebenbei bemerkt, auf Tolkiens Erinnerungen an die von der Artillerie zersprengten Schützengräben des Ersten Weltkriegs und den verrauchten Landschaften der Kohleminen und Industrieregionen in den englischen Midlands basiert – eine Verbindung, welche einen Zusammenhang zwischen dem totalen Krieg und dem industriellen Bergbau suggeriert. Kahlgeschlagene, in absurde Formen gebrachte Hügel, ein Wechselspiel von Abgrabungen, die Straßen zum Abtransport der Mineralien planiert, die Erosion, wo Schlamm und Steine dem Regen und Wind nachgeben und anschließend von der Sonne wieder verbacken und getrocknet werden. Und überall blutrote Becken, die giftigen Dunst absondern. Zahllose Kinder der umliegenden Gemeinde leiden unter ernsten gesundheitlichen Problemen durch die zurückgelassen Giftstoffe, auch Jahre nachdem die Minen geschlossen wurden.[10]

Satellitenbild des nördlichen Distrikts einer Codelco-Mine in Chile. Von oben nach unten: Radomiro Tomic, Chuquicamata Süd.

Eine andere der häufigsten Totzonen steht in einem starken Kontrast zu den von Bergbau und Industrie zurückgelassen toxischen Flächen. Auch wenn sie eines der Erkennungsmerkmale der Landschaften des Globalen Nordens ist, halten nur wenige Leute sie für Ödland. In der bürgerlichen Vorstellungswelt werden sie sogar zum Symbol für Fruchtbarkeit, Wohlstand und üppige, grüne Fülle verklärt. Ich spreche von den beiden Stützen der kapitalistischen Vorstadt: Rasen und Parkplätze. In den USA allein gibt es mehr als 160 000 km² Rasen, die mit Milliarden von Dollar an chemischen Produkten, Wasser und bezinbetriebenen Rasenmähern gepflegt werden und ihn zum Spitzenreiter unter allen ›Kulturpflanzen‹ im gesamten Land machen.[11] Diese gewaltige Fläche, doppelt so groß wie Irland, ist Heimat einer kleinen Anzahl von Grasarten, die kurz geschnitten werden, bevor sie irgendwelche Bestäuber ernähren könnten und als mageres Habitat für eine kleine Anzahl von Käfern dienen. Sie ist, in anderen Worten, öder als jede Wüste.

Parkplätze und versiegelte Flächen im Allgemeinen sind das Pendant zu den künstlich begrünten Wohnvierteln. Um ihren Traum vom Konsumglück zu verwirklichen, benötigt jedes dieser vereinzelten Häuser mit parzellierter Rasenfläche ein individualisiertes Transportmittel – das Auto – und reichlich Platz, um dieses während der Arbeit oder dem Einkaufen zu parken. (Kreditfinanziertes) Wohneigentum, Konsum und Autokultur formen die normative Idee von Erfolg und Glück im Herzen des US-amerikanischen Kapitalismus, eine Idee, die sich in den letzten Jahrzehnten weltweit stark verbreitet hat. Zusammen mit Straßen und Parkplätzen sind in den USA 158 000 km² Fläche asphaltiert. Das ist fast so viel Land wie für den Weizenanbau genutzt wird.[12] In Großbritannien sind es ungefähr 8 000 km² [ca. 52 000 km² in Deutschland, Anm. d. Ü.]. Neben der Tatsache, dass sie eine tote und für beinahe jedes Leben feindliche Zone bilden, sind Parkplätze und Straßen auch eine Ursache für Wasserverschmutzung und urbane Erwärmung.

Die Zerstörung lebendiger Gemeinschaften auf der Erde hat auch auf Menschen einen bedeutenden Einfluss. Einer Studie zufolge ist 2018 weltweit jeder fünfte Todesfall auf fossile Energieträger zurückzuführen.[13] Die Weltgesundheitsorganisation schätzt, dass der Klimawandel zwischen 2030 und 2050 durch stärkere Hitzeperioden, Verlust des Zugangs zu Trinkwasser, durch Dürren verursachte Unterernährung und die Ausbreitung der Malariazone jedes Jahr zusätzliche 250 000 Tote fordern wird, wobei hierbei nur die Übersterblichkeit berechnet wird (also mehr Tote fordern würde, als eine vorher als normal angesehene Sterblichkeitsrate prognostiziert hat).[14] Die bereits alarmierende Zahl von 2,5 Millionen Menschen die innerhalb eines Jahrzehnts durch die Energie-, Landwirtschafts- und verarbeitende Industrie getötet wurden, berücksichtigt noch nicht, dass die verschiedenen Aspekte der ökologischen Krise über das Klima hinaus komplex miteinander verknüpft sind.

Dazu kommen die vielen Todesfälle durch kontaminiertes Trinkwasser. Abholzung verursacht Erosion, die, zusammengenommen mit der Entwicklung des Klimas in Richtung schlimmerer Stürme, Überschwemmungen verursacht – eine der Hauptursachen für die Kontaminierung von Trinkwasser. Der Wechsel von lokaler Subsistenz zu kommerzieller Landwirtschaft (die ›Grüne Revolution‹, die von führenden Regierungen, Unternehmen und Institutionen in der ganzen Welt gefördert wird) vervielfacht den verschwenderischer Umgang mit Wasser und erzeugt giftige Abwässer. Die Kontaminierung von Wasser wird darüber hinaus durch Bergbau, Mülldeponien und Urbanisierung verursacht. All dies resultiert darin, dass jedes Jahr 500 000 Kleinkinder getötet werden.[15] Auch wenn nur ein kleiner Teil dieser Todesfälle direkt auf die globale Erwärmung zurückzuführen ist, so ist der Zugang zu sauberem Wasser doch unbestreitbar ein ökologisches Problem, eine Frage der Art und Weise, wie wir mit unserer Umwelt umgehen und der Art der wirtschaftlichen Aktivitäten, die wir fördern, um ›unseren Lebensunterhalt zu verdienen‹, so unpassend dieser Ausdruck auch oft ist.

Was ist mit der Produktion von Lebensmitteln? Die Art und Weise, wie wir uns ernähren, ist eine der intensivsten Interaktionen mit dem Rest der lebenden Welt. Jedes Jahr produzieren menschliche Gemeinschaften einen Überfluss an Nahrung, trotzdem sterben 3,1 Millionen Menschen an Mangel- und Unterernährung. Sogar in reichen Ländern werden Millionen armer und von Rassismus betroffener Menschen dem Risiko von Diabetes und Herzkreislauferkrankungen ausgesetzt, weil sie in *food deserts* leben, also in Nachbarschaften, in denen es unmöglich ist, an gesunde und frische Lebensmittel zu gelangen.

Die vor allem durch Autos, Energieproduktion und Industrie verursachte Luftverschmutzung hat im Jahr 2015 bereits 8,8 Millionen Menschen umgebracht.[16] Eine in *The Lancet* veröffentlichte Studie hat herausgefunden, dass jedes Jahr 1,8 Millionen Menschen durch Wasserverschmutzung und 1 Millionen durch Schadstoffbelastung am Arbeitsplatz sterben.[17]

Unsere Gesellschaft produziert gigantische Mengen Müll, was schlecht für die meist armen Menschen ist, die in dessen Nähe leben müssen. In der Nähe von Müllkippen zu leben, erhöht das Risiko für Krebs- und Lungenkrankheiten erheblich.[18] Und doch wird keine dieser Statistiken den Millionen von Menschen gerecht, die lebenslang mit Behinderungen oder Krankheiten leben müssen, den Menschen, die sich um sie kümmern und all den Menschen, die nach dem Verlust eines geliebten Menschen weiterleben müssen.

Weil unsere Gesellschaft immer größere Gebiete auf unserem Planeten unbewohnbar macht, sind Millionen Menschen dazu gezwungen, sich selbst zu entwurzeln und zu migrieren, um sich auf die Suche nach einem sichereren Ort zum Leben zu begeben. Menschen, die vor der ökologischen Zerstörung flüchten, sind mit dem Trauma konfrontiert, ihr Zuhause zu verlieren, mit rassistischen Beschimpfungen, die sie während ihrer Migration erdulden müssen, und – wenn sie sich nicht den Zehntausenden anschließen, die als Opfer von mörderischen Grenzregimen im Mittelmeer oder in der Sonora-Wüste sterben – mit extremer Marginalisierung, wenn sie in den Ländern ankommen, die am meisten von ihrer ökologischen Misere profitiert haben.

Allein in der ersten Jahreshälfte 2019 wurden 7 Millionen Menschen durch extreme Wetterereignisse innerhalb ihrer Herkunftsländer vertrieben. Das sind zweimal mehr als durch gewaltsame Konflikte.[19] Das IPCC (Intergovernmental Panel on Climate Change – auch Weltklimarat genannt) schätzt, dass es bis 2050 150 Millionen ›Umweltmigrant*innen‹ oder Klimaflüchtende geben wird.[20]

Mit anderen Worten: Die Zerstörung der Erde durch unsere Gesellschaft ist ein selbstmörderischer Akt und bereits jetzt eine der größten Ursachen für Tod und Leid, der sich Menschen gegenübersehen.

Niemand weiß, wie die Zukunft aussehen wird, nicht einmal wie die nächsten hundert Jahre aussehen werden. Die Modellierung wahrscheinlicher Klimaszenarien ist problematisch, weil sie oft den Blick auf den Tod und die Zerstörung verstellt, die bereits jetzt stattfinden. Mit den verschiedenen Projektionen für den Temperatur- und Meeresspiegelanstieg bis 2050 um sich zu werfen, um sie als Grundlage dafür anzuführen, wie dringend wir handeln müssen, fördert implizit die Vorstellung, dass die gegenwärtige Situation akzeptabel sei und wir versuchen sollten, sie als Maß aller Dinge zu erhalten. Die Normalisierung des jetzt schon gegenwärtigen Todes und des Leidens sagt viel darüber aus, wer von der ökologischen Krise profitiert.

Es kann nützlich sein, unsere Aktivitäten anhand der wahrscheinlichen Veränderungen zu planen, aber ich möchte jene Vorstellung zurückweisen, in der *nur* 10 Millionen menschliche Todesfälle pro Jahr oder ein Aussterben von *nur* 10% der Arten als eine Art Sieg betrachtet werden.

Der optimistischste Vorschlag innerhalb der Mainstream-Diskussion über den Klimawandel geht von einer CO_2-neutralen Wirtschaft bis 2050 aus, was angeblich einen Temperaturanstieg von mehr als 2°C verhindern könnte. Von welchen Veränderungen können wir in diesem optimistischsten Szenario ausgehen?

Die Zahl der Millionen Toten jährlich, von denen wir gesprochen haben, würde sich durch die Verknappung des Wassers, durch Dürren und extremere Wetterereignisse vervielfachen und die Wüstenbildung zunehmen. Etwa 25% der Arten würden aussterben.[21] Um nur eines der wertvollen Ökosysteme zu nennen: 99% der Korallenriffe würden absterben, was zu einem Rückgang der maritimen Artenvielfalt um 25% und dem Verlust der Lebensgrundlage von 500 Millionen Menschen führen würde.[22]

Es wäre eine Welt, die von extremen, tödlichen Hitzewellen erschüttert wird, die alle bisherigen Rekorde brechen. Die Landfläche, die extremer Sommerhitze ausgesetzt ist, wird sich vervielfachen.[23] Bis

2050 wird eine Landmasse, auf der bisher 150 Millionen Menschen leben, vom Meer zurückerobert worden sein. Eine weitere Fläche, auf der 300 Millionen Menschen leben, wird unterhalb des Niveaus der jährlichen Überschwemmungen liegen und Küstenstädte auf der ganzen Welt zerstören.[24] Ein weiterer Anstieg des Meeresspiegels in den kommenden Jahrhunderten wäre sicher.

Dies alles zeichnet keineswegs ein rosiges Bild. Dennoch setzen Regierungen, Nichtregierungsorganisationen[25] und wissenschaftliche Einrichtungen auf der ganzen Welt darauf, dass dieses Szenario ein akzeptables Maß an Kollateralschäden darstellt. Es ist kein Wunder, dass der atemlose Chor der Mainstream-Stimmen, der das optimistische Ziel »CO_2-Neutralität bis 2050« anpreist, nur selten auf das extreme Leid und die Verwüstung eingeht, die mit dem von ihnen gewählten Zeitplan einhergehen. Stadtverwaltungen auf der ganzen Welt werben auf ihren Webseiten mit ihren ›Smart-City‹-Plänen für den öffentlichen Nahverkehr, Carsharing und grüner Energie. Thinktanks und NGOs versuchen, Begeisterung für die wenigen Politiker*innen zu erzeugen, die sich tatsächlich diesem Ziel verschrieben haben. Und kaum jemand von ihnen erwähnt, was dieses ›rosige‹ Szenario für den Planeten und seine Bewohner*innen bedeutet.

Doch es kommt noch viel schlimmer. Es gibt keine Garantie dafür, dass die »CO_2-Neutralität bis 2050« wenigstens als der dünne Schutzwall funktionieren wird, als der er verkauft wird. Wissenschaftliche Klimavorhersagen haben die Intensität und den Zeitrahmen der Veränderungen immer wieder unterschätzt.[26] Um nur ein Beispiel zu nennen: Eine sommerliche Hitzewelle in Alaska im Jahr 2019 führte zu einem massiven Lachssterben. Die wissenschaftliche Leiterin einer lokalen NGO, die sich mit Wassereinzugsgebieten befasst, sprach mit den Medien über ein Klimamodell, welches sie nur drei Jahre zuvor erstellt hatten und das moderate wie auch pessimistische Szenarien enthielt: »2019 überstieg den Wert, den wir im Worst-Case-Szenario für das Jahr 2069 erwartet hatten«.[27]

So etwas wie eine ›galoppierende Erwärmung‹ könnte durch eine Reihe von Rückkopplungsschleifen verursacht werden, die bereits ihren Kipppunkt erreichen. Als der IPCC vor zwei Jahrzehnten das Konzept der Klimakipppunkte einführte, ging man davon aus, dass ein solcher Kipppunkt erst bei einer Erwärmung von 5 °C eintreten würde. Nun geht er davon aus, das viele dieser Kipppunkte bereits mit nur 1 oder 2 °C Erwärmung ausgelöst werden könnten, und es gibt tatsächlich Belege dafür, dass einige schon gekippt sind.[28] Einer davon ist der Kollaps der Eisschilde und die damit einhergehende substanzielle Reduzierung desjenigen Teils der Erdoberfläche, der Sonnenlicht zurück ins All reflektiert. Während sich die Polarregionen in zunehmendem Maße erwärmen, beginnt der arktische Permafrost zu tauen, was wiederum das Potenzial hat, riesige Mengen von Methan frei zusetzen, ein Klimagas, das etwa dreißigmal so potent ist wie Kohlenstoffdioxid. Die borealen Nädelwälder in Sibirien und Nordamerika fallen der Erwärmung ebenfalls zum Opfer, weil sich Waldbrände und Insektenplagen häufen. Ein massives Absterben von Bäumen und Humusböden wiederum verursacht die Freisetzung von noch mehr CO_2.

Der Amazonas-Regenwald, der gegenwärtig ein Zehntel der Arten auf diesem Planeten beherbergt und 600 Millionen Kubikmeter Kohlenstoffdioxid im Jahr absorbiert[29] läuft Gefahr, in eine riesige Savanne oder sogar Wüste verwandelt zu werden. Durch die Erwärmung hervorgerufene Dürren und Abholzung für die kommerzielle Landwirtschaft fordern ihr Tribut. Es wird davon ausgegangen, dass ein Rückgang des Waldes zwischen 20 und 40 % seiner Fläche, den Kollaps des gesamten Ökosystems Amazonas zur Folge haben wird.[30]

Die Erwärmung der Ozeane führt zu einer Verlangsamung der atlantischen Strömungen, die für die Übertragung von Wärme und Nährstoffen von entscheidender Bedeutung sind und damit die Grundlage der maritimen Ökosysteme und eines Großteils des Wetters auf unserem Planeten bilden. Dies könnte die Dürren in der afrikanischen Sahelzone und im Amazonasgebiet verschärfen und sogar den ostasiatischen Monsun stören, was den Zusammenbruch weiterer Lebensräume und mehr Leid für Menschen und andere Lebensformen bedeuten würde.[31] Das bedeutet, dass selbst wenn wir heute alle Treibhausgasemissionen stoppen, natürliche Prozesse im Gange sein könnten, die eine Verschiebung zu einem neuen dynamischen Gleichgewicht erzwingen, ein ›Treibhausplanet‹, mit nichts vergleichbar, an das die meisten heute lebenden Arten durch ihre Evolution angepasst sind.

Wie könnte ein solcher Planet aussehen? Bei einem Temperaturanstieg von 4,5 °C könnten 50 % der Arten aussterben, und das ist nur eine Analyse der näheren Zukunft.[32] Bis zum Ende des Jahrhunderts würden 1 Milliarde Menschen vertrieben werden und Hunderte Millionen würden dem Hunger zum Opfer fallen. 55 % der Weltbevölkerung würden mehr als 20 Tage im Jahr unter tödlicher Hitze leiden; in den mittleren Breitengraden wären es mehr als hundert Tage im Jahr. Aufgrund der sengend heißen Bedingungen und des Zusammenbruchs der Insektenpopulationen könnten die Ernteerträge um ein Fünftel oder mehr zurückgehen.[33] Kein Wunder, dass selbst die Weltbank sagt, dass eine Erwärmung um 4 °C für die menschliche Zivilisation »jenseits der Anpassungsfähigkeit« sein könnte.[34] Diese Hitzeperiode könnte mindestens 200 000 Jahre andauern.[35]

Wie wir sehen werden, können die Expert*innen dieses Problem nicht lösen und haben bereits kostbare Jahrzehnte verschwendet. Im Unterton des offiziellen Gesprächs über die Klimakrise zeigt sich eine erschütternde Apathie: *Wir sind nicht die, die sterben werden. Diejenigen, die verschwinden werden, Menschen und andere Lebewesen, sind ein akzeptabler Verlust. Wir werden die Oberhand behalten.*

Viele Menschen – insbesondere politische Entscheidungsträger*innen und Expert*innen – vertreten aktuell diese Einstellung. Denn die Millionen, die bereits jedes Jahr an der ökologischen Krise sterben, sind nicht gleichmäßig über alle Länder verteilt – die meisten von ihnen sterben im Globalen Süden.

Auch wenn die semantischen Unterscheidung zwischen dem Globalen Norden und Globalen Süden sinnvoll sein mag, treten viele der beschriebenen Prozesse tatsächlich an beiden Orten auf; die Welt ist nicht so getrennt, wie es die Profitierenden dieses Systems gern glauben würden. Obwohl beispielsweise die 60 000 Menschen, die jedes Jahr durchschnittlich durch extreme Wetterereignisse getötet werden, überwiegend im Globalen Süden lebten, sind auch die sogenannten wohlhabenden Länder nicht dagegen immun. Beispielsweise starben an der Hitzewelle, die Europa im Sommer 2003 traf, 70 000 Menschen mehr, als durchschnittlich zu erwarten war. Es erübrigt sich zu sagen, dass nur wenige von ihnen in den Häusern der Wohlhabenden mit ihren hohen Decken und Klimaanlagen lebten. Und während 92 % der durch Umweltverschmutzung bedingten Todesfälle in Ländern mit niedrigem und mittlerem Einkommen auftreten, sterben auch in Europa jedes Jahr 800 000 Menschen an den Folgen von Luftverschmutzung, in den USA sind es 155 000.[36] Doch selbst diese Todesfälle sind ungleichmäßig verteilt. Nur wenige reiche Menschen leben in der nähe von Industrieparks und Mülldeponien.

In Siedler*innenstaaten wie den USA, Kanada, Australien und Argentinien ist die Klassenzugehörigkeit weitgehend durch das historische Erbe des Kolonialismus geprägt, wobei die Nachkommen versklavter afrikanischer und indigener Menschen Bedingungen ausgesetzt sind, die angesichts der globalen Verteilung von Reichtum und Macht normalerweise dem Globalen Süden vorbehalten sind. Als der Hurrikan Katrina 2005 New Orleans heimsuchte und 1800 Menschen tötete, konnten alle, die aufmerksam waren, sehen, dass die Art und Weise, wie die Infrastruktur in armen und Schwarzen Vierteln gebaut worden war, die Menschen gefährdete, während die Infrastruktur in wohlhabenden *weißen* Vierteln so konzipiert war, dass sie die Menschen schützte. Die spontanen Initiativen gegenseitiger Hilfe von Nachbar*innen waren der wichtigste Überlebensfaktor. Die Menschen halfen sich gegenseitig den Sturm zu überleben, ehemalige *Black Panthers* und Anarchist*innen errichteten die erste Klinik vor Ort.[37] Im Gegensatz dazu konzentrierte sich die Regierung darauf, Leute zu erschießen, die versuchten sauberes Wasser oder Lebensmittel aus Supermärkten zu holen, nur um dann sicherzustellen, dass lediglich Bewohner*innen der Mittelklasse und Wohlhabende in die Stadt zurückkehren konnten – »Gentrifizierung durch Gott«. Neil Smith schrieb nach dem Sturm: »So etwas wie eine Naturkatastrophe gibt es nicht«.[38] Die Katastrophe wurde von wirtschaftlichen und politischen Strukturen erzeugt und gelenkt.

Denjenigen, die in unserer Gesellschaft gegenwärtig die Macht inne haben und uns auf tragische Weise im Stich gelassen haben, liegen weder unsere noch die Interesse des Planeten am Herzen. Und in der Tat sind unsere Interessen und die Interessen der Erde ein und dieselben. Wir wissen nicht, wie katastrophal die nächsten Jahrzehnte werden. Trotzdem gibt es eine Gewissheit, die uns Hoffnung und Mut geben kann: Es gibt kein Szenario, in dem es für unseren Planeten nicht besser wäre, wenn wir aktiv werden - zur Selbstverteidigung, zur Verteidigung anderer und zur Verteidigung des gesamten miteinander verbundenen Lebens auf diesem Planeten.

In der Biosphäre ist alles verbunden: Die ökologische Krise jenseits von CO_2

Die Grundannahme unserer Gesellschaft ist, dass die Natur eher mechanisch als kommunikativ ist. Damit etwas kommunikativ sein kann, muss es Subjektivität haben, und wenn es Subjektivität hat, wird es schwieriger rechtzufertigen, dass wir es wie unsere persönliche Toilette oder Goldmine behandeln.

Es hat zwar auch außergewöhnliche Biolog*innen und andere Expert*innen gegeben, die in der lebendige Welt die gleiche Gegenseitigkeit und Kommunikation wahrgenommen haben, die andere in ihr gesehen haben. Dennoch ist die Geschichte der wissenschaftlichen Methode, von Francis Bacon bis heute, in jeder Hinsicht ein Prozess, in dem Wissenschaftler*innen sich mit Händen und Füßen dagegen gewehrt haben - manchmal sogar entgegen ihrer eigenen Forschung -, sich von der Vorstellung zu lösen, dass Intelligenz oder Persönlichkeit die exklusiven Eigenschaften gebildeter *weißer* Männer seien. Viele intellektuelle Kreise fallen immer noch häufig auf diese Grundannahme zurück.

Es fühlt sich falsch an, festzustellen, was unbestreitbar geworden ist: Dass es uns gut tut, andere Lebensformen zu beobachten und von ihnen zu lernen. Der Grund dafür ist, dass der Übergang von einer Gesellschaft, die den Rest der Welt so schrecklich behandelt, zu einer

Feuer auf der größten Mülldeponie Indiens, direkt in der Stadt Mumbai.

Gesellschaft, die einen ›Gewinn‹ darin sieht, von anderen zu lernen, nur eine Fortsetzung der extraktivistischen Formen des Wissen ist. Diese Formen sind ein wesentlicher Bestandteil der extraktivistischen Wirtschaft, die den lebendigen Gemeinschaften der Erde verheerenden Schaden zugefügt hat.

Die Erkenntnis, dass andere Lebewesen ihre eigene Stimme haben, hilft uns zu erkennen, wie alles miteinander verbunden ist, was wiederum zeigt, dass wir die ökologische Krise nicht stückweise angehen können.

Vor einigen Jahren begann ich damit, eine Liste mit allen Vogelarten zu führen, die ich in meiner Gegend sah. Wer Vögel beobachtet weiß, dass du sie – selbst wenn du Vögel vorher schon mochtest – wirklich auf eine andere Art zu betrachten lernst, sobald du deinen Blick in der Unterscheidung der verschiedenen Arten schulst. Nur wenige Arten sitzen lange genug still, bei freier Sicht, in gutem Licht, um eine erfolgreiche Unterscheidung anhand von Größe oder Farbe zu erlauben, zumindest wenn du kein teures Fernglas hast. Stattdessen musst du auf vieles achten: ihren Schnabel (Körner-, Fleisch- oder Insektenfresser?), auf welchem Baum sie sitzen, ihr Gruppenverhalten, ihre Flugmuster und Gesänge.

Obwohl ich Vögel vorher auf eine abstrakte Art geliebt habe, hatte ich keine besondere Beziehung zu ihnen und so waren sie, in jeder Hinsicht, nur Kulisse. In dem Moment jedoch, als ich begann sie als Wesen mit Persönlichkeit und einem spezifischen Platz in einem Beziehungsgeflecht zu betrachten, eröffnete sich mir eine ganze Welt, deren Komplexität mich bereichert hat.

Eines der erstaunlichsten Dinge, die ich bemerkte, ist, dass Vögel wissen, wann der Frühling kommt. Es gibt einen Tag im Jahr, an dem ein Dutzend oder mehr Arten plötzlich beginnen, ihr Verhalten drastisch zu verändern. Während sie den Winter über extrem menschenscheu waren und sich oft versteckten, suchen sie sich jetzt die besten Plätze, um in der Sonne zu sitzen und ausgelassen zu singen. Außerdem unterscheidet sich ihr Verhalten an diesem Tag von den Balzritualen, die etwas später im Jahr beginnen, und schließt auch Vögel ein, die bereits Partner*innen haben. Der extreme Unterschied im

Verhalten hat sich auch quantitativ bemerkbar gemacht: Im ersten Jahr, in dem ich ihn beobachtete, konnte ich an einem Tag so viele Arten eindeutig identifizieren wie im gesamten vorangegangenen Winter. Ich kann ihr Verhalten nur so beschreiben, dass sie feierten.

Wer die üblichen Vorannahmen des westlichen Denkens vertritt, wird an dieser Stelle (wenig überraschend) widersprechen und anführen, dass es sich um vermenschlichende Projektionen menschlicher Eigenschaften auf nichtmenschliche Lebewesen handle. Es ist ein bedauerlicher Umstand, dass wir keinen Begriff für den umgekehrten Fehler haben – nämlich die Annahme, dass nur Menschen über Eigenschaften verfügen, die in Wirklichkeit weit verbreitet sind. In den letzten Jahrzehnten haben Biolog*innen wieder entdeckt, was andere nie vergessen haben: Dass andere Lebewesen denken, fühlen, lernen, spielen und traurig oder glücklich sein können. Auch Rituale, Kultur, intergenerationelles Denken und Trauer werden in einem stetig wachsenden Bestand an Forschungsarbeiten dokumentiert – warum nicht gleich unserer Zeit voraus sein und es ebenfalls direkt als Feiern bezeichnen.[39]

Es hat mich sehr gefreut, diese plötzliche Veränderung zu entdecken, die sich wie eine unbekannte Übereinkunft über mehrere Vogelarten erstreckt. Entdeckung meine ich dabei nicht im Sinne von Wissen, welches ich produziert habe, sondern von Wissen, das mit mir geteilt wurde, als ich die Demut oder den gesunden Menschenverstand hatte, mich respektvoll einer anderen Gemeinschaft von Lebewesen zu nähern und zu sehen, was sie mir beizubringen hatten. Diese Freude war eine Art nichtinstrumentelles Wissen, und das war für mich das Wichtigste, auch wenn es eine Art von Wissen ist, dem unsere Gesellschaft wenig Bedeutung beimisst.

Aber auch eine Form instrumentellen Wissens ging damit einher. So war die Ankündigung des Frühlings durch die Vögel nicht nur ein subjektiver, kulturell geprägter Ausruf. Ihre Bekundung des Frühlings hat auch etwas von einer *kalten, harten Tatsache*. Bisher stiegen zuverlässig jedes Jahr die Temperaturen und die nächtlichen Fröste hörten auf, sobald sie an diesem Tag ihr Verhalten deutlich verändert hatten. Die Tatsache, dass Vögel Wettervorhersagen machen, die bis zu einem gewissen Grad zutreffen und diese Information frei mit allen teilen, die es interessiert, ist für mich relevant, weil ich einen Garten habe. Pflanze ich meine Tomaten nämlich vor dem letzten Frost, habe ich danach keine Tomaten mehr.

Mit der Zeit kam diesem Wissens noch eine weitere Bedeutung zu, denn bisher ist der Tag Jahr für Jahr früher eingetreten. Im Jahr 2020 kam er einen halben Monat früher als 2019 die Vögel haben also bereits Mitte Januar ihre mutmaßliche Feier abgehalten. Wenn wir der Welt um uns herum Aufmerksamkeit schenken, sehen wir die Anzeichen des Klimawandels, und wir sehen noch viel mehr.

Ich lebe in Katalonien. Ab März 2020 erlebten wir beinahe zwei Monate lang einen strikten Lockdown. Dies führte durch die drastische Reduktion von chemischer Verschmutzung und Lärmbelastung zu einer erheblichen Verbesserung der Luftqualität. Schließlich kam der Autoverkehr beinahe vollständig zum Erliegen.

Während der Verkehr und die Luftqualität bis zum Sommer wieder zu ihrer miserablen Normalität zurückkehrten, gab es mehrere Auswirkungen, die das ganze Jahr über anhielten. Die Veränderung der Insektenpopulation war am spektakulärsten. Allein die Anzahl der Motten, die im Sommer jede Nacht in meine Wohnung flogen, verdoppelte oder verdreifachte sich und die Anzahl der Arten verfünffachte sich. Indem ich den Motten auf diese Weise Aufmerksamkeit schenkte, wurde ihr Eindringen ein Grund zum Feiern und nicht zum Kauf irgendeines chemischen Insektizids, welches seinen Weg unweigerlich in mein eigenes Trinkwasser finden würde. Auch die Zahl und Vielfalt der Spinnen auf den Feldern außerhalb meiner Nachbarschaft hat deutlich zugenommen. Spinnen selbst sind zwar keine Insekten, aber die Arten, von denen sie sich ernähren, schon.

Der katastrophale Rückgang der Insektenpopulation ist von entscheidender Bedeutung für die andauernden ökologischen Krisen.[40] Insekten nehmen mehrere wichtige Knotenpunkte im Nahrungsnetz ein: Sie helfen bei der Zersetzung von pflanzlichen und tierischen Stoffen und tragen dazu bei, tote Lebewesen in Humus zu verwandeln, der wiederum die Grundlage der meisten Lebenszyklen bildet; sie dienen als Hauptbestäuber für fast alle blühenden Pflanzenarten; und sie dienen als Hauptnahrungsquelle für kleine Vögel, Reptilien, Amphibien und Säugetiere und damit indirekt auch als Nahrungsquelle für die größeren Vögel, Reptilien, Amphibien und Säugetiere, die diese fressen. Der Verlust der Insekten bedroht alle anderen Spezies. Ohne sie ist das gegenwärtige Zusammenspiel der verschiedenen Ökosysteme auf der Erde unvorstellbar. Insektenpopulationen fallen einer Vielzahl von Bedrohungen zum Opfer, darunter steigende Temperaturen, Wasser- und Luftverschmutzung durch Autos und die Industrie sowie der großflächige Einsatz von Pestiziden. Dieser Teil der Katastrophe ist eine entscheidendes Beispiel dafür, warum es keinen Sinn macht, die ökologische Krise in getrennte Bereiche aufzuspalten oder sich ausschließlich auf das Klima zu fokussieren. Es ist, ohne Zweifel, *alles miteinander* – und damit auch mit uns – *verbunden*.

Verortetes Wissen, wie ich es hier beschreibe, ist wichtig – auch wenn es als Anekdote abgetan werden kann –, weil es unser Bewusstsein für diese Probleme schärft und uns motiviert, uns um die anderen betroffenen Lebewesen zu kümmern und Maßnahmen zu ergreifen. Es kann auch dazu beitragen, diesen Maßnahmen eine Richtung zu geben. Meine Beobachtungen der Auswirkungen des Autoverkehrs auf die Insektenpopulationen reichen nicht aus, um mit Sicherheit behaupten zu können, dass die Abschaffung von Autos das Problem lösen wird, aber sie reichen sicherlich aus, um darauf hinzuweisen, dass eine Einstellung des Autoverkehrs ein guter Anfang sein könnte. Der örtlich begrenzte Rückgang der Verschmutzung war zumindest bei einigen Arten mit einer schnellen Erholung verbunden, die auch nach der Rückkehr der Verschmutzung auf ihr übliches Niveau noch anhielt.

Wenn alle für die anderen Lebensformen, mit denen wir diesen Planeten teilen, sensibilisiert wären, könnten wir klüger, flexibler und schneller auf ökologische Bedrohungen reagieren und unser Ökosystem besser heilen. Unser verortetes Wissen kann durch wissenschaftliche Forschung ergänzt werden, wodurch die Prozesse der empirischen Forschung beschleunigt und die hochgradig spezialisierten Knoten im Netzwerk der wissenschaftlichen Produktion entlastet werden, die ansonsten allzu leicht von denselben Industrien gekauft und korrumpiert werden, die uns umbringen. Ein Umstand, der dazu beiträgt, dass die wenigen gewissenhaften Wissenschaftler*innen, die tatsächlich versuchen das Problem zu lösen, eine überforderte Minderheit darstellen.

Zu lernen, dass alles miteinander verbunden ist, heißt auch zu lernen, sich zu verbinden. Ein interessantes Beispiel hierfür sind die Ornitholog*innen und Naturschützer*innen, die versuchten, die dezimierten Populationen der Papageientaucher auf den Inseln vor der Küste von Maine wiederherzustellen. Sie scheiterten Jahr für Jahr, bis sie lernten, »wie Papageientaucher zu denken«.[41] Papageientaucher wurden im späten 19. Jahrhundert durch kommerzielle Jagd ausgerottet. Zum Ende des 20. Jahrhunderts waren die Inseln, die sie noch als Brutkolonien nutzen konnten, entweder staatlich geschützte Naturschutzgebiete oder abgelegene Felsen, die nicht mehr bejagt oder von extraktivistischen und anderen Industrien genutzt wurden. Obwohl sie nun in Sicherheit waren, kehrten die Papageientaucher auf viele der kleinen Inseln, auf denen ihre Populationen ausgelöscht worden waren, nicht zum Brüten zurück, selbst nachdem Naturschützer*innen damit begonnen hatten, Eier auf diesen Inseln auszubrüten. Erst als die Naturschützer*innen das sehr soziale Wesen der Papageientaucher in den Fokus ihrer Überlegungen rückten, verstanden sie, dass sie ihre Taktiken ändern mussten.

Was hielt die Papageientaucher, nachdem sie von der ausgedehnten Jagdsaison auf offener See zurückkehrten, davon ab, auf den Inseln zu nisten, auf denen sie geboren wurden? Vielleicht waren sie ›zu scheu‹, um auf einer felsigen Insel zu nisten, auf der es keine Anzeichen für andere Papageientaucher gab? Die Vogelschützer*innen begannen Papageientaucher-Attrappen auf den Inseln aufzustellen, die nun sicheres Brutgebiet waren. Die Methode war ein Erfolg, was dazu führte, dass atlantische Papageientaucher einen signifikanten Teil ihres vorherigen Territoriums wieder besiedelten. Seitdem wurde diese Methode verwendet, um 42 Seevogel-Populationen in 14 Ländern zu helfen.

Manchmal führt die Wiederansiedlung einer fehlenden Art zu einer *trophischen Kaskade*. Dies ist ein Prozess, der ein ganzes Ökosystem so verändert, dass es robuster wird und dem Klimawandel und anderen

Aspekten der ökologischen Krise besser standhalten kann. Seeotter waren an mehreren dieser trophischen Kaskaden an der Westküste Nordamerikas beteiligt. Im 18. und 19. Jahrhundert wurden Otter von Pelzhändlern fast bis zur Ausrottung gejagt und verschwanden aus den meisten ihrer Verbreitungsgebiete. Seitdem haben sie sich in mehreren Gebieten wieder erholt, manchmal aus eigener Kraft, manchmal mit Hilfe von Naturschützer*innen, und das mit bemerkenswerter Wirkung. Auf den Aleuten in Alaska haben sie die Seeigelpopulationen reduziert, die in ihrer Abwesenheit explodiert waren. Gibt es weniger Seeigeln, können die Seetangwälder wieder gedeihen. In mehreren Meeresmündungen in Kalifornien haben sie dazu beigetragen, dass das Seegras in nur drei Jahrzehnten um 600 % zugenommen hat – zum Teil, weil sie die Krabben fressen, die wiederum die Meeresschnecken fressen, die das Seegras sauber und gesund halten. Dies ist aus mehreren Gründen bemerkenswert. Naturschützer*innen waren sich kaum darüber bewusst, dass Meeresmündungen überhaupt einen Teil des natürlichen Lebensraums des Seeotters ausmachen und die US-Regierung ließ die Mündungen aus dem Wiederansiedlungsplan für Otter aus. Im Übrigen hätten sich ihrer Ansicht nach die Seegraswiesen in den Mündungen der Monterey Bay und der San Francisco Bay gar nicht erholen können, da diese Wassersysteme durch Chemikalien und Nährstoffen aus dem Abwasser der riesigen, kommerziellen kalifornischen Agrarindustrie verschmutzt sind – was zeigt, wie sehr ein gesundes Beziehungsgeflecht die Auswirkungen der Verschmutzung mildern kann.[42]

Seegras und Salzwiesen, die sich auch mit Hilfe der Seeotter zu erholen beginnen, sind deshalb so wichtig, weil sie dazu beitragen, die Küstenerosion bei Stürmen zu verringern – ein Problem, welches sich im 21. Jahrhundert vergrößern wird – und sie bilden eine wichtige Kohlenstoffsenke, also ein Lebensraum, der der Atmosphäre Kohlenstoffdioxid entzieht. Sie sind auch ein wichtiger Schutzraum und eine wichtige Nahrungsquelle für zahlreiche andere Arten. Das Gleiche gilt für die Seetangwälder: »Der Unterschied in der jährlichen Aufnahme von atmosphärischem Kohlenstoffdioxid durch die Photosynthese von Seetang zwischen einer Welt mit und einer Welt ohne Seeotter beträgt zwischen 13 und 43 Milliarden kg (13 und 43 Teragramm) Kohlenstoffdioxid«, so der Meeresbiologe James Estes.[43]

Wenn wir uns von der Monterey Bay zum trockensten Ort der Erde begeben, finden wir ein weiteres Beispiel für diese Verbundenheit. Die *lomas* sind Nebeloasen in der Atacama-Wüste im Norden Chiles und in den Küstenwüsten Perus, einer Region, in der es so wenig Niederschläge gibt, dass sie in wenigen Millimetern pro Jahr gemessen werden. Trotz des Niederschlagsmangels haben sich dank des häufig auftretenden Nebels vielfältige Ökosysteme entwickeln können. Die hochwachsenden Bäume in den *lomas* haben sich evolutionär in diesen Lebensraum so entwickelt, dass sie Wasser aus dem Nebel kondensieren lassen, es auffangen und zu ihren Wurzeln leiten, von wo aus sie es mit anderen dort lebenden Pflanzenarten teilen. Trotz des Wüstenklimas gibt es in den verschiedenen Wäldern der *lomas* 1400 verschiedene Pflanzenarten, von denen fast die Hälfte nirgendwo sonst zu finden ist.[44]

Die meisten *lomas* wurden jedoch durch die spanische Kolonisierung und die damit einhergehenden ausbeuterischen Wirtschaftspraktiken, die kommerzielle Weidehaltung, Holzeinschlag und Bergbau beschädigt oder zerstört. Während sie einst 15 000 km² bedeckten, sind sie heute um 90 % ihres früheren Verbreitungsgebietes geschrumpft.[45] Die Stadt Copiapó, die von den Spanier*innen ›Heiliger Franziskus der Wälder‹ genannt wurde, liegt heute in einem trostlosen Tal, in dem es kaum noch Bäume gibt und in dem sogar der Fluss ausgetrocknet ist. Trotzdem waren Menschen einmal ein gesunder Teil des Ökosystems der *lomas*. Vor der Kolonisierung bewässerten die Angehörigen der Kultur der Chiribaya 85 Hektar Ackerland und verfügten über Weideflächen für Alpakas und Lamas in einem Dorf in der Nähe von Ilo, die ausschließlich von vier Quellen aus den *lomas* gespeist wurden. Heute ist das Gebiet größtenteils verödet.

Bei den Umweltschutzbemühungen in den *lomas* wurde zunächst nicht berücksichtigt, welche Rolle die Indigenen in ihren Ökosystemen gespielt haben. Ökolog*innen entdeckten wieder, was Indigene Bewohner*innen des Landes bereits wussten: Bestimmte höhere Bäume wie *Caesalpinia spinosa*, der Tara-Baum, spielen eine

Schlüsselrolle im Ökosystem der *lomas*, indem sie das Wasser aus dem Nebel auffangen. Als sie jedoch versuchten, eine neue Generation von Tara-Bäumen zu säen, scheiterten sie. Bei der Suche nach dem Grund für die erfolglosen Aussaatversuche wurde schließlich festgestellt, was das offensichtlichste Versäumnis hätte sein müssen: Genetische Analysen legen nahe, dass indigene Völker Tara-Bäume gezielt säten und kultivierten. Behilflich waren dabei ihre Lamas und Alpakas, die die Früchte fraßen und die Hülle der Samen verdauten, wodurch sich die Wahrscheinlichkeit der Keimung erhöht. Die Rinder, Schafe und Ziegen hingegen, die von der kommerziellen/kolonialen Landwirtschaft bevorzugt werden, rühren die Tara-Frucht nicht an.[46]

Wir erkennen ähnliche Muster, wenn wir die katastrophalen Waldbrände im Westen Nordamerikas betrachten. Vor etwa drei Jahren begannen die Mainstream-Medien darüber zu berichten, dass westliche Brandbekämpfungsmethoden weitgehend dafür verantwortlich sind, dass die Wälder mit explosiven Mengen an Gestrüpp übersättigt sind, was zu katastrophalen Waldbränden führt. Sie berichteten auch, dass die traditionellen indigenen Techniken der Region (wie die der Karok, Yurok und Mono) zu diesem Zweck eigentlich weit überlegen seien. Aus diesen setzte sich eine *Technologie von unten* zusammen, die dazu diente, katastrophale Waldbrände zu verhindern und einen gesunden Wald mit einer hohen Artenvielfalt zu erhalten, von dem die Menschen leben konnten.

In einem selbstzufriedenen Tonfall, der den Eindruck erweckt, es sei ein historisches Unrecht korrigiert worden, wird in vielen dieser Artikel erwähnt, dass die Forst- und Parkverwaltungen der Regierung damit beginnen würden, sich mit den indigenen ehemaligen Hüter∗innen des Landes zu beraten. Andere sprechen einfach davon, dass Wissenschaftler∗innen begonnen hätten, indigene Techniken zu ›studieren‹. Eine Zweideutigkeit, die für alle bedrohlich klingt, die wissen, was es für Wissenschaftler∗innen historisch bedeutet hat, nichtwestliche Völker zu studieren.

In keinem der Mainstream-Artikel, die ich finden konnte, wird die besondere Grausamkeit erwähnt, mit der die Kolonisator∗innen den westlichen Teil des Kontinents besetzten, von den spanischen und mexikanischen Internierungslagern bis hin zu den Massakern während des kalifornischen Goldrausches. Keiner der Artikel geht detailliert darauf ein, dass die kontrollierte Brandrodung durch die Indigenen Teil eines Netzes miteinander verbundener Praktiken wirtschaftlicher und spiritueller Art waren. Diese Praktiken verbanden Ackerbau, Waldgärten und Jagd und schützten so ein Ökosystem, welches den Menschen eine gesunde und abwechslungsreiche Ernährung sicherte und Platz für eine Vielfalt anderer Arten bot. Menschen nahmen eine sinnvolle Position innerhalb des Ökosystems ein, in dem anderen Lebewesen ihre Verwandten waren. Nur wenige von ihnen erwähnen überhaupt, wie die Techniken der indigenen Forstwirtschaft unterdrückt wurden, ebenso wie ihre Sprache, ihre Religion, ihre Praxis des *Commonings* anstelle des Privateigentums, und das alles, während sie gewaltsam von ihrem Land vertrieben wurden. Und keiner von ihnen geht darauf ein, wo diese Indigenen heute stehen, mit welchen wirtschaftlichen Bedingungen und sozialen Diskriminierungen sie konfrontiert sind und wie sie für Gerechtigkeit oder Wiedergutmachung kämpfen. Sie beschreiben allenfalls ›Partnerschaften‹ zwischen der Regierung und Stämmen, die angeblich frei von Konflikten und Ungleichheit seien. Selbst alternative, progressive Medien waren in Bezug auf diese Details eher zurückhaltend.

Nach den großen, katastrophalen Waldbränden in Australien in den Jahren 2019 und 2020 erschienen ähnliche Artikel über indigene Brandrodungs- und Forsttechniken der Gesellschaften der australischen First Nations, die alle dem gleichen Muster folgen. Ein typischer Artikel ist voller Zitate von Siedler-Akademiker*innen, zitiert aber keine einzige Person der First Nations und erwähnt sie auch nicht namentlich.[47]

Wie der Métis- und Cree-Autor Mike Gouldhawke bemerkt: »Anerkennung ist nicht das Gegenteil von Auslöschung, sie stoppt sie nicht und kann weitere Auslöschung, und noch Schlimmeres, erleichtern. Seit dem Beginn des Kolonialismus haben die Kolonisator*innen beides gegeneinander ausgespielt.«[48]

Je genauer wir hinschauen, desto unbestreitbarer wird, dass wir Menschen überall auf der Welt ein wichtiger Bestandteil der

Ökosysteme sind, in denen wir leben – von der arktischen Tundra über die gemäßigten Wälder bis hin zum Amazonas und der Atacama-Wüste. Es lässt sich aber auch nicht leugnen, dass zwischen den unterschiedliche Verhaltensweisen, in denen der Mensch sich auf die Welt bezieht, eine große Kluft besteht. Es gibt die Menschen, die in dem Ökosystem, in dem sie leben, eine wichtige Rolle einnehmen, die ihr lokales Ökosystem mit intelligenten, traditionellen, dezentralen und anpassungsfähigen Technologien bewusst zusammenhalten, und es gibt die Menschen, die die größte Bedrohung für das Leben auf diesem Planeten darstellen.

Die gesamte Menschheit zum Bösewicht der ökologischen Krise zu erklären, ist viel zu simpel. Es würde uns aus der Pflicht zur Selbstanalyse nehmen, die notwendig ist, um das Problem zu lösen. Denn sind wir die Bösen, wirkt alles was geschieht irgendwie unausweichlich und es bliebe nur auf das kleinere Übel zu hoffen. Dies entspricht dem konventionellen Naturschutzgedanken: Ein kleines Stück Natur bewahren – natürlich vor unserem bösen Einfluss geschützt –, um die Zerstörung abzumildern und auch, um es gelegentlich zu besuchen, vielleicht gegen ein Eintrittsgeld, und um über ein mythisches verloren gegangenes Paradies nachzudenken.

Wenn wir beginnen, die Zusammenhänge zwischen der Zerstörung der Natur und der Zerstörung anderer Menschen zu betrachten, wird die Erzählung komplexer.

Das drohende Aussterben der Orcas in der südlichen Salish Sea hat in den Medien viel Aufmerksamkeit erregt, insbesondere fokussiert auf eine Walschule im Puget Sound. Seit drei Jahren hatte kein Wal in dieser Schule mehr Nachwuchs bekommen, bis ein Weibchen im Jahr 2018 schwanger wurde. Ihr Junges starb jedoch kurz nach der Geburt und sie trug den Leichnam 17 Tage lang über mehr als 1000 Meilen in Trauer mit sich herum. Die Orcas haben aus verschiedenen Gründen, die noch nicht vollständig geklärt sind, die Fortpflanzung eingestellt. Alle haben aber mit dem Menschen zu tun. Nicht mit den Menschen *per se*, denn die Orcas im Puget Sound sind seit Tausenden von Jahren glückliche Nachbar*innen des Menschen, sondern mit dieser zweiten Art von Mensch, dessen Umrisse sich langsam abzuzeichnen beginnen.

Zu den Hauptursachen gehören wahrscheinlich der Lärm der vielen großen Schiffe, die die Wasserstraße befahren, sowie der Rückgang der Populationen des Chinook-Lachs, der auf die Wasserkraftwerke zurückzuführen ist, die die meisten Flüsse im Einzugsgebiet der Orcas verstopfen.

Industrielle Verschmutzung ist eine weiterer Faktor. In den fünf Jahren vor 2018 leitete Boeing jeweils das Tausendfache des gesetzlichen Grenzwerts für hochgiftige Polychlorierte Biphenyle in den Duwamish River ein, der zum Wassereinzugsgebiet des Puget Sound gehört.[49] Boeing ist führend in der Luft- und Raumfahrtindustrie und ein wichtiger Rüstungsproduzent. Besteht ein Zusammenhang zwischen der Gewohnheit von Boeing, giftige Chemikalien ohne Rücksicht auf die verursachten Schäden in die Umwelt frei zusetzen, und der Bereitschaft von Maschinen zu profitieren, die zum Töten, Zerstören und Verstümmeln entwickelt wurden, und zwar in erster Linie zugunsten eines Landes, dessen Waffen am ehesten gegen die Zivilbevölkerung in anderen Teilen der Welt einsetzen wird? Etwas anderes zu behaupten, wäre vorsätzlich naiv.

Eine andere Kriegsmaßnahme, die von der US-Regierung im 19. Jahrhundert subventioniert wurde, stellt einen merkwürdigen Präzedenzfall für die amoralische Geschäftemacherei von Boeing dar; eine Kriegsmaßnahme, die die Great Plains Nordamerikas völlig veränderte. Während dieses Jahrhunderts führte die Kolonialregierung eine Reihe von Kriegen gegen Hunderte von indigenen Gemeinschaften, um den gesamten Kontinent »*from sea to shining sea*«, von der Ost- bis zur Westküste zu erobern. Die Idee der »*Manifest Destiny*«, der »offenkundigen Bestimmung«, verband die puritanischen Vorstellungen *weißer* Vorherrschaft mit den gleichermaßen rassistischen wie teleologischen wissenschaftlichen Ideen jener Zeit, vom Uhrmacher-Gott[50] der aufgeklärten ›Gründerväter‹ bis zum Sozialdarwinismus des späten 19. Jahrhunderts.

Die indigenen Nationen, die sich erfolgreich gegen den Eroberungskrieg der USA wehrten, widerlegten das angebliche Schicksal, das eine Beherrschung des ganzen Kontinentes vorsah, und sabotierten das Getriebe des euro-amerikanischen Fortschritts. Insbesondere eine Allianz aus Lakota, Cheyenne sowie anderer Nationen der Great Plains, die siegreich aus dem Red-Cloud-Krieg 1868 hervorging und Custers Siebte Kavallerie schlug, blockierte eine wichtige Verbindungslinie zur Kolonisierung des Westens und untergrub die Überlegenheitsansprüche der Yankees.

Die US-Kriegsplaner erkannten, dass die Kenntnisse der Indigenen über das Gebiet und ihre ökologische Nische als nomadische Jäger*innen der riesigen Bisonherden einen schwer zu überwindenden Vorteil im Guerillakrieg bedeuteten. Deshalb begannen sie Belohnungen für die Tötung von Bisons auszuzahlen, um die Feind*innen ihrer wichtigsten Nahrungsquelle zu berauben und sie in die Abhängigkeit der Reservate zu zwingen – einem Euphemismus für Internierungslager, die den Zweck hatten, die gefangenen Nationen polizeilicher Kontrolle zu unterwerfen, die indigenen Sprachen und spirituellen Systeme zu unterdrücken und eine westliche sozioökonomische Ordnung durchzusetzen, die auf individualisiertem Privateigentum, einer auf Felder abgegrenzten Landwirtschaft und dem Konsum von Suchtmitteln beruhte. General Sherman, der im Bürgerkrieg die Techniken des totalen Krieges angewandt hatte, um die Nahrungsmittelversorgung des Südens zu zerstören, organisierte Militärexpeditionen und stellte private Jäger*innen auf, um die Nahrungsmittelversorgung der Indigenen zu vernichten. Ein weiterer Militär, Leutnant General John Schofield, schrieb in seinen Memoiren sehr offen über seine Ziele: »Mit meiner Kavallerie und meiner Artillerie ... wollte ich keine andere Beschäftigung im Leben haben, als die Wilden abzuwehren und ihre Nahrung zu vernichten, bis es keine indianische Grenze mehr in unserem schönen Land geben sollte.«[51]

Als die Bisonherden in weniger als einem Jahrhundert von 100 Millionen auf nur noch ein paar Hundert Tiere schrumpften, ergab sich daraus ein weiterer Vorteil für den Kolonialstaat. Da die Einhegung von Land, die Unterdrückung des Widerstands der Indigenen, die Beinaheausrottung der Bisons mit der vor Mord nicht zurückschreckenden Taktik des *Union Busting*, der gezielten Zerschlagung von Gewerkschaften, in jenen Jahren zusammenfiel, stand dem Bau der transkontinentalen Eisenbahn, die für die Besetzung und

Industrialisierung der Westküste unabdingbar war, nichts mehr im Wege – eine Grundvoraussetzung für Unternehmen wie Boeing, die ein Jahrhundert später Wassereinzugsgebiete verschmutzen und Kriegsmaschinen bauen.

Der Austausch der Bisons durch marktfähige Ackerbaukulturen und Rinderherden mit einzelnen Besitzer*innen, die ihr Vieh mit der Eisenbahn in die industriellen Schlachthöfen von Chicago schickten, wodurch die explodierende Bevölkerung der Ostküstenmetropolen ernährt wurde, trug direkt zu einer der größten ökologischen Katastrophen des frühen 20. Jahrhunderts bei: dem *Dust Bowl*.[52] In den Jahren des Dust Bowl trockneten über 400 000 km^2 Boden aus und verwehten – was es den Banken ermöglichte, sich durch die Enteignung von Kleinbäuer*innen ein riesiges Gebiet anzueignen.

Wir haben es hier also mit einer strategischen Kriegsmaßnahme zu tun, die vom Staat konzipiert, organisiert und subventioniert wurden, durchgeführt von paramilitärischen Siedlerunternehmen, deren Handlungen einem für koloniale Demokratien typischen Muster diffuser polizeilicher Maßnahmen folgten. Diese Strategien fügten sich in das kapitalistische Projekt der industriellen Entwicklung und ursprünglichen Akkumulation ein, welches wiederum gleichzeitig als Ursache und als Folge des Ökozids wirkt. Mit anderen Worten: Die Zerstörung eines breiten Spektrums blühender Ökosysteme war eine Strategie der Aufstandsbekämpfung, die als ›Fische fangen, indem man den Teich trockenlegt‹ bezeichnet werden kann. Die fortschreitende Zerstörung dieser Ökosysteme wurde durch kapitalistische Wirtschaftsprozesse beschleunigt, die erst durch die Aufstandsbekämpfungsmaßnahmen eines Kolonialregimes ermöglicht worden waren.

Im Großen und Ganzen wird diese ständige Aufstandsbekämpfung nicht gegen eine unbeteiligte Natur, sondern gegen eine dynamische Praxis geführt: das *Commoning*. Ein Teil des Commonings ist die Praxis des gemeinschaftlichen Besitzes von Land, geht aber noch weit darüber hinaus. Sie kann eher als ökologische, denn als ökonomische Praxis angesehen werden, da das Ziel nicht darin besteht Reichtümer zu veräußern, also Waren für einen Markt zu produzieren und so

Kapital zu akkumulieren, welches in ökologisch zerstörerische aber wirtschaftlich produktive Aktivitäten reinvestiert werden kann. Im Gegenteil besteht das Ziel vielmehr darin, die Gesundheit und das Wohlergehen der Mitglieder der Gemeinschaft auf eine Weise zu sichern, die ihre Autonomie bewahrt, und zwar durch eine wechselseitige Abhängigkeit mit ihrem lokalen Ökosystem und nicht durch eine erzwungene Abhängigkeit von einer akkumulativen Wirtschaft. Das bedeutet, dass Commoning einerseits ein Hindernis für den Kapitalismus darstellt, andererseits einen Bereich des Widerstands gegen staatliche Autorität, die dieses Terrain nicht verstehen kann. Aufgrund ihrer wechselseitigen ökologischen Eingebundenheit neigen Commoning praktizierende Gesellschaften zu ökozentrischen Weltanschauungen und Praktiken, was jedoch nicht bedeutet, dass sie immun sind gegen die Philosophien des Christentums mit ihrem Hass auf das Weltliche und des industriellen wissenschaftlichen Progressivismus, die oft als Handlanger des Kolonialismus dienen.

Der Krieg gegen die Commons ist in der Tat eine der wichtigsten philosophischen und wirtschaftlichen Bestrebungen des Liberalismus, vom 18. Jahrhundert bis heute. Ein Aspekt dieses Kampfes war der inzwischen widerlegte Mythos der ›Tragik der Allmende‹[53], eine Idee, die von Großgrundbesitzer*innen ohne praktische Erfahrung mit Commoning verbreitet wurde. Kern der Idee ist, dass Commons privatisiert werden müssten, da es ansonsten zu Knappheit und Chaos käme. Sicher ist, dass Commoning zu einer Verknappung der Investitionsmöglichkeiten all jener führt, die alles zu ihrem Eigentum machen wollen, und dass die herrschende Klasse mit ›Chaos‹ schon immer die Selbstorganisation der unteren Klassen meinte.

Die Commons sind nicht verschwunden, weil es gute Argumente gegen sie gab, sondern durch jahrhundertelange militärische und polizeiliche Kampagnen, die bis heute andauern.[54] Die britische Regierung verhängte sowohl im eigenen Land als auch in ihren Kolonien häufig die Todesstrafe gegen Bäuer*innen, die die gemeinschaftlichen Ressourcen gemäß der traditionellen Normen nutzten,[55] und ein großer Teil der Kolonisierung bestand in der Zerstörung der indigenen Praktiken des Commonings in Afrika, Asien und den Amerikas.

Im spanischen Staat standen Gebiete mit einer langen Tradition der Verteidigung der Commons an der Spitze der anarchistischen Kollektivierungen während des Bürgerkriegs 1936. Eine der Reaktionen des Franco-Regimes bestand darin, die Entvölkerung des Landes zu beschleunigen, unter anderem durch die Überflutung mehrerer Bergtäler für den Bau großer Wasserkraftwerke. Autor*innen wie James C. Scott haben bereits auf die Neigung von Diktaturen hingewiesen, riesige Infrastrukturprojekte voranzutreiben; insbesondere wenn diese Ökosysteme zerstören, die lange Zeit als schützende Lebensräume für Widerstandsbewegungen gedient hatten, wie die Pontinischen Sümpfe bei Rom oder die mesopotamischen Sümpfe im Irak.[56]

Die Entvölkerung der Pyrenäen hatte bereits im 19. Jahrhundert durch die Abholzung der Wälder begonnen, um Brennstoff für die Eisenhütten zu gewinnen, die für die Industrialisierung und den Bau der Eisenbahnen notwendig waren.[57] Die Eisenbahn war ein geeignetes Mittel, um kommunales Land direkt zu beschlagnahmen und einzuhegen, und sie war auch für die wirtschaftliche Beschleunigung der Industrialisierung unerlässlich. Die Abholzung der Wälder führte zu Erosion und zum Zusammenbruch des Ökosystems, was die Position der Landbevölkerung unmittelbar schwächte. Das Commoning fördert und fußt auf einem vielfältigen Ökosystem und grenzt sich damit von den Monokulturwüsten der kommerziellen Landwirtschaft ab. Von der Erosion und Abholzung in den Bergen waren vor allem die Hirt*innen und die *trementaires* betroffen – weise Frauen, die zwischen den Berggemeinden umherzogen, um Kräuter zu sammeln, und eine Gesundheitsversorgung von unten praktizierten. Gemeinsam gehörten sie zu den eifrigsten Verteidiger*innen der Commons und eines autonomen Systems von Wissen, Bewegung und der Nahrungsversorgung. Angesichts des Verlusts von Weideland und Pflanzenvielfalt blieb ihnen kaum eine andere Wahl, als sich in den Minen, den Industriekolonien und den Städten Arbeit zu suchen, auch wenn ihr rebellischer Geist in diesen künstlichen Umgebungen in den nächsten Jahrzehnten immer wieder hervorbrechen würde.

Über einen langen Zeitraum hinweg lässt sich ein uns nun vertrautes Muster erkennen: Der ökologischer Kollaps ist ein bewusstes Ergebnis einer staatlichen Strategie der Aufstandsbekämpfung sowie Folge der wirtschaftlichen Expansion, die mit der Ausweitung der staatlichen Macht einhergeht. Der Staat erscheint als wichtigster strategischer Akteur dieser Veränderungen, auch wenn es sehr unterschiedliche Arten von Staaten gibt, die jene von der besitzenden Klasse benötigten Bedingungen der kapitalistischen Akkumulation herzustellen suchen.

Um diese Dynamik zu verstehen, können wir uns einem Konzept zuwenden, das aus den revolutionären Kämpfen des 19. Jahrhunderts hervorging und das später im Rahmen des aufständischen Anarchismus verwendet wurde: *der soziale Krieg*.

André Léo entwickelte den Begriff des ›sozialen Krieges‹, wobei es sich nicht um einen Krieg ›aller gegen alle‹ oder gegen die Natur handelt, sondern um einen Krieg des Staates und der Bourgeoisie gegen die Gesellschaft.[58] Léo war eine antiautoritäre Feministin, Überlebende der Pariser Kommune und Opfer von Marx' Säuberungskampagne innerhalb der Ersten Internationale. Léo beteiligte sich an der Pariser Kommune 1871, einer Revolte gegen die französische Monarchie und gleichzeitig wertvolle Erfahrung der Selbstorganisation für die wachsende Arbeiter*innenbewegung.

Die Kommune wurde im Blut von bis zu 20 000 Kommunard*innen ertränkt, die in der Folgezeit hingerichtet wurden. Leó war Zeugin, wie die Unterdrückung nach dem Ende der grausamen Arbeit der Erschießungskommandos in einer dauerhafteren Form institutionalisiert und unsichtbar in die politischen und wirtschaftlichen Formen der Gesellschaft eingearbeitet wurde. Leó vertrat die These, dass die staatlich-kapitalistische Ordnung einen ständigen Krieg der herrschenden Klassen gegen die gesamte Gesellschaft darstellt.

Aufständische Anarchist*innen wie Alfredo Bonanno nutzten den Begriff des *sozialen Kriegs* als Erweiterung des *Klassenkriegs*, um zu analysieren, wie die gesamte Gesellschaft – sogar die Organisationen und Ideen der Arbeiter*innenbewegung – strukturiert war, um den Widerstand zu befrieden, zu rekuperieren und die endlose Parade der Entfremdung und der Kommerzialisierung aufrechtzuerhalten.[59]

Das gegenwärtige Verständnis der Idee des *sozialen Krieges* beinhaltet darüber hinaus ein Bewusstsein für die Methoden der

Aufstandsbekämpfung und die wissenschaftliche Methodik staatlicher Planer*innen, die Gesellschaft als in einem permanenten Zustand des Widerstands gegen die etablierte Autorität befindlich begreifen. Aus diesem Verständnis resultiert für sie die Notwendigkeit, auf ewig einzugreifen: Der Widerstand wird so entweder zum Nutzen des Staates rekuperiert und institutionalisiert oder die rebellische Bevölkerung wird alternativ überwacht und befriedet, um zu verhindern, dass ihr Widerstand kämpferischer und aufrührerischer wird. Die Methodik der Aufstandsbekämpfung wurde größtenteils von den Kolonialregimen in Kenia, Algerien und Irland entwickelt und in die ganze Welt an Konfliktschauplätze wie Los Angeles und Vietnam exportiert.[60] In den letzten Jahren hat der anarchistische Forscher Alexander Dunlap die Idee des sozialen Krieges benutzt, um damit die staatliche Interventionen zur Durchsetzung und zum Schutz der extraktivistischen Infrastruktur in kolonisierten Gebieten von Oaxaca bis in die Anden zu beschreiben.[61]

Wir können diese Konzeptualisierung mit dem Modell des modernen kapitalistischen Staates verknüpfen, wie es von Systemtheoretiker*innen wie Giovanni Arrighi vorgeschlagen wurde: Die Verbindung zwischen einer politisch-militärischen Klasse, die sich auf die Beherrschung eines *Raums der Orte* konzentriert – vereinfacht ausgedrückt die territoriale Eroberung – und einer ökonomisch-finanziellen Klasse, die sich auf die Beherrschung eines *Raums der Ströme* konzentriert – jenem Netzwerk von Knotenpunkten und Leitungen, in dem Produktion und Handel stattfinden. In Kombination miteinander oder in Abwechslung zueinander eroberten diese beiden Logiken Bevölkerungen, zwangen sie, kapitalistische Verhältnisse anzunehmen, unterdrückten ihren Widerstand und schufen die Bedingungen für die Akkumulation; überwachten in Folge die Akkumulation von Reichtum, was wiederum die Militärmaschinerie anheizte und ausrüstete, die ihre wirtschaftlichen Prozesse ermöglichte.[62] Dieses Modell weist Parallelen zu früheren Theorien von Michael Bakunin[63] und Fredy Perlman[64] auf.

Wenn wir im Laufe dieses Buches auf das Konzept des sozialen Krieges zurückkommen, werden wir sehen, dass es den notwendigen Rahmen für das Verständnis der Natur der Krise und realistischer

Antworten bietet; wie es die antikoloniale Betonung, die für eine ehrliche Untersuchung des Ökozids von entscheidender Bedeutung ist, wirksam ergänzt; und auch, wie das Konzept erklärt, warum der Mainstream-Diskurs in einer Weise eingeschränkt ist, die verschleiert, was tatsächlich passiert.

In dem aufständischen Text ›*23 Theses Concerning Revolt*‹ findet sich folgende Erklärung, die uns helfen kann die Krise zu entwirren: »Ein-Punkt-Aktivismus ist kapitalistische Entfremdung übertragen auf den Bereich der sozialen Kämpfe.«[65] Wenn wir verstehen, dass Einhegung – die Privatisierung, Zerstörung oder Abschottung der Commons – gleichzeitig eine militärische und wirtschaftliche Aktivität ist, die darauf abzielt, die soziale Kontrolle zu erlangen und Reichtum anzuhäufen, können wir uns vorstellen, wie Einhegung innerhalb der Bewegungen funktionieren könnte, die versuchen, den Planeten zu retten, den Klimawandel zu stoppen und so weiter.

Ein-Punkt-Aktivismus an dieser Front bedeutet, dass man sich fast ausschließlich auf die Treibhausgasemissionen konzentriert, ›bei der Sache‹ bleibt und das Thema nicht ›vernebelt‹. Es bedeutet, absichtlich jede tiefgreifende Auseinandersetzung mit den Kämpfen der indigenen Bevölkerung, mit Kolonialismus, Kapitalismus oder sozialem Krieg zu vermeiden. Es bedeutet, dass der Klimawandel als Thema so eingehegt wird, dass es nicht mit tausenden anderen gleichzeitigen und miteinander verbundenen Konflikten und Krisen in einen Dialog treten kann. Diese Konzeption des Aktivismus verhindert die Entstehung eines gemeinsamen Kampffeldes, in dem wir alle von uns vorgebrachten Missstände, unsere Verletzungen und unsere Bedürfnisse miteinander in Beziehung setzen und zum gemeinsamen Anliegen machen – und zwar nicht innerhalb einer Logik der Homogenität oder Gleichheit, sondern eben mit einer ökosystemischen Logik, die das Potenzial gegenseitig vorteilhafter Wechselbeziehungen zwischen den Unterschieden anerkennt.

Mit dieser Unterscheidung wird die Grenze zwischen einer technokratischen, kapitalistischen Antwort auf die ökologische Krise und einer revolutionären, antikolonialen Antwort gezogen, bei der alle Veränderungen auf den Tisch kommen können, alle legitime

Akteur*innen sind und keine Unterdrückung unangetastet oder unangefochten bleiben muss.

Entscheidend für das Gespräch über das Wesen der ökologischen Krise ist das Gespräch darüber, wie wir versuchen, sie zu bewältigen. Die technokratische Behauptung, das Klima sei eine eigenständige Sphäre der Ökologie, die wiederum von der Menschheit und den menschlichen, sozialen Problemen getrennt sei, wird durch eine letzte Verbindung widerlegt, die ich aufzeigen möchte: die Verbindung zwischen der Zerstörung der Erde und unserer eigenen psychischen Gesundheit.

Depressionen, Ängste und Vereinzelung werden in der Regel aus der Mainstream-Diskussion über die ökologische Krise ausgeklammert. Das ist ein fataler Fehler darin, wie unsere Gesellschaften die Krise verstehen. Mehr als die Hälfte der Kinderpsycholog*innen in Großbritannien gaben an, dass ihre Patient*innen aufgrund ökologischer Probleme und der Zerstörung der Umwelt unter Ängsten leiden.[66] Unterdessen steigt die Selbstmordrate unter Kindern und Jugendlichen in den USA an.[67] Ebenso ist die erzwungene Migration, die zunehmend durch ökologische Probleme verursacht wird, eine große Quelle emotionalen Leids.[68] Andererseits hat ein Leben in Verbindung mit der natürlichen Umwelt nachweislich positive Auswirkungen auf die psychische Gesundheit von Menschen.[69]

Ich erwähne dies, weil ich gesehen habe, was generalisierte Depression mit sozialen Bewegungen macht. Wenn eine Sache aussichtslos erscheint, neigen die Menschen dazu, die eine oder andere Art von Vermeidung zu betreiben. Für manche Menschen bedeutet es, dass sie die Frage der ökologischen Krise ganz und gar vermeiden. Bei anderen wird der Wunsch zum Vater des Gedankens: Sie schlagen logische Purzelbäume, die der unbewussten Rechtfertigung falscher Hoffnungen dienen und in anderen Zusammenhängen für sie durchschaubar wären. Diese falschen Lösungen sind wie eine Art Zauberstab, ein Linderungsmittel, das sie glauben lässt, dass eine höhere Macht kommen und das Problem für uns lösen wird.

Zusammenfassend lässt sich sagen, dass wir nicht ausschließlich auf den Klimawandel schauen sollten, denn die Emission von

Treibhausgasen wird von unzähligen anderen ökologischen Prozessen direkt beeinflusst, die Fähigkeit des Planeten und seiner Bewohner*innen, sich an die bereits stattfindende Erwärmung, die Wüstenbildung und den Anstieg des Meeresspiegels anzupassen, hängt von der Gesundheit der Ökosysteme, dem Vorhandensein oder Fehlen bestimmter Arten und den Auswirkungen menschlicher Wirtschaftspraktiken, Wissens- und Rechtssystemen ab. Diesem Gedanken folgend ist jeder Aspekt der ökologischen Krise durch bestimmte Praktiken menschlicher sozio-ökonomischer Systeme verursacht. Diese gegenwärtigen zerstörerischen Praktiken haben andere menschliche sozio-ökonomische Praktiken im Laufe eines globalen Prozesses der Kolonialisierung ersetzt. Einige dieser verdrängten Praktiken stellen wirksame Formen ökologischer Verantwortungsübernahme dar, die die Bedürfnisse des Ökosystems und die Bedürfnisse der menschlichen Gemeinschaft nach Gesundheit, Glück und Freiheit in Einklang bringen.

Die Gewinne privatisieren, die Schulden verteilen: das Anthropozän neu betrachtet

Die mit der ökologischen Krise verbundenen Veränderungen sind so gewaltig, dass viele Geolog*innen dafür plädieren, eine neue Epoche zu benennen, die mit dem Auftreten von anthropogenen oder vom Menschen verursachten Veränderungen auf diesem Planeten beginnt – sei es durch Abholzung, Kohlenstoffemissionen oder nukleare Strahlung. Das ist eine große Sache. Die geologische Epoche, die offiziell den gegenwärtigen Moment umfasst, das *Holozän*, reicht 11650 Jahre zurück und hätte ohne den menschengemachten Klimawandel wahrscheinlich noch sehr lange angehalten. Die Epoche davor dauerte 2,5 Millionen Jahre und die davor 3 Millionen Jahre.

Der Vorschlag für den Namen dieser neuen Epoche ist *Anthropozän*. Das durch den Menschen *(anthropos)* bestimmte geologische Zeitalter, dessen Auswirkungen bis hin zu den Steinen und den chemischen Prozessen des Planeten zu beobachten sind. Wie gerecht und wie zutreffend ist es, diese Veränderungen dem Menschen anzulasten?

Obwohl die Gesellschaft, die diese bedeutende ökologische Krise verursacht, wahrlich global ist, wurde sie nur durch ihren speziellen Verlauf, und nicht alle haben zu diesem die gleiche Beziehung. Es ist vermutlich nicht in der gleichen Weise ›meine‹ Gesellschaft, wie es ›deine‹ Gesellschaft ist. Um zu verstehen, warum das so ist, müssen wir einen kleinen Ausflug in die Geschichte der ökologischen Krise machen, und in die der Gesellschaft, durch die sie hervorgebracht wurde.

Die entwicklungsgeschichtliche Linie des *Homo sapiens* zweigte vor etwa 300 000 Jahren von der eines anderen frühen Menschen ab. Jedoch begannen menschengemachte Probleme, die in der Lage sind das Leben in einem planetaren Maßstab zu zerstören, erst vor etwa zweihundert Jahren aufzutreten. Mehr noch, die soziale und technologische Evolution des Menschen ist in keiner Weise eine stetige, lineare Entwicklung von weniger zu stark ökozidalem Verhalten. Die Gesellschaft, die sich heute als unbestreitbar ökozidal offenbart, ist keine Maschine die sich 300 000 Jahre in der Entwicklung befand; der größte Teil der menschlichen Geschichte hat zum gegenwärtigen Moment keinen Beitrag geleistet und es ist eine haltlose These, dass die menschliche Technologie gleichbedeutend mit Ökozid ist, die sich bei genauerer Überprüfung dazu noch als rassistisch herausstellt. Durch letztere Idee wird der größte Teil des menschlichen Erfahrungsschatzes einfach ausgelöscht, insbesondere jener außerhalb Europas und seiner kulturellen Ausläufer.

Weil eine planetare ökozidale Krise beispiellos ist, können wir versuchen, ihre Wurzeln in kontinentalen und regional begrenzten ökologischen Krisen zu suchen. Tatsächlich traten solche Krisen vor etwa 4 000 Jahre zum ersten Mal auf, was etwa einem Prozent der menschlichen Geschichte entspricht. Weil die Idee einer einheitlichen, linearen menschlichen Geschichte ein so weit verbreiteter Mythos ist, sollten wir klar benennen, dass ökozidales Verhalten weniger als das jüngste Prozent der menschlichen Geschichte umfasst. Vielmehr waren ökologische Krisen vor 3 000 bis 4 000 Jahren extrem seltene Ereignisse, die nur in einem kleinen Teil des von Menschen besiedelten Territoriums stattfanden.

Welche Art menschlicher Gemeinschaften haben den Kollaps ganzer Ökosysteme verursacht? Es lässt sich ein klares Muster erkennen: Große Zivilisationen zerstörten erst ihre Böden durch Abholzung und Überausbeutung und erleben dann irgendeine Art von politischem oder bevölkerungsmäßigem Kollaps. Sing C. Chew dokumentiert, wie im Verlauf der Geschichte der chinesischen Zivilisation ökonomische Expansion mit einer Zunahme katastrophaler Fluten korrelierte; beides hängt mit Abholzungen zusammen.[70] Diese verringert die Wasseraufnahmefähigkeit des Bodens dramatisch, was zu Überschwemmungen führt. Die ökonomische Expansion, wie sie in einer akkumulierenden, staatlichen Gesellschaft vorkommt, geht mit dem Bau von riesigen Palästen, Tempeln und Seeflotten einher. Die bis dahin existierenden komplexen Waldgärten werden zugunsten von Monokulturen und für den hohen Brennstoffverbrauch abgeholzt, der nicht allein menschliche Bedürfnissen dient, sondern Exportökonomien aufrechterhält, die auf Metall-, Ziegel- und Keramikproduktion basieren. Eine derartige Abholzung kann sogar das Verschwinden von Ressourcen nach sich ziehen, von denen eine Stadt abhängt: So wurde beispielsweise die Hauptstadt des japanischen Staates (Heian) im 12. Jahrhundert u.Z. weitgehend verlassen, nachdem die umliegenden Wälder abgeholzt worden waren.[71]

Eine vielschichtige ökologische Krise war vielleicht ebenfalls die Hauptursache für den Niedergang der Stadtstaaten im klassischen Griechenland. Die Abholzung der Wälder, der Verlust der Bodenfruchtbarkeit, die Wasser- und Luftverschmutzung, das lokale Aussterben von Tierarten wie Löwe und Leopard, lokaler Klimawandel hin zu größerer Trockenheit und höheren Temperaturen und die darauf folgende Ausbreitung von Tropenkrankheiten wie Malaria – all dies wurde durch die Staatsbildung und die wirtschaftliche Akkumulation der griechischen Stadtstaaten verursacht. Städte wie Athen bauten Wirtschaftsimperien über koloniale Außenposten vom Schwarzen Meer bis zur Iberischen Halbinsel auf; durch Handel oder Krieg und Versklavung machten sie lokale Bevölkerungen abhängig von verarbeiteten Produkten aus den imperialen Zentren und ließen sich im Gegenzug Metalle, Getreide, Holz, Leder, Wolle, Fleisch, Parfüm und versklavten Menschen schicken. Athen und die anderen Metropolen waren für die Deckung ihres Nahrungsmittelbedarfs größtenteils von den Kolonien abhängig, zumal die Abholzung der Wälder in Attika, Makedonien und auf dem Peloponnes die einheimische landwirtschaftliche Produktivität drastisch reduzierte. Sie mussten auch eine überdimensionierte Arbeiterschaft von Handwerker*innen und Sklav*innen ernähren, wie z.B. die 11000 Arbeiter*innen, die in den 87 Meilen langen Stollen der Silberminen von Laurium schufteten, um ein Metall zu fördern, das keinen biologischen Nutzen hatte. All das Wachstum weckte die Gier der Nachbarstaaten und entfachte vernichtende Auseinandersetzungen um die Vorherrschaft: Athen verübte Genozide gegen Städte, die sich ihr widersetzten, aber diese Grobheit provozierte nur mehr Widerstand. Attika wurde endgültig entwaldet, um die Kriegsschiffe zu bauen, die später die Perser*innen besiegen sollten (449 v.u.Z.) und die im Peloponnesischen Krieg auf den Grund des Ägäischen und Ionischen Meeres sanken (431–404 v.u.Z.). Im selben Jahrhundert musste Athen seine Metallindustrie verlagern, um näher an den verbleibenden Holzressourcen zu sein. Attika verlor zwischen 431 und 313 v.u.Z. die Hälfte seiner Bevölkerung. Die Verschlammung der Häfen durch die Erosion, die durch die Abholzung ausgelöst wurde, war so extrem, dass mehrere Hafenstädte ihren Zugang zum Meer verloren: Die Küstenlinie verschob sich und Küstenstädte wie Priene, Myus und Ephesus wurden zu Binnenstädten.[72]

Es gibt auch Beweise dafür, dass Abholzung zum Zusammenbruch des Römischen Reiches beitrug. Die Regierung selbst erkannte es und begann – zu spät und zu zögerlich – Maßnahmen zu ergreifen, um seine Wälder zu erhalten.[73]

Alle diese Beispiele betreffen antike Staaten. Staaten sind in der Geschichte der Menschheit relativ selten und erst seit den letzten paar Hundert Jahren beherrschen sie den gesamten Globus. Aber eines scheinen alle Staaten zu tun: ihre Umwelt zu zerstören.[74] Staaten müssen in der Lage sein, eine unterworfene Bevölkerung zu beherrschen und deren Reichtum auszubeuten. Dies führt dazu, dass sie eine Monokultur auf den Feldern durchsetzen. Eine monokulturelle Landwirtschaft ist leicht zu besteuern, weil alle Feldfrüchte zur gleichen

Zeit reif werden, die Höhe der fälligen Steuer auf der Grundlage einfacher Geometrie (die größtenteils genau zu diesem Zweck entwickelt wurde) leicht zu berechnen ist und die unterworfene Bevölkerung nicht einfach aus dem Staatsgebiet fliehen kann – was eine primäre Reaktion der Menschen auf die Staatsgewalt war, bevor die Staaten universal wurden –, weil ihre Ernährungssicherheit an Felder gebunden ist, die leicht gefunden und zerstört werden können. Im Gegensatz dazu neigen staatenlose Bevölkerungen, die trotz staatlicher Autorität existieren, dazu, sich auf eine ganze Reihe von Praktiken der Nahrungsautonomie zu verlassen, indem sie eine Mischung aus Jagen, Sammeln, Waldgärten und Wurzelfrüchten bevorzugen, die leicht zu verstecken sind, sich leicht in einer nicht geebneten, ›unlesbaren‹ staatenlosen Landschaft ausbreiten und geerntet werden können, wenn es für die Erntenden am günstigsten ist.[75]

Nebenbei bemerkt ist das eine Bestätigung der Nützlichkeit des Konzepts des sozialen Krieges: Dem Staat widerstehende Ernährungspraktiken ermutigen die Menschen, nachhaltig als Teil eines robusten Ökosystems zu existieren, autoritäre Organisationsformen abzulehnen und erleichtern einen defensiven Guerillakrieg; etatistische Praktiken monokultureller Landwirtschaft hingegen erleichtern die Überwachung, Erpressung und Kontrolle der unterworfenen Bevölkerung, zerstören die biologische Vielfalt und führen schließlich zu einer ökologischen Krise.

Es gibt zahlreiche Beispiele dafür, dass Staaten Gesetze zum Schutz der Umwelt erlassen haben, obwohl »Staaten nur dann handeln, um Umweltzerstörung zu verhindern, wenn ihre wirtschaftlichen Interessen nachweislich direkt bedroht sind«[76] und, so möchte ich hinzufügen, wenn soziale Kontrolle oder ›nationale Sicherheit‹ bedroht sind. Dies hat mehrere Konsequenzen. Aufgrund der Natur von Kipppunkten neigen Staaten oft dazu, zu spät zu handeln. Außerdem ist das Ziel des staatlichen Umweltschutzes niemals die Wiederherstellung der ökologischen Gesundheit oder gar die Sicherung des Überlebens und der Lebensqualität der unterworfenen Bevölkerungsgruppen, sondern der Erhalt von Reichtum und Macht. Dies ist einer der Ursprünge des Konzept des Umweltschutzes: die Abgrenzung eines Gebiets mit ausgewiesenen natürlichen Ressourcen, um es vor der Nutzung durch den Menschen zu schützen, es gleichzeitig aber auch für andere – vom Staat als strategisch erachtete Nutzungsweisen – zu erhalten. Umweltschutz ist daher tendenziell ein Akt der Einhegung, ein Angriff auf die Praktiken des Commonings, die es den Menschen ermöglichen, respektvoll an einem Ökosystem teilzunehmen. Der französische Staat lieferte mit der Schaffung des künstlichen Waldes von Landes im 19. Jahrhundert ein gutes Beispiel, indem er ausgedehnte Feuchtgebiete, die eine weitgehend autonome Bevölkerung von Hirt*innen beherbergten, zugunsten von Kiefernplantagen der Holz- und Terpentinindustrie trockenlegte.

Die Logik des staatlich gelenkten Umweltschutzes hat noch weitere schwerwiegende Folgen. Da es sich um ein strategisches Ziel handelt, geht der staatliche Naturschutz mit einem ökologischen Imperialismus einher. Ein Spiel in dem es darum geht, die eigenen Ressourcen zu schützen und gleichzeitig die Ressourcen anderer zu zerstören oder zu besetzen. Die Britische Navy – welche das wichtigste Vehikel des massiven britischen kolonialen Empires war – stellte die Versorgung mit großen Bäumen für den Schiffsbau durch die Enteignung kommunaler Wälder sicher und schloss die Landbevölkerung unter Androhung der Todesstrafe von den Waldökosystemen aus, auf die sie von alters her angewiesen war. Die Regierung verhängte sogar die Todesstrafe gegen alle, die ihr Gesicht mit Holzkohle unkenntlich machten, eine bäuerliche Praxis, um unerkannt Feuerholz sammeln oder jagen zu können.[77]

Bestsellerautor Jared Diamond hat mit seinem Buch über die Erhaltung der Wälder in der japanischen Edo-Zeit eine Geschichte geschrieben, die für viele Umweltschützer*innen zu einer Art Gleichnis geworden ist. Es lässt die Verzweifelten daran glauben, dass die richtige Regierung nur einen Schalter umlegen und den Schutz der natürlichen Ressourcen als reinen Willensakt oder bloße Politik, losgelöst von allen anderen Überlegungen, beginnen kann.[78] Was tatsächlich geschah, ist jedoch etwas komplexer. Staatlicher Militarismus und Kriegsführung waren ein maßgeblicher Faktor für die Abholzung der Wälder im Japan des 16. Jahrhunderts. Nach einer Reihe blutiger

Kriege zur Etablierung einer zentralisierten Kontrolle versuchte die Militärregierung des Tokugawa-Shogunats, die staatliche Macht aufrechtzuerhalten und seinen drohenden Kollaps durch die Herstellung feudaler Klassenverhältnisse aufzuhalten. Die militärisch-politische Klasse hatte zwar ein Recht auf Ausbeutung, jedoch in einem klar eingegrenzten Rahmen, und die arbeitende Klasse hatte einen hohen Grad ökonomischer Autonomie (sowohl im Vergleich zur imperialen Sklavenwirtschaft als auch zur liberalen Moderne). Das Shogunat erließ Gesetze, um die Berggebiete als Waldland zu erhalten – teils als Jagdreservate für die Eliten, teils als dörfliche Commons –, aber es waren die lokalen Dorfgemeinschaften, und nicht die Regierung, die dies in die Praxis umsetzten und die dezimierten Wälder wiederherstellten.[79] Mit anderen Worten: Der Staat ergriff diese Maßnahmen, um ein soziales Ventil zu schaffen und die kombinierte Gefahr eines sozialen und wirtschaftlichen Zusammenbruchs zu vermeiden. Er hatte jedoch nicht die Kapazitäten sein Diktat umzusetzen oder die Wiederaufforstung direkt zu verwalten. Dies blieb im Wesentlichen den einfachen Menschen überlassen.

Der feudale Kompromiss ermöglichte dem japanischen Staat das Überleben, der folgende Teil der Geschichte veranschaulicht jedoch, warum es keineswegs eine gute Idee ist, Staaten die Macht über die Umwelt anzuvertrauen: Denn die staatliche Politik spiegelt die Interessen des Staates wider, nicht unsere eigenen. Mit der Meiji-Restauration wurde die Staatsmacht rasch zentralisiert und die Industrialisierung schritt sprunghaft voran, während das junge Reich versuchte, mit den Nachbarstaaten und den vordringenden euro-amerikanischen Mächten zu konkurrieren (denn militaristische Konkurrenz ist ein inhärentes Problem von Staaten). Die Meiji-Regierung erließ Gesetze zum Schutz der Wälder, aber diese Schutzmaßnahmen existierten nur auf dem Papier – noch ein wiederkehrender Aspekt, wenn es um staatlich gelenkten Naturschutz geht – und die üppigen Wälder der Edo-Periode wurden schnell für Eisenbahnlinien sowie den Bau von Gebäuden und Fabriken abgeholzt.[80] Gleichzeitig begann der japanische Staat aggressiv seine imperialistischen Ziele zu verfolgen. Er strebte nach Ressourcen, eroberte Taiwan, Korea, die Mandschurei und andere Gebiete, und machte sich daran, einige der größten Genozide des 20. Jahrhunderts zu begehen. In der Nachkriegszeit war Japan in der Lage seine dezimierten Wälder wieder aufzuforsten. Japans aufstrebende High-Tech-Wirtschaft begünstigte den Import billiger Forstprodukte aus ärmeren Nachbarländern, die sich den Luxus des Umweltschutzes in der neuen neoliberalen Wirtschaft nicht leisten konnten. Der japanische Markt wurde so zu einer der wichtigsten Triebkräfte für die Abholzung der Tropenwälder in Malaysia und Indonesien.

Es scheint so zu sein, dass alle Staaten ökozidal sind, jedoch sind nicht alle Gesellschaften, welche die Umwelt zerstören, auch Staaten. Soziale Hierarchien spielen dennoch eine Rolle. Die Gesellschaft von Rapa Nui (von den Kolonisator*innen ›Osterinseln‹ genannt) erlebte einen Zusammenbruch ihrer Bevölkerung, weil ihre Böden aufgrund von Abholzung erodierten. Mündliche Überlieferung der Rapa Nui sprechen von einem zentralisierten, hierarchischen politischen System vor dem Untergang. Das Schnitzen und der Transport der Moai, jener bekannten Steinstatuen, die den elitären Status der Clanführer unterstrichen, erforderten den Bau umfangreicher Gerüste und vor allem Baumstämme als Rollen, was zusammen mit der ausgedehnten Landwirtschaft eine Ursache für die Abholzung der Wälder war. Diese war so extrem, dass mehrere Baum- und andere Arten ausstarben und der Mutterboden erodierte, was zu einer ernsten Nahrungsmittelknappheit führte. Ich möchte darauf hinweisen, dass mehrere *weiße* Autor*innen das Ausmaß des Zusammenbruchs wahrscheinlich übertrieben und reißerische Geschichten über Kannibalismus gesponnen haben, obwohl es kaum Beweise für eine Zunahme der zwischenmenschlichen Gewalt gibt.[81] Es ist bezeichnend, dass *weiße* Autor*innen dazu neigen, ihr Augenmerk auf den Bevölkerungsrückgang zu legen, der vor der europäischen Kolonisierung von Rapa Nui stattfand, und nicht auf den Rückgang, der auf die gewalttätige Kolonialisierung zurückzuführen ist. Ersteres führte zu einem Bevölkerungsrückgang um einen Faktor fünf, Letzteres – die europäische Kolonisation – zu einem Bevölkerungsrückgang um den Faktor zwanzig.

Staaten neigen dazu, Menschen auf eine bestimmte Lebensweise in einem abgegrenzten Gebiet festzulegen, selbst wenn diese Lebensweise nicht nachhaltig für den staatlichen Machterhalt ist. Staatenlose Gemeinschaften sind besser darin, ihre Lebensweise zu ändern. Von den drei frühesten Zivilisationen - Gesellschaften also, die auf bewässertem Ackerbau und zumindest teilweise auf dem Bau von Städten basierten - scheint eine von ihnen, die Indus-Tal- oder Harappa-Zivilisation, staatenlos gewesen zu sein und weist mit Sicherheit weitaus weniger archäologische Hinweise für Staatlichkeit auf als die Zivilisationen des Niltals und Mesopotamiens, also zum Beispiel Denkmäler für Herrscher*innen oder oberste Gottheiten, eine Ungleichverteilung des Wohlstands, Nahrungsmittelknappheit in den unteren Klassen und eine militarisierte Architektur oder andere Anzeichen für permanente Kriegsführung.[82] Wenn es eine herrschende Klasse gegeben hat, hinterließ sie, im Gegensatz zu allen bekannten antiken Staaten, keine Spuren ihres Ablebens.

Anstatt in einen Zyklus von imperialer Expansion und anschließendem Zusammenbruch einzutreten, wie die beiden anderen Zivilisationen, war Harappa die einzige, die sich zurückzog, als die ökologischen Bedingungen keine Grundlage mehr für großflächige Landwirtschaft und dichtes städtisches Leben boten. In diesem Fall war die Krise wahrscheinlich nicht von ihnen selbst verursacht (auch das ist ein wichtiger Unterschied), sondern durch eine natürliche Unterbrechung des Monsunzyklus und einen Rückgang der Niederschläge. Als Reaktion darauf wanderte die Harappa-Gesellschaft ins Landesinnere, in ein Gebiet, welches noch über ausreichend natürliche Bewässerungsmöglichkeiten verfügte, und ging zu einem dezentraleren, kleinräumigen Siedlungsmuster über.[83]

Diese Reaktion ist besonders relevant, wenn wir sie mit Mesopotamien vergleichen, welches als Teil desselben Weltsystems wie die Städte des Indus-Tals existierte und durch intensive Handelsnetze mit ihnen verbunden war. Das Zusammenkommen von Abholzung und ökonomischer Expansion verursachte in Mesopotamien starke Überschwemmungen, das Verschlammen von Bewässerungskanälen und die Versalzung von Feldern, was den Anbau von Feldfrüchten immer schwieriger machte. Im Indus-Tal gingen die Niederschläge um 2200 v.u.Z. zurück. Zu diesem Zeitpunkt hatten die Harappa-Städte schon eine langsame Verkleinerung begonnen und danach veränderten sie ihre Siedlungsmuster noch schneller.[84] Dies legt nahe, dass sie begannen, ihren ausbeuterischen, arbeitskraftintensiven Lebensstil aufzugeben, sobald die ökologischen Bedingungen ungünstig wurden, und dass sie vielleicht sogar schon vor der Klimaveränderung mit dieser Umwandlung begannen. Der Rückgang der Niederschläge in Mesopotamien setzte jedoch schon früher ein, als es im vierten Jahrtausend v.u.Z. und erneut um 2200 v.u.Z. zu großen Dürreperioden kam.[85] Doch der entwickelte bürokratische Staat nahm davon keine Notiz und zwang seine Untertanen, ihre Geschäfte wie gewohnt weiterzuführen. Die ökologische Krise wurde schlussendlich unvermeidlich. In der frühdynastischen Zeit, zwischen 3000 und 2350 v.u.Z., lagen die Ernteerträge bei 2300 Liter Getreide pro Hektar. Bis 1700 v.u.Z. waren sie auf 718 Liter pro Hektar gesunken. Doch anstatt die Zeichen der Zeit zu erkennen, zwangen die Eliten die unteren Klassen einfach dazu, noch härter zu arbeiten, um auch den letzten Tropfen Blut aus der steinigen Erde zu pressen, so dass die Bäuer*innen begannen, intensiver zu säen und die lebenswichtigen Brachjahre auszulassen, was zu einer weiteren Verschlechterung des Bodens führte. Der Staat ordnete eine Überschussproduktion an, nahm ganze Bevölkerungsgruppen gefangen und setzte sie in Städten ein, die sich auf die groß angelegte Textilproduktion konzentrierten, um ihre Wirtschaft am Laufen zu halten. Es war ein aussichtsloses Unterfangen: Die Städte des südlichen Mesopotamiens verschwanden und die Macht verlagerte sich mit dem Aufstieg Babylons in den Norden.[86] Babylon jedoch hatte nichts daraus gelernt und auch seine Tage waren gezählt. Große Teile der Region, die einst von üppigen Wäldern und fruchtbaren Gärten bedeckt war, sind noch heute eine Wüste.

Möglicherweise gab es in den Zivilisationen des Mississippi, bei den Maya und Tiwanaku der Amerikas, ähnliche Anpassungs- und Abwanderungsprozesse wie in der Zivilisation der Harappa. Um 1000 v.u.Z. entstand entlang des Mississippi-Flusses eine auf der Kultivierung von Mais gegründete Kultur. Es wurden große Pyramiden aus

Erde gebaut, die eine wichtige Rolle in einem zentralisierteren und hierarchischeren System spielten. Möglicherweise als Reaktion auf die sinkende Lebensqualität in der entstehenden Unterschicht, die aufgrund staatlicher Einflüsse abnahm – zunehmende Kriege, Hierarchisierung, Abholzung und Verlust der biologischen Vielfalt –, eventuell noch verstärkt durch klimatische Veränderungen, wurde die Zivilisation um 1400–1500 u.Z. aufgegeben. Die Bevölkerung ging dazu über, dezentraler zu leben, und wählte aus, welche der Technologien ihrer Gesellschaft – vom Maisanbau bis zum Erdhügelbau – sie bewahren und in kleinerem Maßstab adaptieren wollte.

Die Zivilisation der Maya baute riesige Städte und Monumente auf der ganze Halbinsel von Yucatán und darüber hinaus. Millionen von Maya leben noch heute in dieser Region, obgleich westliche Journalist*innen, Historiker*innen und Pädagog*innen dazu tendieren, über ein ›Verschwinden‹ oder die ›verlorene Zivilisation‹ zu sprechen. Dieses Bild kombiniert in Indiana-Jones-Manier das rassistische Auslöschen des Anderen mit der Tendenz, staatenlose Perioden der Geschichte als ›dunkle Zeitalter‹ zu beschreiben.[87] Unter all den wissenschaftlichen Artikeln über den ›Kollaps der klassischen Maya-Zivilisation‹ von 800–900 u.Z. ist es schwierig, jene zu finden, die die mündlichen Überlieferungen der heutigen Maya berücksichtigen. Was nach dem ›Kollaps‹ geschah, war kein Verschwinden, niemand löste sich in Luft auf, sondern sie wechselten ihren Wohnort und ihre Lebensweise. Vor allem hörten sie in weiten Gebieten auf, Städte und große Monumente zu bauen und unterwarfen sich nicht mehr der politischen Autorität theokratischer Herrscher*innen. Bezeichnenderweise »erlebten Regionen, die in der klassischen Periode weniger integriert und hierarchisch organisiert waren, einen weniger dramatischen Zusammenbruch«.[88]

Zu den Ursachen gehörten eine lange Dürre, die größtenteils durch die Abholzung der Wälder verursacht und durch die Auslaugung der Böden infolge der großflächigen Landwirtschaft noch verschärft wurde, sowie zunehmend tödliche Kriege, in denen verschiedene Monarchien um die Vorherrschaft kämpften. Der Verlust der Biodiversität war ein weiterer Faktor, denn die Abholzung führte zu einem Zusammenbruch vieler Tierpopulationen, dem Verlust von Jagdgründen, einer weniger reichhaltigen Ernährung mit weniger Proteinen und einer daraus resultierenden gesteigerten Anfälligkeit für Hungersnöte.[89]

Eine Art Aufstand spielte ebenfalls eine Rolle. Ob in Form einer massiven Verweigerung oder durch eine umfassende Revolution, die Bevölkerung der Maya-Gesellschaften verließ oder stürzte die herrschende Elite und weigerte sich – zumindest in einigen Gebieten – zentralisierte, spirituelle, politische und landwirtschaftliche Praktiken beizubehalten und bevorzugte stattdessen dezentralere, egalitärere und ökologischere Praktiken, oder in den Worten einer Studie: Eine »geringere Toleranz für Hierarchie und Zentralisierung« kam zusammen mit einem »kollektiven Ethos« und der Fähigkeit, kollektive Arbeiten zu organisieren.[90] Dies war eher ein Prozess der Anpassung als ein Kollaps, schließlich bewahrten die Menschen sich weite Teile ihrer Spiritualität, ihrer Künste und ihrer Wissenssysteme bis zur spanischen Invasion und darüber hinaus. Dieselbe soziale Mobilität, die es ihnen ermöglichte, die Verwüstungen zu überleben, die ihre eigene Herrschenden angerichtet hatten, erlaubte es einigen von ihnen später, sich auch der spanischen Herrschaft für fast zwei Jahrhunderte zu entziehen, indem sie in Gegenden zogen, die für die europäische Kolonisierung am unzugänglichsten waren.[91]

Die Tiwanaku-Zivilisation der Anden existiere circa von 550 bis 1000 u.Z.. Sie errichtete Städte aus Stein, die von großen Tempeln geprägt waren. Es handelte sich um ein theokratisches System, in welchem die Diversität der Götter und Geister unter der zentralen Autorität der Sonnengottheit vereinigt war, zu welcher der Zugang durch eine Kaste professionalisierter Priester kontrolliert wurde. In mündlichen Überlieferungen wird primär von einer spirituellen Rebellion gegen die Zentralisierung der Tiwanaku und einem Abwendung von der Zivilisation gesprochen, die Region blieb danach für mehrere Jahrhunderte staatenlos.[92]

Im Gegensatz dazu können gesellschaftliche Eliten ökologische Krisen, die sie verursachen, auch ausnutzen, um ihre Macht zu vergrößern. Es scheint möglich, dass sowohl im alten Ägypten als auch auf Hawaii vor der Kolonialisierung eine Umweltkatastrophe eine gesellschaftliche Gruppe von Umweltgeflüchteten hervorgebracht hatte. Diese Menschen konnten auf eine Art und Weise ausgebeutet werden, wie es die gesellschaftlichen Werte zuvor nicht erlaubt hätten. Dies verschaffte den Eliten Zugriff auf eine unterworfene Bevölkerung und abhängige Arbeitskräfte, die für die Anhäufung von Reichtum und Macht notwendig waren.[93]

Wir haben also ein Teil des Puzzles gefunden: Nicht die Menschen zerstören die Umwelt, sondern die Staaten. Staatenlose Gesellschaften sind keineswegs perfekt, aber es ist weniger wahrscheinlich, dass sie Ökozide verüben und sie sind besser darin, sich anzupassen und ihre Lebensweisen zu verändern. Fest verwurzelte Hierarchien, innerhalb wie außerhalb von Staaten, fördern oft ökozidale Verhaltensweisen und verhindern eine Anpassung an die ökologischen Umstände. In der gesamten Menschheitsgeschichte war die Revolution eine vernünftige und wirksame Antwort auf den von den herrschenden Klassen betriebenen Ökozid. *Wenn wir im Angesicht von Ökoziden nicht revoltieren, ist das wahrscheinliche Ergebnis, dass Staaten ihre Macht ausweiten und ausbeuterischen Praktiken intensivieren.*

Die regionalen ökologischen Zusammenbrüche, die wir gerade betrachtet haben, sind ein klarer Präzedenzfall für die Art von Ökozid, mit der wir heute konfrontiert sind. Für zwei wichtige Veränderungen muss es aber eine andere Ursache geben: die extreme quantitative Verschiebung von regionalen Katastrophen hin zu einer globalen Katastrophe und die qualitative Verschiebung von einer zyklischen Geschichte der Zentralisierung und Rebellion zu einer linearen Geschichte des exponentiellen Wachstums, in der alle Territorien in einen unersättlichen Prozess der Akkumulation und des Ökozids eingebunden sind.

Die Industrialisierung als Ursache ist ein offensichtlicher Kandidat, aber ich würde argumentieren, dass man Ursache und Wirkung verwechselt, wenn wir einer Gesellschaft erst Schuld zuweisen, wenn sie Schornsteine baut und fossile Brennstoffe verfeuert. Die massive Abholzung in Nordamerika war bereits vor der allgemeinen Verbreitung der Dampfkraft und dem Aufkommen der Industrialisierung in vollem Gange. Frühe Siedler*innen, Wissenschaftler*innen und Politiker*innen von Christopher Columbus zu Thomas Jefferson befürworteten die vorsätzliche Abholzung von Wäldern, um das Klima zu ›verbessern‹.[94] Zur gleichen Zeit war die Abholzung, die im 16. Jahrhundert in England stattfand, ein Grund für die weitere Emigration armer Siedler*innen in die Kolonien.[95]

Die Industrialisierung war die Konsequenz der exponentiellen Ausbreitung des Kapitalismus. Der Motor dieser Expansion war der Kolonialismus. Um loszulegen brauchte die Industrialisierung Zugang zu liquidem Kapital für großangelegte Investitionen, sie brauchte Märkte, die von Monopolen oder sehr wenig Konkurrenz dominiert waren, und sie brauchte eine verlässliche Verfügbarkeit von billigen Ressourcen wie Zucker, Baumwolle und Tierhäuten. Dieses waren die Produkte des Kolonialismus, von den spanischen Silberminen in Potosí, die versklavte indigenen Arbeitskräfte ausbeuteten, zu den spanischen, französischen und englischen Zuckerrohrplantagen in der Karibik, den Baumwollplantagen auf dem nordamerikanischen Festland (wobei alle auf der massenhaften Versklavung von Afrikaner*innen beruhten), bis zum französischen Pelztier-Imperium im Norden und den Akkumulationszyklen Hollands in Südostasien.

Die Ursache der globalen ökologischen Krise ist der Kolonialismus. Es ist kein Zufall, dass die politischen, ökonomischen und kulturellen Institutionen, die von den erfolgreichsten nordeuropäischen Kolonialmächten entwickelt wurden, diejenigen sind, die heute global sind. Diese Institutionen – von Börsen und Unternehmen bis hin zu Universitäten, der Privatisierung von Land, politischen Parteien und eigentumsbasierten Rechtssystemen – wurden in einem durch Eroberungskriege und Genozid geschaffenen weltweiten System verbreitet, das alle anderen Lebensformen brutal verdrängt hat. Die Briten, deren Empire bis zu 25 % der globalen Landfläche umfasste, verwendeten eine effektive Kombination von Taktiken. Sie eroberten Stützpunkte in den Gebieten, die sie kolonisieren wollten, dezimierten die einheimische Bevölkerung durch grausame Kriegshandlungen und im Anschluss boten sie besiegten Gesellschaften die Möglichkeit, britische Verbündete zu werden und verkauften ihnen europäische

Waffen, um sie zu wirksamen Stellvertreter*innen für die Eroberung von weiteren Sklav*innen und Territorien zu machen. Sie importierten versklavte Bevölkerungen aus anderen Gebieten, um die Plantagenwirtschaft anzukurbeln und alle Praktiken des Commonings zu zerstören. Sie integrierten die kolonisierten Gruppen durch Missionierung und Verträge, die ihnen die Hoffnung auf ein Überleben boten – indem sie sich den europäischen Gepflogenheiten anpassten, um von den europäischen Aufseher*innen überhaupt als Menschen anerkannt zu werden –, auch wenn die vertraglich garantierten Rechte nach und nach abgebaut und vergessen wurden. Andere Kolonialmächte, große wie die Holländer oder relativ kleine wie die Schweden, nutzten ähnliche Taktiken.

Das ökonomische Wachstum, welches den Kolonialismus begleitete, war extraktivistisch und genozidal. Von den Taíno-Inseln bis ins Hochland der Anden zwangen die spanischen Kolonialisator*innen indigene Menschen zur Arbeit in den Gold- und Silberminen und schlugen ihnen die Hände ab, wenn sie die Quoten nicht erfüllten. Die Belgier*innen verwendeten ähnliche Taktiken in Zentral-Afrika. Als Teile der Bevölkerung der Molukken sich weigerten, weiterhin Gewürze für die Holländer*innen zu liefern, massakrierten die Holländer*innen sie und importierten versklavte Menschen von anderen Inseln, wobei sie eine Gesellschaft aufbauten, die in ihrem Kern auf Produktivität und Disziplin ausgelegt war. Als die Niederländer*innen, Portugies*innen, Brit*innen und andere nicht in der Lage waren, China vollständig zu erobern, besetzten sie Handelsposten und begannen in Südasien eine groß angelegte Opiumproduktion zu organisieren und die süchtig machende Ware zu importieren, um eine kapitalistische Wirtschaft in Gang zu bringen. Mehr als zwölf Millionen Menschen wurden in Afrika entführt, versklavt und auf die Zuckerrohr- und Baumwoll-Plantagen in den Amerikas geschickt.[96] Ein- bis zweieinhalb Millionen Menschen starben an den schrecklichen Bedingungen auf den transatlantischen Reisen und viele Millionen mehr starben in den Kriegen, die von den europäischen Sklavenhändler*innen geführt wurden, um an ihre Gefangenen zu kommen. Die Europäer*innen begannen auch mit einem weiteren profitablen Geschäft, welches in Afrika bis heute mit mörderischen Folgen fortgesetzt wird: der internationale Waffenhandel.

Die Baumwolle wurde an die Webstühle des ersten Industrieproletariats der Welt geliefert, welches zum großen Teil aus Kinderarbeiter*innen bestand. Sümpfe wurden trockengelegt und Wälder abgeholzt, um Brennstoff zu gewinnen, Schiffe zu bauen und Plantagen anzulegen. Die Maschinerie beschleunigte sich immer mehr; als nächstes wandte sie sich der Kohle als Brennstoffquelle zu, und die Destabilisierung des Weltklimas, die dank der Abholzung der Wälder bereits begonnen hatte, war nun im vollen Gange. Die Gesellschaft, die für den Kolonialismus und den Kapitalismus verantwortlich ist, würde alles und jeden in ihre Schmelztiegel werfen, ohne Rücksicht auf mögliche Konsequenzen.

Dies sind die Ursprünge des globalen Wirtschaftssystems, welches wir heute haben: Ressourcen werden mit den rücksichtslosesten Mitteln ausgebeutet, die Plünderung lebender Ökosysteme immer weiter rationalisiert und der Geist und die Hoffnungen der Menschen zerstört, alle und alles, was nicht den besitzenden und regierenden Klassen gehört, wird für den Profit ausgepresst oder in überwachten Opferzonen der Verrottung überlassen; natürlicher Reichtum wird rund um den Globus verschifft, um von Maschinen umgewandelt zu werden; Arbeiter*innen, die wie Maschinen behandelt werden, werden in Waren verwandelt und für Profit verkauft, der nicht an diejenigen geht, die die Arbeit geleistet haben, sondern an diejenigen, die das Privileg hatten, diese Ausbeutungskreisläufe zu organisieren; Gewinne werden in immer gleiche ausbeuterische Unternehmungen reinvestiert, oder in fatale Glücksspiele auf die Wahrscheinlichkeit, dass solche Unternehmungen einen Gewinn abwerfen, auf zukünftige Preise und Währungswerte, alles, was den grundlegenden Imperativ des Kapitals befriedigt, mehr Kapital anzuhäufen: *Wachstum um jeden Preis.*

Noch nie zuvor in der Geschichte der Menschheit war die kapitalistische Logik im menschlichen Leben und im Leben des Planeten derart hegemonial, mit einer neuen Form von Staat, die effektiv mit der kapitalistischen Akkumulation verschmolzen ist, den Globus erobert und die Commons überall effektiv kriminalisiert, zerstört und die gesamte menschliche Spezies aus ihren unzähligen ökologischen Nischen in eine selbstmörderische Abhängigkeit von einer wachstumsbasierten Wirtschaft zwingt.

Die offizielle Dekolonialisierung nach dem zweiten Weltkrieg hat wenig an dieser Dynamik verändert. Da sie nach dem Zeitplan und den Kriterien der Kolonialmächte erfolgen musste, die von Staatsstreichen, erneuten Invasionen, Abhängigkeit durch Verschuldung und Strukturanpassungen bestimmt wurden, ist es zutreffender, von Neokolonialismus zu sprechen, als von einem wirklich substanziellen Ende des Kolonialismus.[97]

Die Verschiebung zu neuen Formen des Kolonialismus hat die Verankerung westlicher Institutionen verstärkt. Wenn es der Kolonialismus war, der die Möglichkeit einer globalen ökologischen Krise geschaffen hat, ist die gegenwärtige Beschleunigung nicht auf seine Trägheit zurückzuführen, sondern darauf, dass das gleiche globale System sich - in erneuerte Form - intensiviert hat. Die Regierenden und die Aktionär*innen dieses Systems sind mächtiger denn je und horten nicht nur den Reichtum, sondern sind auch in einzigartiger Weise für die Zerstörungen verantwortlich, die eine extraktive Wirtschaft anrichtet. Das reichste Prozent ist verantwortlich für das Doppelte des CO_2-Ausstoßes der ärmeren Hälfte der gesamten Bevölkerung des Planeten.[98]

Während einige immens von der Zerstörung des Planeten profitieren und alles tun, damit es nicht zu einer wirklichen Veränderung kommt, tun andere Menschen wiederum alles, was sie können, um das Land zu verteidigen und eine gesunde Beziehung zwischen den Menschen und dem restlichen Ökosystem aufrechtzuerhalten. Wir sollten bedenken, dass 80 % der biologischen Vielfalt unseres Planeten auf indigenem Land zu finden ist. Zu behaupten, dass ›der Mensch‹ für die ökologische Zerstörung verantwortlich ist, ist eine Fortsetzung des kolonialen Rassismus und eine Beleidigung für die Gemeinschaften, die gegen die Auslöschung gekämpft haben, um ihre Lebensweise und ihre Beziehung zu ihrem Land zu bewahren. Es ist ebenso eine Beleidigung der vielen Menschen, die, obwohl sie in einer Kultur aufgewachsen sind, die komplett von den Werten des Kapitalismus durchzogen ist, ihr Leben und ihre Freiheit aufs Spiel gesetzt haben, um das Land zu verteidigen und zerstörerische Großprojekte zu stoppen. Und es ist eine Beleidigung für die Hunderten von Millionen, die durch dieselbe Wirtschaftsordnung, die vom Ökozid profitiert, extremer Armut oder absoluter Prekarität ausgesetzt sind. Diejenigen, die sich um ihr persönliches Überleben und das ihrer Familie und Gemeinschaft sorgen müssen und sich nicht den Luxus leisten können, zwischen verschiedenen Arbeitsmöglichkeiten und Konsumgütern zu wählen, je nachdem, wie ›ökologisch‹ sie auch sein mögen.

Wie Kathryn Yusoff in *A Billion Black Anthropocenes* argumentiert, ist das Konzept des Anthropozän rassistisch, und es dient auch dazu, unseren Blick zu verstellen und das eigentliche System im Herzen des Problems zu verbergen.[99] Menschen im Globalen Süden – Menschen, die durch westliche Sklaverei, Kolonialismus und Rassismus entmenschlicht wurden – werden endlich in die Kategorie ›Mensch‹ aufgenommen, gerade noch rechtzeitig, um die Schuld an den Zerstörungen zu teilen, die ein Gesellschaftssystem verursacht hat, das ihnen weit mehr Schaden als Vorteile gebracht hat.

Die ökologische Krise ist nicht nur die größte Krise, mit der wir konfrontiert sind, sie umfasst auch fast alle anderen Krisen und Konflikte, einschließlich der Wirtschaftskrise, die Milliarden von Menschen dem Leben in prekären Verhältnissen oder erdrückender Armut aussetzt, der Legitimitätskrise, die Regierungen weltweit plagt, und der technologischen Krise, die mit Problemen des Totalitarismus, der Überwachung und der Massenarbeitslosigkeit mal mehr und mal weniger einhergeht.

Wie Kathryn Yusoff in *A Billion Black Anthropocenes* argumentiert, ist das Konzept des Anthropozän rassistisch, und es dient auch dazu, unseren Blick zu verstellen und das eigentliche System im Herzen des Problems zu verbergen. Menschen im Globalen Süden – Menschen, die durch westliche Sklaverei, Kolonialismus und Rassismus entmenschlicht wurden – werden endlich in die Kategorie ›Mensch‹ aufgenommen, gerade noch rechtzeitig, um die Schuld an den Zerstörungen zu teilen, die ein Gesellschaftssystem verursacht hat, das ihnen weit mehr Schaden als Vorteile gebracht hat.

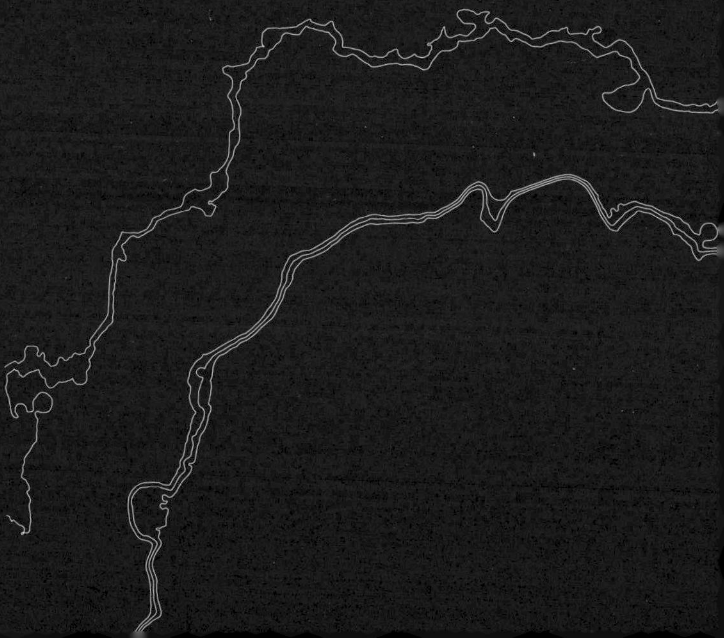

2. Wenn Füchse Hühnerställe bauen

Regierungsversprechen und Marktlösungen: Die lukrativen Versäumnisse von Paris, NGOs und Klima-Kapitalismus

Die Reaktionen der Regierungen auf die ökologische Krise zeichnen sich dadurch aus, dass die Probleme fragmentiert und der Blick auf einzelne Aspekte verengt wird – wie wir gesehen haben, ist das unzureichend. Klima-Reduktionismus – die Reduzierung der ökologischen Krise auf die einfache (und technokratische) Frage des atmosphärischen Kohlenstoffdioxids – macht für Regierungen durchaus Sinn, denn wenn jeder Aspekte des Problems von einem anderen Abkommen oder gesetzlichen Rahmen geregelt wird, können sie ihre Bemühungen auf ein Minimum reduzieren und sich ausschließlich auf jene Probleme fokussieren, die für die Medien und die wohlhabenderen Wähler*innen Priorität haben. Obwohl die Erwärmung der Erde und die daraus resultierenden Fluchtgründe die gleiche Ursache haben, können die Regierungen so großartige Kompromisse bezüglich der Reduzierung von Treibhausgasemissionen machen und gleichzeitig die Grenzen, die für so viele Tote verantwortlich sind, weiter militarisieren.

Die Lösungsversuche der Regierungen sind sogar an den Problemen katastrophal gescheitert, die im Mittelpunkt ihres reduktionistischen Ansatzes stehen. Um ein Verständnis dafür zu bekommen, warum das so ist, müssen wir zunächst verstehen, warum es ein absolutes Desaster ist, dass das viel gepriesene Abkommen von Paris erst im Jahr 2016 und nicht etwa schon im Jahr 1978 in die Klimarahmenkonvention der Vereinten Nationen übernommen wurde.

Der Klimawandel ist keine neue Idee. Ich habe bereits darüber geschrieben, wie sich die Kolonisator*innen der Amerikas, vom 15. bis zum 19. Jahrhundert, für Abholzung eingesetzt haben, um bewusst Veränderungen im lokalen Klima zu verursachen. Was den globalen Klimawandel betrifft, so gibt es schon seit mehr als einem Jahrhundert einen Begriff davon. 1876 stellte der anarchistische Geograf Peter Kropotkin einen Zusammenhang zwischen der industriellen Umweltverschmutzung und dem Abschmelzen der sibirischen Gletscher

her.[100] 20 Jahre später quantifizierte der schwedische Wissenschaftler Svante Arrhenius die Rolle des Kohlendioxids bei der Aufrechterhaltung der Erwärmung des Planeten und legte nahe, dass die industrielle Verbrennung von Kohle zu einem »spürbaren Anstieg« führen könnte.[101] 1938 veröffentlichte Guy Stewart Callendar, ein britischer Ingenieur, Beweise dafür, dass der CO_2-Gehalt der Atmosphäre und die Temperaturen in den letzten 50 Jahren gestiegen waren. 1959 gingen Wissenschaftler*innen davon aus, dass der atmosphärische Kohlenstoffdioxidgehalt bis zum Ende des Jahrhunderts um 25 % ansteigen würde, was zu erheblichen Klimaveränderungen führen würde.

Das Science Advisory Committee[102] von US-Präsident Johnson warnte 1965, dass die Verbrennung fossiler Brennstoffe einen unkontrollierbaren Treibhauseffekt hervorrufen könnte. 1968 sagte das Stanford Research Institute das Abschmelzen der Eiskappen, den Anstieg des Meeresspiegels und einen erheblichen Temperaturanstieg voraus und prognostizierte, dass dieser sich wahrscheinlich ab 2000 auf das globale Klima auswirken könnte. Nebenbei bemerkt: Stanford schrieb das Gutachten für das American Petroleum Institute. In den Jahren 1967 und 1968 legten Exxon bzw. Shell Oil interne Berichte zu den Akten, wonach ihre Aktivitäten die Luftverschmutzung verursachten, die heute für Millionen jährliche Todesfälle verantwortlich ist.[103]

1969 begann die NATO den Klimawandel als mögliche Sicherheitsbedrohung zu untersuchen. Zu diesem Zeitpunkt waren sich die meisten Wissenschaftler*innen über die globale Erwärmung einig, obwohl es bis dato noch keinen Konsens gab. Eine Untersuchung wissenschaftlicher Studien der Jahre 1965 bis 1979 stellte fest, dass 44 von einer globalen Erwärmung ausgingen und nur 7 eine Abkühlung voraussagten.

Dürren in Afrika, der Ukraine und Indien in den frühen 1970ern verursachten bedeutende Lebensmittelknappheiten und verbreiteten Sorgen über die möglichen Effekte des Klimawandels. 1978 verkündete die Weltorganisation für Meteorologie (WMO) ihre Zustimmung zur Treibhaustheorie und in den folgenden Jahren ergaben weitere Messungen und Untersuchungen ein zunehmend überzeugendes und komplexes Bild des anthropogenen Klimawandels. 1988 versammelten sich Hunderte Wissenschaftler*innen in Toronto und kamen zu dem

Schluss, dass die vom Menschen verursachte Umweltverschmutzung in vielen Teilen der Welt bereits »schädliche Folgen« hat. Sie empfahlen eine 20-prozentige Reduktion der Emissionen bis 2005. Im selben Jahr bildeten die WMO und die Vereinten Nationen den IPCC.

Mit anderen Worten: Bereits in den 1950ern gab es starke Hinweise darauf, dass der durch fossile Energieträger verursachte Klimawandel eine ernsthafte Gefahr für den Planeten darstellt, großangelegte Studien in den 1960ern zeigten, dass diese Ansicht wahrscheinlich korrekt war. Im Laufe der 1970er bildete sich schließlich ein wissenschaftlicher Konsens über den Klimawandel heraus, der in den 1980ern gefestigt wurde.[104]

Gleichwohl wurde dieser Konsens erst 2001 der Weltöffentlichkeit bekannt gegeben, als 34 verschiedene nationale Akademien der Wissenschaften und zwei wichtige internationale Wissenschaftsräte sich offiziell zu dieser Ansicht bekannten, ebenso wie der IPCC in seinem dritten Sachstandsbericht. Von dem Zeitpunkt an als eine große Mehrheit der Klimawissenschaftler*innen, einschließlich der von der Erdölindustrie finanzierten, eine gefährliche globale Erwärmung vorhersagte, dauerte es 20 Jahre bis die Vereinten Nationen dem Problem bedeutsame Aufmerksamkeit widmete, 33 Jahre vergingen bis die internationale wissenschaftliche Gemeinschaft ihren Konsens öffentlich bekannt gab und 37 Jahre bis das erste internationale Abkommen in Kraft trat, das vorgeblich die Treibhausgasemissionen reduzieren sollte. Auf Regierungsabkommen, die tatsächlich zu einer Verringerung der Treibhausgasemissionen geführt haben, warten wir mehr als 60 Jahre später immer noch.

Diese Verzögerung – ein halbes Jahrhundert zwischen einer starken wissenschaftlichen Mehrheit und einem Anschein koordinierter Reaktion der Regierungen – zeigt die Abhängigkeit unserer Institutionen von den extraktivistischen Industrien, die für die ökologische Krise verantwortlich sind.

Die Medien stellen einen Extremfall dar: In den 1970ern strotzten die Mainstream-Nachrichten von Artikel über den Klimawandel. Sie alle warnten die Menschen vor einer globalen Abkühlung und behaupteten, die Meterolog*innen könnten mit all den neuen

Hinweisen nicht Schritt halten. In den 1980er und 1990ern umhüllten kommerzielle Medien das Thema mit einer Decke des Schweigens und wechselten zu einer subtileren Auseinandersetzung, die ›beide Seiten‹ der Debatte als gleichermaßen valide behandelte und boten so den Wissenschaftler*innen, die von der Ölindustrie protegiert wurden und behaupteten, dass die globale Erwärmung von Vorteil sein könnte oder dass solche Veränderungen ›natürlich‹ seien, eine große Bühne. Schließlich gingen sie zu einer Verzögerungstaktik über und die Medien sowie die Lobby der fossilen Brennstoffe förderten jene Art von naivem Umweltschutz, bei dem die individuelle Konsumentscheidungen der Verbraucher*innen in den Vordergrund gestellt werden.[105]

Gleichzeitig verstärkten konservative Medien ihre Kampagne der Klimaleugnung und bewussten Fehlinformation und verbreiteten lächerliche Verschwörungstheorien über Umweltaktivist*innen, die – auf welche Weise auch immer – von ihrem Widerstand gegen die milliardenschwere Erdölindustrie profitieren würden. Das Maß der Heuchelei ist überwältigend, wenn wir bedenken, dass allein die fünf größten Öl- und Gaskonzerne 200 Millionen Dollar im Jahr für »Lobbying mit dem Ziel verbindliche klimamotivierte Richtlinien zu kontrollieren, zu blockieren und zu verzögern« ausgeben.[106]

Im Kapitalismus im Allgemeinen wirken zahlreiche Mechanismen, die indirekt die nominell freien Medien kontrollieren und politische Debatten innerhalb demokratischer Regierungen leiten.[107]

Bis Ende 2006 erwähnten in einer Befragung 52 der weltweit großen Nachrichtenquellen den Klimawandel nur ein paar Mal pro Monat. Das Medieninteresse erreichte 2010 einen Höhepunkt, zwischen 2011 und 2015 jedoch fiel der Klimawandel wieder aus den Nachrichten heraus und erreichte fast wieder das Niveau von vor 2006.[108]

In zwei Wochen Hurrikan-Berichterstattung in den USA im Jahr 2017 erwähnten acht große Fernsehsender den Klimawandel nur in 5% ihrer Sendezeit. Mit anderen Worten: Menschen verloren ihr Zuhause und Hunderte starben, aber im Großen und Ganzen weigerten sich die Medien, die Menschen über den Fakt aufzuklären, dass Hurrikane durch den Klimawandel häufiger und tödlicher werden.

»Sowohl ABC als auch NBC haben in ihrer Berichterstattung über den Sturm Harvey, der die stärksten jemals auf dem nordamerikanischen Festland gemessenen Regenfälle verursachte, den Klimawandel überhaupt nicht erwähnt.«[109]

Auch in ausführlicheren Medienformaten finden wir eine Neigung zu Fehlinformationen. Als ich 2020 mit meinen Recherchen zu diesem Buch begann, war kein einziger der zehn meistverkauften Titel über den ›Klimawandel‹, die von Amazon vorgeschlagen wurden, ein faktenbasiertes Buch über seine Gefahren und mögliche Auswege. Im Gegenteil, die Kaufvorschläge waren von der Industrie geförderte Bestseller darüber, dass der Klimawandel gar keine so große Gefahr sei oder dass es wichtiger sei, die Wirtschaft zu schützen. Was einer sinnvollen und vernünftigen Perspektive am nächsten kam, waren Selbsthilfe-Erzählungen über den Umgang mit der Angst, die wir im Angesicht eines sterbenden Planeten möglicherweise fühlen.

Untätigkeit und Ausflüchte seitens der Regierungen, der Medien und anderer privater Unternehmen scheinen darauf hinzudeuten, dass die Mächtigen das Problem nicht ernst nähmen. Diese Erklärung passt aber nicht zu den vorliegenden Beweisen. Die Energieunternehmen handeln sowohl informiert als auch ernsthaft, wenn sie die Zukunftsaussichten des Erdöls untersuchen und entscheiden, ob sie in die Infrastruktur für fossile Brennstoffe oder in alternative Energien investieren sollen. Versicherungsunternehmen kalkulieren eiskalt die möglichen Risiken und Verluste von durch Erderwärmung verschärften Katastrophen. Und es ist mehr als 60 Jahre her, dass westliche Regierungen damit begannen, den Klimawandel als ein Sicherheitsrisiko zu studieren. Es hat nur deshalb den Anschein, als hätten die führenden Institutionen die Krise nicht ernst genommen, weil ihre Reaktionen so absolut soziopathisch waren. Sie haben die Förderung fossiler Brennstoffe beschleunigt, um so viel Wirtschaftswachstum wie möglich zu erzielen, bevor sich die öffentliche Meinung gegen sie wendet. Nur um dann darauf zu bestehen, dass sie in führender Position am Verhandlungstisch sitzen, wenn der Umweltschutz endlich ein ernsthaftes politisches Thema wird, obwohl die Vorschläge, die sie ausarbeiten, alle darauf abzielen, noch mehr Wachstum zu erzielen

– dieses Mal bedeckt von einer dünnen Schicht giftig grüner Farbe. Zu keinem Zeitpunkt haben die Verantwortlichen in Konzernen und Regierungen in Erwägung gezogen, mit den Millionen von Menschen mitzufühlen, die sterben, unter unnötigen Katastrophen leiden, hungern und dursten, oder sich die Tragödie bewusst zu machen, dass Arten und Lebensräume für immer verschwinden werden.

Innerhalb dieses historischen Deutungsrahmens ist es hilfreich, zu erkennen, dass die Bürokratien der Konzerne nur durch eine Drehtür von den staatlichen Bürokratien getrennt sind. Ob die Konzerne staatlich sind, wie in Norwegen, Indonesien oder China, oder ob sie bloß staatlich subventioniert und mit dem Verfassen von Regulierungen betraut sind wie in den USA: Die regierende und die besitzende Klasse sind eng miteinander verwoben.

Ein letztes Puzzleteil fehlt, um das höchst effektive Desaster zu verstehen, welches die offiziellen Lösungen der ökologische Katastrophe ausmacht: die Opposition. Die NGOs, die die Umweltbewegung dominieren, sind nicht weniger in die kapitalistischen Industrien integriert, die den Planeten zerstören, als die korruptesten Offiziellen der konservativen oder sozialdemokratischen Parteien.

Mit zunehmender Geschwindigkeit wechselten zivile Umweltschutzorganisationen im Laufe der 1990er-Jahre zu einer Strategie der Partnerschaft mit Großkonzernen, zunehmend akzeptierten sie Konzernspenden und vermieteten ihre Logos, um die Produkte von Coca-Cola, Clorox, British Petroleum, Shell Oil, Unilever, McDonalds, Boeing, Monsanto, Starbucks, Walmart und Ikea zu schmücken und die Konsument*innen davon zu überzeugen, beruhigt weiter einkaufen zu gehen. Jedes dieser Unternehmen erhielt die Zustimmung von und spendete großzügig an NGOs wie den *World Wildlife Fund (WWF)*, *Sierra Club*, *Nature Conservancy*, den *Enviromental Defense Fund* und *Conservation International*. Sogar *Greenpeace*, eine der wenigen, die keine Unternehmensspenden akzeptiert, leiht extrem destruktiven Unternehmen wie Unilever durch Partnerschaften seinen guten Ruf. Die Verbindung zwischen den NGOs und den Konzernen ist so eng geworden, dass sie sich einige Vorstandsmitglieder teilen, wie BP und der WWF. Der Sierra Club hat zwischen 2007 und 2010 mehr als 27

Millionen Dollar an Spenden akzeptiert, während Nature Conservancy Millionen für das groteske Projekt akzeptiert hat, BP dabei zu helfen ›nachhaltig‹ Öl zu fördern.[110]

Es gibt kleine NGOs, die effektiv darin sind, denjenigen Ressourcen zu Verfügung zu stellen, die unmittelbar existenzielle Bedürfnisse haben; etwa jene, die Schiffe für die Seenotrettung von ertrinkenden Migrant*innen im Mittelmeer betreiben. Um jedoch die uralte Dynamik zu vermeiden, bei der die kleinen zu großen Fischen werden, muss der gesamte Kontext radikal verändert werden. Selbstorganisierte Bewegungen mögen einfallsreich sein, aber es besteht kein Zweifel, dass sie mehr materielle Ressourcen benötigen. Allerdings lohnt es sich niemals, unsere Autonomie und unseren revolutionären Horizont aufzugeben, um diese Mittel zu erhalten. Sich zu verkaufen ist zu einem bedeutenden Geschäft geworden. Kritiker*innen haben bereits auf den »gemeinnützig-industriellen Komplex« hingewiesen.[111] Je mehr im Zusammenhang mit dem Klimawandel und der ökologischen Krise auf dem Spiel steht, desto größer wird der institutionelle Druck, sich zu verkaufen, und desto besser fällt die Bezahlung aus.

Greenwashing zahlt sich aus. Der CEO der *Wildlife Conservation Society* erhielt 2019 1.636.145 Dollar, der CEO des WWF 1.455.444 Dollar, womit beide ganz oben auf der Liste der bestbezahlten CEOs von Wohltätigkeitsorganisationen stehen (vor allem in Hinsicht darauf, wie viele der anderen Wohltätigkeitsorganisationen auf der Liste mit der profitablen Medizin-, Forschungs- und Immobilienbranche verbunden sind).[112] Diese Gehälter, die bereits eine krasse Bereicherung an der katastrophalen Situation des Lebens auf diesem Planeten darstellen, werden noch schockierender, wenn wir uns anschauen, wie sie sich entwickelt haben. Zehn Jahre zuvor, 2009, erhielt der CEO des US-Ablegers des WWF noch 455.157 Dollar.[113] Warum hat sich sein Gehalt verdreifacht? Sind die großen NGOs auf einmal effektiver darin geworden, Regierungen und Geschäftspartner*innen zum Schutz der Umwelt zu zwingen? Im Gegenteil: Die letzten zwei Jahrzehnte waren eine solide Serie verpasster Ziele und gebrochener Versprechen, von der Biodiversität zu den CO_2-Emissionen und vielem mehr. An was erinnern uns diese ungerechtfertigten Gehaltserhöhungen? Auch die Finanzbosse sahen ihre Gehälter sprunghaft in die Höhe schießen, als das Geldsystem, welches sie angeblich absichern sollten, in die Rezession stürzte und der Rest von uns sich mit Arbeitslosigkeit, Zwangsräumungen und Lohnkürzung herumschlagen musste. Es ist unmissverständlich: Die Eliten der NGOs sind Teil des Apparates, der diesen Planeten Stück für Stück verkauft.

Nun, da wir alle Teile des Puzzles beisammen haben, kann das Spiel beginnen. Das Übereinkommen von Paris sowie das Kyoto-Protokoll vor ihm scheinen wenig mehr als Werbegags gewesen zu sein. Selbst nachdem das Kyoto-Protokoll 2005 als Erfolg angepriesen wurde, stiegen die weltweiten Emissionen zwischen 1990 und 2010 um 32%.[114]

Das Pariser Abkommen, welches seit seinem in Kraft treten 2015 von 189 Ländern unterschrieben wurde, hat zum Ziel, die Klimaerwärmung auf 2°C gegenüber dem vorindustriellen Zeitalter zu begrenzen. Es ist gar nicht so leicht zu entscheiden, ob man Paris eher für sein illusorisches Ziel oder lieber seine substanzlosen Methoden kritisieren soll. Das Abkommen enthält keine verbindlichen Zusagen und keine Mechanismen zu ihrer Durchsetzung, ein Versäumnis, welches sich in der bedauerlichen Tatsache widerspiegelt, dass kein einziges der großen Industrieländer seine Emissionsziele erreicht hat.[115] Doch selbst wenn all diese Regierungen ihre Versprechen einhalten würden – und das ist ein großes ›Wenn‹ –, ist die Wahrscheinlichkeit ziemlich groß, dass 2°C Erwärmung mehrere miteinander verknüpfte Kipppunkte auslösen und zu einem ›Treibhausplaneten‹ führen. In einer Studie von 2018 heißt es: »Wir stellen fest, dass es zu keinem Zeitpunkt in der Geschichte der Erde einen quasistabilen Zustand gegeben hat, der um die 2°C wärmer als der vorindustrielle ist, und legen nahe, dass das System selbst, wegen all der anderen Prozesse, wärmer werden ›möchte‹ – selbst wenn wir die Emissionen stoppen.«[116] Im Detail strebt das Abkommen an, die Menge an atmosphärischem CO_2 bei 450ppm zu stabilisieren, ohne dabei jedoch von dem 26- bis 78%igen Risiko zu sprechen, dass dies mit einer Erwärmung von weit mehr als 2°C einhergeht.[117] Offensichtlich akzeptable Aussichten für die führenden Politiker*innen der Welt und ein Grund zur Freude für viel Ökonom*innen: Ihre Kosten-Nutzen-Analysen legen nahe, dass ein Temperaturanstieg von 3 °C ideal wäre.[118] Wir können uns nur ausmalen, welch geringen Wert sie dem Leben der Millionen von sterbenden Menschen sowie all den aussterbenden Arten beimessen.

Hat Paris bewiesen, dass eine neues, grünes Wirtschaftssystem entsteht? Die Weltbanken glauben das nicht. Seit 2015 haben die größten 60 Banken Unternehmen im Bereich fossiler Energie in Höhe von 3,8 Billionen Dollar finanziert und die Zahl der Kredite steigt weiter an.[119] Regierungen weltweit sind sich mit ihnen einig. Gemeinsam stellen sie jedes Jahr 500 Milliarden Dollar Subventionen für die fossile Industrie zur Verfügung.[120] Diese Regierungen sind es, denen wir die Lösung des Klimaproblems anvertrauen.

Es ist kein Wunder, dass ein Shell-Manager erwischt wurde, damit zu prahlen, dass Shell das Pariser Abkommen mitgeschrieben hätte, insbesondere jene Passagen, die den Emissionshandel erlauben.[121] Wie Laura Terzani schreibt: »Netto-Null-Emissionen sind nicht Null-Emissionen.«[122] In Wirklichkeit handelt es sich bei Netto-Null um kreative Buchführung, bei der wohlhabendere Länder die Verantwortung für ihre Emissionen an ärmere Länder weitergeben. Wenn wir die ökologische Krise auf die Forderungen des Klima-Reduktionismus herunterbrechen, wird die Diskussion über den Kapitalismus als ›nebensächlich‹ abgetan. Sollte es also überraschen, dass die Klimapolitik gerade zu einer neuen Betrugsmasche geworden ist, die es den Reichen ermöglicht, noch mehr Geld zu verdienen?

Durch die Linse des sozialen Krieges betrachtet liegt es nahe, dass sie nicht bloß profitieren – es ist noch schlimmer: Der Emissionshandel schafft einen Markt für Landraub im Globalen Süden, einen letzten Nagel im Sarg der Kleinbäuer*innen dieser Welt und eine Fortsetzung der kolonialen Dynamik, die die Kosten der ökologischen Krise in ärmere Länder exportiert. Er ist auch ein Schlüsselelement von »Zahlungen für Ökosystemdienstleistungen«, einer Methode zur »Quantifizierung und Konstruktion der natürlichen Umwelt als ›Dienstleister‹, der mit den Finanzmärkten vergleichbar ist«, was wiederum eine Säule der »eigentumsbasierten Aufstandsbekämpfung« darstellt, der schädlichen und oft brutalen Unterdrückung von Bewegungen zur Verteidigung des Landes.[123]

Auf Paris zu vertrauen ist ein extrem riskanter Vorschlag. Angesichts des Zerfalls der Demokratie verfolgen immer weniger Regierungen einen einheitlichen politischen Kurs. Je schlimmer die Krise wird, desto besser wird das wahltaktische Kalkül des Rechtspopulismus und des ökonomischen Nationalismus, was zu einer 180-Grad-Wende in der Politik führen kann. Dies ist eine große strategische Belastung für die Mainstream-Klimabewegung, wie man am Rückzug der USA und Kanadas von ihren Klimaverpflichtungen gesehen hat, an Modi in Indien, der den Kohleabbau fördert und das Verbot von Einwegplastik aufhebt, oder Bolsonaro in Brasilien, der den Amazonas für politisches und wirtschaftliches Kapital plündert. Je mehr Macht die Regierungen haben, desto weniger müssen sie auf uns hören.

Selbst Regierungen, die an ihren Pariser Verpflichtungen festhalten, spielen ein riskantes Spiel in der Hoffnung, den Übergang zu ›erleichtern‹ und ihre Emissionsreduzierungen zum letztmöglichen Zeitpunkt umzusetzen. Was aber passiert, wenn wir Katastrophen wie die Waldbrände in Australien 2019 haben, die eine Menge Kohlenstoffdioxid freisetzten, die der Hälfte der jährlichen Emissionen des ganzen Landes entsprechen, oder das gleichzeitige massive Absterben der australischen Mangroven und der tasmanischen Seegraswälder, beides wichtigere Kohlenstoffspeicher als die trockenen Landwälder?[124] Solche Katastrophen werden zunehmend häufiger stattfinden und lassen die Anmaßungen der Regierungen, die behaupten, sie hätten die Situation unter Kontrolle, zu einer Farce werden. Die Ziele zur Minderung der Emissionen sind so berechnet, dass die kapitalistischen Ökonomien im letzten Moment mit den kleinstmöglichen Veränderungen davonkommen. Sie stehen für eine waghalsige Klimapolitik, die uns unweigerlich in den Abgrund treiben wird.

Sowohl auf einer technologischen als auch auf programmatischer Ebene sind die Instrumente zur Verringerung der globalen Erwärmung Teil des Problems und nicht der Lösung. Da die Pläne zur Emissionsreduzierung dazu konzipiert sind, das kontinuierliche Wirtschaftswachstum zu ermöglichen, auf dem der Kapitalismus beruht, bedeutet ›grün werden‹ vor allem eine Umstellung von fossilen Brennstoffen auf erneuerbare Energien im großen, industriellen Maßstab.

Erneuerbare Energien sind in einem industriellen Maßstab jedoch ebenfalls extrem zerstörerisch.

Wasserkraft ist gegenwärtig die verbreitetste Quelle erneuerbarer Energie. Der Bau von Staudämmen ist extrem destruktiv. Er bedarf riesiger Mengen Zement, dessen Produktion einer der Hauptverursacher von Treibhausgasemissionen ist. Die Dämme verursachen den Verlust von gewaltigen Waldflächen und Ackerland, sie töten flussnahe Arten wie Lachs, unterbrechen natürliche Flutkreisläufe, die für viele Ökosysteme notwendig sind, und ihre Seen stoßen riesige Mengen Methan aus.

Bei der Herstellung von Photovoltaikanlagen – Solarzellen –, die Sonnenenergie einfangen, werden häufig giftige Schwermetalle wie Cadmium, Gallium und Blei verwendet. Im lokalen Maßstab könnten Häuser unter den meisten klimatischen Bedingungen durch die effiziente Nutzung von Solarenergie mit Warmwasser, Heizung und Kühlung versorgt werden. Und wenn die Leute willens (und in der Lage) wären, ihre täglichen Gewohnheiten anzupassen und ihren Stromverbrauch zu reduzieren, könnten schwermetallfreie Photovoltaikanlagen dabei eine Rolle spielen. Viele der Probleme entstehen, wenn wir die derzeitige Energiewirtschaft als gegeben voraussetzen und davon ausgehen, dass wir auf die gleiche Weise, aber mit anderen Energiequellen weitermachen könnten. Um den gegenwärtigen Energieverbrauch zu decken, müssten riesige Landstriche für Solarparks in Besitz genommen, enteignet und eingezäunt werden. Und weil Solaranlagen nur während der Sonnenstunden Energie produzieren, müssten wir gewaltige Infrastrukturen für die Energiespeicherung und ein globales Netz von Hochspannungsleitungen bauen – das heißt: mehr toxischer Bergbau, mehr Landgrabbing, mehr Energieverbrauch, mehr Krebs und andere Krankheiten. Solarzellen stellen auch ein Müllproblem dar, weil sie in der Regel nur 25 Jahre halten. Bei dem gegenwärtigen Wachstum würden sich die schrottreifen Solarzellen bis 2050 zu einem 78 Millionen Tonnen schweren Müllberg auftürmen – und es gibt bisher keinen guten Weg, sie auf einem industriellen Niveau zu recyceln.[125] Andrea Brock und andere Forscher*innen argumentieren, dass – weit von einem ›Paradigmenwechsel‹ entfernt – Solarenergie

»lediglich die jüngste Wiederholung des industriellen Wachstumsmodells darstellt«, charakterisiert durch »undemokratische und nicht nachhaltige industrielle Prozesse, die Konzentration von Macht und Profiten, sowie die Externalisierung von Abfällen und Verschmutzung«.[126]

Die Energiegewinnung aus der Erdwärme ist (abgesehen von ihrer Ineffizenz) auf umfangreiche Bohrungen angewiesen, die das Grundwasser verunreinigen können. Dieses Technologie nutzt Pentan, eine hochgiftige, brennbare Flüssigkeit. Geothermische Kraftwerke setzen geringe Mengen von Methan und toxischem Schwefelwasserstoffgas frei, welches sauren Regen verursacht. Kommt es zu Unfällen können aus geothermischen Anlagen auch größere Mengen freigesetzt werden: So geschehen bei einer Bohrung für eine Anlage auf Hawaii 1991, 2013 nach einer Fehlfunktion der Anlage und 2018, als die Anlage durch einen Vulkanausbruch beschädigt wurde.[127]

Auch Atomkraft ist keine erneuerbare Energie, da sie als Brennstoff Uran verbraucht, und dennoch gibt es eine große Lobby, die sie fördern will. Staaten stiegen nicht in erster Linie wegen ihrer energetischen Vorteile in die Atomkraft ein, sondern weil sie damit ihre Atomwaffenprogramme voranbrachten. Atomkraftwerke bergen das ständige Risiko einer Kernschmelze, die große Mengen tödlicher Strahlung in die Atmosphäre freisetzt und das betroffene Gebiet möglicherweise für Jahrtausende unbewohnbar macht. In der westlichen Populärkultur wird die Kernschmelze von Tschernobyl sowjetischer Inkompetenz zugeschrieben, aber die Kernschmelzen und Beinahekernschmelzen in Fukushima (Japan), Three Mile Island (USA) und Loir-et-Cher (Frankreich) sind leuchtende Beispiele für die Propaganda des Kalten Krieges und zeigen, dass kein Regime vor Katastrophen gefeit ist. Tatsächlich gab es seit 1952 mehr als 100 nukleare Unfälle, der größte Teil davon in den USA. Der tägliche, reguläre Betrieb eines Atomkraftwerks ist vielleicht sogar noch schlimmer als eine Kernschmelze. 2011 wurde festgestellt, dass bei 75 % der Atomkraftanlagen in den USA radioaktives Tritium entweicht.[128] Ausgebrannte Plutoniumbrennstäbe haben eine Halbwertszeit von 24 000 Jahren, was, um den Maßstab zu illustrieren, viel länger ist als die Landwirtschaft oder das Rad existiert haben, mehr als 40-mal länger als der am längsten bestehende Staat existiert hat und grob 500- bis 1000-mal länger als ein typisches nukleares Endlager ohne ein größeres Leck übersteht. Die Befürworter*innen der Atomkraft hingegen argumentieren, dass die Brennstäbe, verglichen etwa mit dem Abraum der Kohleproduktion eine geringere Menge toxischen Materials darstellten. Sie neigen dazu, die Millionen Tonnen radioaktiver Abfälle von Uranminen (11 Millionen Tonnen an einem einzigen Standort in Utah) und die 1,2 Millionen Tonnen abgereicherten Urans, die bei der Urananreicherung anfallen, nicht zu berücksichtigen.[129] Dieses radioaktive Nebenprodukt hat eine Halbwertszeit von 4 400 Millionen Jahren (also ungefähr das Alter der Erde). Es ist unentschuldbar, dass diejenigen, die die Atomkraft entwickelt haben, nicht auch Methoden dafür entwickelten, den Müll für den Zeitraum sicher zu lagern, für den er eine tödliche Gefahr für alles Leben darstellt – und eine solche Technologie der sicheren Lagerung ist noch nicht einmal in Sicht. In vielen Atommülllagern wurde festgestellt, dass radioaktive chemische Verbindungen in die Umwelt gelangen.

Windenergie ist die zweithäufigste Quelle erneuerbarer Energie. Um in der Lage zu sein, das Ausmaß der Schäden abzuschätzen, die von grüner Energie in einem industriellen Maßstab angerichtet wird, sollten wir uns Forschungen zuwenden, die die Konsequenzen industrieller Windparks in Oaxaca, Mexico, detailliert schildern. La Ventosa war eine der ersten Städte in Oaxaca, die vom Bau von Windkraftanlagen betroffen war, und ist nun zu mehr als 80 % von riesigen Turbinen umgeben.[130] Die Turbinen wurden größtenteils auf Ackerland errichtet, das von Bäuer*innen aufgekauft wurde, die mit schwindenden Erträgen in der Landwirtschaft konfrontiert waren. Mit anderen Worten: Eine Voraussetzung für den Landraub war, dass lokale Bewohner*innen aus einer Subsistenzökonomie, in der sich die Gemeinschaften selbst versorgen und indigene Praktiken des Commonings bewahrten, in eine globale Geldwirtschaft gezwungen wurden, die die Bäuer*innen systematisch in den Ruin treibt.

Die kombinierte Wirkung von »wirtschaftlicher Liberalisierung« wie durch NAFTA[131] und »Klimaschutzgesetzen, die ausländische

Direktinvestitionen in Mexiko fördern«, führte zu einem Boom beim Bau von Windkraftanlagen.[132] Darüber hinaus war das System der *caciques* und *coyotes* von entscheidender Bedeutung für die Organisation des Landerwerbs vor Ort, mit all der damit verbundenen Korruption, dem Betrug und der Androhung von Gewalt.[133] Insgesamt handelte es sich um einen unfreiwilligen Prozess, bei dem der Staat Hochspannungsleitungen und andere Infrastrukturen in Wohngebieten baute, ohne die Anwohner*innen überhaupt zu konsultieren: »Die Menschen sind nie vollständig informiert, es sei denn, sie finden etwas heraus und stoppen es, wenn nötig, selbst. Andernfalls findet der Bau statt.«[134]

Der Bau von Windkraftanlagen beschädigt Böden, erschöpft das Grundwasser, verursacht Erosion und Überschwemmungen, trägt zur Abholzung bei und der Betrieb der Anlagen selbst tötet sowohl Landtiere als auch Vögel, außerdem verlieren sie regelmäßig Öl, welches Böden und Trinkwasser kontaminiert.[135] Lokale Bäuer*innen haben berichtet, dass ihr Vieh stirbt oder sich nicht mehr fortpflanzt, und Anwohner*innen, die in der Nähe der Turbinen wohnen, berichten von »Kopfschmerzen, Schwindel, Verdauungsproblemen, Erbrechen, Nasenbluten, Erschöpfung und Schlaflosigkeit«, möglicherweise aufgrund der Lärmbelästigung und der Vibrationen, die von den Turbinen verursacht werden sowie von den Dämpfen des auslaufenden Öls.[136]

Die meisten mit den Windparks verbundenen Arbeitsplätze verschwanden nach dem Bau der Anlagen wieder und die besten Jobs waren für auswärtige Expert*innen reserviert. Ähnlich wie bei den sogenannten *Man Camps*, die rund um Förderstandorte fossiler Brennstoffe in Nordamerika entstehen und zu einem starken Anstieg der Gewalt gegen indigene Frauen führen, sehen auch in Mexiko auswärtige Experten, die für die Windparks arbeiten, die ortsansässigen Frauen als Freiwild an. So haben sie häufig in einheimische Familien eingeheiratet, um Eigentumsrechte an dem Land zu erwerben, diese Titel an die Windindustrie übertragen und sind anschließend zu ihren ›echten‹ Familien nach Spanien oder in die Vereinigten Staaten zurückgekehrt. Sie ließen die Frauen, Kinder und zerstörte Gemeinschaften zurück.[137]

Die in den Windparks von Oaxaca erzeugte Energie wird an Großunternehmen wie Walmart, den Zementhersteller Cemex und große Lebensmittelverarbeitungs- und Bergbauunternehmen geliefert, sodass sich einige der zerstörerischsten Industrien und die Protagonist*innen von konsumorientierten Lebensstilen Begriffe der Nachhaltigkeit aneignen und sich einen grünen Anstrich geben können. Die Nutzung der Windenergie eröffnet diesen Branchen auch »neue Möglichkeiten, Gelder und Kredite für ›klimafreundliche‹ und ›saubere‹ Technologien zu erhalten.« Der Windpark von La Mata und La Ventosa wurde zum hervorstechendsten Projekt des von der Weltbank eingerichteten Clean Technology Fund in Mexiko.«[138]

Die Energieproduktion wird zudem in ein »exportorientiertes Energiemodell eingebunden, welches darauf abzielt, Industriegebiete, die Privatwirtschaft und andere Länder zu versorgen«, indem es den Strom für den ›*Maquiladora*-Korridor‹ bereitstellt, der Teil des viel kritisierten ›Plan Puebla-Panama‹ werden soll. Ein Vorhaben, das die US-Konsumwirtschaft durch Umweltzerstörung und die Ausbeutung von Arbeiter*innen in Sweatshops in ganz Zentralamerika begünstigen soll.[139]

Die Ausdehnung der Windenergieprojekte in Oaxaca hat die lokale Bevölkerung weiter in die globale Wirtschaft integriert, aber die Folgen waren ein Zustrom von Drogen, drastisch gestiegene Lebenshaltungskosten, bis zu zehnfach höhere Mieten und ironischerweise teurerer Strom.[140] Die meisten Bewohner*innen berichteten, dass sie keinen sozialen Nutzen aus der Entwicklung ziehen konnten und erinnerten sich bitter an die Versprechungen von Großunternehmen wie Iberdrola, die abgesehen von ein paar Fototerminen keine Resultate brachten.[141]

Die Art der wirtschaftlichen Entwicklung, die die Windparks mit sich brachten, ging Hand in Hand mit Interventionen zur Aufstandsbekämpfung, zum Beispiel die ›partizipative Kartierung‹ indigener Gebiete und Ressourcen in Oaxaca, die vom US-Militär mit Hilfe von Geograf*innen der Universität Kansas organisiert und finanziert wurde. Offiziell wurden die Kartierungen mit grünen, kapitalistischen Argumenten begründet. Die primäre Intention war es jedoch

»Informationen über aufkommende und asymmetrische Bedrohungen für die Vereinigten Staaten zu sammeln, um sich auf Konflikte vorzubereiten«.[142] Ironischerweise entfaltete sich eine dieser asymmetrischen Bedrohungen und erzwang die Einstellung des Kartierungsprojekts, als sich die Bevölkerung von Oaxaca 2006 erhob und die Kontrolle über den größten Teil des Bundesstaates übernahm, wobei sie sich auf eine horizontale Weise organisierte, die weitgehend von indigenen Traditionen geprägt war.

Ähnliche Konflikte und weitere ökologische Zerstörung in Verbindung mit Windparks wurden in Schottland, Wales, Schweden, Spanien, Griechenland, Indien, Kenia, Brasilien, Chile und den Vereinigten Staaten dokumentiert.[143]

Grüne Energie wird oftmals dafür genutzt, extrem zerstörerischen Unternehmen ein besseres Image und Zugang zu Subventionen zu verschaffen. Diese sind die wichtigste Waffe der Klimaschutzgesetzgebung vom Pariser Abkommen bis zum Green New Deal. Erneuerbare Energien stehen oftmals in direkter Verbindung mit fossilen Energieträgern. Deutschland zerstörte große Teile des uralten Hambacher Forsts und etliche Dörfer, darunter das umkämpfte Lützerath, um Braunkohle – die dreckigste Form von Kohle – im Rheinischen Revier zu fördern. Gleichzeitig preisen sie ihre Nutzung grüner Energie zum Betrieb von Pumpen und anderen Infrastrukturen der Kohlemine an und haben kürzlich verkündet, eine alte Kohlegrube in ein riesiges Wasserkraftwerk zur Speicherung überschüssiger Solar- und Windenergie umzubauen.[144]

Justin Trudeau, der progressive Premierminister Kanadas, übernahm sein Amt mit dem Versprechen, *treaty rights*[145] zu respektieren und die Beziehungen zur indigenen Bevölkerung zu verbessern. Das zentrale Vorhaben seiner Regierung war es jedoch, das Zentrum des Landes für die extrem umweltschädliche Ölgewinnung aus Teersand zu entwalden und auszuweiden, sowie den Bau von Ölpipelines durch bisher unabgetretene indigene Gebiete voranzutreiben. Trudeau versuchte sein Image durch das Versprechen aufzubessern, dass die Steuergelder aus dem Ausbau der ›Trans-Mountain‹-Pipeline[146], die täglich

890 000 Barrel Öl durch hochsensible Ökosysteme pumpen soll, zum Ausbau grüner Energien verwendet werden würden.[147]

Mit dem Argument der grünen Energie wird ebenfalls der unregulierte und verheerende Abbau von Mineralien, die für Batterien und andere erneuerbare Infrastrukturen gebraucht werden, gerechtfertigt, da diese Rohstoffe gerade durch die Zerstörung der Grundlagen maritimer Ökosysteme zu gewinnen seien.[148] Unterdessen werden die erneuerbaren Energien als Vorwand benutzt, um die Energieversorgung in Südafrika zu privatisieren.[149]

Die grüne Ökonomie ist auch auf andere Arten vollständig mit der regulären Ökonomie verbunden. Technologie-Unternehmen von Microsoft bis Tesla stilisieren sich gerne als Vorreiter in der Klimakrise, als diejenigen, die innovative Lösungen anbieten werden – eine völlig neue Art von Kapitalist*innen verglichen mit den Dinosauriern von Exxon oder Ford. So etwas wie sauberes Geld gibt es aber nicht. Eine großer Teil der Profite von Big Data hängt an den fossilen Energiekonzernen. Cloud-Anwendungen (vorrangig angeboten von Amazon, Microsoft und Google) sind auf die milliardenschweren Umsätze der großen Ölkonzerne angewiesen, welche wiederum Künstliche Intelligenz brauchen, um ihre Fördererträge zu steigern, womit sie weiter zur globalen Erwärmung beitragen.[150] Und alle diese Unternehmen sind auf das Kapital von Investor*innen angewiesen, die an allem verdienen, was Gewinn abwirft, ganz gleich wie destruktiv diese Tätigkeiten sind. Der Kapitalismus ist per Definition ein amoralisches System. Aus diesem Grund wurde seit Bestehen des Kapitalismus keine noch so abscheuliche wirtschaftliche Praxis – von der Sklaverei über die Herstellung von Massenvernichtungswaffen bis hin zum Vertrieb von Suchtmitteln – jemals wirksam verboten.

Ein wesentlicher Faktor für die Aufrechterhaltung der Konsumökonomie und des in den wohlhabenden Ländern selbstverständlichen Lebensstils ist die Umstellung auf Elektroautos. In den Medien und von den Hersteller*innen werden diese Fahrzeuge einmütig als »Null-Emissions-Fahrzeuge« bezeichnet, was eine bequeme Ungenauigkeit ist. Elektrische Fahrzeuge verlagern lediglich den Ort der Emission auf das Stromnetz. Wenn dieses Netz mit Kohle betrieben wird, wird auch das elektrische Fahrzeug mit Kohle betrieben. Das Ziel, in den nächsten Jahrzehnten Hunderte Millionen Elektroautos zu produzieren, ist zwar ein großer Boom für die Autoindustrie, stellt aber eine enorme Belastung für die Umwelt dar, da es den Energiebedarf immens erhöht und zu mehr Treibhausgasemissionen führt.

Dann gibt es noch die Frage des Lithium-, Nickel-, Mangan- und Kobaltabbaus für die riesigen Batterien. Die Nickelminen, vor allem in Neukaledonien, Australien, Kanada, Indonesien, Russland und den Philippinen, erzeugt bergeweise giftigen Abraum. Seine Veredelung pumpt Millionen Tonnen giftiges Schwefeldioxid in die Atmosphäre.[151] Mangan wird vor allem in Tagebauminen in Südafrika gefördert. Der Kontakt mit Mangan während der Förderung oder Verarbeitung kann zu neurologischen Schäden führen. Der Kobaltabbau, der vor allem in der Demokratischen Republik Kongo stattfindet, ist für die verbreitete Kinderarbeit (mehr als 40 000 Kinder arbeiten in den Minen), den Tod von Arbeiter*innen durch gefährliche Arbeitsbedingungen, genozidale Verbrechen gegen indigene Gemeinschaften, Gesundheitsprobleme in der Nähe der Minen (die von Geburtsfehlern, Atemwegserkrankungen bis zum Tod reichen), sowie für Abholzung und den Verlust von Habitaten für bedrohte Tierarten verantwortlich.[152]

Währenddessen steht der steigende Bedarf an Lithium in Zusammenhang mit dem rechten Militärputsch in Bolivien, der 33 Tote und Hunderte Verletzte gefordert hat. Bolivien verfügt über die weltweit größten Lithiumreserven, vor allem in Naturschutzgebieten. In Reaktion auf Kritik an seiner möglichen Rolle bei dem Putsch schrieb Elon Musk auf Twitter: »Wir werden gegen jeden putschen, wann auch immer wir wollen.«[153] Der abgesetzte Präsident Evo Morales hatte die Lithiumproduktion industrialisiert und war bereits im Begriff, Verträge mit Frankreich, Japan und koreanischen Unternehmen zu schließen, um einen Teil der Uyuni-Salzwüste zu vernichten; nach Morales Plan hätte Bolivien jedoch einen größeren Anteil der Gewinne einbehalten.[154]

Der Lithiumabbau erlebt einen Boom im Norden Portugals, denn dort wird im Tagebau und nicht aus der Salzsole gefördert. Das Resultat ist Entwaldung, die Zerstörung von Lebensräumen, Belastung

Mit 29 % der weltweiten Reserven ist der chilenische Salar de Atacama die größte Lithiumquelle der Welt.

durch Lärm und Chemikalien, die Erschöpfung von Wasservorkommen, ganz zu schweigen von der Zerstörung der Berglandschaften. Weil das Lithium aber für Batterien verwendet wird, haben sie die volle Unterstützung der EU-Umweltbehörden.[155]

Erneuerbare Energien und trügerische Lösungen wie Elektroautos haben einen schädlichen Einfluss auf die Natur und die menschliche Gesundheit. Sie werden größtenteils gefördert, um die Öffentlichkeit mit der Botschaft zu beschwichtigen, dass die Verantwortlichen große Veränderungen umsetzen und die Lösung bereits da ist. Sie erscheinen als ein Mittel, um in einer Art modernem Marshallplan gewaltige Mengen öffentlicher Gelder an Großkonzerne zu verteilen, um eine chronisch kranke Wirtschaft zu stützen. Der Placeboeffekt der grünen Energie wird auch in der Berichterstattung der Medien offensichtlich. Nachdem festgestellt wurde, dass 2017 alle bisherigen Rekorde bei den CO_2-Emissionen gebrochen wurden, beruhigte ein typischer Artikel die Leser*innen mit einigen guten Nachrichten: »Laut dem Bericht gibt es einige vielversprechende Entwicklungen, wie etwa eine Zunahme erneuerbarer Energien und einen Anstieg der Beschäftigung in diesem Sektor um 5,7% zwischen 2016 und 2017.«[156] In anderen Worten: Es gibt gute und schlechte Neuigkeiten. Die schlechte Nachricht ist: Unsere Lösung funktioniert nicht. Die guten Nachricht ist: Immer mehr Leute verwenden sie!

Die kognitive Dissonanz in diesen Formulierungen ist erstaunlich. Neben erneuerbaren Energien in industriellem Maßstab sprechen viele Expert*innen von der Notwendigkeit Kohlenstoffsenken zu schaffen, um Kohlenstoffdioxid so schnell wie möglich aus der Atmosphäre zu ziehen. Eine großangelegte Studie, die auf den Handlungsvorschlägen des IPCC aufbaut, hat gezeigt, dass Wiederaufforstung die wichtigste Maßnahme ist, um die Erwärmung zu stoppen.[157] Mit anderen Worten: In den nächsten Jahren sollen Milliarden Bäume gepflanzt werden.

Das Problem ist: Wenn Regierungen versuchen, solche weitreichenden Veränderungen von oben herab durchzusetzen, werden die marginalisiertesten Teile der Gesellschaft unterdrückt und mit ihnen das nichtmenschliche, also vom Menschsein ausgeschlossene, Leben.

Wiederaufforstung nach dem Top-down-Prinzip resultiert häufig in Landraub, der indigene und landwirtschaftliche Gemeinschaften benachteiligt und häufig der Holzindustrie, dem Tourismus und anderen großen Industrien zugute kommt. Sie ist ebenso nicht in der Lage, zur Ausbreitung tatsächlicher Wälder beizutragen. Echte Wälder sind komplexe, über mehrere Generationen entstandene Lebensräume, die sich ihrem lokalen Territorium auf einzigartige Weise angepasst haben. Sogenannte Wiederaufforstung, die von oben herab stattfindet, ist von Menschen entworfen worden, die den Unterschied zwischen einer Monokultur-Baumplantage und einem gedeihenden Ökosystem mit Bäumen weder verstehen, noch ein finanzielles oder spirituelles Interesse daran haben, diesen Unterschied zu begreifen.

Chile ist ein Paradebeispiel für ein neokoloniales Land mit einer extraktivistischen Wirtschaft: Seine wichtigsten Wirtschaftsbereiche sind Kupferbergbau und Forstwirtschaft. Auf dem Papier ist Chile ein stark bewaldetes Land, das diese vermeintlichen Wälder zum wirtschaftlichen Gewinn in Form von CO_2-Zertifikaten nutzt. Tatsächlich gibt es in Chile kaum noch wirkliche Wälder. Ein Großteil des Verlustes geht auf die brutale Pinochet-Diktatur zurück, die große Teile des Landes der Mapuche an die Holzindustrie übertrug, die die meisten der verbliebenen einheimischen Wälder zerstörte und durch Monokulturen aus nicht einheimischen Eukalyptus- und Kiefernbäumen ersetzte. Die Plantagen zerstören die Böden, senken den Grundwasserspiegel und berauben die Mapuche der Arten, die sie traditionell für ihre Nahrung, Zeremonien und Medizin benötigen.

Die Umweltschutzansprüche der Holzindustrie und der regierenden Minister*innen stehen im Widerspruch zu einem wichtigen Element des Kampfes der Mapuche: dem Fällen von Bäumen in Forstplantagen, um dort wieder einheimische Bäume anzupflanzen oder Ackerbau zu betreiben und eine Ernährungssouveränität zu erreichen.

Viele indigene Gebiete werden auch vom Ökotourismus bedroht, eine weitere Masche des Komplexes aus Unternehmen und Regierung zur Domestizierung und Ausbeutung des Landes, dass sich als eine Lösung der ökologischen Krise maskiert. Um ein Reiseziel in der westlichen Vorstellungswelt als unberührt zu verkaufen, muss die lokale Bevölkerung vertrieben oder zu Reiseführer*innen, Reinigungspersonal und anderen unsichtbaren Helfer*innen der gewissenhaften Tourist*innen gemacht werden. Die niedrige Qualität der Jobs im Tourismussektor und die Notwendigkeit, reiche Tourist*innen aus dem Globalen Norden anzuziehen, offenbaren, dass dies nur eine weitere Stufe des Kolonialismus ist – und zwar eine, die vollständig mit der zerstörerische Luftfahrt- und Kreuzfahrtindustrie verwoben ist. In der wirtschaftlichen Rezession zeigt sich dann, wie wenig nachhaltig dieser Ansatz ist: Wenn wir die Natur als monetäre Ressource behandeln, vollzieht sich, sobald die Wirtschaft es verlangt, der Wechsel von der Kamera zurück zur Kettensäge recht schnell.

Selbst wenn die Kettensägen in Schach gehalten werden können, bedeutet die Praxis des Naturschutzes in der Regel, dass riesige Gebiete abgezäunt und die menschlichen Bewohner*innen vertrieben werden. Der Grund dafür ist, dass die weltweit vorherrschenden Institutionen nach wie vor eine armenfeindliche, aristokratische Sicht auf die Natur vertreten, die den Menschen ausschließt. Da Nahrung und Überleben den Reichen automatisch als ihr gottgegebenes Recht erscheinen, ist die Natur etwas Äußerliches, das für bestimmte, von der Oberschicht festgelegte Vergnügungen vorbehalten bleibt, sei es die Jagd, Sightseeing oder die wissenschaftliche Forschung. Ganz sicher betrachten sie Menschen nicht als einen notwendigen Teil des Ökosystems. Es sollte also keine Überraschung sein, dass paramilitärische Parkranger*innen, bezahlt von großen Umwelt-NGOs wie dem WWF, genozidaler Praktiken und Gewalttaten gegen indigene Menschen im Kongo, Kamerun, Botswana und anderswo beschuldigt wurden.[158] Dazu zählt die Enteignung von Baka-Land in Zentralafrika durch den WWF, welches dann durch die Vergabe von Konzessionen an Holzindustrie und Trophäenjäger*innen kommerzialisiert wurde, gepaart mit gewalttätigen Übergriffen durch paramilitärische ›Parkranger*innen‹. Weitere Beispiele gibt es zuhauf: Ex-Soldat*innen aus den USA, die von ihren neokolonialen Einsätzen in Afghanistan zurückkehren und für die *gute Sache* rekrutiert werden – um angebliche Wilderer*innen in afrikanischen Wäldern zu erschießen; das Verbot der Jagd für die San in der Kalahari-Wüste mit Unterstützung der britischen Regierung; die Hinrichtung von armen Dorfbewohner*innen, die im Sambesi-Nationalpark Feuerholz sammeln; und das Platzieren von großkalibrigen Waffen oder Elefantenstoßzähnen neben hingerichteten indigenen Jäger*innen, um sie als hochbezahlte Wilderer*innen darzustellen.[159] All das geschieht in einem Kontext, in dem die lukrative Trophäenjagd durch wohlhabende *Weiße*, von Eric und Donald Trump Jr. bis zum König von Spanien, Teil des finanziellen Kalküls des Naturschutzes ist.

Diese Praktiken sind nicht auf Afrika beschränkt. Spitzel in der Nähe des Kaziranga-Nationalparks in Indien erhalten 1.000 Dollar, wenn sie einen Tipp geben, der zur Ermordung eines Wilderers oder einer Wildererin führt, und so entsteht eine Industrie, die diejenigen ausbeutet, die eine traditionelle Beziehung zu den Wäldern aufrechterhalten.[160] Die halbnomadischen Gujjar aus Kaschmir folgen ihren Herden und wohnen im Sommer und im Winter in verschiedenen Häusern. Für zahllose Generationen waren sie die Hüter*innen der regionalen Wälder. Und dennoch war es der Wildtierschutz, der begann ihre Häuser zu zerstören.[161]

In Oaxaca, Mexiko, attackieren oder verhaften Paramilitärs im Dienste der Energiekonzerne, häufig zusammen mit der Polizei, in den bereits erwähnten Windparks sogenannte Wilderer*innen auf den Gebieten, die für die Windräder entwaldet wurden.[162]

Auf das Vorhaben der UN-Biodiversitätskonvention, 30 % der weltweiten Landfläche unter Schutz zu stellen, zielte ein offener Brief, in dem beanstandet wurde, dass dieses Vorhaben »die Marginalisierung der Landbevölkerung fortsetzt, die von seinen Maßnahmen am meisten betroffen sein wird, [und] jahrzehntelange Forschung und Erfahrung über die sozialen Auswirkungen des Naturschutzes ignoriert.«[163] Selbst Naturschutzprogramme, die feministisch und dekolonial konzipiert sind und sich dem vorherrschenden Trend der ›grünen Militarisierung‹ entgegenstellen, sind in ihren Möglichkeiten stark eingeschränkt. Wie Laura Terzani im Fall einer reinen Fraueneinheit zur Bekämpfung der Wilderei in Südafrika dokumentiert, »kann ein grundlegender Wandel nicht innerhalb bestehender ungleicher und ungerechter Strukturen herbeigeführt werden und funktionieren«.[164]

Weil jede Akkumulation in einem kapitalistischen System weitere Akkumulation beschleunigt, wird die Einführung der erneuerbaren Energien durch einen Anstieg des Verbrauchs fossiler Brennstoffe begleitet. Etwas ähnliches passierte in den 1980ern. Als die Energieeffizienz zunahm, was zu einem nicht geringen Teil auf die Bewegung umweltbewusster Konsument*innen dieser Zeit zurückzuführen ist, nahm aufgrund kapitalistischer Preisdynamiken auch der Gesamtverbrauch an Energie zu. Oder anders ausgedrückt: Technologische Verbesserungen, die als Gewinn für die Umwelt angepriesen werden, haben oftmals den gegenteiligen Effekt. Die Infrastruktur für fossile Brennstoffe stellt eine riesige Menge gebundenes Kapital dar, von dem sich die fossilen Konzerne nicht trennen werden – und sie haben dadurch genug Einfluss auf die Steigerung der Produktionseffizienz und die Preisbildung, auch dank grüner Technologien wie der CO_2-Abscheidung –, um sicherzustellen, dass die Wirtschaft weiter kauft und verbrennt.

Da sich die CO_2-Emissionen nicht rechtzeitig verlangsamen, um eine Erwärmung um mehr als 2 °C zu vermeiden, wenden sich zahlreiche Klimaexpert*innen und Unternehmer*innen Fragen des Geoengineering und der CO_2-Abscheidung zu. In *After Geoengineering* gibt Holly Jean Buck einen nützlichen Überblick über viele der Methoden, die entwickelt aktuell werden, und die damit verbundenen Schwierigkeiten und Grenzen. Da CO_2-Abscheidung als ein Weg verkauft wird, uns *mehr Zeit zu erkaufen*, stellt sie die Frage: Zeit für wen und für was? Erkaufen wir uns mehr Zeit für gefährdete Arten, bedrohte Lebensräume und vulnerable menschliche Gemeinschaften? Oder verschaffen wir den Regierungen und Unternehmen mehr Zeit, um sich weiter zu bereichern und sich langsam von fossilen Brennstoffen zu verabschieden, sobald es für ihre Profitmargen und geopolitischen Strategien günstiger ist? Sie stellt klar: »Die Verursachenden sind die Ersten, die von der CO_2-Abscheidung profitieren.«[165]

Gegenwärtig ist die vorherrschende Strategie zur CO_2-Abscheidung die ›natürliche‹ Methode, nämlich die Wiederaufforstung, die ihre eigenen Probleme mit sich bringt. Andere Strategien jedoch, von denen viele als Geoengineering gelten, bekommen zunehmend mehr Aufmerksamkeit und manchmal auch Finanzierung. Beispiele dafür sind das Einbringen von aus der Atmosphäre entnommenen Kohlenstoffdioxid in Zement oder in das Grundgestein, wo es mineralisiert; die Verflüssigung von Kohlenstoffdioxid, um es in alten Gas- oder Ölfeldern zu lagern; das ständige Ausbringen von Aerosolen in der oberen Atmosphäre, die das Sonnenlicht reflektieren; das Bestäuben von landwirtschaftliche Böden mit gemahlenen Mineralien, die die Kohlenstoffbindung erhöhen *(rocks for crops)*; oder riesige Offshore-Plantagen für gentechnisch veränderte Algen, die als Treibstoffquelle dienen sollen. Die einzige dieser Technologien, die wirklich Anwendung findet, ist die sogenannte tertiäre Ölgewinnung (auch *enhanced oil recovery* genannt). Dabei injiziert die Öl- und Gasindustrie Kohlenstoffdioxid aus der Atmosphäre in Bohrlöcher, um die Ausbeute zu erhöhen.

Ich stimme zu, dass wir jeden dieser Vorschläge in Erwägung ziehen sollten. Schließlich geht es darum, massenhaftes Verhungern und das Aussterben der Arten zu stoppen. Wir müssen uns jedoch über ihre tatsächlichen Dimensionen vollkommen im Klaren sein.

Zuerst einmal müssen wir das *Aga-Kröten-Phänomen* berücksichtigen: Interventionistische Technologien, die zur Lösung von Problemen durch frühere Interventionen eingeführt werden, verursachen noch größere Probleme. Als die westliche koloniale Zivilisation im Dunkeln umhertastend ein interventionistisches, mechanisches Verständnis von Ökologie zu entwickeln begann, wurde – in diesem Fall in Australien – die riesige Aga-Kröte als Raubtier eingeführt, um die ausufernden Kaninchenpopulationen zu kontrollieren, die von den Kolonialmächten selbst eingeführt worden war. Die Aga-Kröte jedoch fraß am Ende alles und dezimierte zahlreiche heimische Populationen.

Die Wahrheit ist – von Kunststoffen über PFOAs bis hin zu Weichmachern –, dass an der Schnittstelle zwischen Wissen und Wirtschaft, an der heute fast die gesamte wissenschaftliche Praxis angesiedelt ist, eine starke Tendenz besteht, zuerst die Umwelt zu verschmutzen und sich erst später mit den resultierenden gesundheitlichen Problemen zu befassen. Wenn du einen Dollar über einen Abgrund baumeln lässt, würden die heutigen wissenschaftsorientierten Industrien in der Annahme über den Abgrund springen, sie könnten mit ihren Einnahmen einen Fallschirm kaufen bevor sie auf dem Boden aufschlagen.

Ein einschlägiges Beispiel dieses Phänomens ist, dass CO_2-Abscheidung, wenn sie in einem relevanten Umfang betrieben werden soll, auf einen massiven Ausbau von Infrastruktur angewiesen sein wird, unter anderem auf ein riesiges Netzwerk von Pipelines, um Kohlenstoffdioxid vom Ort seiner Abscheidung zum Ort seiner Speicherung zu transportieren. Im gegenwärtigen Kontext sind Energiekonzerne die einzigen Akteure mit der Fähigkeit, diese Infrastruktur zu bauen – und daran zu verdienen.

Es ist außerdem eine Tatsache, dass jede Pipeline undicht ist. Zwischen Februar 2019 und März 2021 gab es allein im nordwestlichen New Mexico, zumeist auf Navajo-Land, circa 320 »öl- und gasbedingte Zwischenfälle« (»Ölaustritte, Feuer, Blowouts und Gaslecks«). Bei einem dieser ›Zwischenfälle‹ entwichen 1400 Barrel Fracking-Schlämme in ein lokales Wassereinzugsgebiet.[166] Sollen wir nun der Umwelt zuliebe mehr Pipelines bauen? Es handelt sich bloß um einen weiteren Vorschlag, der vor Klima-Reduktionismus, Umweltrassismus und Kolonialismus nur so trieft. Bei CO_2-Pipelines würde ein Leck für alle tierischen Lebensformen in der Umgebung den Tod durch Ersticken bedeuten.

Jenseits der Aga-Kröten müssen wir uns die grundlegende Frage stellen, was wir als Technologie betrachten. Letztendlich stellt auch der Amazonas-Regenwald eine gewaltige Technologie dar, die das Ergebnis von Tausenden Jahren intelligenter und wechselseitiger Beeinflussung durch Hunderte indigener Gruppen ist. Im Vergleich zu ihnen sind die Expert*innen für CO_2-Abscheidung bloß Amateur*innen. An diesem Punkt müssen wir zwischen zwei sehr unterschiedlichen Paradigmen der Technologie unterscheiden: Was wir interventionistische oder ingenieurswissenschaftliche Technologie nennen, ist ein trojanisches Pferd für den Glauben an die Vorherrschaft des Menschen und Praktiken wie Extraktivismus, Ausbeutung und die Depersonalisierung des Anderen, gegen den die Technologie eingesetzt wird.

Technologie ist heute vollständig in das Rechtssystem des geistigen Eigentums und den institutionellen Rahmen der gewinnorientierten Universitäten, Labore und Forschungsinstitute eingebunden. Es ist eine Technologie der Einhegung, eine entfremdete Weltanschauung, die von oben herab auf unsere Leben schaut, um uns einen Plan aufzuzwingen, der notwendigerweise die Regierenden von den Regierten, die Konstrukteur*innen von dem bloß passiven Material trennt. Andererseits haben wir die Technologie von unten, die einer Gemeinschaft gehört, von ihr entwickelt und überliefert wird; die auf das Territorium angepasst und nuanciert ist sowie auf Gegenseitigkeit beruht; die sich als eine Form des Dialogs und Commonings entfaltet und daher dazu tendiert, die Ökologie ins Zentrum zu stellen; und die notwendigerweise antikolonial ist.

Die Hälfte jeder Technologie macht ihre Anwendung aus, also die Art und Weise, wie ein bestimmtes Artefakt in Verbindung mit anderen Technologien und Organisationstechniken in die Gesellschaft integriert und mobilisiert wird. Gegenwärtig werden interventionistische Technologien von gewaltigen ökozidalen Infrastrukturen angewendet und ihre Nutzung von Unternehmen gesteuert, die von dem Bedürfnis nach Gewinn angetrieben werden. Das institutionelle Paradigma verstärkt ein technokratisches, quantitatives Denken, das reduktionistisch und blind für die komplexen Realitäten vor Ort ist. Es bringt wohlmeinende Wissenschaftler*innen mit Unternehmer*innen und Ökonom*innen zusammen und führt zu Konzepten wie dem ›CO_2-Budget‹, die das extreme Leid und die Schäden, die bereits weit verbreitet sind, normalisieren.

Die Gewinnung von Bioenergie durch CO_2-Abscheidung und -Speicherung (kurz: BECCS) oder *›rocks for crops‹*[167] im gegenwärtigen gesellschaftlichen Kontext zu diskutieren – als ob wir diese wunderbaren Dinge, sobald wir sie nur erfunden haben, auch vernünftig nutzen könnten – bedeutet, die Welt, die uns umgibt, völlig zu ignorieren. Die extreme Naivität extrem brillanter Wissenschaftler*innen sollte niemals unterschätzt werden. Schließlich waren es Pazifist*innen, die uns die Atomwaffen beschert haben (insbesondere Albert Einstein, Lisa Meitner und Leo Szilard). Es ist der infrastrukturelle und kulturelle Kontext, der zählt: Wer die Macht hat und wie die Macht gestaltet und konzipiert ist. Die Intentionen der Erfinder*innen und Wissenschaftler*innen zählen hingegen wenig.

Die Beschleunigung der interventionistischen Technologien wird auch die gegenwärtigen Tendenzen der Herrschaft nur noch beschleunigen. Schon jetzt verschlimmern Technologien zur Kontrolle des Wetters bestehende Konflikte. Die Aussaat von Wolken, um Regen oder Hagel auszulösen oder zu verhindern, hat die Besitzer*innen eines BMW-Werkes in Mexiko und die regionalen Bäuer*innen gegeneinander aufgebracht. BMW sät dort Wolken, um zu verhindern, dass es zu starken Hagelschauern über den geparkten Autos auf dem Werksgelände kommt, was wiederum negative Auswirkungen auf die Niederschläge in der Landwirtschaft hat. Die Saat von Wolken hat auch zum militarisierten Konflikt zwischen China und Indien beigetragen, wobei Indien nicht mit dem Umfang des chinesischen Programms zur Nutzung der immer geringeren Regenfälle konkurrieren kann.[168]

Wie wir in den Interviews in diesem Buch sehen werden, ist die Frage, was wir mit Technologie meinen, wer sie kontrolliert und innerhalb von welchen Machtbeziehungen, auf welcher Seite des sozialen Krieges sie eingesetzt werden, viel wichtiger als die technischen Details der einen oder anderen Innovation. In der Zwischenzeit möchte ich darauf hinweisen, dass wir denjenigen, die sich nicht einmal gegen geistiges Eigentum aussprechen können, nicht zutrauen sollten, die Dimension dieses Problems zu verstehen. Jede Technologie die nicht unter unserer vollen Kontrolle und vollständig dem kapitalistischen Markt und kolonialen Institutionen entzogen ist, ist eine weitere auf uns und den Planeten gerichtet Waffe.

Religionen des Konsums: Ökozid und Ausbeutung

Die Art und Weise auf die Mainstream-Medien, Politiker*innen und Wissenschaftler*innen über die ökologische Krise sprechen, offenbart oftmals eine zutiefst mit eurozentrischen, kolonialen Mythen aufgeladene Ideologie. »In ihren Anfängen neigten die Menschen dazu, die Natur als ihren schlimmsten Feind zu betrachten«, so steht es in einem Artikel der *New York Times*.[169] Meist werden Beispiele aus dem Alten Testament und von den europäischen Kolonisator*innen der Amerikas herangezogen. Oder anders ausgedrückt: Obwohl sie sich für eine wissenschaftliche Perspektive auf den Klimawandel einsetzen, nehmen sie eine westliche mythologische Sicht auf die Menschheit ein, die dabei sogar im stilles Einverständnis mit der biblischen Vorstellung zu sein scheint, dass es uns erst seit ein paar Tausend Jahren gibt. Solche Diskurse über die Natur des Menschen sind fast immer ein Versuch, die *falschen* Menschen auszuradieren und den Status quo zu legitimieren.

Die westlichen Mythologien stimmen – trotz ihrer Vielfalt und der Breite ihrer Erzählungen – darin überein, den Menschen als die überlegene Lebensform zu betrachten, und öffnen damit Tür und Tor für Hierarchien unter den Menschen, zwischen den eher Menschlichen und Rationalen und den eher Chthonischen oder Animalischen. Die Natur wird in ihnen einvernehmlich als alles andere betrachtet, also auch und besonders jene Menschen, die nicht menschlich genug sind. Die anderen Menschen werden damit zur ausbeutbaren Ressource. In Jahrtausende zurückreichenden staatlichen Chroniken ist ›wild‹ im Allgemeinen ein Synonym für ›staatenlos‹ und damit auch für Gemeinschaften, die in irgendeiner Form Commoning auf eine stärker auf Gegenseitigkeit beruhenden Beziehung zu anderen Lebewesen praktizierten. (In den frühen ostasiatischen Staaten wurde häufig die Metapher ›roh‹ verwendet, was wiederum einen natürlicheren Zustand bezeichnet, der noch keine technologischen Verbesserungen durchlaufen hat.)[170]

In der Schöpfungsgeschichte fordert Gott seine Gefolgschaft auf, »füllet die Erde und machet sie euch untertan und herrschet über die Fische im Meer und über die Vögel unter dem Himmel und über alles Getier, das auf Erden kriecht«. Aristoteles ordnete alle Lebewesen in einer Rangfolge an, an deren Spitze natürlich der Mensch steht. Unter westlichen Philosoph*innen und Wissenschaftler*innen der Linken, Rechten und Mitte ist seine Konstruktion der Stufenleiter in den letzten zweitausend Jahren beliebt geblieben.[171] Aristoteles glaubte auch, dass die Seelen von Frauen, Kindern und Versklavten im Vergleich zu der Seele eines griechischen Mannes unvollständig seien. Cicero war der Meinung, dass alle Dinge in dieser Welt, die der Mensch gebraucht, für ihn erschaffen und bereitgestellt worden seien.[172]

Descartes argumentierte, dass man durch Vivisektion ein mechanisches Verständnis von (anderen) Tieren erhalte, und dass es keinen Grund gebe, sie nicht zu töten, wenn mensch sie einmal mechanisch verstanden habe.[173] Descartes war davon überzeugt, dass andere Tiere weder vernunftbegabt seien, noch eine Seele hätten. Die von ihm beeinflussten Mechanist*innen verbreiteten die Vorstellung, dass Tiere keine Emotionen oder Leid empfänden – eine praktische Idee für den Kapitalismus dieser Zeit, der sich in voller Expansion befand und stark auf die Arbeitskraft von Lasttieren und die Anfänge der industriellen Fleischproduktion angewiesen war. Descartes Zeitgenoss*innen aus den unteren gesellschaftlichen Klassen teilten diese Ansicht hingegen weniger.[174] Unter Wissenschaftler*innen blieb sie jedoch das ganze 20. Jahrhundert verbreitet. Es war unvermeidlich, dass die führenden Wissenschaftler*innen der europäischen Sklavenhandelsnationen und des nationalsozialistischen Deutschlands diesen Glauben und diese Praxis auf jene Menschen anwendeten, die sie als weniger menschlich ansahen.

Menschen, die in westlichen Gesellschaften aufgewachsen sind – und in unterschiedlichem Ausmaß und auf kompliziertere Weise auch Menschen, die von westlichen Gesellschaften kolonisiert wurden oder in Gesellschaften aufwuchsen, die westlichen Wirtschaftsmodellen folgen –, wird beigebracht, dass die Welt gleichermaßen unsere Goldmine und unsere Kloake ist. Sogar Versuche, nichtmenschliches Leben zu respektieren, die sich auf westliche Philosophie gründen, tendieren dazu, anthropozentrisch zu sein. Resultat dessen ist oftmals ein fragmentarischer Ansatz, der die Achtung nur Stück für Stück auf die Lebewesen ausdehnt, die dem Menschen am ähnlichsten und ästhetisch am ansprechendsten sind.

Pflanzen und Pilze sind auch in der Lage wahrzunehmen, zu lernen und Entscheidungen zu treffen.[175] Sie haben ihre eigenen Geschichten, ihre eigenen Werte; warum also hier die Grenze ziehen? Mittlerweile ist bekannt, dass Gesellschaften, welche den Boden oder das Wasser traditionell als Lebewesen betrachtet haben, sehr effektiv darin sind, diese auch zu bewahren. Die Gesellschaft hingegen, die Boden und Wasser bloß als Material behandelt, hat eine Katastrophe planetarischen Ausmaßes erschaffen, was dazu geführt hat, dass fruchtbare Böden überwiegend zerstört und große Teile der Welt von Wassermangel betroffen sind.

Eine gesunde Reaktion auf die Katastrophe kann es nicht ohne die Erkenntnis geben, dass die westliche Zivilisation gescheitert ist. Ihre Grundgedanken sollten im Lichte der mit ihnen einhergehenden Konsequenzen untersucht werden.

Die Vorstellung menschlicher Überlegenheit ist nicht universell. Wieder einmal ist es der Kolonialismus, der andere Sichtweisen unserer Beziehung zur Welt unterdrückt. Diese anderen Vorstellungen kommen vor allem von jenen, die unter dem Kolonialismus leiden oder gegen ihn kämpfen.

Der vietnamesische buddhistische Mönch und Lehrer Thích Nhất Hạnh erklärt den Zusammenhang zwischen Empathie und Wissen, der in krassem Gegensatz zur, hier beispielhaft schon genannten, descartschen Praxis von Mechanismus, Apathie, Ausbeutung und Objektivität steht: »Wenn wir etwas verstehen wollen, können wir nicht nur abseits stehen und es beobachten. Wir müssen tief eintauchen und eins mit ihm werden, um es wirklich verstehen zu können.«[176]

Sulak Sivaraksa, ein thailändischer Aktivist und Lehrer des Engagierten Buddhismus schreibt:

> »Schon vor den großen Traditionen Asiens trug der Animismus zu den kulturellen Konzepten des Friedens und der sozialen Gerechtigkeit bei, die den Respekt vor den Naturphänomenen fördern. Uns wurde gelehrt, die Geister zu verehren, die über die Wälder und Meere wachen. Bei jeder Mahlzeit bedankten wir uns bei der Reisgöttin, um uns daran zu erinnern, nicht verschwenderisch zu essen und uns all der menschlichen Arbeit und der natürlichen Ressourcen bewusst zu sein, die in jedem Teller Essen stecken. Traditionelle Riten auf dem Feld trugen auch zu einem Bewusstsein für die Natur und zu Dankbarkeit ihr gegenüber bei. Lokale Feste förderten den

Gemeinschaftsgeist und erinnerten uns daran, dass Reis für den kollektiven Konsum und nicht für den individuellen Reichtum bestimmt ist.«[177]

Niillas Somby, »seit den 1970ern eine prominente Figur im Kampf der Sámi für Gerechtigkeit«[178] gegen die Besatzung und ausbeuterische, assimilierende Praktiken des norwegischen, schwedischen und russischen Staates, erklärt:

»Überall, wo der Kolonialismus Fuß fasste, ist das gleiche Muster zu erkennen: Die traditionelle Spiritualität war das erste Element der Kultur, das angegriffen wurde. [...] Das Land gehört uns nicht. Wir gehören dem Land und es liegt in unserer Verantwortung, uns darum zu kümmern.

[...] Bei der Ausübung traditioneller Spiritualität geht es nicht nur um Heilung und Medizin, sondern um das Verständnis, wie alles miteinander verbunden ist, um die Fähigkeit, mit der Natur in Beziehung zu treten und ihre Hüter*innen zu sein.«[179]

Der samische Historiker Aage Solbakk schrieb: »Hier in Sápmi ist die ganze Natur lebendig. Alles hat eine Seele, sei es ein Stock oder ein Stein, ein See oder ein Bach.«[180]

Die Wissenschaftlerin Jacqueline Hookimaw-Witt, Angehörige der Mushkegowuk, beschreibt »den Unterschied zwischen dem Konzept der Cree für Landbesitz und dem kolonialen Konzept privaten Eigentums« wie folgt:

»Du kannst Land nicht kaufen und besitzen wie ein Auto. Und trotzdem besitzen wir Land in einem anderen Sinne. [...] In dem Maße, wie wir das Land ›besitzen‹, besitzen es auch andere Lebewesen auf diesem Land (Tiere, Pflanzen, Steine), was bedeutet, dass wir vom Schöpfenden auf das Land gesetzt wurden und dass alles, was sich auf dem Land befindet, dorthin gehört und das Land nutzen kann.«[181]

Der Schriftsteller Mike Gouldhawke, Angehöriger der Métis und Cree, führt weiter aus:

> »Land ist das Terrain, auf dem sich all unsere Beziehungen abspielen, und man kann sogar das Land selbst als etwas Lebendiges betrachten, das ständig andere Lebewesen formt und von ihnen geformt wird. Land ist nicht nur ein Ort, es ist auch ein Territorium, was politische, rechtliche und kulturelle Beziehungen der Rechtsprechung und Fürsorge impliziert.
>
> [...] Traditionelle Cree-Gesetze wie *sihtoskâtowin* (Zusammenhalt in gegenseitiger Unterstützung) und *miyo-wîcêhtowin* (die Pflege guter Beziehungen) stehen in krassem Gegensatz zu diesem Siedler∗innensystem, das auf privaten und individualisierten Formen von Eigentumsrechten und politischer Vertretung basiert.«[182]

Kauy Bahe und Brandon Benallie erklären das Konzept der Diné für *k'é*, welches von Anthropolog∗innen als Verwandschaftssystem schematisiert wird. Es ist jedoch viel mehr als das, erklärt Bahe: Es ist eine »riesige übergreifende Philosophie der Verbundenheit des gesamten Universums. Aber es geht auch um die Beziehungen, die wir zueinander und zu den Elementen der Welt haben, sei es zum Wetter, zum Wasser oder den Tieren.« Benallie nennt *k'é* »unsere Weltformel. [...] Es geht darum, wie wir mit allem verbunden sind – aber insbesondere darum, wie dieses verwandtschaftliche Verhältnis erwidert und aufrechterhalten wird.«[183]

Dr. Ku'ulei Rodgers, eine hawaiianische Riff-Ökologin, berichtet, dass das Kumulipo, die hawaiianische Schöpfungsgeschichte, davon »erzählt, wie die ersten beiden Wesen in der Reihenfolge ihrer Bedeutung Organismen hervorbringen. Als Erstes war das Korallenpolyp, gefolgt von der Korallenkolonie, dann kamen die Meereslebewesen, dann die Landlebewesen. Die indigenen Hawaiianer∗innen verstanden, dass ihre Verbindung zum Meer absolut lebenswichtig für sie war.«

Christliche Missionare wie Daniel Dole, dessen Familie später das größte Obstkonservenunternehmen der Welt gründen sollte, kamen Mitte des 19. Jahrhunderts nach Hawai'i, um den indigenen Glauben an eine spirituelle Verbindung mit dem Meer und der Erde zu zerstören und sich gleichzeitig riesige Landflächen für ihre Unternehmen anzueignen. Diese traditionelle Beziehung und die Praxis des kommunalen Fischens, die mit ihr einhergeht, wiederherzustellen, ist unverzichtbar, um die bedrohten maritimen Ökosysteme Hawaiis zu retten.[184]

Vine Deloria Jr., Gelehrter der Standing Rock Sioux, stellt fest, dass die »Aneignung des Landes und die missionarische Arbeit in der amerikanischen Geschichte immer Hand in Hand gingen« und dass die »Ausbeutung durch die eigenen Mitmenschen zu einer religiösen Aufgabe wurde. Für die Unachtsamen wurde das Gesetz zu einer Falle und eine gefährliche Waffe in den Händen derer, die verstanden sie zu nutzen.«[185]

Wenn ich die westliche Zivilisation ablehne, sage ich vor allem, dass wir den Kolonialismus beseitigen müssen, der im Grunde genommen das verhängnisvolle Konzept eines Westens erst geschaffen hat. Wir müssen all die politischen und ökonomischen Institutionen beseitigen, die ihn realisiert haben und ebenso die Philosophien, die ihm ein Alibi gaben, etwa die ineinander verschachtelten Ideen menschlicher oder europäischer Überlegenheit. Ich bin mir bewusst, dass kaum eine soziale Struktur oder Glaubensform auf dem Planeten vom Kolonialismus unberührt geblieben ist und dass viele von uns, mich eingeschlossen, komplett innerhalb der Matrix von Strukturen, Praktiken und Überzeugungen erzogen wurden, die den nebulösen, fiktiven und immer spärlich definierten Westen ausmachen. Wir können uns nicht einfach eine neue Kultur und eine neue Geschichte aussuchen, als wären dies Gegenstände in einem Supermarkt; zumindest nicht, wenn wir gegen den Kolonialismus kämpfen wollen. Ich erkenne an, dass wir mit einer Welt konfrontiert sind, die in Trümmern liegt und dass jede Gemeinschaft diese Ruinen wird durchsuchen müssen, um zu entscheiden, was sie behalten und pflegen, was sie auf den Müllhaufen der Geschichte werfen und was sie für eine gesunde, auf Solidarität und Gegenseitigkeit basierende Welt wird wiederverwenden können.

Diese Kritik bedeutet für uns mindestens, dass wir in der gegenwärtigen Gesellschaft hegemoniale Ideen erkennen und widerlegen müssen; Ideologien, die wir oft nicht als solche wahrnehmen und die von allen herrschenden Institutionen reproduziert werden. Dazu gehört auch der Kapitalismus, der sich mit dem Konzept des ›nachhaltigen Wachstums‹ in die Umweltbewegungen eingeschlichen hat. Trotz zahlreichen Studien, die belegen, dass anhaltendes Wachstum und ökologische Nachhaltigkeit nicht kompatibel und grünes Wachstum schlicht unmöglich ist,[186] haben sich Generationen von Umweltschützer*innen und ökologisch gesinnter Wissenschaftler*innen dazu verleiten lassen, ihre Bemühungen der Chimäre des grünen Wachstums zu widmen. Wie Demaria, Kallis und Bakker argumentieren, ist »Wachstum nicht nur ein materieller und ökonomischer Prozess mit sozialen und ökologischen Kosten, sondern auch eine hegemoniale Idee, die ökologischere und egalitärere Alternativen verdeckt«.[187]

Die Kritik an dieser gescheiterten Zivilisation erstreckt sich auch auf die herrschenden Praktiken und Institutionen der Wissenschaft. Da Klimaleugner*innen, die bereit sind, den überwältigenden Konsens über den uns gegenwärtig bedrohenden Ökozid zu verleugnen, gegenwärtig äußerst prominent sind, ist es – vorsichtig gesagt – umstritten, zum jetzigen Zeitpunkt die Wissenschaft zu kritisieren. Es handelt sich hier jedoch nicht um einen Kampf zwischen irrationalen, abergläubischen Menschen und Wissenschaftler*innen, wie es uns die progressiven Medien glauben machen wollen. Tatsächlich ist das Sprachbild der abergläubischen Horden sowohl rassistisch als auch ungenau, denn die sogenannten ›Stammesvölker‹, auf die sich das Klischee bezieht – sofern es sich überhaupt auf reale Menschen bezieht –, waren Menschen, die lange vor den Wissenschaftler*innen über die Gefahren der Umweltzerstörung sprachen, und ihre spirituellen Praktiken – der viel geschmähte Aberglaube – waren ein Schlüsselelement ihrer intelligenten, ökozentrischen Lebensformen.

Es ist eine traurige Tatsache, dass die Leugnung wissenschaftlicher Tatsachen ein vollkommen wissenschaftliches Phänomen ist. Es nährt sich aus den fortschrittlichen Algorithmen von Facebook, den vielen Wissenschaftler*innen, die für die fossilen Industrien arbeiten, und den gut finanzierten Studien darüber, mit welchen populistischen Lügen die Politiker*innen durchkommen können.

Das Problem an dem Appell »Hört auf die Wissenschaft!« ist, dass Wissenschaft als ein neutraler und harmonischer Prozess dargestellt wird. Wissenschaft heute zu kritisieren – das Netz der Institutionen, Finanzierungs- und Beschäftigungsmöglichkeiten, der Forschungsprogramme, die untrennbar von den kulturellen Prioritäten und Vorurteilen derer sind, die sie entworfen haben – meint nicht die Zurückweisung empirischer Wissensproduktion oder jeder denkbaren Variante wissenschaftlicher Einrichtungen, die in alternativen Universen existieren könnten. Es ist vielmehr ein Weg, die Mythologie zu demaskieren, die Wissenschaft als einziges Synonym für Wissen darstellt und darüber zu sprechen, was eigentlich gerade passiert und was passieren muss.

Der Ökozid ist ein hochgradig technischer Prozess. Keine einzige der Industrien, die für die Zerstörung des Planeten verantwortlich ist, konnte sich ohne die wesentliche Teilnahme von akademisch ausgebildeten Expert*innen entwickeln. Keine einzige Ölbohrung, keine einzige Goldmine, keine einziger Fracking-Standort. Wissenschaftler*innen stehen unter dem gleichen Druck, sich zu verkaufen, wie alle hochqualifizierten Arbeitskräfte in einer kapitalistischen Wirtschaft.

Die Forschungseinrichtungen der Universitäten und Institutionen, die heute existieren, sind im Wesentlichen als Teil des globalen Kolonialismus entstanden oder durch ihn gewachsen. Die Royal Society[188] des Vereinigten Königreichs, die älteste wissenschaftliche Institution der Welt, war eine aktive Komplizin der militärischen und ökonomischen Expansion des Britischen Empire.[189] Die renommiertesten Universitäten der USA existieren vor allem – und beziehen einen großen Teil ihrer Finanzierung – aufgrund des US-Militarismus. Disziplinen von der Geologie bis zur Anthropologie entstanden als Teil des kolonialen Projekts und innerhalb der extraktivistischen Bergbauindustrie. Auch bei der Aufstandsbekämpfung im Irak und in Afghanistan spielen sie weiterhin diese Rolle.[190] Botanik und Chemie, zusammen mit der Pharmaindustrie, werten indigenes Wissen über lokale Pflanzen und Ökosysteme ab und beuten es gleichzeitig aus.[191] Kevin Chang, ein hawai'ianischer Aktivist bei *Kua'āina Ulu 'Auamo*, einer Organisation, die die Regierung unter Druck setzt, um die kommunale Verwaltung von Land und Wasser zu erlauben, berichtet: »Umweltschutzarbeit ist ausschließlich an einen westlichen Blick auf Biologie und Ökosysteme gebunden. In der Vergangenheit waren ›Expert*innen‹ nicht mit den Gemeinschaften verbunden, die sie studierten. Es wird vergessen, dass es in den Gemeinschaften selbst Expertise gibt.«[192]

Unter den Menschen, die ich für dieses Buch interviewt habe und die an ökologischen und antikolonialen Kämpfen auf der ganzen Welt teilnehmen, kam immer wieder unaufgefordert ein Misstrauen und eine Feindseligkeit gegenüber Akademiker*innen zur Sprache. Sie wurden häufig neben NGO-Mitarbeiter*innen, prominenten Aktivist*innen und Politiker*innen als diejenigen identifiziert, die soziale Bewegungen im Einklang mit den Interessen der Geldgeber*innen ihrer Einrichtungen ausnutzen und sogar zur ihrer Zerstörung beitragen.

Die Ressourcen, die Akademiker*innen anzubieten haben, könnten für Gemeinschaften im Widerstand von großen Nutzen sein und in einigen Fällen, die wir uns in Kapitel 3 anschauen werden, sind sie dies bereits. Damit dies möglich ist, müssen Akademiker*innen lernen zuzuhören: dem Land, den Gemeinschaften und den kämpfenden Menschen.

Ob sich dies ändert, hängt von einer wichtigen Frage ab: Wie werden sie sich im Verhältnis zu den mächtigen Institutionen der Wissensproduktion, die sie geprägt haben, und zu den Gemeinschaften, aus denen diese Institutionen Wissen extrahieren wollen, positionieren? Werden sie als Dieb*innen des akademischen Wissens und Saboteur*innen der akademischen Institutionen an die kämpfenden Gemeinschaften herantreten, bereit die Einhegungen zu sprengen, die ihre Bosse um das Allgemeingut Wissen gebaut haben? Werden sie von den Institutionen stehlen und den Gemeinschaften zurückgeben? Werden sie dabei helfen, dass Wissen und Lernen wieder in den kollektiven Besitz zurückkehren? Oder werden sie tun, was von ihnen erwartet wird und wie der Prozess geplant war, ähnlich wie die Fabriken oder transatlantische Schiffe, die falsche Versprechen vom Fortschritt mit sich bringen, plündern und disziplinieren, die Gewinne einbehalten und die Kosten externalisieren?

Einfach gesagt: Es liegt an ihnen.

Wie auch immer, wir können nicht länger auf sie warten. Die Expert*innen, die das Problem verursacht haben, werden es nicht lösen, erst recht nicht ohne ihre weitreichende institutionelle Macht anzuerkennen und sich klar auf die Seite der Gemeinschaften zu stellen, die sich gegen ihre Geldgeber*innen und gegen die Karrieren der Expert*innen stellen.

In der Zwischenzeit tun Gemeinschaften alles, was sie können, um Wissen zu kollektivieren. Das heißt auch, zwei unterschiedliche Arten von Wissen zu erkennen und miteinander zu verbinden: Eines, das quantitativ, falsifizierbar und universell ist; und ein anderes, das situiert, verkörpert, historisch und selbstbewusst ist.

Um dieses Wissen innerhalb einer lebendigen Geschichte des Widerstands zu verorten, habe ich mit Adrianna Quena gesprochen. Adrianna hat in den letzten zwei Jahrzehnten an landwirtschaftlichen Widerstandsbewegungen und Bewegungen für Ernährungssouveränität in Venezuela teilgenommen, »die ihrerseits selbstverständlich Erben viel größerer historischer Prozesse des Kampfes um Land und Souveränität in Venezuela sind«. Sie war Teil von Kollektiven und Plattformen wie der *Campaña Venezuela Libre de Transgénicos* (›Kampagne für ein Venezuela frei von gentechnisch veränderten Organismen‹) und dem *Movimiento Popular Semillas del Pueblo*[193] (›Populare Bewegung Saatgut der Leute‹). In jüngerer Zeit ist sie nach Barcelona gezogen, wo sie Teil der urbanen Gärten *Quirhort* und *La Cuina* ist, »ein künstlerisches Labor, das zu Ernährung und Politik arbeitet.«

»Ich glaube, die Geschichte hat uns oft genug gezeigt, dass ›formelle‹ oder akademische Wissenschaft nicht neutral ist. Sie ist so beschaffen, dass das produzierte Wissen wiederum koloniale und patriarchale Logiken reproduziert, die die Herrschaft der wissenschaftlichen Institutionen, die sie repräsentiert, erweitern. Es ist eine eurozentrische Institution, die nach der Pfeife des Kapitals tanzt.

Obwohl es Ausnahmen gibt, denke ich, dass technokratische Propaganda ihnen bereits ausreichend Öffentlichkeit verschafft und wir von einem anderen Ort aus zu sprechen versuchen sollten. Bedeutet dies, dass Wissen und Bewusstsein eine Sache der Mächtigen sind? Nein und Nein. Es bedeutet, dass im Begriff der ›Expert*in‹ immer ein latenter Rassismus, ein latenter Autoritarismus steckt, der ziemlich gefährlich ist, der sich selbst als etwas Überlegenes legitimiert, der das populare Wissen, ebenso wie die Menschen, die es produziert haben, und die, die sich um es gekümmert haben – als ein Netzwerk, über mehrere Generationen hinweg – unterschätzt und/oder in Waren verwandelt.

Wenn wir, um auf diesem Planeten zu überleben, unsere ökosystemischen Beziehungen reparieren müssen und wir verstehen, dass die Akademie, die Universitäten, die Forschungszentren, koloniale Institutionen sind, und wir auch verstehen, dass die Kolonialisierung an ihrer Wurzel ein ökologisches Problem ist, mit ihrer kriminellen Logik der Akkumulation durch Enteignung, und dass sich das Problem zwischen dem Globalen Norden und Süden aufspannt, zwischen der Stadt und dem Land, dann denke ich, ist es lohnenswert, über Folgendes nachzudenken: Welche Art von Fragen kann aus diesen akademischen, wissenschaftlichen Institutionen heraus gestellt werden? Und wir sollten auch fragen, oder wenigstens in unseren Zweifel einbeziehen: Wie kommt es, dass Wissen, welches ausschließlich aus diesen Institutionen stammt, nützlicher oder legitimer ist, als Wissen, dass von den Menschen auf ihrem eigene Territorium produziert wird, die seit Jahren von absoluter Zerstörung, aber auch von intensivem Widerstand geprägt sind?

Ich denke, dass der wissenschaftliche Zugang zu Wissen Territorien, wie auch das Verständnis einer möglichen anderen Welt, beschädigt, weil es zu fragmentiert ist und weil es homogenisiert, versucht die Lösungen zu standardisieren und auf diese Weise das adaptive und nachhaltige Wissen, welches das menschliche Leben auf diesem Planeten über Jahrtausende möglich gemacht hat, verloren geht – und manchmal sogar vernichtet.

Als eine semiurbane, *white-passing* Enkelin vertriebener Kleinbäuer*innen konnte ich spüren, wie mein Weg durch die Akademie mir prinzipiell die Konstruktion einer Subjektivität der Überlegenheit ermöglichte, mit bedeutenden Anteilen von Selbsthass, die es mir nicht erlaubten, eine kohärente Frage in Bezug auf die Plünderung unseres Territoriums in Venezuela überhaupt zu formulieren, noch die Bedürfnisse und Begehren zu verstehen, die als Ergebnis dieser Geschichte und dieses Widerstands in unseren Herzen schlagen. Der bloße Versuch, diese Fragen zu formulieren, wurde als Subversion verstanden und, als Resultat dessen, sanktioniert.

Als ich dies erst einmal verstanden hatte, entschied ich, richtig zu forschen. Ich verlagerte meinen Blick auf Kleinbäuer*innen und indigenes Wissen und ich verstand, dass (1.) ich vollständig unwissend bin und dass (2.) die wahre Wissenschaft – was in etwa bedeutet: Beobachtung, Experimentieren, Innovation und die Weitergabe von popularem Wissen und Technologie in Lateinamerika und insbesondere in Venezuela – 100 Jahren Zerstörung durch die moderne Ölindustrie und 500 Jahren kolonialer Verwüstung widerstanden hat.

Während ich lernte – zuhörte, pflegte und mich pflegen ließ, nähte, navigierte, sang und kochte –, beobachtete ich die Ankunft von Techniker*innen und Expert*innen jeglicher Art: Ingenieur*innen, Anthropolog*innen, Agronom*innen, Politikwissenschaftler*innen, Bürokrat*innen, Pädagog*innen, Wohltäter*innen und Aktivist*innen ... und ich sah eintausendmal, wie der Blick der Überlegenheit jede Zusammenarbeit und Komplementarität zwischen den [verschiedenen Arten] von Wissen unmöglich machte. Es sind durchaus auch andere Formen der Wissensvermittlung und -produktion möglich, aber sie werden weder an der Universität noch in den Ministerien gelehrt.

Globale ökologische Probleme wie Hunger, der Verlust der Agrobiodiversität (von 10 000 essbaren Arten kommen in der heutigen Ernährung nur etwa 150 vor), Bodenverschlechterung, dem schleichenden Tod der Meere, die Vertreibung von Millionen von Menschen, die Opfer von Ressourcenkriegen oder ähnlichem werden, erfordern einen weiteren Horizont, mehr Hingabe und mehr Risiko als irgendwelche akademischen Abschlüsse oder das Absolvieren einer staatlichen Prüfung, die willkürlichen und kontextlosen Grenzen gehorcht.

Zusammenfassend können wir sagen, dass die Logik der Expert*innen es unmöglich macht, uns diese andere Kultur vorzustellen, die wir so dringend erschaffen müssen und sie macht es unmöglich, eine Ökologie der Reparation zu weben, die wir brauchen, um zu überleben.

Andererseits, gleichsam zusammenfassend, könnten wir sagen, dass die Logik von Wissen als ein Netzwerk, adaptiv und nicht kommerzialisiert, unser wichtigstes Leuchtfeuer ist und uns die Zukunft sichert. Was können wir von diesem Wissen lernen? Für mich ist die wichtigste Lehre, dass Wertvorstellungen am wichtigsten und nachhaltigsten sind. Die Kriterien für die Beschaffenheit und Güte eines Territoriums verbinden die Ethik der Gemeinschaft auf diesem Territorium, ihr Verständnis davon, was Leben, was Gerechtigkeit, was Reichtum und was Wohlbefinden ist.«

Gefängniszellen und Todesschwadronen: Staatliche Erste Hilfe in der Klimakatastrophe

Im April 2009 trafen sich die Repräsentant*innen der 28 NATO-Staaten in Straßburg, Frankreich, und gleichzeitig auf der anderen Seite der Grenze in Kehl, Deutschland. Auf der Agenda der größten militärischen Allianz des Planeten stand der Klimawandel – und das zu einer Zeit, als die Politiker*innen in den meisten Mitgliedsländern im besten Fall inaktiv waren und im schlimmsten die Realität aktiv verleugneten. Mit welchen Lösungen wollten sie dem Klimawandel entgegentreten? Verstärkung der ›Grenzsicherheit‹, biometrische Ausweise und mehr Überwachung für ihre Bevölkerungen, außerdem erneuerten sie ihr Ziel, den Einsatz des Militärs im Inneren bis 2020 zu normalisieren. In einem Strategiepapier, welches vor dem Gipfel veröffentlicht wurde, hieß es freiheraus: Die »Sicherheitsprobleme [sind] überwiegend sozioökonomischer und nicht militärisch-technischer Art.«[194] Das Papier stellt im Weiteren klar, dass ›sozioökonomische‹ Bedrohungen von armen Menschen, Klimaflüchtenden und anderen, die durch die aktuelle Situation verärgert oder geschädigt sind, ausgehen. Von daher sollten die Mitgliedsstaaten weiterhin daran arbeiten polizeiliche und militärische Maßnahmen zu integrieren und darauf vorbereitet sein, das Militär im Inland einzusetzen.[195]

Jene, die von dieser Reaktion schockiert sind oder sie als eine Art *non sequitur* betrachten, haben die wahre Natur oder das Ausmaß der ökologischen Krise nicht erkannt. Die Regierungen der Welt, insbesondere die des Globalen Nordens, verstehen die Krise als eine Sicherheitsfrage. Sie wissen, wie real das Problem ist, und sie wissen, dass wachsende Wüsten und steigende Meeresspiegel Hunderte Millionen Menschen nur des nackten Überlebens wegen aus ihrem Zuhause vertreiben werden. Ihre Lösung ist die weitere Militarisierung der Grenzen – jene der Festung Europa und im US-amerikanischen Südwesten, die eindeutig *›designed to kill‹* sind –, damit Menschen, die um ihr Leben fliehen, durch die sehr reale Möglichkeit, auf ihrer Reise zu sterben, abgeschreckt werden.[196]

Einfach ausgedrückt: Die großen Streitmächte der Welt, die bereits zu den größten Verursachern von Giftmüll und Treibhausgasen gehören, schlagen vor, noch mehr Menschen zu töten, um sich vor den Folgen der Krise zu schützen, für die sie zu einem großen Teil selbst verantwortlich sind. Außerdem schlagen sie vor, die Repression gegen die eigenen Bevölkerungen zu verstärken – in dem Wissen, dass die unteren Klassen die Leidtragenden sein werden und Rebellionen, im Süden wie im Norden, zu erwarten sind.

Während die Reichen und Mächtigen bei dem Gipfel auf Tuchfühlung gingen, nahmen sich tausende Anarchist*innen und andere Antikapitalist*innen die Straßen, kämpften mit der Polizei und brannten Banken nieder, in dem Versuch, den NATO-Gipfel zu stören. Obwohl die Medien sie herablassend als blindwütige, zu bösen Taten entschlossene Horde porträtierten, waren sie sich vollkommen im Klaren über das, was die NATO vorschlug und was für den Rest von uns auf dem Spiel steht. Ihre Reaktion könnte als die Angemessenste und Intelligenteste charakterisiert werden, zumindest wenn wir sie mit der Reaktion der meisten Wissenschaftler*innen und NGOs vergleichen, die weiterhin mit denselben Regierungen in den Dialog treten, die den Gipfel unterstützt haben.

Drei Gruppen, jene mit der meisten Erfahrung und der größten Effektivität im Widerstand gegen die ökologische Krise, wurden systematisch vom offiziellen Diskurs über die Antworten auf den Klimawandel ausgeschlossen: Indigene, die versuchen ihr Land zu beschützen und ihre traditionellen Lebensformen wiederherzustellen;

die am meisten Betroffenen von der ökologischen Krise, darunter Klimaflüchtende; und radikale ökologische Aktivist*innen, radikal in dem Sinne, dass sie zur Wurzel des Problems vordringen und deshalb, üblicherweise, Teil antikapitalistischer und antikolonialer Bewegungen sind.

Wir sollten diese drei Gruppen nicht getrennt voneinander betrachten. Viele Indigene sind Anarchist*innen und Sozialist*innen; viele Migrant*innen oder Aktivist*innen, die Widerstand gegen den Bau von Müllverbrennungsanlagen oder Kohleminen in ihrer Nachbarschaften leisten, sind Indigene oder Antikapitalist*innen oder beides. Wir können sie stattdessen als drei verschiedene, sich bei zahllosen Anlässen überschneidende Fronten denken.

Es ist bezeichnend, dass Staaten die Menschen aus allen drei Feldern als gesellschaftliche Feinde behandelten, die überwacht werden müssen; als Bedrohungen, die es zu beseitigen gilt. Die NATO ist keine Ausnahme. Von Borneo bis Brighton: Wenn Menschen beginnen die Erde zu verteidigen und für ein würdiges Überleben zu kämpfen, reagieren Regierungen und die mit ihnen verknüpften wirtschaftlichen Interessen standardmäßig mit dem Einsatz von Todesschwadronen oder Inhaftierung.

Die Abholzung der Wälder auf Borneo (die vor allem im Zusammenhang mit der Palmöl-, Holz- und Zellstoffindustrie erfolgt) ist eine der größten Bedrohungen für die Umwelt, die indigenen Gemeinschaften und die armen Menschen, die zwischen kleinbäuerlicher Existenz in einer unwirtlichen Wirtschaft und erzwungener Urbanisierung unter ungesunden Bedingungen feststecken. Gleichzeitig ist sie die Haupteinnahmequelle der lokalen Oligarchie. Die Abholzung verursacht tödliche Luftverschmutzung, zerstört den Boden und bedeutet das Ende der kleinbäuerlichen Landwirtschaft, auf die viele Gemeinden angewiesen sind. Diejenigen, die Widerstand leisten, sind Gewalt durch die Polizei oder durch im Auftrag der Oligarchie arbeitende paramilitärische Gangster ausgesetzt.

Eine Aktivistin aus Borneo, die sich mit Agrarfragen und indigenen Kämpfen um Land beschäftigt, insbesondere mit mehreren Dayak-Gemeinschaften, erzählte mir, wie der Staat den

Palmölplantagen auf der südost-asiatischen Insel Borneo; Allein in Indonesien wachsen auf mindestens 16,4 Millionen Hektar Palmen statt Regenwald.

Widerstand neutralisiert: »Im schlimmsten Fall ermordet der Staat seine Gegner∗innen.« Dies geschah zwar häufiger in der Zeit der *Orde Baru*[197], nachdem eine von den USA unterstützte Diktatur über 500 000 Menschen ermordet hatte, aber es geschieht auch heute noch. Der Staat »kriminalisiert und verhaftet Dayak-Aktivist∗innen oder Bäuer∗innen [...], um die Aktionen der Palmölfirmen zu vertuschen. [...] Manchmal sterben verhaftete Aktivist∗innen im Polizeigewahrsam«. Die Aktivistin beschrieb den Fall eines regimekritischen Journalisten, der gefoltert und verstümmelt wurde, nachdem er kritisch über die Wirtschaftsoligarchie geschrieben hatte, die die Politik auf der Insel kontrolliert. Der Journalist starb anschließend unter fragwürdigen Umständen. »Ich könnte noch weitere Fälle von Repression aufzählen, aber das ist psychisch etwas belastend.« In der Woche, in der ich an diesem Abschnitt des Buches arbeitete, wurden in Honduras zwei indigene Umweltaktivist∗innen getötet.

José Adan Medina und Félix Vazquez, von den indigenen Gruppen der Tolupan und Lenca, wurden ermordet, weil sie sich gegen den Bau von Staudämmen und anderen Missbrauch des Landes gewehrt hatten.[198]

Nach Angaben der NGO *Global Witness* wurden zwischen 2002 und 2018 in 50 Ländern mehr als 1700 Umweltaktivist∗innen ermordet – Menschen, die versuchen, die Zerstörung der Umwelt oder Menschenrechtsverletzungen im Zusammenhang mit der Rohstoffgewinnung aufzuhalten. Etwa 40 % der Toten waren Indigene und die Mörder∗innen, von denen die überwiegende Mehrheit ihre Taten ungestraft beging, waren Polizist∗innen, Militärs und Paramilitärs, die auf Anweisung des Staates oder multinationaler Unternehmen arbeiteten.[199] 2019 wurde eine Rekordzahl von Umweltaktivist∗innen ermordet: 212 Todesfälle wurden registriert, viele weitere wurden nicht erfasst.[200] Kolumbien, die Philippinen und Brasilien führten die Liste der Morde an (mit dem Vorbehalt, dass über die extraktivistische Gewalt in vielen afrikanischen Ländern zu wenig berichtet wird, zum Teil aus Gründen, auf die wir gleich eingehen werden).

In Brasilien und vor allem in Kolumbien greifen paramilitärische Todesschwadronen, die mit Unterstützung der Vereinigten Staaten entstanden sind, Gemeinden an, die sich den großen Wirtschaftsinteressen in den Weg stellen. Interessen für die der Regenwald zerstört wird, um Minen und Plantagen zu errichten oder Holz zu fällen.

In Kolumbien zahlten die Dole Food Company, Chiquita Brands International und andere Konzerne Millionen Dollar an Paramilitärs, um ihre Interessen zu verteidigen, zum Beispiel um Gewerkschaftsaktivist*innen in ihrer Belegschaft zu ermorden. Die Unternehmen gaben die Namen von Gewerkschafter*innen, in den lokalen Gemeinden arbeitenden Aktivist*innen und mutmaßlichen Linken an die Paramilitärs weiter, die sie dann hinrichteten.[201] Zwischen 1997 und 2004 verübten die Paramilitärs 4335 Morde und 1306 gewaltsame Verschleppungen in Gemeinden in der Nähe der Chiquita-Plantagen.[202] Während die paramilitärische Gruppe AUC auf der Gehaltsliste von Chiquita stand, vertrieb sie gewaltsam 60000 Menschen aus ihren Häusern in der Bananenanbauregion eines einzigen Bundesstaates. Selbst nachdem die Gruppe vom US-Außenministerium zu einer terroristischen Organisation erklärt worden war (ein Schritt, der angesichts der Komplizenschaft der US-Regierung mit den Paramilitärs erst nach jahrzehntelangem öffentlichen Druck erfolgte), schickte Chiquita ihnen Geld und schmuggelte Tausende Sturmgewehre für die AUC über die internationalen Logistikzentren des Unternehmens.[203] Sie wurden nach einer Klage aus dem Jahr 2007 mit einer geringen Geldstrafe belegt, wobei sie von Rechtsanwalt Eric Holder, den Präsident Obama bald zum Generalstaatsanwalt ernennen würde, vor ernsthaften Konsequenzen geschützt wurden.

Während des kolumbianischen Bürgerkriegs, der 1964 zum großen Teil aufgrund der Politik der Vereinigten Staaten im Kalten Krieg begann, wurden 262000 Menschen getötet, 82% davon Zivilist*innen, und 120000 werden noch vermisst. Der Hauptanteil der bestätigten Morde an der Zivilbevölkerung wurde von paramilitärischen Todesschwadronen verübt (100000), auch wenn die Mainstream-Medien, die sich auf dieselbe Studie berufen wie ich, die Nachrichten so darstellten, als sei die linke Guerilla für mehr Morde verantwortlich (35000).[204] Auch das kolumbianische Militär, das Milliarden Dollar an Hilfe, Ausbildung und Waffen von den USA erhielt, hat viel Blut an seinen Händen. Die Tötungen durch das Militär wurden so systematisch, dass die Offiziere begannen, Quoten festzulegen und Geldprämien für eine höhere Anzahl von Leichen auszusetzen, was dazu führte, dass die Soldaten allein zwischen 2002 und 2010 mehr als 10 000 Zivilist*innen hinrichteten – größtenteils Obdachlose oder Menschen mit geistigen Beeinträchtigungen, die sie entführt oder aus den Städten weggelockt hatten – und sie fälschlicherweise als linke Guerillas identifizierten, um ihre Tötungszahlen zu erhöhen und die Belohnungen zu erhalten.[205]

1995 wurde der den Ogoni angehörende Schriftsteller und Aktivist Ken Saro-Wiwa vom nigerianischen Staat hingerichtet, zusammen mit acht anderen Aktivist*innen, die gewaltlos gegen die Zerstörung des Ogoni-Landes im Nigerdelta durch die Ölindustrie, insbesondere Royal Dutch Shell, protestiert hatten.

Seine letzten Worte waren: »Herr, nimm meine Seele, aber der Kampf geht weiter.« Er hatte Recht. Im Dezember 1998 verpflichtete sich eine Jugendkonferenz der benachbarten indigenen Gruppe der Ijaw zu einer Kampagne direkter Aktionen gegen die Ölindustrie, jedoch ohne Gewaltanwendung. Das nigerianische Militär marschierte mit über 10 000 Soldaten in die Region ein und eröffnete mit Maschinengewehren das Feuer auf eine Demonstration, wobei mindestens drei Menschen getötet wurden. Sie eröffneten erneut das Feuer auf einen Demonstrationszug, bei dem die Freilassung der Verhafteten gefordert wurde, wobei mindestens drei weitere Personen getötet wurden, und drangen dann in die Gemeinden ein, terrorisierten die Bevölkerung und vergewaltigten Frauen und Mädchen. Im Januar 1999 griffen 100 Soldaten, die direkt zu einer Chevron-Anlage gehörten, zwei Ijaw-Dörfer an, wobei Dutzende getötet wurden und verschwanden.[206] Trotz dieses extremen Ausmaßes an Gewalt gaben die Ijaw nicht auf, oder anders gesagt: Sie konnten gar nicht aufgeben.

Denn die Ölindustrie macht ihr Leben unmöglich. Regelmäßige Lecks und Explosionen vergiften Felder, zerstören Wälder, Flüsse, Küstengewässer und töten Arbeiter*innen und Bewohner*innen der umliegenden Dörfer. Seit niederländische, britische und US-amerikanische Unternehmen 1956 mit der Ölförderung begonnen haben, sind anderthalb Millionen Tonnen Öl aus Lecks in ihr Land geflossen, was einer jährlichen Rate von einer Viertelmillion Barrel entspricht.[207] Zunehmend können die lokalen Gruppen der Ijaw und Ogoni sich nicht mehr von den Feldern, Wäldern und der Fischerei ernähren, auf die sie traditionell angewiesen waren. Dies ist ein durchaus akzeptabler Zustand innerhalb des von der Weltbank und ähnlichen Institutionen angestrebten Entwicklungsrahmens: Die Menschen *sollen sich nicht* selbst von den Früchten ihres Landes ernähren können. Subsistenzlandwirtschaft wird als primitive Tätigkeit abgewertet. Vielmehr sollen sie Arbeit finden und dann für Lebensmittel aus der industrialisierten und globalisierten Produktion bezahlen (die natürlich auf Öl angewiesen ist, um ihre Maschinen anzutreiben, ihre Chemikalien herzustellen und ihre Produkte zu transportieren). Dies ist jedoch keine Option für die Menschen im Nigerdelta, da alle Gewinne aus der Ölförderung an ausländische Unternehmen und die Zentralregierung gehen.

Die Ijaw bewaffneten sich, um ihr Leben zu verteidigen, und gründeten Gruppen wie das *Movement for the Emancipation of the Niger Delta*. Das MEND sabotierte die Ölinfrastruktur und entführte hochbezahlte nordamerikanische und europäische Ölarbeiter*innen. Ihre Aktionen und die ähnlicher Gruppen führten zu einer wesentlichen Verringerung der Ölproduktion im Nigerdelta. Sie stoppten bespielsweise 10 % der Förderung durch eine einzige Attacke im Jahr 2008,[208] was für den Großteil des Jahrzehnts zu weitreichenden Kürzungen führte. Das nigerianische Militär reagierte mit blutiger Unterdrückung, einschließlich Luftangriffen auf Ijaw-Gemeinden. Auch das US-Militär unterstützte die Regierung – im Namen des Kampfes gegen die Piraterie[209] – dabei, ihre Ölplattformen besser zu verteidigen, was dazu beitrug, dass die Ölproduktion im Nigerdelta wieder anstieg.

Der staatlich genehmigte Mord an Aktivist*innen, die ihr Land und ihre Lebensgrundlagen mit einer vom Westen als legitim erachteten (gewaltfreien) Taktik verteidigen, treibt ihre Gemeinschaften häufig dazu, zu den Waffen zu greifen, um zu überleben. Dies verbessert oftmals ihre Fähigkeit, die Konzerne, die für ihre Vergiftung verantwortlich sind, anzugreifen und zu stoppen. Wenn sie dann aber von ihren

Regierungen mit Waffen aus Europa und Nordamerika massakriert werden, zählen die Menschenrechtsorganisationen diese Toten – oder die der Gemeindemitglieder, die sie unterstützen und ihnen Unterschlupf gewähren – nicht mehr in ihren Listen der jährlich getöteten Umweltaktivist*innen und Umweltaktivist*innen. Die oben zitierte Zahl von 1700 ermordeter Aktivist*innen ist also bedauerlicherweise unzureichend.

Diese Gewalt ist keineswegs ein ausschließliches Phänomen des Globalen Südens. Sie ist das Ergebnis der kolonialen, kapitalistischen Beziehungen, die die ganze Welt durchziehen. Die Profiteur*innen und Scharfmacher*innen sind überall dort zu finden, wo sich große politische und wirtschaftliche Machtkonzentrationen befinden, von Brasília bis London. Im Gegensatz zur Illusion des zivilen Miteinanders, die für jede Demokratie von so zentraler Bedeutung ist, ist die Gewalt, wenn auch in unterschiedlichem Maße, ein globales Phänomen. Während die Europäische Union sich selbst als Modell für die grüne kapitalistische Zukunft darstellt, profitiert sie von der gleichen mörderischen Repression. In den letzten Jahren wurden sieben rumänische Parkranger ermordet und mehr als 650 angegriffen oder bedroht, weil sie sich gegen Abholzungsinteressen eines österreichischen Unternehmens zur Wehr setzten, wobei die Grenze zwischen legalem und illegalem Holzeinschlag »zunehmend verschwimmt«.[210] Umweltaktivist*innen wurden bedroht oder mussten untertauchen, weil auf sie Anschläge verübt wurden, nachdem sie Rodungen, Staudämme und andere industrielle Projekte untersucht hatten. Diese Staudämme und zu Baumplantagen gewordenen Wälder sind übrigens die angeblichen Kohlenstoffsenken und Naturschutzgebiete, die im Mittelpunkt des Modells der Europäischen Union für ihre lukrativen Umweltmaßnahmen stehen.

In Nordamerika und Europa stuft die Regierung Menschen, die gegen Umweltverschmutzung, Abholzung und globale Erwärmung sind, als ›Extremist*innen‹ ein und behandelt sie entsprechend. In den USA haben FBI und Homeland Security »*racial* und umweltbezogene Ideologien« als Hauptmotiv für inländische Terroranschläge genannt. Was diese ›*racial*‹ Ideologien angeht, so hat das FBI dem sogenannten

›Black-Identity-Extremismus‹ große Aufmerksamkeit geschenkt, um diejenigen zu diskreditieren, die wütend über rassistische Morde durch die Polizei sind. Der Fokus der Aufmerksamkeit lag auf der Sachbeschädigung durch Antirassist*innen und Ökoaktivist*innen, während gleichzeitig Rassist*innen Hunderte von Angriffen verübten, von denen viele tödlich endeten, einschließlich regelrechter Massaker. Aktivist*innen, die mit zivilem Ungehorsam gegen Ölpipelines vorgehen – indem sie einfach Ventile zudrehen –, landen auf denselben Listen mit ›Extremist*innen‹, wie diejenigen, die Amokläufe in Schwarzen Kirchengemeinden verübten.[211]

Wie Andrea Brock dokumentiert hat, sind auch in Europa diese Taktiken nicht fremd. Diejenigen, die Wälder mit Waldbesetzungen verteidigen, werden als Feind*innen der Gesellschaft behandelt und von ineinandergreifenden Bündnissen öffentlicher und privater Sicherheitskräfte, gewählter Politiker*innen und Vorstandsmitgliedern von Konzernen mit militarisierter Repression und Ausgrenzung konfrontiert.[212] Wie wir im nächsten Kapitel sehen werden, wurden Bäuer*innen und Antikapitalist*innen, die Land besetzten und sich dem Bau eines Flughafens in Notre-Dame-des-Landes, Frankreich, widersetzten, wiederholt von militarisierten Kräften der Polizei angegriffen, wobei einer jungen Person die Hand durch eine Blendgranate weggesprengt wurde. Deutsche Polizist*innen, die die Erweiterung eines expandierenden Kohletagebaus verteidigen, der den Hambacher Forst zerstört, gehen regelmäßig brutal gegen Demonstrant*innen vor. Tausende Polizist*innen, die mit militärischen Waffen ausgerüstet sind, durchtrennten die Sicherungsseile von Aktivist*innen in Baumbesetzungen, beschossen Menschen bei Minusgraden mit Wasserwerfern, rammten sie mit Fahrzeugen, griffen sie mit Hunden an und traten ihnen Zähne aus.[213]

Die italienische Polizei schoss dem Anarchisten Carlo Giuliani während der heftigen Proteste gegen den G8-Gipfel in Genua im Jahr 2001 in den Kopf und tötete ihn. Sie stürmte ebenfalls einen Treffpunkt, wo sie Dutzende brutal angriffen und folterten. Bei den G8-Protesten in Evian, Frankreich, 2003 durchtrennte die Polizei die Seile eines von einer Brücke hängenden Aktivisten, sodass dieser 20 Meter in die Tiefe stürzte und fast getötet wurde. 2014 tötete die französische Polizei einen Umweltaktivisten bei einem brutalen Einsatz gegen eine Bewegung, die sich gegen die Abholzung von Wäldern im Zusammenhang mit einem neuen Staudamm richtete. Die Bewegung war schließlich erfolgreich und der Bau des Staudamms wurde verhindert.

Bei antikapitalistischen und ökologischen Protesten in ganz Nordamerika und Europa greift die Polizei Demonstrant*innen routinemäßig mit ›weniger tödlichen‹ Waffen an, unabhängig davon ob diese sich friedlich oder kämpferisch verhalten, was gelegentlich zu Todesfällen und häufiger zu bleibenden Verletzungen führt. Hunderten Menschen wurden Augen ausgeschossen oder erlitten Gehirnschädigungen durch Gummigeschosse. Bei den Protesten gegen die Amerikanische Freihandelszone – einer bedeutenden neoliberalen Initiative, die umweltzerstörerische Praktiken auf beiden Kontinenten beschleunigt hätte und die zum Teil dank des erbitterten Widerstands auf der Straße abgelehnt wurde – in Miami im Jahr 2003 vergewaltigten Polizisten Festgenommene. Sexuelle Übergriffe durch die Polizei, insbesondere gegen Frauen, nichtbinäre und trans Personen sind verbreitet.

Um die Illusion der Demokratie und den Glauben der privilegierten Bürger*innen, dass die Institutionen der Macht auf ihrer Seite stehen, aufrechtzuerhalten, setzen die Polizeikräfte im Globalen Norden vermehrt ›weiche‹ Techniken der Aufstandsbekämpfung ein, die jedoch mit eigenen Formen der Gewalt einhergehen. Viele Teilnehmende des George-Floyd-Aufstands 2020 stellten einen Zusammenhang zwischen der Verbreitung von reformistischen und ›Gewaltlosigkeit‹ anmahnenden Diskursen und einer Strategie der Aufstandsbekämpfung her. Diese Diskurse erleichterten die gesellschaftliche Isolierung der Aufständischen, indem sie sie der Gewalt der Polizei, der Nationalgarde und des Gefängnissystems aussetzten. Schlussendlich konnten all diese Maßnahmen normalisiert werden – so sie denn als etwas wahrgenommen wurden, das gegen eine kriminelle Minderheit und nicht gegen die Bewegung selbst eingesetzt wurde.[214] Dieses Zusammenspiel zeigt, wie weiche und harte Methoden der Aufstandsbekämpfung Hand in Hand gehen.

Eine wirksame weiche Aufstandsbekämpfung erfordert massive Informationssammlung. Die Bespitzelung politisch aktiver Personen in den Demokratien des Nordens, selbst in einem Ausmaß, das gegen die geltenden Gesetze verstößt, ist systematisch. Dazu zählt auch die langfristige Infiltration antikapitalistischer Bewegungen. Im Vereinigten Königreich waren seit 1968 rund 150 Polizeibeamte im Einsatz, um antikapitalistische, umweltpolitische und andere linke Bewegungen zu unterwandern, wobei sie unter falscher Identität lebten und sich mehrere oder sogar ein Dutzend Jahre lang an diesen Bewegungen beteiligten. Die Beamt*innen gingen routinemäßig romantische und sexuelle Beziehungen mit den Aktivist*innen ein, die sie bespitzelten, und nutzten dabei die Mittel der Manipulation, in denen sie ausgebildet worden waren. Mehrere dieser Undercover-Polizisten schwängerten Aktivist*innen, gründeten mit ihnen eine Familie und verschwanden nach dem Ende ihrer Tätigkeit.[215]

Obwohl die Details, die an die Öffentlichkeit gelangt sind, erschrecken, müssen wir davon ausgehen, dass die Wahrheit noch viel schlimmer ist: Die Polizei wurde dabei erwischt, wie sie eine große Menge an Dokumenten über das Infiltrationsprogramm zerstörte, die sie – seit den 1990ern, als das Programm hauptsächlich auf Umwelt- und anarchistische Gruppen ausgeweitet und verlagert wurde – angewiesen waren aufzubewahren.[216] Seit der Skandal öffentlich wurde, hat das Vereinigte Königreich, mit der Unterstützung beider großer Parteien, ein neues Gesetz eingeführt, welches es der einheimischen Polizei offiziell erlaubt, illegale Handlungen verdeckt durchzuführen.

Zwischen 2010 und 2014 richtete der spanische Staat seinen umfangreichen Antiterror-Apparat gegen einen neuen Staatsfeind, die Anarchist*innen, und führte in einem halben Dutzend Städten Razzien durch, schlug Türen ein, weckte die Menschen mit vorgehaltener Waffe, stahl alle elektronischen Geräte, ließ alles Bargeld verschwinden und steckte mehr als 50 Personen ins Gefängnis.[217] In diesen Jahren hatten sich Anarchist*innen zunehmend und effektiv an den breiten Kämpfen gegen Sparmaßnahmen, Zwangsräumungen und Abschiebungen beteiligt. Sie hatten auch die Aufmerksamkeit der Regierung mit Tierbefreiungsaktionen und Kampagnen gegen die MAT erregt, eine Hochspannungsleitung von Frankreich nach Marokko, die die Energiemärkte verbindet und die Verteilung von Atom-, Kohle- und Ökostrom ausweitet.

In den USA lässt sich der Einsatz des Antiterrorismus gegen ökologische Kämpfe bis in die 1990er-Jahre zurückverfolgen, als die Holzindustrie das Konzept des Ökoterrorismus inmitten des Kampfes um die Rettung der Redwood-Wälder verbreitete. Mit massivem Ressourceneinsatz, PR-Firmen und der Ausnutzung ihrer Verbindungen zu den Medien versuchte die Holzindustrie die Öffentlichkeit davon zu überzeugen, dass diejenigen, die Gesetze brechen und unbelebtes Eigentum beschädigen, um die Erde zu verteidigen, Terrorist*innen und eine Gefahr für die Gesellschaft seien.

Hollywood reagierte auf die Bedürfnisse der Industrie mit einer enthusiastischen Welle von Unterhaltungsfilmen bzw. Propaganda, die an dem Selbstverständnis der US-Gesellschaft, über freie Medien zu verfügen, kratzen sollte. Seit den 1990ern wurden mehr als 100 Filme und Fernsehsendungen gedreht, in denen das Gespenst des Ökoterrorismus beschworen wurde, mit Bösewichten, die aus vagen umweltpolitischen Motiven töten, Chaos anrichten oder die gesamte menschliche Spezies vernichten wollen. Diese Werke der Industriepropaganda reichen von Komödien bis zu Michael-Crichton-Thrillern, von James-Bond-Abenteuern bis zu Krimis. Nur sehr wenige Filme und Serien zeigen Menschen, die unter Umweltrassismus leiden, und noch weniger zeigen Menschen, für die der Gesetzesbruch ein Akt des Gewissens oder des notwendigen Widerstands ist. Die Protagonist*innen in Umweltfilmen sind fast immer *weiße* Anwält*innen, Journalist*innen oder bürgerliche Aktivist*innen wie die Protagonist*innen in *Dark Waters* und *Erin Brockovich.*

Die Lobbyarbeit der Industrie zahlte sich aus. 2002, kurz nach den Anschlägen vom 11. September 2001, inmitten des neuen ›Krieg gegen den Terror‹, erklärte die US-Regierung radikale Ökoaktivist*innen zur obersten Priorität beim inländischen Terrorismus. Zu einem Zeitpunkt als tödliche Angriffe durch Rassist*innen bereits zunahmen und Gruppen wie *Earth First!*, die *Earth Liberation Front* (ELF) und die

Animal Liberation Front (ALF) noch nicht einmal vorgeworfen wurde, Körperverletzung begangen zu haben.[218]

Im Zuge des später so genannten *Green Scare*[219] warf die US-Regierung ihr ganzes repressives Gewicht in den Kampf gegen diese Bewegungen. Jeff ›Free‹ Luers und Craig Marshall wurden im Juni 2000 für die Brandstiftung an drei SUV verhaftet. Luers wurde zu 22 Jahren Haft verurteilt, die später nur Dank einer gut organisierten Unterstützungskampagne auf 10 Jahre reduziert wurden. Als Teil von Operation Backfire, im Dezember 2005, klagte das FBI 13 angebliche Angehörige der ELF für dutzende Brandanschläge und Sabotageaktionen gegen das Vail Ski Resort, Hochspannungsleitungen, gentechnische Forschungseinrichtungen, Luxus-Wohnungsbauprojekte und andere Ziele an. Sie wurden mit Hunderten Jahren Haft bedroht. Einer der Inhaftierten, William ›Avalon‹ Rogers, beging Suizid kurz nach seiner Verhaftung. Die meisten der nicht kooperierenden Angeklagten bekamen Haftstrafen von sechs oder sieben Jahren, weil das FBI ihnen Einlassungen anbieten musste, um zu verhindern, dass in einem Gerichtsverfahren wahrscheinlich illegale Überwachungstaktiken offenbart würden.

2006 wurde Eric McDavid zusammen mit zwei anderen wegen der Verschwörung zum Bombenangriff auf einen Staudamm verhaftet. Der Plan wurde finanziert, organisiert und vorangetrieben von einer bezahlten FBI-Informantin, die als Teil ihrer Infiltrationsaktivitäten eine romantische Beziehung mit McDavid eingegangen war. Zuerst wurde McDavid zu 20 Jahren Haft verurteilt, seine Strafe wurde jedoch reduziert als die Verteidigung entdeckte, dass das FBI Tausende von Seiten an Beweisen bezüglich der Rolle ihrer Informantin zurückgehalten hatte. Ebenfalls im Jahr 2006 wurden sechs Angehörige von *Stop Huntingdon Animal Cruelty (SHAC)*, einer Gruppe, die aggressive Boykottaktionen gegen Huntingdon Life Sciences (HLS) – eines der größten Tierversuchsunternehmen der Welt – koordiniert hatte, zu drei bis sechs Jahren Gefängnis verurteilt, weil sie eine große Anzahl von Faxen an HLS geschickt oder ›Internet-Stalking‹ betrieben hatten. Sie wurden auf der Grundlage des Animal Enterprise Terrorism Act[220] verurteilt, eines Gesetzes, das es der Regierung ermöglicht, Unternehmen, die Tiere missbrauchen und ausbeuten, besonderen Schutz zu gewähren.[221] Ein Jahr später führte die Polizei im Vereinigten Königreich, in den Niederlanden und in Belgien eine Reihe von koordinierten Razzien durch und verhaftete 32 Personen mit Verbindungen zu SHAC. Als HLS am Rande des Konkurses stand, weil die Kampagne andere Unternehmen davon abgehalten hatte, mit dem Unternehmen Geschäfte zu machen, schaltete sich die britische Regierung ein, um dem Unternehmen bei der Sicherung neuer finanzieller Mittel zu helfen.[222]

2009 wurde Marius Mason zu 20 Jahren Haft verurteilt. Ihm wurde ein Brandanschlag gegen ein von Monsanto finanziertes universitäres Labor, welches an gentechnischen Forschungen beteiligt war, sowie gegen einen Holztransporter und Angriffe gegen die Baustellen von Villen vorgeworfen. Wie andere Green-Scare-Gefangene vor ihm, wird Mason in einer ›Communication Management Unit‹ (CMU) gefangen gehalten, einem abgeschotteten Teil des Gefängnissystems der USA, in dem extreme Isolation und ein Verbot der Kommunikation mit der Außenwelt als eine Form psychologischen Folter eingesetzt werden. CMUs sind fast ausschließlich für Gefangene des ›Krieg gegen den Terror‹, Anarchist*innen und radikale Ökoaktivist*innen vorgesehen.

Die Praxis ökologische Aktivist*innen als Terrorist*innen zu behandeln, dauert bis heute an. Ende 2020 wurden zwei Personen im Bundesstaat Washington wegen der Blockade einer Zugstrecke im Rahmen einer Kampagne gegen den Bau neuer Gaspipelines wegen Terrorismus angeklagt.[223]

Auch die Beteiligung von Unternehmen an dieser Repression hält an. Kürzlich wurde aufgedeckt, dass der Agrochemie-Riese Monsanto ein ›Intelligence Fusion Center‹ betreibt, um Informationen über Journalist*innen und Aktivist*innen, die durch ihre Recherchen oder ihre Organisation die finanziellen Interessen des Unternehmens bedrohen, zu sammeln und Desinformations- und Belästigungskampagnen gegen sie durchzuführen. ›Fusion Center‹ ist der gleiche Name, den auch das FBI für seine Antiterrorzentren verwendet. Nur ein Beispiel: Monsanto nahm eine Reuters-Journalistin ins Visier, die die krebserregenden Auswirkungen von Glyphosat untersuchte, eines der wichtigsten Produkte des Unternehmens, das auch als Roundup bekannt ist. Die Kampagne von Monsanto umfasste die Koordinierung von ›Dritten‹, um negative Rezensionen des Buches zu veröffentlichen; die Anstellung von Wissenschaftler*innen, um die Schlussfolgerungen des Buches in Zweifel zu ziehen; das Ausüben von Druck auf die Redakteur*innen der Journalistin bei Reuters »bei jeder sich bietenden Gelegenheit«, in der Hoffnung, »dass sie versetzt wird«; die Verschleierung der finanziellen Verbindungen von Monsanto zu Wissenschaftler*innen, die behaupten, ihr Produkt sei sicher; die Anschuldigung, dass die Journalistin das Interesse der ›Ökokapitalist*innen‹ bediene, als ob mit dem Widerstand gegen eines der größten Chemieunternehmen der Welt viel Geld verdient werden könnte; und die Beauftragung von Expert*innen für Suchmaschinenoptimierung, um sicherzustellen, dass ihre alternativen Fakten, ihre negativen Berichte und ihre verschiedenen Verleumdungen der besagten Journalistin in den Suchmaschinen vor den Ergebnissen erscheinen, die zeigen, dass Roundup Krebs verursacht.[224]

Der oben beschriebene Fall zeigt, wie Unternehmen subtile Zensurkampagnen durchführen können, oft ohne dafür öffentlich wahrnehmbar verantwortlich zu sein. Im Jahr 2020 sagte ein akademischer Verlag die Veröffentlichung eines Buches ab, in dem aufgezeigt wird, wie kanadische Bergbauunternehmen vom Genozid in Guatemala profitierten, indem sie dort ihre Claims absteckten, manchmal noch bevor die Todesschwadronen abgezogen waren. Der Verlag befürchtete Klagen wegen Verleumdung, weigerte sich jedoch, darauf hinzuweisen, welcher Teil des Buches, das positive Kritiken erhielt, als Verleumdung angesehen werden könnte.[225] Ebenfalls in Kanada spionierte die Royal Canadian Mounted Police (RCMP)[226] die Veranstaltung zur Veröffentlichung eines Buches gegen den Bergbau aus.[227]

Die neuen Medien sind für ökologische Themen ein besonders feindliches Umfeld. Facebook ist in hohem Maße für das rasante Wachstum der extremen Rechten auf der ganzen Welt verantwortlich und fördert rassistische Verschwörungsideologien und Klimaleugnung. Abgesehen von den Algorithmen sperren die Administrator*innen, wenn es darum geht Inhalte zu blockieren, nur selten rechtsextreme Gruppen

– selbst wenn ihre Mitglieder für Schießereien und Messerstechereien verantwortlich sind –, blockieren jedoch sehr schnell Anarchist*innen und andere Antifaschist*innen, die notwendige Recherchearbeit leisten, um unsere Gemeinschaften vor Neonazis zu schützen. Als Facebook schließlich zustimmte, Falschinformationen im Zusammenhang mit der Leugnung des Klimawandels einzudämmen, wurden tatsächlich Seiten von Indigenen und Aktivist*innen, die gegen den Klimawandel kämpfen, aus dem Verkehr gezogen.[228]

Polizeieinsätze machen das Internet zu einem ungleichen Terrain für freiheitliche Bewegungen. Artikel, die ich für meine Recherchen nutzte, insbesondere zwei Texte der indigenen Anarchistin Tawinikay, auf die ich mich umfangreich beziehe, waren nicht mehr erreichbar, nachdem bei Durchsuchungen durch die niederländische Polizei Server verschiedener antikapitalistischer Nachrichtenseiten beschlagnahmt wurden.[229] Für uns ist dies ein alltägliches Ereignis, welches im Mainstream fast völlig ausgeblendet wird, wo rechte ›Expert*innen‹ und transfeindliche Autor*innen, allesamt millionenschwer und mit riesigen Plattformen, die Debatte über die ›freie Meinungsäußerung‹ kontrollieren und sich darüber beschweren, dass sie ›gecancelt‹ würden.

Sogar fortschrittliche Medien unterstützen die Polizeieinsätze gegen Umweltbewegungen. In einem typischen Artikel beschuldigt der *Guardian* Anarchist*innen, eine Klimademo ›kapern‹ zu wollen, ein klassisches Manöver, um den Widerstand in ›gute‹ und ›schlechte‹ Demonstrant*innen zu spalten.[230] Was ihre Karikatur eines *›outside agitators‹*[231] außer Acht lässt, ist, dass Anarchist*innen schon Teil des Kampfes zur Rettung des Planeten waren, lange bevor der *Guardian* begann, die Bewegung zugunsten institutioneller Perspektiven zu kapern.

Der Staat geht gegen Migrant*innen mit demselben Instrumentarium vor, das er auch gegen soziale Bewegungen einsetzt. Menschen werden geheimdienstlich erfasst, überwacht, dämonisiert und von den Medien zu Sündenböcken gemacht, inhaftiert, gefoltert, gezielt getötet und nicht zuletzt wird die Bewegung entpolitisiert. Genauso wie diejenigen, die für sauberes Wasser, eine gesunde Beziehung zum

Land oder einen lebenswerten Planeten für künftige Generationen kämpfen, als extremistisch bezeichnet werden, wird Menschen, die das Trauma der Flucht erleben, jegliche Vernunft abgesprochen und sie werden als Kriminelle dargestellt.

Die Ökonomien der USA, Kanadas und der Europäischen Union sind auf migrantische Arbeitskräfte angewiesen. Wie Harsha Walia dokumentiert, dient das Grenzregime nicht dazu, die Zuwanderung zu stoppen, sondern die migrierte Bevölkerung zu kontrollieren und zu terrorisieren.[232] Als Deutschland 2015 beschloss, mehr als eine Million Flüchtlinge aus dem syrischen Bürgerkrieg aufzunehmen, geschah dies nur, weil der größte deutsche Arbeitgeberverband gerade erklärt hatte, dass der nationalen Wirtschaft Millionen von Fachkräfte fehlen würden.[233] Doch zu keinem Zeitpunkt erlaubte die deutsche Regierung Direktflüge aus der Türkei oder dem Libanon, wo so viele Migrant*innen untergebracht waren. Stattdessen zwang sie die Flüchtenden, die teure und gefährliche Reise über die Ägäis, durch den Balkan, unter und über Stacheldrahtzäune, durch Polizeiknüppel und Tränengas, vorbei an gewalttätigen, rassistischen Menschenmengen anzutreten, um schließlich mit fast nichts anzukommen, bereit alle Arbeitsbedingungen und bürokratischen Kontrollen zu akzeptieren. Diese Reise kostete im Durchschnitt mehrere Tausend Euro (zusätzlich zu dem hohen psychischen Preis), was sicherstellte, dass in erster Linie nur Angehörige der akademisch gebildeten Mittelschicht die Reise antreten konnten.

Migrant*innen aus Afrika müssen das offene Meer auf unsicheren Schlauchbooten überqueren, die von der Küstenwache der verschiedenen Mittelmeerstaaten ihrem Schicksal auf dem offenen Meer überlassen oder sogar absichtlich gerammt werden: Zwischen 2014 und Anfang 2020 sind über 20000 Menschen bei der Überfahrt gestorben.[234] Nach der Überfahrt werden Hunderttausende Migrant*innen entweder in ›Flüchtlingslagern‹ festgehalten – manchmal jahrelang – oder sie werden sich in überfüllten Barackensiedlungen selbst überlassen, oft ohne Zugang zu fließendem Wasser, ohne Heizung, Toiletten oder medizinischen Einrichtungen. Zudem sind sie oftmals

Brandanschlägen durch Faschist*innen mit Verbindungen zur Polizei ausgeliefert – die, von Spanien bis Griechenland, ungestraft agieren.[235]

In den USA wurde das Grenzregime so gestaltet, dass die Migrant*innen gezwungen sind, die Grenze in den gefährlichsten Regionen der Sonora-Wüste zu überqueren. Zwischen 1998 und 2010 hat der Grenzschutz die Leichen von 7800 Migrant*innen gefunden, die bei der Durchquerung gestorben sind.[236] Viele weitere Menschen starben auf der mexikanischen Seite der Grenze oder bei der Durchreise von Guatemala und Südmexiko, wo die mexikanische Regierung die Kontrollen entsprechend der Forderungen der USA verstärkt hat. Die Border Control, eine der am stärksten mit der extremen Rechten sympathisierenden Polizeieinheiten, und rechte Milizen verletzen und töten häufig Flüchtende. Sie zerstören auch Wasserreserven in der Wüste. Reserven die von antirassistischen Aktivist*innen zurückgelassen wurden, um die Zahl der Todesopfer zu verringern. In Haft werden die Menschen in Zellen oder Käfigen bei Temperaturen nahe dem Gefrierpunkt festgehalten. Hunderte und möglicherweise Tausende wurden unfreiwillig sterilisiert, was einige Gefangene dazu veranlasste, die Zentren mit »einem experimentellen Konzentrationslager« zu vergleichen.[237] Einem neuen Bericht zufolge ist Folter systematisch und »inhärent« im US-amerikanischen Inhaftierungssystem für Geflüchtete verankert. Viele von ihnen werden brutal behandelt und gezwungen, ihre eigenen Abschiebepapiere zu unterschreiben, auch wenn dies bedeutet, in ein Land zurückzukehren, in dem ihr Leben in Gefahr ist.[238]

Australien ist ein weiteres schreckliche Beispiel für institutionalisierten Rassismus, das zeigt, dass Grenzen eine aktive Maßnahme des fortgesetzten Kolonialismus sind. Das Land legalisierte den Kauf und Verkauf von versklavten Arbeiter*innen aus den australischen First Nations bis in die 1970er und verfolgte eine Einwanderungspolitik, die ausdrücklich nur *weiße* Immigrant*innen zuließ und ebenfalls bis in die 1970er andauerte. 2018 war die Regierung gezwungen, ein neues Gesetz zu verabschieden, das die Sklaverei erneut verbietet, nachdem sie endlich anerkannt hatte, dass Zehntausende Menschen von den pazifischen Inseln, nach Abzügen durch ihre Arbeitgeber*innen, für nur zehn Dollar pro Woche in der Landwirtschaft arbeiten.[239] Entschlossen, ›ungelernte‹ Migrant*innen aus nicht*weißen* Ländern fernzuhalten, zwingt die australische Regierung ihre ärmeren Nachbarstaaten wie Papua-Neuguinea, Asylbewerber*innen auf unbestimmte Zeit in Einrichtungen einzusperren, die mit Konzentrationslagern verglichen wurden.[240]

Gleichzeitig wird die Solidarität mit Migrant*innen zunehmend kriminalisiert. Während die humanitäre Hilfe einen der Mechanismen darstellt, mit denen Migrant*innen überwacht, kontrolliert und in bitterer Prekarität und Armut gehalten werden, haben direkte Aktionen und Solidarität dazu beigetragen, dass Migrant*innen zu ihren eigenen Bedingungen Wohnraum und Ressourcen erhalten oder heimlich die strengen Grenzkontrollen passieren können. In Europa werden Menschen zunehmend gesetzlich verpflichtet, Menschen ohne Papiere zu melden, und es wird ihnen untersagt, ihnen Essen oder Wasser zu geben; Hausbesetzungen und autonome Räume, die für und von Migrant*innen geschaffen wurden, werden gezielt geräumt; autonome Transportinfrastrukturen, die Menschen ohne Papiere Mobilität bieten, werden kriminalisiert und geschlossen; und diejenigen, die Migrant*innen helfen, werden des Menschenhandels angeklagt, was mit einer Haftstrafe von bis zu zehn Jahren geahndet wird. Ironischerweise haben demgegenüber die europäischen Regierungen und ihre privaten Partnerunternehmen, die Migrant*innen und Grenzaktivist*innen auf zynische Weise als Menschenhändler*innen darstellen, Millionen von Euro an die libyschen Milizen gezahlt, die in Wirklichkeit sowohl die Inhaftierung als auch den Handel mit Geflüchteten an einem wichtigen Punkt an der südlichen Mittelmeerküste kontrollieren.[241] In den USA können Menschen jahrelang inhaftiert werden, wenn sie Migrant*innen eine Landkarte geben oder sie ins Krankenhaus fahren, und die Grenzpolizei hat zunehmend Razzien in einem Erste-Hilfe-Lager durchgeführt, das von der Freiwilligengruppe *No More Deaths* eingerichtet wurde. Migrant*innen, die sich über Misshandlung äußern, werden regelmäßig im Schnellverfahren abgeschoben.

Im Juli 2019, als sich die Trump-Administration auf größere Razzien gegen Menschen ohne Papiere im ganzen Land vorbereitete, setzte der Anarchist Willem van Spronsen ein Fahrzeug der Immigration and Custom Enforcement (ICE) im Northwest Detention Center in Tacoma, Washington, in Brand. Seine Aktion und der weit verbreitete Widerstand waren erfolgreich darin, die ICE dazu zu bewegen, den Umfang der Razzien dramatisch zu verringern – er zahlte jedoch einen hohen Preis. Die Polizei entdeckte ihn, als er auf dem Parkplatz das Feuer legte. Sie nutzten die Gunst der Stunde und exekutierten ihn an Ort und Stelle, ähnlich wie Federal Marshals im September 2020 Micheal Reinoehl exekutierten. Dies geschah in Vergeltung dafür, dass Reinoehl einige Tage vorher bei einer Demo in Portland einen Rassisten getötet hatte, der Schwarze Gegendemonstrant*innen bedrohte.[242]

Obwohl das Grenzregime darauf abzielt, rassifizierte Menschen zu kriminalisieren und die Privilegien des *Weißseins* aufrechtzuerhalten, zeigen diese Morde, dass *Weißsein* weniger eine Frage des Hauttons, sondern mehr eine Frage von Allianzen ist. Denjenigen, die gegen die Allianzen der *weißen* Vorherrschaft und des Kolonialismus kämpfen, wird – unter Umständen – mit demselben Vernichtungsapparat begegnet, der auch von Rassismus betroffene Menschen kontrollieren soll.

Eine weiteres Hauptziel der Repression im Globalen Norden sind indigene Gemeinschaften, insbesondere solche, die sich gegen den profitablen Prozess des Ökozids wehren, den das System der Reservate ermöglichen soll. Als *Water Protectors* versuchten, den Bau der Dakota-Access-Pipeline zu verhindern, die Schieferöl durch Lakota-Territorium transportieren sollte, mobilisierten die lokale, staatliche und föderale Polizei eine riesige militarisierte Streitmacht, die durch die private Sicherheitsfirma TigerSwan ergänzt wurde. Das Arsenal umfasste Hubschrauber, Drohnen, Panzer, Infiltration und Überwachung und war »die größte Mobilisierung von Polizei und Militär in der Geschichte des Staates seit 1890, als [...] das Militär eingesetzt wurde, um die pferdelosen und hungernden *Ghost Dancers* bei Standing Rock niederzuschlagen.«[243] Söldner*innen von TigerSwan, die ihre Erfahrungen mit Aufstandsbekämpfung im Irak und in Afghanistan gemacht hatten, bezeichneten die indigenen Umweltschützer*innen als ›Terrorist*innen‹, die an einem ›dschihadistischen Aufstand‹ beteiligt seien.[244] Private und staatliche Polizeikräfte führten brutale Razzien durch. Sie schlugen und schossen auf die Aktivist*innen, setzten Reizgase ein und durchnässten sie bei Minusgraden mit Wasserwerfern, meilenweit entfernt von jeder Einrichtung, in der sie angemessen gegen Unterkühlung hätten versorgt werden können. Sie setzten Kampfhunde, Gummigeschosse, Schockgranaten, Tränengas und Schallkanonen ein. Nur dank der gut organisieren medizinischen Versorgung wurde niemand bei den zahllosen repressiven Aktionen der Polizei getötet. Jedoch verlor eine indigene Frau ihr Augenlicht, nachdem ihr mit einer Tränengasgranate ins Gesicht geschossen wurde, und einer Demonstrantin wurde der Arm durch eine Schockgranate teilweise weggesprengt.[245] Viele andere erlitten Kopfverletzungen durch Polizeigeschosse. Allein bei einem Angriff am 20. November 2016 wurden 200 Menschen verletzt.[246] Mehrere Personen wurden durch die Hilfe eingeschleuster Zivilpolizist*innen inhaftiert. Im Verlauf des Widerstands wurden mehr als 830 Personen verhaftet und in den Bundesstaaten angeklagt, während fünf Personen – allesamt Indigene – auf Bundesebene angeklagt wurden. Ein indigener und chicano Aktivist, Steve Martínez, war bis zum 9. April 2021 eingesperrt, weil er sich weigerte vor einem Geschworenengericht auszusagen.[247]

Es wurde immer wieder darauf hingewiesen, dass die Polizei bei bewaffneten Besetzungen durch rechtsextreme Gruppen, ja sogar bei der Erschießung und Ermordung politischer Gegner*innen im Zuge *weißer* Ausschreitungen, tatenlos zusieht. Oft nimmt sie sogar aktiv teil. In der Folge sind Staatsanwält*innen immer weniger bereit, Anklage zu erheben. Dies ist jedoch kein Appell für ein gerechteres Justizsystem oder mehr Festnahmen von Faschist*innen. Vielmehr sind dies Belege, dass die Faschist*innen auf den Straßen, extraktivistische Profiteur*innen in den Vorstandsetagen und das kriminelle Justizsystem alles Facetten eines *weißen*, rassistischen, kolonialen Systems sind, das den Planeten zerstört.

Da Repression über die formale Ausübung staatlicher Macht hinausgeht, sollten wir auch die Verbindung zwischen dem Bau von Pipelines, der Schieferölförderung und den *Man Camps* betrachten, den mobilen Arbeitslagern von oft hoch bezahlten, meist *weißen*, männlichen Arbeitern, die mit steigenden Raten von Drogen- und Alkoholkonsum und Gewalt gegen indigene Frauen und *two spirit people*[248] in Verbindung gebracht werden. Seitdem der Bergbau im Goldrausch zum Ende des 19. Jahrhunderts in die Black Hills eingedrungen ist und dem Aufstauen von Flüssen im Gebiet der Lakota durch das US Army Corps of Engineers in der Mitte des 20. Jahrhunderts ist die Profitgier von Siedler*innen immer mit Gewalt gegen indigene Gemeinschaften verbunden gewesen, unabhängig davon, ob die Täter*innen eine Uniform tragen oder nicht.

Was bei Standing Rock passierte, ist keine Ausnahme. Es ist eine logische Fortführung der repressiven Praktiken der US-Regierung gegen indigenen Widerstand. In den frühen 1970ern half das *American Indian Movement* (AIM) den Traditionalist*innen im Pine-Ridge-Oglala-Lakota-Reservat, unweit von Standing Rock, dabei, ihre Souveränität wiederzuerlangen und die korrupte Stammesregierung zu enthüllen, die in enger Verbindung mit Washington und regionalen Wirtschaftsinteressen stand. Beispielsweise vergab sie Weideland des Reservats an *weiße* Rancher*innen. Das Bureau of Indian Affairs und das FBI halfen der Stammesregierung an der Macht zu bleiben, unter anderem indem sie deren schwerbewaffnete paramilitärische Einheit finanzierten. Im Verlauf der Bewegung, die 1973 in der Besetzung und dem bewaffneten Konflikt um Wounded Knee gipfelte, töteten FBI-Agent*innen, Polizist*innen, Paramilitärs und Unbekannte mehr als 60 Oglala-Traditionalist*innen, AIM-Mitglieder und Sympathisant*innen.[249] Der Langzeitgefangene Leonard Peltier ist in Folge der damaligen Repression noch immer eingesperrt.[250]

In Kanada kam der progressive Premierminister Justin Trudeau mit dem Versprechen ins Amt, Klimaschutzmaßnahmen zu ergreifen und die Beziehungen zu den dutzenden indigenen Nationen zu verbessern, auf deren gestohlenem Land der kanadische Staat errichtet wurde. Trudeau nutzte die Tatsache, dass sein konservativer Vorgänger aus dem Kyoto-Protokoll ausgestiegen war, um die Ausbeutung der Athabasca-Teersande voranzutreiben. Dabei handelt es sich um ein

Für die Athabasca-Teersand-
gewinnung werden Waldflächen
vollständig zerstört.
Die Abwasserseen enthalten
krebserregende Chemikalien, die
aus dem Öl herausgelöst wurden.

riesiges Vorkommen an extrem schmutzigem Öl, dessen Gewinnung und Verarbeitung einen enormen Energieaufwand erfordert, wobei ein riesiges Gebiet im kanadischen Landesinneren von allen Wäldern und dem Mutterboden befreit wird. Um Kapital aus dem Ölboom zu schlagen – trotz des erbitterten indigenen Widerstands auf dem ganzen Kontinent – versenkte die Trudeau-Regierung Milliarden von Dollar in den Bau einer neuen Pipeline. Als die Wet'suwet'en-Nation den Bau der Coastal-GasLink-Pipeline auf ihrem Land blockierte, führte die RCMP, die ursprünglich als paramilitärische Truppe gegen die First Nations gegründet wurde, mehrere militarisierte Razzien in den Camps der Wet'suwet'en durch und erhielt die Erlaubnis, gezielt zu töten. Bei den Razzien verwendete die RCMP Boote, Helikopter, Drohnen und sowohl physische als auch Social-Media-Überwachung von Aktivist*innen, zusätzlich zu der großen Zahl Polizist*innen mit gepanzerten Fahrzeugen und militärischer Bewaffnung. Sie zogen auch den Einsatz von Sozialdiensten in Erwägung, um alle verhafteten Kinder in Gewahrsam zu nehmen, was ganz im Einklang mit Kanadas langer und gewalttätiger Geschichte steht, in der sogenannte Internatsschulen für indigene Kinder als Mittel zum Genozid eingesetzt wurden.[251] Kanadas Anti-terrorism Act von 2015 »genehmigt die Kriminalisierung indigener Umweltaktivist*innen, indem es die Überwachungs- und Rechtsbefugnisse gegen jede potenzielle Störung der ›kritischen Infrastruktur‹ oder der ›territorialen Integrität‹ Kanadas ausweitet«, während RCMP-Überwachungsdokumente Umweltaktivist*innen als »eingeborene Extremisten« identifizieren.[252]

Auch hier zeigt die jüngere kanadische Geschichte, dass dies alles andere als außergewöhnlich ist. 1995 eigneten sich 20 First Nations einen Teil des Secwepemc-Gebietes bei Ts'Peten, auf dem sich eine wichtige Sonnentanzstätte befindet, wieder an. Daraufhin schickte die kanadische Regierung 400 Polizist*innen und Soldat*innen mit Hubschraubern und bewaffneten Personentransportern, die 77 000 Schuss auf die Krieger*innen abfeuerten.[253] Dies sind nur einige Beispiele. Es würde mehr als ein Buch erfordern, um alle Vorfälle polizeilicher und militärischer Repression gegen Indigene in Australien, Kanada, den Vereinigten Staaten und anderen Siedlerstaaten zu dokumentieren.

Mächtige Regierungen ohne Anbindung an die NATO sind keineswegs besser, wenn es um Repression geht. In Russland gelang es Anarchist*innen 2010 erfolgreich, den Chimki-Wald vor dem Bau einer Autobahn schützten. Als Reaktion darauf verhaftete die Polizei jede*n, den*die sie mit den Protesten in Verbindung bringen konnte, und schaute weg, als bewaffnete Gangster die Camps angriffen, die im Wald errichtet worden waren, um die Abholzung zu stoppen. Als die Repression zunahm, flohen Dutzende Anarchist*innen und Antifaschist*innen aus dem Land und suchten in Europa Asyl. Die Regierung wechselte zu präventiver Repression. 2017 und 2018, im Vorfeld umstrittener Wahlen und der Fussballweltmeisterschaft, wurden neun Anarchist*innen im ›Netzwerk-Fall‹ verhaftet und zu Haftstrafen zwischen sechs und achtzehn Jahren verurteilt. Sie wurden gefoltert, damit sie Geständnisse unterschreiben, unter anderem wurden sie kopfüber aufgehängt und geschlagen oder mit Elektroschocks traktiert bis ihnen die Zähne brachen.[254] Westliche Medien, die normalerweise gerne über russische Menschenrechtsverletzungen berichten, schwiegen weitgehend zu diesem Fall.

In China ist es zu einer wachsenden Zahl von ›Massenzwischenfällen‹ (so der Begriff der chinesischen Regierung) oder Aufständen gekommen, von denen sich viele gegen Entwicklungsprojekte, Umweltverschmutzung, unsichere Arbeitsbedingungen und Korruption von Parteikadern und Industriellen richteten. Bei erstaunlichen 65% der jährlich 180 000 ›Massenzwischenfälle‹ handelt es sich um Konflikte, die durch Landraub ausgelöst wurden, wobei Regierungsbeamte und private Bauunternehmer*innen gewaltsam Land in den Dörfern an sich reißen, manchmal sogar ohne eine Entschädigung anzubieten.[255]

Die Kommunikation zwischen diesen verschiedenen Orten des Widerstands ist in den letzten zehn Jahren immer schwieriger geworden, weil die chinesische Regierung ihre Kontrolle über das Internet ausgebaut hat. Die Spannungen kochen trotz der Zensur immer noch hoch – wie etwa im März 2022, als ein enteigneter Dorfbewohner mit einer selbstgebastelten Bombe vier Menschen in einem Regierungsbüro in der Nähe von Guangzhou tötete. Dies geschah inmitten eines

Konflikts mit Bäuer*innen, die im Rahmen eines großen Entwicklungsprojekts ohne oder mit nur geringer Entschädigung enteignet wurden.[256]

Das veränderte Kräfteverhältnis bedeutet auch, dass frühere ökologische Erfolge, wie die Einstellung eines geplanten Staudamms am Jangtse-Fluss in der Tigersprung-Schlucht, revidiert werden. Der Bau des Damms, der 100 000 Menschen vertrieben hätte, wurde 2006 durch Anwohner*innen gestoppt, nun jedoch erneuert die Regierung ihre Pläne. Darin drücken sich ein neues Machtgefüge sowie die Möglichkeiten aus, die ›grüne Energie‹ und ›CO_2-neutrale‹ Politiken den Regierungen bieten, um Umweltbewegungen zu neutralisieren.[257] Ein weiteres Beispiel für dieselbe Dynamik ist die Verhaftung von drei Aktivist*innen in der autonomen Region Ningxia Hui, die im September 2020 wegen Erpressung, Bedrohung und ›Unruhestiftung‹ angeklagt wurden, nachdem sie als Whistleblower*innen Beschwerden über Umweltverschmutzung durch eine Papierfabrik und die Zerstörung von geschütztem Lebensräumen von Gazellen durch den Bau von Windparks vorgebracht hatten.[258]

Sowohl China als auch Kuba halfen den USA bei der Verhaftung von Betroffenen der Green Scare, die auf der Flucht waren. Darüber hinaus investieren chinesische Unternehmen vollumfänglich in fossile Brennstoffe und die Zerstörung von indigenem Land auf der ganzen Welt, von der Gewinnung von Teersanden in Alberta bis zum Eisenabbau an heiligen Stätten in Australien.

Der Green-Scare-Gefangene Joseph Dibee, der gegenwärtig auf seinen Prozess wartet, schrieb:

> »Die Katastrophe, die sich heute abspielt, kann den Strafverfolgungsbehörden angelastet werden, die den Weg dafür geebnet haben, indem sie es den einfachen Menschen so schwer machen, sich gegen die ökologische Zerstörung zu wehren. Wenn wir sie nicht stoppen, werden sie uns im Polizeigriff direkt in die Apokalypse führen, sie profitieren auf ganzer Linie – und wenn die letzte Quelle vergiftet und der letzte Wald abgebrannt ist, werden sie die Letzten sein, die sterben.«[259]

Unser Augenmerk auf Strafverfolgung und Repression zu richten ermöglicht es uns, die ökologische Krise in einem neuen Licht zu sehen. Wir brauchen die Reichen und Mächtigen nicht, um uns vor der Zerstörung des Planeten zu retten. Tatsächlich sind wir es, die jeden Tag den Planeten retten. Sie müssten uns einfach nur aus dem Weg gehen. Aber das werden sie nicht tun – sie werden systematisch diejenigen zum Schweigen bringen, an den Rand drängen, einsperren, angreifen, foltern und töten, die am meisten von der ökologischen Krise betroffen sind, diejenigen, die die meiste kollektive Erfahrung und die besten Ideen haben, wie wir den Planeten retten können.

So gesehen gibt es keinen großen Unterschied zwischen einer Kohlemine, einem Windpark oder einem Staudamm. Die Affinität des grünen Kapitalismus zu denselben Todesschwadronen, Foltertechniken, Anti-Terror-Operationen und Schmierkampagnen sollte die Anmaßung widerlegen, dass sogenannte erneuerbare Energie oder nachhaltiger Handel eine Verbesserung darstellen. Der zwanghaft autoritäre Charakter des fossilen und des grünen Kapitalismus ist nicht zu übersehen, wenn wir einmal beginnen darauf zu achten.

Im Dezember 2011 wurde die weltweit aktive Sicherheitsfirma Stratfor gehackt. Stratfor unterhält hochrangige Beziehung zu Vertreter*innen aus Geheimdiensten, Politik und Militär von den USA bis Israel und bietet privaten Unternehmen und Regierungen auf der ganzen Welt Beratungsdienste und nachrichtendienstliche Mittel zur Unterstützung von Öffentlichkeitsarbeit, Aufstandsbekämpfung, Spaltung und Regimewechsel an. Sie haben sich selbst als »Schatten-CIA« beschrieben.[260] Die Daten aus dem Hack offenbarten großangelegte Überwachungsmaßnahmen und illegale Aktionen durch private und staatliche Akteur*innen. Nur dank des Hacks von *Anonymous* haben wir Zugang zu diesen Informationen. Der anarchistische Hacker Jeremy Hammond wurde für diese Aktion zu zehn Jahren Haft verurteilt. Auch vom blutigen COINTELPRO-Programm des FBI – welches in der zuvor genannten tödlichen Kampagne gegen die AIM und die Ermordung von Fred Hampton und anderen *Black Panthers* resultierte – wissen wir nur, weil eine Gruppe von Revolutionär*innen in eine Außenstelle des FBI eingebrochen ist und dort die Dokumente stahl. Mit anderen Worten: Der einzige Weg, wie wir jemals wissen können, was unsere Regierungen wirklich treiben, ist durch illegale direkte Aktionen und das wiederum lässt jede Diskussion über die Rechenschaftspflichten der Regierungen ziemlich hohl erscheinen.

Durch den Statfor-Leak haben wir gelernt, wie Regierungen soziale Bewegungen sehen, und wie sie versuchen, uns zu neutralisieren. Es ist wichtig zu betonen, dass Stratfor, wie Regierungen auf der ganzen Welt, auf die Strategie der Aufstandsbekämpfung zurückgreifen, wenn sie den Widerstand ihrer Staatsbürger*innen analysieren. Mit einer Ausnahme machen sie keinen Unterschied zwischen der Schüler*in aus der Mittelklasse, die Freitags streikt, um das Bewusstsein für den Klimawandel zu stärken, der Journalist*in, die die krebserregenden Effekte weitverbreiteter Pestizide untersucht, der Anarchist*in, die Baumaschinen in Brand setzt, um einen Wald vor der Abholzung zu bewahren, und einer indigenen Ältesten, die eine Zeremonie in einem Camp anleitet, um Land von einem Siedlerstaat zurückzugewinnen. Sie betrachten all diese Menschen als Feind*innen. Die einzige Unterscheidung, die sie treffen, ist, wie sie die verschiedene Gruppen im Widerstand gegeneinander aufbringen, um einige zu kaufen und die übrigen zu marginalisieren. Erinnern wir uns, dass im Herzen der Aufstandsbekämpfung die Überzeugung steht, dass alle Untergebenen einer Regierung potenzielle Feind*innen sind.

Laut einem Konzept von Stratfor und anderer Sicherheitsberater*innen, gibt es vier verschiedene Arten von Dissident*innen und eine dreistufige Methode, sie zu neutralisieren: Da gibt es die Radikalen, die »das System verändern wollen; tiefsitzende sozio-politische Beweggründe haben und multinationale Unternehmen als ›grundlegend böse‹ betrachten.«[261]

»Diese Organisationen haben kein Vertrauen darin, dass [...] Bundes-, Landes- und Lokalregierungen sie beschützen und die Umwelt bewahren. Sie glauben vielmehr, dass Einzelpersonen und lokale Gruppen direkten Einfluss auf die Industrie haben sollten. [...] Ihre Hauptziele würde ich [...] als soziale Gerechtigkeit und politisches Empowerment bezeichnen.«[262]

Es gibt die Idealist*innen, die »eine perfekte Welt wollen«, aber aufgrund ihres »intrinsischen Altruismus« dazu gebracht werden können, mit den Interessen der Industrie zu sympathisieren. Diese Gruppe schreckt vor konfliktreichen Positionen zurück. Es gibt die Opportunist*innen, die »die Gelegenheit ergreifen werden, sich auf die Seite der Mächtigen zu schlagen, um Karriere zu machen«, und es gibt die Realist*innen, die »bereit sind, innerhalb des Systems zu arbeiten und pragmatisch sind. Die Realist*innen sollten in jeder Strategie, die sich mit einem politischen Thema befasst, immer die höchste Priorität erhalten«.

Die drei Schritte dieser Methode sind recht einfach. Erstens: Isoliere die Radikalen. Zweitens: »Kultiviere« die Idealist*innen und »erziehe« sie zu Realist*innen. Und zuletzt müssen die Realist*innen auf eine Weise vereinnahmt werden, dass sie der Industrie zustimmen. »Wenn Ihre Branche diese Beziehungen erfolgreich aufbauen kann, verlieren die Radikalen ihre Glaubwürdigkeit und man kann davon ausgehen, dass die Opportunist*innen an der endgültigen politischen Lösung mitwirken werden.«[263]

Es ist wirklich sehr ironisch, dass diejenigen, die sich selbst als Realist*innen bezeichnen, als diejenigen gelten, die sich am leichtesten manipulieren lassen. Deshalb ist es weder Spalterei noch übertriebener Eifer, wenn wir erklären, dass NGOs und humanitäre Aktivist*innen Teil der Aufstandsbekämpfungskampagne des Staates sind. Dies wird deutlich, wenn wir uns den Widerstand gegen die Erdölindustrie in Nigeria anschauen: Als Ken Saro-Wiwa zum Schafott geführt und hingerichtet wurde, wurde sein Tod wahrgenommen. Er war schließlich ein Dichter und ein gewaltfreier Protestführer.

Was aber geschah mit seinen Mitstreiter*innen, die die Lehren gezogen hatten, die ihrem Leben einen größeren Wert beimaßen, die zu den Waffen gegriffen oder diejenigen geschützt hatten, die es taten, und die wirklich den Profiten geschadet und die Produktion der Ölindustrie unterbrochen haben? Als sie durch britische oder US-amerikanische Kugeln ermordet wurden, die von Hubschraubern aus abgefeuert wurden, die von der nigerianischen Regierung oder Shell Oil entsandt worden waren, nahmen diese wohlmeinenden NGOs sie nicht in ihre Liste der ermordeten ökologischen Aktivist*innen auf. Ihre Leben wurden weder mitgezählt noch als wertvoll erachtet.

Der Weg zur Hölle ist mit guten Vorsätzen gepflastert. Für diejenigen mit Blut an den Händen geht es bei Aufstandsbekämpfung darum, den Widerstand in gute und schlechte Akteur*innen zu separieren. Mit den Guten wird verhandelt oder sie werden gekauft, damit die Schlechten isoliert, eingesperrt und massakriert werden können. Kaum jemand würde Stratfor, Shell Oil oder dem Africa Counsel des US-Militärs trauen, wenn sie uns erzählten, die Ijaw und Ogoni, die für ihr Land kämpfen, seien böse Terrorist*innen, die es verdienten erschossen zu werden. Gerade die NGOs, die sich um die Menschenrechte bemühen, sind für diese Aufstandsbekämpfungsoperation von entscheidender Bedeutung und feiern die Aktivist*innen, die Taktiken anwenden, die von der Regierung als legitim angesehen werden. Indem sie die Leben und den Widerstand derer, die die schwere Entscheidung treffen, mit illegalen oder revolutionären Methoden Widerstand zu leisten, nicht genauso lautstark feiern, signalisieren diese NGOs, wer legitim und wer unmenschlich ist, sie erschaffen die Unterscheidung zwischen den guten und schlechten Akteur*innen, auf die die Militärs, Todesschwadrone und Aufstandsbekämpfungsexpert*innen angewiesen sind. Und das auf eine Art und Weise, die die meisten Menschen, die glauben, dass ihnen die Umwelt oder die Menschenrechte am Herzen liegen, glaubwürdig finden. Gleichermaßen signalisieren sie dem Rest der Gesellschaft, welche Taktiken (legal, friedlich, weniger effektiv) anerkannt und welche Taktiken (illegal, transformativ) mit gefährlichen, angsteinflößenden Gruppen assoziiert werden, wobei Letztere unweigerlich – im moralischen Horizont des Kapitalismus – in anonymen Gräbern enden.

Diese NGOs verwerfen auch den Lernprozess, der in Gemeinschaften durch direkte Erfahrungen stattfindet, wenn sich ihre Methoden entwickeln: von Petition, Protest und Rechtsstreit zu Methoden wie Besetzung, Sabotage und der direkten Umsetzung der Veränderungen, die sie brauchen. Solange soziale Bewegungen Erinnerungsvermögen haben, haben sie Zugang zu einem riesigen Schatz an kollektiver Intelligenz und diese Intelligenz befürwortet Selbstverteidigung und direkte Aktion – weil solche Methoden effektiver sind.[264] Indem sie diese Methoden zurückweisen, stellen sich diese NGOs über die kämpfenden Gemeinschaften und behaupten am besten zu wissen, wie Veränderungen bewirkt werden.

Dies ist nichts anderes als eine Fortsetzung kolonialer Dynamiken. Um die Strategien der Aufstandsbekämpfung zu überlisten, müssen wir damit beginnen, uns ihrer bewusst zu werden. Es kann keinen effektiven Kampf für ein gesundes Leben auf einem gesunden Planeten geben, wenn wir uns der systematischen Repression nicht bewusst werden, die sich gegen diejenigen richtet, die am stärksten betroffen sind. Wenn wir uns gegenseitig unterstützen und zurückschlagen, können wir gewinnen.

Um die Strategien der Aufstandsbekämpfung zu überlisten, müssen wir damit beginnen, uns ihrer bewusst zu werden. Es kann keinen effektiven Kampf für ein gesundes Leben auf einem gesunden Planeten geben, wenn wir uns der systematischen Repression nicht bewusst werden, die sich gegen diejenigen richtet, die am stärksten betroffen sind. Wenn wir uns gegenseitig unterstützen und zurückschlagen, können wir gewinnen.

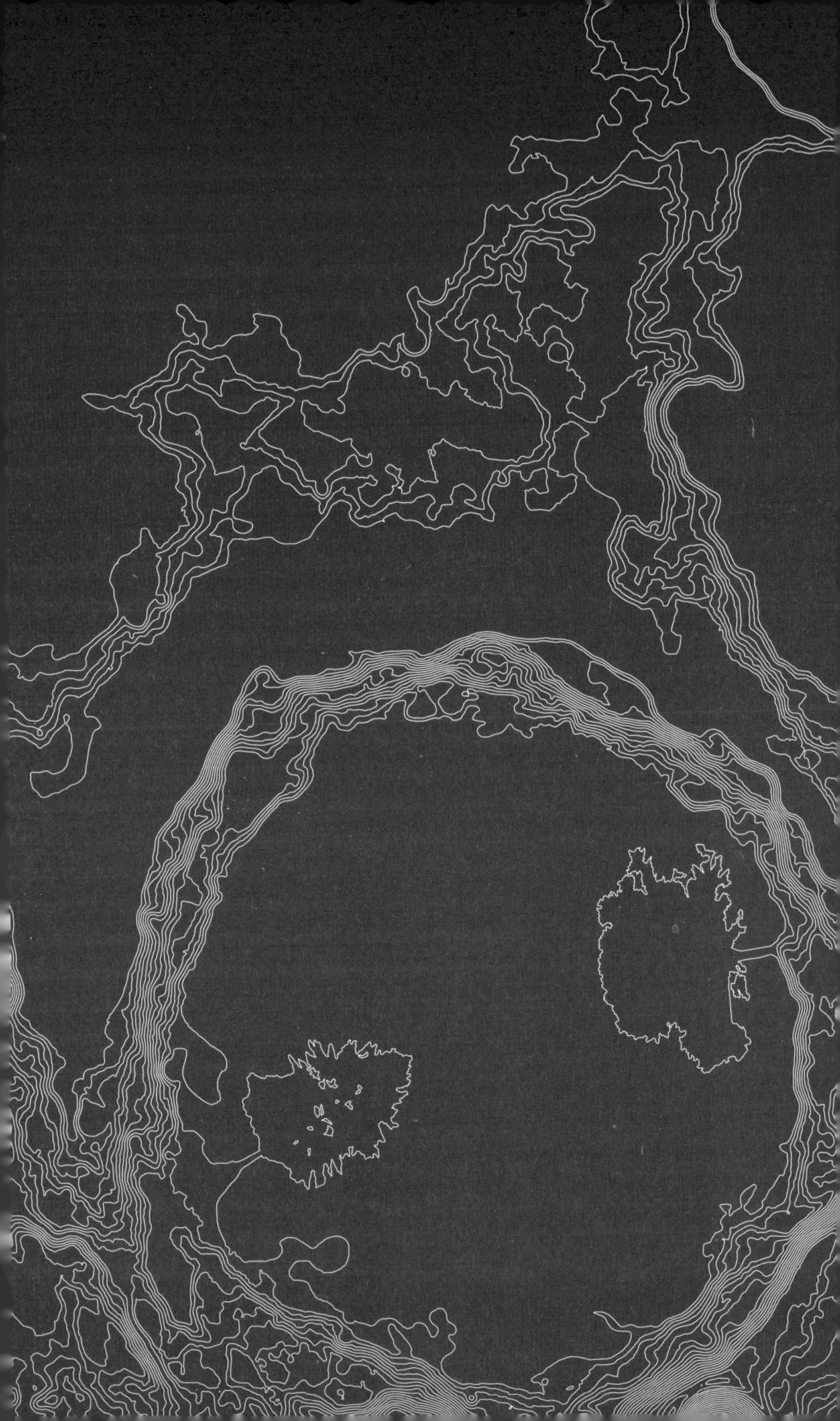

3.
Auswege gibt es schon längst

Wir haben Pipelines, Flughäfen, Autobahnen und Minen verhindert: Erfolge, die sich summieren

Während die Antworten der Regierungen und des Marktes auf die ökologische Krise eine fast perfekte Bilanz des Scheiterns aufweisen, gibt es eine andere Methode, die weltweit erstaunliche Siege und konkrete, reale Gewinne erzielt hat. Nach dem vorangegangenen Kapitel sollte es nicht überraschen, dass dieses Vorgehen fast vollständig unsichtbar gemacht oder als eine Reihe isolierter Widerstandsaktionen abgetan wird, die zwar anekdotenhaft interessant seien, nie jedoch groß genug werden könnten, um von Bedeutung zu sein.

Das Gegenteil ist der Fall: Das Netzwerk des Widerstands, in das wir im Begriff sind einzutauchen, hat Zugang zu mehr lokalem Wissen als jede Regierung oder wissenschaftliche Institution. Statt isoliert zu sein, knüpfen wir Netzwerke und debattieren Strategien global, wir haben die Grenzen, den ungleichen Zugang zu Ressourcen und sogar die Internet-Firewalls überwunden, die errichtet wurden, um uns voneinander zu trennen. Wir haben mehrfach bewiesen, dass wir unsere Aktionen viel schneller auf einen ganzen Kontinent ausdehnen können, als kapitalistische und staatliche Bürokratien jemals in der Lage wären. Wir gehen nicht von technokratischen Blaupausen und vereinfachten Statistiken aus, um unsere Auswege Bevölkerungsgruppen aufzuzwingen, die wir für unqualifiziert halten, weil sie nicht über die richtigen Bildungsabschlüsse verfügen. Vielmehr gehen wir von dem Wunsch aus, unser Territorium und unsere Lebensgrundlagen zu schützen, die wir viel besser kennen als jede Expert*in.

Tatsache ist, dass wenn wir gewinnen, der Kapitalismus unmöglich wird – und mit ihm der Ökozid im globalen Maßstab. Diese Bewegungen müssen zwar ihre globalen Visionen und ihre Pläne für einen sicheren Übergang weg von der ökozidalen Gesellschaft verbessern – und wir sind tatsächlich dabei, dies zu tun –, aber wir haben immer wieder bewiesen, wie schnell wir uns neue Techniken zu eigen machen können und uns an veränderte Umstände anpassen können.

Die Kämpfe, die im Folgenden beschrieben werden, haben konkrete Erfolge darin erzielt, die Infrastrukturen und den Extraktivismus zu stoppen, die diesen Planeten töten. Sie haben die Situationen vor Ort verändert, die Ökozide möglich machen, statt einfach nur am Problem herumzudoktern, sei es durch den Handel mit CO_2-Zertifikaten, Emissionsziele oder grüne Industrien, die den Ökozid in einer nur leicht veränderten Weise weiter vorantreiben. Das Haupthindernis für die Verbreitung der hier vorgestellten Modelle, die das Aufhalten des Klimawandels und die Heilung des Planeten zum Ziel haben, sind staatliche Repression, polizeiliche und paramilitärische Gewalt sowie Medien, NGOs und akademischen Institutionen, die die Repression entweder normalisieren oder die Augen vor ihr verschließen.

Dayak Tomun und Dayak Tamambaloh, Indonesien

Indonesien beherbergt den drittgrößten Tropenwald der Welt, einen bedeutenden Ort der biologischen Vielfalt und eine wichtige Kohlenstoffsenke für das globale Klima. Er wird allerdings derzeit schneller abgeholzt als der Amazonas. Einer der Hauptverursacher der Zerstörung, verantwortlich für etwa 40 % der Entwaldung, ist die Palmölindustrie, die Land für zerstörerische Plantagen beschlagnahmt und rodet.[265] Indigene Gemeinschaften und Kleinbäuer*innen werden oft gewaltsam vertrieben und lokale Unternehmen zerstören die Wälder mit aggressiven Brandrodungen. Allein 2019 waren 10 Millionen Kinder der Luftverschmutzung durch die Brände ausgesetzt, die in nur eineinhalb Monaten 360 Millionen Tonnen Kohlendioxid freisetzten. Die Palmöl-Brände verursachten im Jahr 2015 schätzungsweise 100 000 vorzeitige Todesfälle.[266] Zu den Verantwortlichen für die Plantagen und die Verarbeitungsprozesse gehören indonesische, malaysische, singapurische und US-amerikanische Unternehmen, während die Hauptabnehmer die globalen Giganten Unilever, Nestlé und P&G sind, Unternehmen mit einer langen kolonialen Geschichte, die ihren Sitz im Vereinigten Königreich und in den Niederlanden, in der Schweiz bzw. in den Vereinigten Staaten haben. Die größten Importeure von indonesischem Palmöl sind Indien und China, während die Holzindustrie – neben der Palmölplantagen eine der Hauptursachen für die Entwaldung – vor allem nach China und Japan exportiert. Nur etwa ein Viertel des indonesischen Palmöls wird vor Ort als Speiseöl verbraucht.[267] Abgesehen von der umfangreichen Verwendung in verarbeiteten Lebensmitteln und Kosmetika wird das Wachstum der Palmölindustrie durch die Verwendung von Palmöl als vermeintlich sauberer Biokraftstoff angeheizt.

Ich sprach mit einem*einer anarchistischen Aktivist*in, deren Familie zum Teil Dayak aus Kalimantan (Borneo) ist. Um nicht in den Fokus der Polizei zu geraten, bat mein*e Gesprächspartner*in darum, für das Gespräch ein Pseudonym zu verwenden:

»Du kannst mich Jungkir Maruta nennen. Ich bin in Borneo geboren und aufgewachsen und habe mir schon als Kind Gedanken über Umwelt- und Agrarprobleme in meiner Umgebung gemacht.

Viele indigene Gemeinschaften in Kalimantan kämpfen gegen Palmölplantagen. Eine von ihnen, die landesweite Aufmerksamkeit bekam, ist Dayak Tomun in Laman Kinipan, Lamandau, Zentralkalimantan. Sie kämpft gegen die Ausweitung einer Palmölplantage im Besitz von PT SML. Aber mittlerweile verbringe ich mehr Zeit mit Dayak Tamambaloh in Kapuas Hulu, Westkalimantan, die ebenfalls vorbeugende Maßnahmen ergriffen haben, indem sie die Rodung von Land für Palmöl seit mehreren Jahren blockieren und ihre Wälder erfolgreich verteidigen (obwohl sie es in diesem Fall mit einem Nationalpark zu tun haben, der ihnen den Zugang zu Produkten des Waldes verwehrt, die sie seit Hunderten von Jahren nutzen).

Diese beiden Dayak-Stämme sind zu einem hohen Grad auf den Wald angewiesen, auch weil ihr Dorf so weit vom Markt entfernt ist. Sie betreiben Wanderfeldbau in Form von Brandrodung, wofür sie viel Land brauchen. Sie können ihre Grundversorgung durch den Anbau von Reis sicherstellen. Abgesehen davon ist der Bedarf an Nahrungsmitteln, Wohnraum und Haushaltsgegenständen nach wie vor von Rattan und anderen Produkten des Waldes abhängig. Sie stellen auch immer noch Fallen auf, um Hirsche und Schweine zu fangen, und sie fangen Fisch. Sie bauen Gemüse an, das mit wilden Lebensmitteln gemischt wird und einer der Stämme verwendet noch immer traditionelle Medizin und hat traditionelle Heiler*innen. Dennoch ist die Tendenz zu beobachten, dass dieses Wissen und diese Verbundenheit durch das Vordringen des Kapitalismus und des Staates abnehmen. Was sie bis heute sicher macht, ist lediglich, dass sie eine isolierte Gemeinschaft sind. Ich weiß nicht, wie lange das noch so bleibt.

Wie ich bereits erwähnt habe, kämpfen die Dayak Tomum gegen die Ausweitung einer Palmölplantage, die sich im Besitz von PT SML befindet. Die Führungskräfte des Unternehmens stehen in Verbindung mit lokalen Beamt*innen wie Sugianto Sabran, dem Gouverneur von Zentralkalimantan [der mit dem in Kapitel 2 erwähnten gewaltsamen Angriff auf eine Journalist*in in Verbindung steht]. Die lokalen Medien nannten ihn den »Botschafter der Oligarchie«. Er ist der Neffe von Abdul Rasyid und H. M. Ruslan (beide Mitglieder der Golongan-Karya-Partei, Golkar), den Eigentümern von PT SML. Rasyid, Chef der Tanjung-Lingga-Unternehmensgruppe und ein früherer Abgeordneter im MPR[268] für Zentralkalimantan, begann zusammen mit Ruslan, seinem jüngeren Bruder, ein illegales Holzgeschäft in der Zeit der *Orde Baru*[269]. Das Wirtschaftsmagazin *Forbes* hat ihn zwei Jahre in Folge als einen der 50 reichsten Indonesier aufgeführt. Ruslans Frau Nurhidayah (von der Golkar-Partei) ist die derzeitige Regentin von Kotawaringin Barat und wurde von ihrem Neffen Sugianto ernannt. Mehrere andere Beamt*innen in Zentralkalimantan stammen ebenfalls aus ihren Familien.

Als der Wald erschöpft war, gründete Rasyid 1995 das Unternehmen PT Sawit Sumber Mas Sarana (SSMS), das auf 100 000 Hektar (2016) staatlichem Land Palmölplantagen anlegte und im ersten Quartal 2018 einen Gewinn von 787,1 Milliarden IDR erzielte. Der illegale Holzeinschlag und die Verfolgung durch diese Oligarchendynastie sind in Dutzenden von Weißbüchern und zahlreichen Dokumentationen von Umweltbehörden dokumentiert. Sugianto wurde verdächtigt, an der Plünderung eines Waldes im Tanjung-Puting-Nationalpark beteiligt gewesen zu sein, als er mit der Leitung des Unternehmens seines Onkels betraut wurde, dem eine Plantage von mehr als 40 000 Hektar gehörte, und er heuerte Gangster als Wachpersonal für das Unternehmen an.

Hinsichtlich der Frage nach der Unterstützung der Regierung für die Unternehmen, die für die Abholzung verantwortlich sind, muss ich ganz klar sagen, dass die Unternehmen in Kalimantan (und in der Tat in ganz Indonesien) die Regierung sind.

Obwohl der gesamte Machtapparat gegen sie aufmarschiert ist, haben die Dayak-Gemeinden die Abholzung in Lamandau gestoppt. Sie ergriffen direkte Maßnahmen, indem sie schweres Gerät beschlagnahmten, Mitarbeiter*innen von Palmöl-Firmen vertrieben, sich Auseinandersetzung mit der Polizei lieferten und Straßen blockierten. Aber ich denke, es ist nur eine Frage der Zeit, bis die Rodung wieder aufgenommen wird. Nicht viele Kämpfe in Kalimantan waren erfolgreich, und Landraub ist sehr weit verbreitet.

Der indonesische Staat ist sehr repressiv. Visuell dominieren die Anarchist*innen des Schwarzen Blocks die Bilder in den nationalen Medien – neue Feinde denen die Regierung die Schuld geben kann. Dies wird immer einfacher, weil sie den Anarcho-Syndikalismus als neue Variante des Kommunismus einordnen.

In Kalimantan stehen die indigenen Gemeinschaften an der Spitze des Kampfes, und Anarchist*innen bauen langsam Solidaritätskampagnen auf. Es gibt auch einige Massenorganisationen, die ethnisch-nationalistische Tendenzen aufweisen. Ich fürchte, wenn keine alternativen Diskurse entwickelt werden, werden sie sich als schlimmer erweisen als das, wogegen sie sich stellen.«

Sápmi, Nordeuropa

Die Sámi sind eine indigene Gruppe innerhalb des europäischen Subkontinents. Ihr Territorium, Sápmi, liegt zum größten Teil innerhalb des Polarkreis und ist besetzt durch die Staaten Norwegen, Schweden, Finnland und Russland. Viele Sámi engagieren sich in Kämpfen gegen industrielle Windparks und Minen, die das Wasser vergiften und das Land zerstören, welches für die traditionelle Rentierzucht benötigt wird. Ein großer Teil ihres Landes wurde außerdem für militärische Übungszwecke und Stützpunkte sowie für den Tourismus in Beschlag genommen. Blockadecamps und Proteste haben die Eisengewinnung in Gállok zumindest vorläufig gestoppt, obwohl »die schwedische Regierung noch nicht entschieden hat, wie es weitergehen soll.«[270]

Aslak Holmberg, »Lachsfischer, Lehrer für sámische Sprache, Wissenschaftler für indigene Studien und Vizepräsident des sámischen Rates«[271], sprach mit Gabriel Kuhn über den Widerstand gegen neue Fischereiregelungen, die 2017 von der finnischen und norwegischen Regierung für den Deatnu-Fluss erlassen wurden, der über zweihundert Kilometer die Grenze zwischen den beiden Staaten bildet und Teil des besetzten Sápmi ist.

»Die Sámi leben auf beiden Seiten des Flusses und fischen dort seit Jahrhunderten Lachs. Die neuen Regelungen betreffen vor allem unsere traditionelle Fangmethoden.

[...] Der Deatnu ist einer der wenigen Lachsflüsse in dem du mit dem Netz fischen kannst. Das machen wir. Das Angeln mit der Rute hat jedoch einen höheren Status. Wenn man sich die neuen Regelungen anschaut, gibt es nur eine ganz bestimmte Gruppe von Angler*innen, die etwas davon hat: Die finnischen Hüttenbesitzer*innen, die Grundstücke entlang des Flusses gekauft haben, die mit Angelrechten verbunden sind. [...]

[Die neuen Regulierungen] sollen den Lachs schützen. Aber im Grunde werden die Fischereirechte nur von einer Gruppe, den Sámi, auf eine andere, die Hüttenbesitzer*innen, übertragen. Die Konsequenzen gehen weit über das Fischen hinaus. Unsere gesamte Kultur basiert auf der Tradition der Fischerei, und wenn unsere Fischereirechte eingeschränkt werden, ist unsere gesamte Kultur bedroht.«

Im Jahr 2017 begannen die Sámi jeden Sommer ein Camp auf einer Insel im Deatnu-Fluss zu errichten, um ihr Moratorium gegen die neuen Vorschriften durchzusetzen. Dieses würden den Fischfang nur in Übereinstimmung mit den traditionellen Praktiken zulassen, und touristische Angler*innen müssten die Sámi des Deatnu-Tals ausdrücklich um Erlaubnis bitten und die traditionellen Gebiete der lokalen Familien respektieren.[272]

Niillas Somby ist ein Veteran des sámischen Kampfes und bereits seit den 1970ern aktiv. Nachdem er während der Áltá-Bewegung[273] schwer verletzt wurde, als 1982 bei einer Aktion gegen ein Kraftwerk eine Bombe vorzeitig explodierte, flüchtete er vor den Behörden »und fand anschließend Zuflucht bei den First Nations in British Columbia. Er hat als Rentierzüchter, Seemann, Mechaniker, Fotograf und Journalist gearbeitet«.[274] Er ist auch Nachfahre einer der Personen, die während des Guovdageaidnu-Aufstands[275] durch Norwegen hingerichtet wurden. Er kämpfte für die Rückgabe der Schädel der Hingerichteten vom Staat, damit sie eine würdevolle Bestattung bekommen konnten.

Er spricht über einige der Gefahren des Erfolgs und darüber, wie die Siege vergangener Bewegungen Kanäle der Institutionalisierung geschaffen haben, die ihre Kämpfe heute schwächen können:

»Es war großartig, dass die Áltá-Bewegung die Rechte der Sámi auf die politische Tagesordnung gesetzt hat. Aber dies etablierte auch eine neue Klasse von sámischen Politiker*innen, die bald die Kontrolle darüber beanspruchten, wie diese Rechte umgesetzt werden sollten. Sámi-Aktivismus wurde in das koloniale System integriert und Leuten wie uns wurde gesagt, wir sollten still sein. [...]

In gewisser Weise sind die Dinge durch das Finnmark-Gesetz noch komplizierter geworden. Bevor es verabschiedet wurde, konnten wir in den Wald gehen und Brennholz sammeln. Jetzt müssen wir dafür bezahlen. Es fühlt sich an, als hätten wir das Land mit einem Federstrich verschenkt, anstatt sicherzustellen, dass es uns gehört. [...]

Das sámische Parlament hat ein Anhörungsrecht. Das ist alles, was es erreicht hat. Aber was sind Anhörungsrechte? Das bedeutet, dass die Behörden verpflichtet sind, sich mit dir zu treffen und anzuhören, was du zu sagen hast, bevor sie tun, was sie tun wollen.«[276]

ZAD, Frankreich

2018 verhinderte eine langjährige Landbesetzung bei Notre-Dame-des-Landes, nahe Nantes in Nordfrankreich, erfolgreich den Bau eines großen Flughafens. Als die Regierung zu planen anfing und mit Enteignungen von Land für das Megaprojekt begann, gaben sie ihm den faden, bürokratischen Namen ZAD, ›*Zone d'aménagement différé*‹ (›zu verwaltende Zone‹). Die zusammengewürfelte Allianz von Landwirt*innen und Antikapitalist*innen, die sich weigerten die Moore, Wälder und Äcker zu verlassen, taufte das Gebiet um in ›*Zone à défendre*‹ (›zu verteidigende Zone‹).[277]

Dass es gelang, den Flughafen zu blockieren und die Feuchtgebiete zu schützen, war ein großer Sieg. Noch dazu in einer Zeit als die europäische Ökonomie boomte, in großen Teil getragen durch Tourismus und grenzüberschreitende Wirtschaftsnetzwerke, die eine dichte Infrastruktur für Kurzstreckenflüge befürworteten. In dem Kampf ging es aber um viel mehr als nur einen Flughafen. Schmerzliche Konflikte entstanden zwischen den Teilnehmenden, die verschiedene Vorstellungen davon hatten, für was sie kämpften, in welcher Welt sie leben wollten und was akzeptable Methoden sind, um dorthin zu gelangen. Es ist entscheidend, über den unmittelbaren Sieg hinauszudenken, um die Versäumnisse diese Kampfes zu verstehen und um von spezifischen Kämpfen zur Entfesselung einer globalen Welle des Wandels überzugehen. Die Berichte in dieser Passage kommen von drei langjährigen ZAD-Bewohner*innen. Ich habe sie nicht nur gefragt, was sie erreicht haben, sondern auch, worin der Kampf gescheitert ist. Aufgrund staatlicher Repression zogen sie es vor, anonym zu bleiben.

»Wenn wir über unsere Perspektive im Kampf gegen den Flughafen (und seine Welt) sprechen, dann sprechen wir in der Vergangenheitsform, denn für uns ist der Kampf der ZAD vorbei, auch wenn dort noch Menschen leben. Es gab viele verschieden Phasen in diesem Kampf, weil er so eine lange Zeit anhielt und deshalb ist es schwierig Absolutheiten zu formulieren.

Es war ein Kampf gegen einen Flughafen, gegen eine Welt, die solche Flughäfen benötigt, gegen den Staat und die Fähigkeit des Staates, darüber zu entscheiden, wie unsere Leben und unsere Lebensräume gestaltet sind, und es war eine Kampf für gemeinschaftliche Selbstbestimmung. Es gab sehr verschiedene Menschen, die dort lebten und die an den Bewegungen gegen den Flughafen teilnahmen: Hausbesetzer*innen aus der Stadt, Ökos, Kleinbäuer*innen und Straßenpunks.

›Die ZAD-Besetzung‹ und ›die Bewegung gegen den Flughafen‹ waren nicht dieselbe Sache. Im Laufe der Zeit vergrößerte sich die Differenz zwischen ›der ZAD‹ – die manchmal mehr mit dem alltäglichen Leben, der gegenseitigen Solidarität und materiellen und sozialen Strukturen beschäftigt war – und ›der Bewegung‹, die sich

Proteste in der ZAD, Frankreich.

auf ein größeres geografisches Gebiet bezog, aus vielen verschiedenen Organisationen bestand und eher liberal war. Die Vollversammlungen der Bewegung wurden immer mehr zum Terrain der ›kleinen Politiker*innen‹ (sowohl innerhalb als auch außerhalb der Zone), während die Stimmen vieler anderer Menschen und Gruppen, die in der ZAD lebten, zunehmend an den Rand gedrängt oder ignoriert wurden. Das Komitee, welches die Versammlung kontrollierte, bezog seine Macht aus ›der Bewegung‹, wohingegen die ZAD-Besetzung chaotisch, divers und prinzipientreu war und ihnen in die Quere kam.

Als 1963 die ersten Pläne für den Flughafen bekannt wurden, schlossen sich die Anwohner*innen zusammen – einige gegen den Flughafen, andere, um gemeinsam über die Enteignung zu verhandeln und zu verhindern, dass sie um den Wert ihrer Höfe betrogen werden. Das Projekt wurde 1972 fallengelassen und 2000 neu gestartet. Mit der neuen Version des Projekts kam auch eine neue Version des lokalen Widerstands: ACIPA[278], eine von Landwirt*innen und Anwohner*innen gegründete Anti-Flughafen-Vereinigung. 2009 bildete eine Reihe von Anwohner*innen, die von der Enteignung betroffen waren, eine Gruppe mit dem Namen ›Die widerständigen Anwohner*innen‹. Sie riefen zu Besetzungen der leerstehenden Häuser in dem bereits enteigneten Gebiet auf. Am Ende des Klimacamps 2009, welches in der ZAD stattfand, entschieden zehn Leute zu bleiben, Häuser zu besetzen, damit zu beginnen, die Strategie von Besetzung als Mittel im Kampf gegen das Projekt umzusetzen, und stießen so zu einer kleinen Gruppe hinzu, die seit 2007 ein Haus in der Zone besetzt hielt.

Die Effektivität der ZAD war kein magischer Zufall: Sie wurde auf einem historischen Fundament von Umwelt-, sozialen und landwirtschaftlichen Kämpfen erbaut. Das Territorium war von einer Kultur des Widerstands, an der sich viele Anwohner*innen beteiligten, durchdrungen. Die Kleinbäuer*innen- und Arbeiter*innenbewegung, die in den 1970ern in der Gegend stark war, war einer der Faktoren, der diesem Kampf den Weg bereitete, weil Bäuer*innen und andere Arbeiter*innen in Streiks gemeinsam zu einer Klassensolidarität fanden. Die kleinbäuerliche Organisation *SOS Paysans* besteht seit

Jahrzehnten und es gab schon früher Siege von Kleinbäuer*innen, die für den Zugang zu ihrem Land kämpften. In einem größerem Kontext gab es in den 1970ern zwei bekannte ökologische, staatsfeindliche Konflikte – in Larzac[279] und Plogoff[280] – gegen das ›*aménagement du territoire*‹, was in etwa mit ›technokratischer Entwicklungsplanung‹ übersetzt werden kann.

Zu Beginn der ZAD-Besetzung stammten die Beteiligten hauptsächlich aus der französischen Hausbesetzer*innenbewegung, die von feministischer und antiautoritärer Politik beeinflusst ist. Viele von ihnen hatten sich in den sozialen Bewegungen gegen den CPE[281] 2006 radikalisiert, als sie sich gegen eine große Reform wandten, die die Arbeitsplatzunsicherheit junger Arbeiter*innen erhöhen sollte. Einige Monate später schlossen sich ihnen in der ZAD Personen aus dem Netzwerk der ›antinationalen‹ Waldbesetzungen in ganz Europa an.

Der Kampf konnte den Bau des Flughafens erfolgreich stoppen. Er schuf die politische Grundlage für kollektives Eigentum und kollektive Bewirtschaftung des Bodens, insbesondere der landwirtschaftlichen Flächen. So konnten die Menschen auf autonome, selbstorganisierte Weise zusammenleben und eine soziale und materielle Infrastruktur schaffen, die es ihnen ermöglichte, außerhalb von staatlichen und monetären Systemen zu überleben und sich stattdessen auf Gegenseitige Hilfe, Gemeineigentum und Solidarität zu stützen. Das hat vielen Menschen in Frankreich und darüber hinaus gezeigt, dass es möglich ist, zu kämpfen, Widerstand zu leisten und sich zu organisieren – und zwar ganz konkret, in der Praxis. Für die Generation, die zu dieser Zeit aufwuchs, veränderte sich die Einschätzung von dem, was möglich war. Es gibt Erwachsene in der ZAD, die darüber sprechen, wie sie 2012 während der ersten Räumungsphase als Jugendliche mit ihren Eltern ankamen und wie sich das auf sie auswirkte. Die ZAD hat es auch geschafft, im Grunde genommen aus ihrer Hartnäckigkeit und Überzeugung heraus, ein unglaublich starkes Gewicht im politischen Kräfteverhältnis zu bekommen. In einigen Fällen ist es der ZAD gelungen, den Mitarbeiter*innen der Unternehmens- und Staatsapparate klar zu machen, was ihre Arbeit bedeutet und sie zur Kündigung zu ermutigen (vor allem im Falle von Umweltberater*innen, aber sogar auch von Bullen). Die Besetzung schuf eine interne Struktur zur Konfliktlösung, die über mehrere Jahre bestand hatte und zwischenmenschliche Konflikte in Abwesenheit von Polizei und Gerichten verhandelte. Außerdem wurde ein horizontales und breit gefächertes Gesundheitssystem geschaffen, dass Menschen unabhängig von ihrer Staatsangehörigkeit, ihren Papieren oder ihrem Vermögen den Zugang zu der von ihnen benötigten Versorgung ermöglichte. Sie bewies auch Kompetenz und Effektivität im Umgang mit den Folgen von Polizeigewalt.

Die ZAD förderte die Präsenz von radikalem politischem Denken auf ihrem Gebiet und verband verschiedene Arten alltäglicher Kämpfe durch die Teilhabe an einer diversen politischen Gemeinschaft. Es ist wichtig den Beitrag derjenigen zu erwähnen, die in der Gesellschaft normalerweise marginalisiert werden, wie Menschen mit Suchterkrankungen, Straßenpunks, Obdachlose und Migrant*innen. Es war sowohl eine Bereicherung als auch eine Belastung für die ZAD, dass es eine Zone offen für jede*n war – alle Arten von Menschen, die aus den verschiedensten Gesellschaftsschichten kamen, um sie zu besuchen oder dort zu leben. Jede*r konnte kommen. Jede*r konnte bleiben.

Darüber hinaus wurde die ZAD zu einem politischen Modell für den Kampf gegen infrastrukturelle Megaprojekte, die der Bevölkerung aufgezwungen wurden – ihr Konzept verbreitete sich in ganz Frankreich. Zwischen 2014 und heute hat es mehr als 20 Landbesetzung gegeben, die sich selbst ›ZAD‹ nannten. Während der Besetzung des Gebietes (bis 2018), hörten wir oft davon, dass die ZAD als ›Freiluftlabor der Alternativen‹ beschrieben wurde. Hunderte Menschen organisierten sich ohne Staat auf einem (ca. 20 Quadratkilometer) großen ländlichen Gebiet, experimentierten mit verschiedensten Formen autonomer Organisation mittelgroßen Maßstabs und konfrontierten die Theorie mit der Realität.

Ein wichtiger Akteur in der Bewegung gegen den Flughafen war COPAIN, eine Organisation, die sich für kleinbäuerliche statt industrieller Landwirtschaft einsetzt. Die Gruppe bestand aus Landwirt*innen, die dafür kämpften, dass sie in ihrer landwirtschaftlichen Praxis ihre eigene Beziehung zum Land haben und nicht von Ingenieur*innen und Maschinen gesteuert werden. 2013 wurde außerdem *Sème ta Zad* (›Säe deine Zad‹, STZ) gegründet, eine kollektive Struktur zur Organisation aller, die landwirtschaftliche Flächen in der ZAD nutzen wollten, darunter Mitglieder von COPAIN, Hausbesetzer*innen und andere Landwirt*innen oder Personen mit landwirtschaftlichen Projekten. Gemeinsam legte die STZ die Fruchtfolge fest, organisierte kollektives Geld für Saatgut, Werkzeuge und Wartung und sorgte für die regelmäßige Instandhaltung und Reparatur von Traktoren und anderen kollektiv genutzten Maschinen. Die Bewegung verteidigte auf Respekt vor dem Land basierende Agrarmodelle, die auf der Grundlage von geteilten Commons und nicht auf privater Aneignung beruhen.

Es gab große Meinungsverschiedenheiten über die Beziehung zum Land in der ZAD. Von Anfang an gab es Menschen, die die Natur sich selbst überlassen wollten, die sich dafür aussprachen, alles von Hand zu machen und die wütend waren über Pestizide, die von Landwirt*innen benutzt wurden. Eine Nachbarschaft im Osten der Zone versperrte zwischen 2013 und 2018 beispielsweise mit Barrikaden die Durchfahrt für motorisierte Fahrzeuge. Auf diesen 66 Hektar gab es weder Elektrizität noch fließendes Wasser. Diese Nachbarschaft sprach sich – mit dem Ziel der Verwilderung eines Teil des besetzten Landes – für ein ›Nicht-Management‹ von Land aus, mit nur einigen Hütten und Permakulturgärten, die sich in die Landschaft einfügten, gebaut aus regionalem Lehm und lebenden Bäumen. Die Menschen dort sammelten oft essbare Pflanzen und Heilkräuter. Diese Beziehung zur Welt war zentral für die Diskussionen in dieser Nachbarschaft, in dem, was sie schufen und sich zusammen vorstellten, in den gemeinsamen Aktivitäten und persönlichen Reflexionen. Ein tiefer ideologischer Konflikt bezüglich der Beziehung der Menschen zur Natur positionierte die Besetzer*innen dieser Nachbarschaft in Opposition zu den lokalen Landwirt*innen in der Bewegung gegen den Flughafen und andere Gruppen von Besetzer*innen. Der Staat zog seinen Vorteil aus dieser Uneinigkeit und zielte auf diejenigen Gruppen von Besetzer*innen, die am meisten Widerstand gegen die Assimilierung leisteten. Alle lebendigen Strukturen und Gärten in dieser Nachbarschaft wurden während der Räumungen 2018 vollständig zerstört.

Die Beziehung zum Staat war von Beginn an *konfliktbeladen.* Wir kämpften gegen den Kapitalismus in Form von privatem Eigentum, monetären Zahlungsmitteln, Systemen, die lebendigen Dingen und Ökosystemen einen Preis gaben und dadurch von ihrer Zerstörung profitierten, und die Logik der ›Kompensationszahlungen für den Umweltschutz‹. Wir kämpften gegen alle Unternehmen, die mit dem Staat zusammenarbeiteten, um das Projekt voranzubringen – den Vertragspartner VINCI, dessen Tochterunternehmen wie Eurovia, genauso wie Subunternehmen wie Biotope, eine Firma, die Umweltverträglichkeitsprüfungen durchführte (die ›Quantifizierung‹ der Feuchtgebiete, damit ihre Zerstörung durch das Graben von Teichen an anderen Orten ›kompensiert‹ werden kann).

Wie der Präfekt der Region Loire Atlantique im Oktober 2012 sagte: ›Wenn die Republik die Kontrolle über die Zone nicht zurückerlangen kann, müssen wir uns über den Zustand der Republik sorgen machen.‹

Der Staat hat im Oktober 2012 versucht uns durch die Räumung und mit militärischer Gewalt zu zerschlagen. Es gab heftigen Widerstand und eine große öffentliche Aufmerksamkeit, was die ZAD zu einem allgemein bekannten Begriff werden ließ und ihr massive Unterstützung einbrachte. Nicht nur konnte der Staat nicht alle Häuser zerstören und die Kontrolle über das Territorium nicht wiedererlangen, der Versuch ließ ihn auch übermäßig repressiv und ineffektiv erscheinen. Es war sehr peinlich für sie und sie verloren danach effektiv für mehrere Jahre die Kontrolle über die Zone. Im Vorfeld der Räumung 2018 gingen sie sehr viel strategischer vor – sie wollten sichergehen, dass sie gewinnen, komme, was wolle. Der Staat gab das Flughafenprojekt auf, weil es für ihn zu schwierig wurde, und auch, um die politische Macht der ZAD zu neutralisieren. Angesichts des relativen Verlusts an Unterstützung durch die breite Masse, sobald ›die Sache‹ ›gewonnen‹ war, war es für sie danach viel einfacher, mit den Räumungen fortzufahren.

Der Staat versuchte die gegenseitige Hilfe zu brechen, die uns stark machte, die lokale Bevölkerung und die breitere Bewegung auf vielfältige Weise zu spalten – mit der Fortsetzung von Landenteignungen, um den lokalen Widerstand zu bedrohen und physisch zu beseitigen, mit einem Referendum der regionalen Bevölkerung und mit einer Reihe von Verhandlungen mit Vertreter*innen verschiedener Gruppen der Bewegung. Die Verhandlungen fanden mit Vertreter*innen mehrerer Gruppen statt – ACIPA, einer lokalen bäuerlichen Organisation, Naturalists in Struggle, der Organisation von Landwirt*innen COPAIN, einer Koalition von Organisationen gegen den Flughafen und Besetzer*innen der ZAD. Diese Verhandlungen erwiesen sich als einer der erfolgreichsten Aspekte der staatlichen Strategie, um Spaltung zu säen. Viele Taktiken der Aufstandsbekämpfung wurden eingesetzt, um die Bewegung zu spalten und die lokale Bevölkerung gegen die ZAD aufzubringen. Die Medien waren in vollem Umfang daran beteiligt.

Unser Umgang mit der Polizei hat sich im Laufe der Jahre stark verändert. Zu Beginn der Besetzung war die Polizei zwar sehr präsent, aber ziemlich ineffektiv. Sie schikanierten uns, taten aber sonst nicht viel, und da wir uns im Allgemeinen weigerten uns auszuweisen, konnten sie nicht viel tun. Es ist schwierig, eine Vorladung für ›X‹ auszustellen und es war ärgerlich für sie, ihre Zeit und ihren Papierkram zu verschwenden, weil sie wussten, dass wir uns einfach weigern würden, uns auszuweisen. Einige Male schlugen sie uns sogar vor, einfach einen falschen Namen anzugeben, um uns loswerden zu können. Das hat uns alle viel mutiger und selbstbewusster gemacht. Die Polizeipräsenz und andere Formen staatlicher Gewalt nahmen nach einiger Zeit bei Demonstrationen und vor allem bei den Räumungen im Jahr 2012 deutlich zu. Die Räumungen im Jahr 2018 waren unglaublich gewalttätig, selbst im Vergleich zur ›normalen‹ französischen Polizeirepression bei städtischen Unruhen. Es ist wirklich unglaublich, dass damals niemand getötet wurde, wie es bei der Räumung einer anderen ZAD in Testet im Jahr 2014 geschah.

Nach der Räumung 2012 gab es eine sechsmonatige militärische Besetzung, alle Straßen, die in die ZAD führen, wurden rund um die

Uhr durch Straßensperren mit großen Scheinwerfern von der Polizei abgesperrt. Im April 2013 kam es zu einer großen Konfrontation, bei der ein Polizist in Brand gesteckt wurde und die Polizei anschließend abzog. In den nächsten fünf Jahren durften sie die Zone nicht betreten, weil sie ›zu gefährlich‹ war. Um zu beweisen, dass es möglich ist, frei von Polizei und Justiz zu leben, haben wir horizontale Strukturen wie den ›Cycle de 12‹ organisiert, um zwischenmenschliche Konflikte zu lösen.

In den Jahren, in denen die Polizei nicht vor Ort war, gab es dennoch regelmäßige Überwachung per Hubschrauber. Die enormen Ressourcen, die der Staat einsetzte, zeugten von seiner Angst vor einem weiteren Fehlschlag. Im Vorfeld der Räumung 2018 beauftragten sie einen General mit den Vorbereitungen und setzten Drohnen, Panzer, ein Fahrzeug zum Sammeln und Abhören von Informationen sowie sichtbar getragene Sturmgewehre ein. Inzwischen haben wir erfahren, dass die Militärpolizei eine ›Notre-Dame-des-Landes‹-Übung in ihre Ausbildungsprogramme für Kadetten und Offiziere integriert hat und dass der Präfekt, der die Räumungen 2018 beaufsichtigt hat, jetzt an berühmten Schulen für Politikwissenschaft Klassen über diese Zeit unterrichtet. Darüber hinaus verkauft der französische Staat die Taktiken der Aufstandsbekämpfung, die er an uns erprobt hat, nun an andere Länder.

Wir schützten uns vor der Polizei indem wir eine Kultur des Widerstands schufen – wir nutzten Pseudonyme, verweigerten bei Festnahmen unsere Personalien, verweigerten Fotos, Fingerabdrücke und DNA-Entnahmen, Aufrufe zu Aktionen wurden durch kleine gedruckte Einladungen, auf denen Zeitpunkt, Ort und Risikostufe notiert waren, verbreitet, sodass Informationen niemals laut ausgesprochen wurden (um Überwachung durch Handys und Mikrofone zu vereiteln). Es gab ein unglaublich starkes Vertrauensverhältnis zwischen uns, wir leisteten kollektiven physischen Widerstand im Falle einer Verhaftung und verteidigten uns kollektiv in Gerichtsprozessen. Das Rechtshilfeteam unterstützte Verhaftete und Gefangene direkt und verband dies mit politischer Arbeit gegen Repression. Nachdem die Polizei sich 2013 zurückzog, gab es auf einmal keine täglichen

Konfrontationen mit einem gemeinsamen Feind mehr und wir trugen mehr interne Kämpfe aus. Während das Anwaltsteam seine Arbeit fortsetzte, verloren wir die kollektive Weitergabe dieser Verweigerungstaktiken an Neuankömmlinge, da die täglichen Begegnungen mit der Polizei seltener wurden.

Bis sich die Bewegung um 2016 herum konsolidierte oder zentralisierte, war sie ein hervorragendes Argument für die Wirksamkeit einer Strategie der Vielfalt der Taktiken [*diversity of tactics*]. Es war für den Staat unmöglich, einer Mischung aus gewaltfreien liberalen Demonstrationen, juristischen Prozessen, akademisch gebildeten Hausbesetzer*innen verschiedenster Überzeugungen und völlig unvorhersehbaren wilden Straßenpunks gleichzeitig zu begegnen. Je mehr die Bewegung auf eine nichtkonsensuale Einheit der Strategie drängte – und die Einhaltung dieser Einheit von oben herab erzwang, indem sie von Aktionen abriet, die sie bedrohten –, desto schwächer wurde der gesamte Kampf. Die Motivation einiger Gruppen, mit dem Staat zu ihren eigenen Bedingungen zu verhandeln, verlangte von ihnen, den Widerstand zu verflachen und so zu gestalten, dass der Staat ihn verstehen konnte. Schließlich wurde sogar von Sabotage heftig abgeraten, weil es den Verhandlungen schaden könne. Die Strategie der Einheit ist gescheitert, da die Durchsetzung dieser Einheit um ein gemeinsames Projekt herum, den Ausschluss Andersdenkender mit sich brachte und die Verbindungen, die uns zuvor zusammengehalten hatten, zerbrachen.

Bis zu diesem Punkt war eine Vielzahl an Taktiken und Strategien angewandt worden. Darunter waren festlich kostümierte Fahrradumzüge durch anliegende Städte, bei denen direkte Aktionen gegen Unternehmen und andere Ziele mit Bezug zum Bau des Flughafen ausgeführt wurden; Demos mit landwirtschaftlichen Maschinen, die in kollektiven Landbesetzungen endeten; die Besetzung von Land für Farmen und Obstgärten; *Autoreduction* (die massenhafte Weigerung im Supermarkt zu bezahlen); Großdemos; eigenmächtige Durchsuchungen von Büros nach Insiderinformationen; Barrikaden; Katapulte; Vortragstouren; das Schreiben von Liedern für die Bewegung; Hausbesetzungs-Theaterstücke; gemeinsames Essen und Kochen für Konferenzen und Proteste; Hinterhalte auf die Polizei; die Versorgung der Kühe von Anwohner*innen, während diese im Hungerstreik waren; das Teilen von Aktivitäten und täglichen Aufgaben, die es uns ermöglichten, Beziehungen innerhalb der Besetzung und der Bewegung aufzubauen und zu stärken. Es gab Sabotageakte, Blockaden, Medienaktionen, juristische Bemühungen, kollektive Entscheidungsfindung, Vollversammlungen und eine über ganz Frankreich verteilte Organisierung mit ›lokalen Unterstützungskomitees‹.

Die Mainstream-Medien wiederholten anfangs nur den Diskurs des Staates (auch weil wir uns weigerten, mit ihnen zu sprechen). Sie waren ein Sprachrohr für alle möglichen Politiker*innen, die in uns ›die große Gefahr‹ sahen, eine gesetzlose Zone, die zur Rettung der Republik ausgemerzt werden müsse, einen gefährlichen Feind im eigenen Land. *Le Journal du Dimanche* schrieb 2018 einen Artikel, der sich auf ›geheime‹ Fotos stützte, bei denen es sich um ganz alltägliche Fotos aus der ZAD handelte, die in angsteinflößender Weise beschrieben wurde – beispielsweise wurde ein von Hand gegrabener Brunnen als ›Waffenlager‹ bezeichnet. Wir können auch den ehemaligen Präsidenten der Region, Bruno Retailleau, im Jahr 2017 zitieren: ›Notre-Dame-des-Landes ist zu einem Symbol geworden. Einem politischen Symbol. Und Emmanuel Macron sollte auf der Hut sein, denn es geht um nicht mehr und nicht weniger als darum, ob es einer gewalttätigen Minderheit gelingt, den Rechtsstaat zurückzudrängen [...] Wenn Macron nachgibt, sendet er an alle Franzosen das schreckliche Signal des Zusammenbruchs des Staates.‹

Je bekannter der Kampf wurde, desto mehr spielten die Medien eine Rolle – sie stigmatisierten und spalteten die Teilnehmer*innen, versuchten, die Besetzer*innen zu sortieren und zu kategorisieren und einen Unterschied zwischen den Guten (jung, gebildet, produktiv, Mittelschicht, *weiß*, Landwirt*innen) und den Bösen (gewalttätig, Schwarzer Block, drogensüchtig, zerstörerisch) zu schaffen. Irgendwann kam eine Gruppe von Leuten in die Zone, die das Medienspiel ›gute gegen schlechte Hausbesetzer*innen‹ mitmachte. Einige konnten gar nicht anders, als ein gutes Bild abzugeben und für ihre Einhaltung der Sozial- und Klassennormen geliebt zu werden. Für eine lange

Zeit hatten wir uns kollektiv für Anonymität entschieden und hatten ein distanziertes Verhältnis zu den Medien – wir waren der Meinung, dass sie uns mehr brauchten als wir sie. Als die Pressegruppe 2016 wiedereingesetzt wurde, war es üblich, dass die Journalist∗innen nur Hände und Füße und keine Gesichter filmten, es sei denn, die Personen waren maskiert. Dies verhinderte, dass wir eine identifizierbare Sprecher∗in hatten, und ermöglichte es auch jeder, mit den Medien zu sprechen, selbst wenn sie von der Polizei gesucht wurde. Einige Personen in der neuen Version der Pressegruppe mochten diese Vorgehensweise nicht, weil sie sich damit unwohl fühlten und ›komisch aussähen‹. Sie begannen, Interviews unmaskiert zu geben, was es sehr viel schwieriger machte, die Presse dazu zu bringen, maskierte Interviews zu akzeptieren, und somit die Vielfalt derjenigen, die mit den Medien sprachen, verringerte.

Was die autonomen Medien betrifft, so gab es ein Piratenradio, eine Website, eine Zeitung mit Diskussionspapieren und Nachrichten, Mitteilungen und Aktionen zur Verbreitung von Ideen und Perspektiven.

Während das Verhältnis zwischen der ZAD und den Journalist∗innen anfangs meist antagonistisch war, änderte sich die Meinung der Medien, als der Kampf der ZAD sich fortsetzte und vergrößerte. Einige Journalist∗innen änderten ihre Perspektive und versuchten, das Phänomen zu verstehen. Vor der Räumung 2018 hatten die Bullen Journalist∗innen den Zugang nicht gestattet ›sie (die Polizei) würden angemessenes Filmmaterial zur Verfügung stellen‹. Die Journalist∗innen kamen trotzdem und wurden, wie alle anderen, mit Granaten beschossen, auch wenn sie Warnwesten mit ›Presse‹-Aufdruck trugen. Einige von ihnen wurden von ZAD-Sanitäter∗innen behandelt und das Sani-Team und einige Journalist∗innen reichten später gemeinsam eine formelle Beschwerde bei der Menschenrechtsbeauftragen ein.

Die Horizontalität der Vollversammlungen wurde im Laufe der Jahre mehrfach stark beeinträchtigt, da einige wenige Gruppen und Persönlichkeiten den größten Teil des Raums für sich beanspruchten. Darüber wurde an anderer Stelle ausführlich geschrieben, insbesondere in ›*Reflections on the ZAD*‹ und ›*The Movement Is Dead, Long*

Live… Reform‹.[282] Besonders eine Gruppe nahm sich zunehmend mehr Macht, mit zunehmend weniger subtilen Mitteln. Dieses Komitee, dessen Existenz als eine organisierte Gruppe mit einer gemeinsamen Strategie den meisten, die in der Besetzung lebten, unbekannt war, ergriff auf vielfache Weise die Macht. Sie festigten ihre Position unter anderem dadurch, dass sie die Verbindungen zu den führenden Personen wichtiger Gruppen in der Bewegung pflegten und hervorhoben.

Um von diesen gemäßigten Gruppen ernst genommen zu werden, mussten sie sich als fähig erweisen, die Kontrolle über den Rest der Besatzung zu verstärken, die weit weniger bereit war, radikale politische Ziele und Taktiken im Austausch für eine verstärkte Unterstützung durch die breite Masse zu opfern. Folglich distanzierten sie sich von den existierenden internen politischen Strukturen der ZAD, delegitimierten sie und schufen andere, die sowohl einfacher zu kontrollieren, als auch für andere Teile der Bewegung gegen den Flughafen leichter zu akzeptieren waren. Außerdem übernahmen sie die Kontrolle über die Kommunikations- und Presse-Gruppen. Als ihre Machenschaften ans Licht kamen und sie von anderen in der ZAD damit konfrontiert wurden, weigerten sie sich ihre Praktiken zu ändern. Die Vollversammlungen wurden zu einem Instrument, um Macht zu kanalisieren und Entscheidungen zu legitimieren, die bereits an anderer Stelle getroffen worden waren, wodurch Möglichkeiten der horizontalen Organisierung im Namen von Geschwindigkeit und Effizienz zunichte gemacht wurden. Im Vorfeld und während der Räumung 2018 war es dieselbe Gruppe, die direkte Aktionen gegen die Polizeipräsenz ausdrücklich kritisierte und die Idee vertrat, dass Verhandlungen mit dem Staat unvermeidlich seien. Am Ende bekamen sie, was sie wollten, und sind heute ein großer Teil derer, die legal auf dem Land leben, das früher die ZAD war.

Als Räumungen angekündigt wurden, zogen mehrere Schlüsselfiguren des außerhalb der Zone angesiedelten Teils der Bewegung, mit denen wir fast ein Jahrzehnt lang zusammengearbeitet hatten, öffentlich den Trennungsstrich zum östlichen Teil der Zone – ein geografisches Gebiet, in dem die Besetzer*innen jede Form der Verhandlung mit dem Staat radikal ablehnten. Diese Anführer*innen der Bewegung

> erklärten, dass sie die Zone nur bis zu einer bestimmten geografischen Grenze verteidigen würden, trotz ihres Anspruchs auf Einheit. Andere trafen sich insgeheim mit dem Polizeichef und gaben danach am Vortag der Räumung ein Presseinterview, in dem sie sich für die Räumung bestimmter Gebiete aussprachen und die Besetzer*innen dämonisierten. Diese Aktionen schwächten die öffentliche Unterstützung und setzten das Leben der widerständigeren Besetzer*innen aufs Spiel, indem sie das staatliche Narrativ der Räumung ›mit allen Mitteln‹ legitimierten.
>
> Die Strömungen, die einen wirksamen Widerstand erschwerten, waren all jene, die den Kampf nutzten, um ihre persönlichen oder kollektiven Interessen auf Kosten des Kampfes durchzusetzen, die Möchtegernpolitiker*innen unter uns und die Organisationen, die in den sozialen Normen, dem Respekt vor dem Staat und dem Wunsch nach einer Rückkehr zum Status quo verankert waren.

Einige der anderen ZADs, die sich gebildet haben, blockierten erfolgreich Infrastrukturprojekte in anderen Teilen Frankreichs. Viele haben aus der kollektiven Erfahrung gelernt, um die autoritäre Dynamik zu überwinden, die verhindert hat, dass die Besetzung von Notre-Dame-des-Landes ihr volles Potenzial entfalten konnte.

Protestcamps waren in ganz Europa eine wichtige Methode um extraktivistische Industrien zu stoppen. Dieses Phänomen, im Unterschied zu ländlichen Gemeinschaften, die ihr Territorium gegen den Extraktivismus verteidigen, ist wahrscheinlich darauf zurückzuführen, dass die ländlichen Gebiete in den wohlhabenden Ländern weitgehend entvölkert sind und die verbleibende Bevölkerung bereits weitgehend in die extraktivistischen Industrien integriert ist. Deshalb sind Protestcamps und ähnliche Erfahrungen für entfremdete Bevölkerungsgruppen eine wichtige Möglichkeit, sich wieder mit dem Land zu verbinden und mit einer technokratischen Sichtweise auf die Natur zu brechen.

Das ›*anti-roads movement*‹ im Vereinigten Königreich rettete einige verbliebene Wälder vor einem massiven Ausbau der Autobahnen, den die Thatcher-Regierung 1989 in die Wege geleitet hatte. Unter den geretteten Wäldern sind der Oxleas Wood in Greenwich und Bilston Glen in Schottland. Sogar die Protestcamps, die nicht erfolgreich waren, verdoppelten oft die Kosten für den Straßenbau und riefen öffentlichen Widerstand hervor, sodass die Regierung in der zweiten Hälfte der 90er-Jahre über 400 geplante Straßenbauprojekte aufgab, wobei einige dieser Projekte ein Jahrzehnt später wieder auf den Tisch kamen.[283] Diese Bewegung war außerdem eines der Elemente die ›Reclaim the Streets‹ hervorbrachten: Ein urbanes Event mit Fokus auf Widerstand gegen die Dominanz von Autos im städtischen Raum und für die Wiederaneignung der Städte durch ihre Bewohner*innen in Form von unangemeldeten, umherziehenden Tanzpartys und temporären autonome Zonen.[284] Diese Praxis, die sich in mehr als einem Dutzend Ländern auf mindestens vier Kontinenten ausbreitete, überwindet intuitiv die Trennung zwischen städtischen und ländlichen, menschlichen und ökologischen Themen und vermischt Fragen der Kultur, der Lebensqualität, des Überlebens, der Ökologie und der Konfrontation auf eine Weise, die sich der NGO-orientierten Umweltbewegung noch immer entzieht.

Langfristige Baumbesetzungen im Kontext von Protesten gegen Umweltzerstörung und Sabotage gegen die Holzindustrie retteten in den 1990er- und 2000er-Jahren zahlreiche Wälder an der Westküste der USA. Eine Taktik, die heute an vielen anderen Orten Anwendung findet.

In Deutschland haben sich im Laufe der letzten zehn Jahre Waldbesetzungen und mit ihnen verbundene Bewegungen ausgebreitet. Die Bedrohungen, gegen die sich diese Bewegungen richten, sind zahlreich und stehen alle im Zusammenhang mit industriell-kapitalistischen Praktiken: Kohleförderung, Kiesabbau, Kalkgruben, Fabrikerweiterungen, Abfallentsorgung und Straßenbau. Die Reaktionen auf die Waldbesetzungen waren recht einheitlich: eine Kombination aus staatlicher Repression, gewalttätigen privaten Sicherheitsdiensten und politischer Vereinnahmung durch Dialog und falsche Versprechungen. Mindestens ein Mensch ist bei der Verteidigung des Waldes während einer Räumung gestorben, Tausende wurden von militarisierten Polizeikräften und in einigen Fällen von bezahlten Securitys

Von oben
nach unten:
Hambacher Forst
Ende Gelände
Bawá bleibt.

verletzt, und viele Tausende wurden in Gewahrsam genommen und mit langwierigen Gerichtsverfahren, empfindlichen Geldstrafen und einige auch mit Gefängnisstrafen belegt.

Während Medien und Politiker*innen diejenigen kriminalisieren, die der Zerstörung physisch Einhalt gebieten und damit das Feld für härtere Repression und sogar tödliche Gewalt bereiten, feiern sie im Gegenzug Aktivist*innen, die stattdessen in den Dialog treten und vorgeben, im selben Maße für den Schutz der Erde einzutreten. Wir wissen schon wohin dieser Weg führt. In mehreren deutschen Bundesländern, in denen sie Teil der Regierungskoalitionen ist, ist die grüne Partei Managerin der Zerstörung, unterstützt rentable Projekte für Autobahnerweiterungen und die damit verbundene signifikante Zerstörung von Waldflächen.

Die Waldbesetzungsbewegung hat den Steinhauser Wald vor der geplanten Erweiterung einer Fabrik geschützt und nach mehr als einem Jahrzehnt des Kampfes den Schutz eines kleinen Teils des Hambacher Forstes gegen einen monströsen Braunkohletagebau des Energiekonzerns RWE durchgesetzt. Ein Tagebau, der auf höchster Ebenen der deutschen Regierung lautstark unterstützt wird und eine strategische Priorität für die Staatsmacht darstellt. Obwohl der größte Teil des Hambacher Forstes zerstört wurde, hat die Bewegung zu seiner Rettung eine Vielzahl ähnlicher Kämpfe ausgelöst und das öffentliche Bewusstsein für ein zuvor unsichtbares Problem sensibilisiert, den Druck auf die deutsche Regierung verstärkt, um den Kohleausstieg einzuleiten, und die Voraussetzungen für künftige Siege größeren Maßstabs geschaffen. Der Widerstand konstituierte auch einen Lernprozess über die Sinnlosigkeit juristischer Proteste und ein Labor für effektive Methoden des Widerstands.

Die Waldbesetzungsbewegung nutzt eine *Vielfalt der Taktiken*. Teile dieser Mischung sind Schulstreiks von *Fridays for Future* sowie die Welle von Großaktionen mit massenhaftem zivilen Ungehorsam von *Ende Gelände*, die den Begriff ›Gewaltfreiheit‹ ausdrücklich vermieden, um kontraproduktive taktische Einschränkungen zu vermeiden. Es gibt langjährige Baumhausdörfer und Waldbesetzungen, Barrikaden, urbane Proteste und zahllose Akte der Sabotage, wie das Anzünden von

Autos, Schienenblockaden und Brandstiftungen an Stromleitungen, um große Kohleminen lahmzulegen und die Versorgung von Kohlekraftwerken zu unterbrechen. Diese Aktionen verursachen darüber hinaus signifikante ökonomische Verluste für die verantwortlichen Unternehmen. Eine lebendige Kultur der internen Debatten begleitet diese Heterogenität der Mittel, beispielsweise die Frage, ob wir mit Politiker*innen diskutieren oder sie zurückweisen sollten, wie verschiedene Taktiken zu kombinieren sind und wie wir mit der breiteren Bevölkerung kommunizieren und den verzerrten Darstellungen der Medien begegnen können.

Die Bewegung verdeutlicht auch eine enge Beziehung zwischen ländlichen Waldbesetzungen, die antiindustriell geprägt sind, und urbanen Baumbesetzungen mit Bezug zu Bewegungen für ein *Recht auf Stadt*, dem Widerstand gegen die ›Autokultur‹ und direkten Aktionen zur Verbesserung der städtischen Gesundheit. Diese der Dichotomie von Stadt und Land entgegengesetzte gegenseitige Bezugnahme wird ein wesentliches Merkmal sein, wenn diese Bewegungen im nächsten Jahrzehnt stärker und intelligenter werden.

Eine eingehende Analyse der Strategie und Geschichte der deutschen Waldbesetzungsbewegung, die von der anarchistischen Gruppe *CrimethInc* anonym veröffentlicht wurde, verdeutlicht die Bedeutung lokaler Initiativen, die oft wegen ihrer geringen Größe übersehen werden, für die Entstehung großer Bewegungen: »Lokale Initiativen direkt betroffener Menschen leisten einen enorm wichtigen Beitrag zum Erfolg großer Bewegungen. Lokale Expertise und kontinuierliche Arbeit über Jahre und Jahrzehnte können weder von aktivistischen Gruppen noch von Verbänden, die auf bundesweite Arbeit ausgerichtet sind, geleistet werden.«[285]

Und tatsächlich hat sich die Bewegung erheblich ausgebreitet, mit Waldbesetzungsbewegungen an Dutzenden Orten in ganz Deutschland, mit Verbindungen zu Waldbesetzungen in Polen, der Schweiz, Frankreich und anderen Ländern. In einem Beispiel schützten anarchistische Hausbesetzer*innen und Mieter*innengruppen mit Waldbesetzungen und Blockaden den Grüngürtel in der Stadt Poznań in Polen vor einem Bauvorhaben.[286] Der Grüngürtel bietet den Nachbar*innen aus der Arbeiter*innenklasse Kleingärten und eine gesündere Umwelt, die Gentrifizierung hingegen bedroht Bäume, Gärten und Nachbar*innen.

Ein noch eindrucksvolleres Beispiel für vernetzten Widerstand, der sich in diesem Fall über einen ganzen Kontinent erstreckt, sind die Blockaden, Camps und Proteste gegen die Infrastruktur zur Förderung fossiler Brennstoffe in den von Kanada und den Vereinigten Staaten besetzten Gebieten. Der Widerstand begründet sich in indigenen Kämpfen zur Verteidigung ihrer Autonomie und Zurückgewinnung ihres Landes. Diese Kämpfe haben seit dem Standoff in der Oka-Krise 1990, als Mohawk-Krieger*innen aus den Gemeinschaften von Oka, Kanesatake, Kahnawake und Akwesasne – trotz des Einsatzes bewaffneter Kräfte des kanadischen Staates – die Erweiterung eines Golfplatzes verhinderten, an Stärke gewonnen. Zu den weiteren Kämpfen, die diesen Widerstand und die Solidarität unter den indigenen Gemeinschaften verstärkt haben, gehören der Versuch 1995, ein Sonnentanz-Camp im Secwepmec-Gebiet (das von British Columbia besetzt wird) zurückzuerobern; die Verteidigung traditioneller Jagd- und Fischereirechte z.B. durch die Mi'kmaq, Ojibwe, Haudenosaunee und Yakama; der Widerstand der *Six Nations*[287] gegen die Erschließung von Vorstädten auf unabgetretenem Gebiet in der Nähe des Großraums Toronto; der langjährige Widerstand der Diné gegen den Kohleabbau in Black Mesa in der Nähe des Grand Canyon und der Widerstand der Yaqui und Tohono O'odham gegen die Militarisierung der Grenze zwischen den USA und Mexiko, die durch ihre Gebiete verläuft.[288]

Fossile Industrien sind häufig Ziel von Widerstand geworden. 2013 blockierten Personen der Elsipogtog First Nation Highways sowie seismisches Equipment und entzündeten ein heiliges Feuer, um einen Energiekonzern vom Fracking in der Region abzuhalten. Als die Polizei eintraf, um die Blockade aufzulösen, brachen intensive Kämpfe aus und sechs Polizeiautos wurden abgefackelt. Der Widerstand führte dazu, dass das Unternehmen seine Aktivitäten für zwei Jahre aussetzte. In dieser Zeit verhängte die Regierung von New Brunswick ein Moratorium für Fracking in der gesamten Provinz, um weitere Konflikte zu vermeiden.[289]

Die Opposition der Wet'suwet'en gegen den Bau von Pipelines durch ihr Land führte zu einem neuen Niveau des Widerstands. Der von der kanadischen Regierung und verschiedenen multinationalen Konzernen geförderte Boom bei der Öl- und Gasförderung – einschließlich der extrem umweltschädlichen Athabasca-Teersandgewinnung – hat einen Ausbau der Transportinfrastruktur erforderlich gemacht, darunter die Coastal GasLink Pipeline (CGL), die Gas aus dem Landesinneren zu einem Hafen an der Pazifikküste bringen soll, um es von dort aus auf die asiatischen Märkte zu verschiffen. Im Jahr 2010 blockierten die *Hereditary chiefs*[290] und Gemeinschaften der Wet'suwet'en ein früheres Pipelineprojekt, indem sie auf ihren Territorien Camps errichteten und der Pipeline damit den Weg versperrten. Im Jahr 2018 setzten sie diese Taktik gegen die CGL fort, was zu mehreren Repressionsversuchen durch die kanadische Polizei und das Militär führte. Laut Tawinikay, einer *two spirit* der Michif-Cree, die im Kampf gegen den Kolonialismus aktiv ist, breitete sich der Widerstand dadurch erst aus: »Es begann, als die Matriarchinnen in Unist'ot'en die kanadische Flagge verbrannten und die Versöhnung für tot erklärten. Wie ein Waldbrand fegte es durch die Herzen der Jugend aller Territorien. Mit gebleckten Zähnen schallte es aus ihren Mündern zurück: Die Versöhnung ist tot! Die Versöhnung ist tot!«[291]

Parallel zum Camp in Unist'ot'en errichteten die *Tiny House Warriors* eine Reihe von kleinen Häusern an strategischen Punkten im Secwepemc-Gebiet, um die Trans-Mountain-Pipeline zu verhindern und »das Recht und die Gerichtsbarkeit der Secwepemc durchzusetzen und den Zugang zu dieser Pipeline zu blockieren«. Mit ihren Aktionen stoppen sie gleichzeitig die Ausbreitung der sterbenden Welt des Kolonialismus sowie des fossilen Kapitalismus und pflanzen die Saat für eine gesündere Welt, indem »[sie] Dörfer wiederherstellen und [ihre] Autorität über nicht anerkannte Territorien geltend machen. Jedes Tiny House wird einer Secwepemc-Familie, die aufgrund der bewussten kolonialen Verarmung von der Wohnraumkrise betroffen ist, ein Dach über dem Kopf geben« und »mit einem autarken Solarsystem«

ausgestattet sein. Rassistische Siedler*innen haben ein Camp der Tiny House Warriors angegriffen und ausgeraubt, und mehrere Mitglieder der Gruppe werden wegen ihrer Aktion angeklagt.[292]

Nach Polizeirazzien im Februar 2020 legten indigene Gemeinschaften und Unterstützer*innen unter dem Motto ›Shut Down Canada‹ mit Schienen- und Straßenblockaden auf dem ganzen Festland Kanada lahm und brachten die kanadische Wirtschaft zum Stillstand. Im März kam es in den von den Provinzen British Columbia, Ontario und Quebec besetzten Gebieten zu Blockaden und heftigen Protesten. Gord Hill hat die indigene Praxis der Errichtung von Solidaritätsblockaden auf dem gesamten Kontinent hervorgehoben, die 2006 und auch während des Widerstands in Oka im Jahr 1990 eine wichtige Rolle spielten.[293]

Es ist ein besonders wirksames Widerstandsmodell, das zeigt, wie antikoloniale Kämpfe sowohl die Legitimität als auch die logistische Durchführbarkeit eines Siedlerstaates infrage stellen können, der im Wesentlichen auf Extraktivismus beruht, und wie Kämpfe, die stark lokal geprägt sind – und vom Mainstream häufig als klein, rückständig oder irrelevant abgetan werden –, in Wirklichkeit sehr schnell an Größe gewinnen und kontinentale Dimensionen annehmen können.

Ähnlich verhält es sich mit den Flughafenblockaden, die Hunderte von großen und kleinen Flughäfen in den USA lahmlegten und die Regierung unmittelbar dazu zwangen, den rassistischen ›*Muslim ban*‹ der Trump-Regierung zurückzunehmen. Diese Taktik zeigt, wie effektiv dezentrale Netzwerke sein können, die das Land zum Stillstand bringen und die kritische Infrastruktur der fossilen Wirtschaft und des inhärent rassistische Grenzregimes bedrohen. Ein System, das Menschen bestraft, die vor den Auswirkungen wirtschaftlicher und militärischer Maßnahmen der USA fliehen.[294]

Während wir immer noch darauf warten, dass die Taktik der Flughafenblockaden wieder aufgegriffen wird, hat der Widerstand der Wet'suwet'en sowie der Lakota und Dakota in Standing Rock zu einer Ausbreitung ähnlicher Kämpfe geführt, die sich gegen die Bayou-Bridge-Pipeline in Louisiana, die Trans-Mountain-Pipeline von Alberta nach British Columbia, die Enbridge-Line 3 von Alberta nach

Wisconsin und die Mountain-Valley-Pipeline von West Virginia nach Virginia richten. Währenddessen wurden andere Pipelineprojekte abgesagt, weil die Investor*innen Angst haben, der Widerstand könne die Profitabilität der Projekte gefährden.[295] Dank dieser Bewegungen gibt es heutzutage weniger Pipelines auf der Welt.

Neben der Blockade destruktiver Projekte und Abkommen, können direkte Aktionen Regierungen dazu zwingen, Reglementierungen einzuhalten, die sie ansonsten zwar versprechen, aber nie durchsetzen. Die britischen Meeresschutzgebiete sind als schlechter Scherz verrufen, denn sie bieten so gut wie keine der versprochenen Maßnahmen zum Schutz von Meereslebewesen. Greenpeace fuhr daraufhin mit einem Boot aufs Meer und warf mehrere große Felsbrocken in ein Schutzgebiet, um sicherzustellen, dass alle dort operierenden Schleppnetzfischer ihre eigene Ausrüstung zerstören würden.[296] Sie setzten die drohende Zerstörung von Eigentum als wirksames Mittel ein, um die ökologische Plünderung des Meeresbodens zu verhindern. Die Verbreitung dieser Praktiken ist signifikant größer als die meisten Menschen wissen. Bei einem Besuch bei Freund*innen auf einer Insel an der dalmatinischen Küste Kroatiens, wo ein Großteil der älteren Generation am Widerstand der Partisan*innen gegen die Nazis teilnahm, erfuhr ich zufällig die interessante Geschichte, wie ein Nachbar eine alte Schrottkiste – ohne Motor – mitten in der kleinen Bucht, in der sie lebten, versenkte, um jeden größeren Fischtrawler zu sabotieren, der zum Schleppen in die Gewässer kam. Es ist nicht bekannt, wie viele Buchten im gesamten Mittelmeer und den angrenzenden Meeren in ähnlicher Weise geschützt sind; autonom und manchmal illegal agierende Anwohner*innen verkünden gegenüber Medien oder Expert*innen selten ihr Vorgehen. Unterm Strich heißt das, dass durch die Regierung ausgewiesene Naturschutzgebiete eine Illusion sind. Das Einzige, was einen Ort vor den öffentlichen und privaten Institutionen schützt, die ihn plündern würden, ist ein gewisses Zusammenwirken der Kräfte im Sinne der lokalen Bevölkerung.

Ernährungssouveränität und ökologische Heilung: Unseren Platz in einer verletzten Umwelt finden

Die industrielle Landwirtschaft ist gescheitert. Die sogenannte Grüne Revolution, die von Institutionen wie der Weltbank und agrochemischen Konzernen vorangetrieben wurde, hat den Hunger nicht beseitigen können. Hunger ist vor allem ein Produkt kolonialer und neokolonialer Systeme in der Lebensmittelproduktion und -verteilung.[297] Sie hat jedoch ihr eigentliches Ziel erreicht, nämlich einen enormen Reichtum an private Unternehmen und Investor*innen umzuverteilen und gleichzeitig die ländlichen Gebiete für staatliche Eingriffe besser zugänglich zu machen. Und sie hat zu massivem Landraub geführt. Heute kontrolliert 1% der landwirtschaftlichen Betriebe 70% der weltweiten landwirtschaftlichen Nutzflächen.[298] Ihre rücksichtslosen Praktiken zerstören die Böden, wobei ein Drittel der Böden des gesamten Planeten »stark beschädigt«[299] ist, zudem treibt sie die globale Erwärmung voran. Mit ihrer Abhängigkeit von schweren Maschinen, giftigen Chemikalien und unnötigen globalen Versorgungsketten ist die industrielle Landwirtschaft direkt für 14% der Treibhausgasemissionen verantwortlich, sie ist darüber hinaus einer der Hauptverursacher der Entwaldung, die für weitere 18% verantwortlich ist.[300]

Dennoch sind die Versuche, Land zu heilen und zurückzugewinnen sowie die Ernährung wieder unter lokale Kontrolle zu bringen, Ausgangspunkte für einige der aufregendsten Kämpfe und der intelligentesten Alternativen in diesem Bereich.

Eine dieser Erfahrungen hatte einen direkten Einfluss auf dieses Buch: Die Nachbarschaft, in der ich gegenwärtig lebe, ist auf drei Seiten umgeben von landwirtschaftlichen Flächen, die über Jahre Brach lagen. Tatsächlich sind diese Felder ein großartiges Beispiel für die Nutzlosigkeit staatlicher Umweltregularien. Um auf die profitablere industrielle Tierhaltung umzusteigen (bei denen die Tiere ihr ganzes Leben lang in elenden Lagerhallen eingesperrt sind und mit Getreide gefüttert werden, das einen großen Teil der gesamten landwirtschaftlichen Produktion ausmacht – das genaue Gegenteil des traditionellen Weidewesens), verpflichtete der Staat Landwirt*innen dazu, eine bestimmte Menge an Land zu besitzen, angeblich um den Umwelteinfluss der Tiere auszugleichen. Ohne etwas zu pflanzen, kommen die Traktoren alle ein oder zwei Jahre und pflügen die Felder, verschwenden Treibstoff, zerstören den Boden und verhindern, dass die Felder zu einer Kohlenstoffsenke und einem Lebensraum für im Grasland lebende Arten werden. Nur um eine bürokratische Umweltverordnung zu erfüllen.

Mehrere Nachbar*innen, darunter auch ich, besetzen einen Teil dieser Felder, um dort zu gärtnern. In meinem Garten kombiniere ich Obst- und Nussbäume mit einigen Feldfrüchten und Heilkräutern, sammle Regenwasser und verwende keine Chemikalien oder motorisierte Bodenbearbeitung. Es ist ein kleiner Garten, und obwohl ich kaum auf ihn angewiesen bin, bietet er mir gesunde Lebensmittel, eine Möglichkeit, von der Erde zu lernen, auf das zu hören, was geschieht, und Methoden für den Gartenbau in einem Klima zu erlernen, das Wüsten hervorbringt, was hier in den nächsten Jahrzehnten ein großes Problem sein wird, auf das die herkömmliche Landwirtschaft nicht vorbereitet ist. Ich konnte beobachten, wie sich in nur sechs Jahren die Gesundheit des Bodens dramatisch verbessert hat, die Aufnahmefähigkeit für Wasser und Kohlenstoff hat zugenommen und er wurde ein Zuhause für so viele verschiedene Arten. Die Heilkräuter, die ich anbaue, teile ich in einem Netzwerk, welches anarchistische Infrastrukturprojekte aus ganz Katalonien zusammenbringt und die Entstehung von Bauernhöfen über Druckereien und Piratenradios bis hin zu freien Schulen anregt und gleichzeitig eine Schenkökonomie unter ihnen fördert.[301]

Außerhalb des Viertels gibt es ausgedehnte Felder mit Olivenbäumen, von denen die meisten von ihren Besitzer*innen aufgegeben wurden. Viele dieser Plantagen werden heute vom Schnitt bis zur Ernte von Nachbar*innen betreut, die sich selbst organisieren und so Zugang zu gesundem, hochwertigem Olivenöl erhalten, das im kapitalistischen System normalerweise Wohlhabenden vorbehalten ist.

All dies ist nur möglich, weil wir Eigentumsrechte radikal missachten. In einigen Fällen wird um Erlaubnis gebeten: Einige der abwesenden Besitzer*innen sind einfache Kleinbäuer*innen, die zu alt sind, um selbst zu ernten. Letztlich würde allerdings niemand die Eigentumsrechte eines Besitzers respektieren, der darauf besteht, die Ernte zu vergeuden.

Teia dos Povos, Bahia, Brasilien

Um an diesem Buch mitzuwirken, sprachen anarchistische Gefährt*innen in Brasilien mit Erahsto Felício von *Articulação TP*, der Kommunikationsabteilung des *Teia-dos-Povos*-Netzwerks.

»Das *Teia dos Povos* ist ein Zusammenschluss vieler *base nuclei* (Territorien), die in ganz Bahia[302] und anderen Staaten verteilt sind. Die meisten dieser Gebiete wurden zurückerobert, d.h. sie haben keine lange Geschichte einer organisierten Besetzung. Innerhalb Bahias wurde die meisten von ihnen innerhalb der letzten 30 Jahre besetzt. Einige historische Besetzungen, wie einige *quilombos* und indigene Gebiete, haben in den letzten Jahrzehnten einen Prozess der Organisierung und in einigen Fällen der selbstbestimmten Festlegung von Grenzen[303] durchlaufen [*Quilombos* sind Maroon-Gemeinschaften entflohener Afrikaner*innen und anderer, die vor der Kolonialisierung geflohen sind. Selbstabgrenzung bezeichnet die offizielle Beanspruchung ihres Territoriums durch eine indigene Gemeinschaft].

Gegenwärtig leben die meisten dieser Gemeinschaften von dem, was sie anbauen. Sie sind also Erzeuger*innen und arbeiten im Allgemeinen agrarökologisch oder sind im Übergang zur Agrarökologie. Die Gebiete liegen in verschiedenen ökologischen Zonen wie dem Atlantischen Regenwald (wo Teia dos Povos seinen Ursprung hat), der Caatinga (einer Ökoregion im Nordosten, die von Trockenwald geprägt ist) und den Restingas (eine Form von Küsten-Feuchtwald, der auf sandigem, nährstoffarmem Boden entsteht) und Mangroven. Es gibt einige traditionelle Gebiete, in denen das Leben noch mit dem Sammeln, Fischen und der Kleinstlandwirtschaft verbunden ist, aber es gibt auch andere, die sogar eine feine Schokoladenindustrie haben. Wir streben, wann immer möglich, Ernährungssouveränität und andere Formen der Autonomie an.

Unsere größten Konflikte haben wir mit Großunternehmen. An der Küste sind es Garnelenfischerei und Tourismus (vor allem Hotels). Im Inland ist es eine Bandbreite von Industrien von Agrarunternehmen bis zu Bergbaukonzernen. In den städtischen Gebieten, in der Peripherie und in den Wohnungslosensiedlungen besteht der Hauptkonflikt mit dem Staat und seiner Polizei, deren Statistiken zeigen, dass 97 % der von der Polizei in Bahia allein im Jahr 2020 getöteten Personen Schwarze waren, d.h. in unserem Land ist ein Genozid im Gange.

Das Wesen der Angriffe in den Territorien unterscheidet sich von Region zu Region. Im Westen haben wir erlebt, wie die Agrarindustrie ganze Flüsse trockengelegt hat, um für den ausländischen Markt zu produzieren. Jetzt erleben wir, dass dies auch in der Chapada Diamantina geschieht, wo Landbesitzende Konzessionen für die Wassernutzung erhalten, so dass die Wasserversorgung vieler Menschen nicht mehr gewährleistet ist. Hinzu kommen die Schikanen und Verfolgungen durch lokale Politiker*innen. Die Gewalt steht häufig im Zusammenhang mit der Macht von Großgrundbesitzer*innen oder mit der zerstörerischen Ausbeutung des Landes (Bergbau und Nutzung von Flusswasser für landwirtschaftliche Bewässerung in großem Maßstab). Die Bergbauunternehmen verfügen in der Regel über internationales Kapital, während die landwirtschaftlichen Betriebe nach wie vor nationalen Kapitalist*innen gehören, die aber immer mehr auf finanzielle Unterstützung von außen angewiesen sind.

Der Widerstand wurde nach den Prinzipien der Ernährungssouveränität und der Vermassung des Kampfes aufgebaut. Unsere Ältesten haben uns gelehrt, dass das Land die Grundlage, das Prinzip, der Ort ist, an dem der Kampf geboren wird. Und wir haben gesehen, dass viele Menschen den falschen Verlockungen der Konzerne nicht widerstehen konnten, als diese auftauchten und Lebensmittelpakete, Arbeitsplätze und andere ›Wohltätigkeiten‹ verteilten, um die Bewegungen zu zerschlagen. Wie begegnen wir dieser Situation? Wir begegnen ihr mit Hilfe des Landes, indem wir Ernährungssouveränität und echten Überfluss, ein kleines Paradies des Überflusses schaffen.

Infolgedessen hat die Zwangsanwendung viel weniger Auswirkungen. Zum anderen schmieden wir Allianzen. Gegen die immense Macht des Kapitals kann niemand alleine gewinnen. Ein *quilombo*, der angegriffen wird, braucht also die Unterstützung der *Indígenas* oder der MST-Siedlungen [*Movimento dos Sem Terra,* Bewegung der Landlosen] in der Region. Als beispielsweise die COVID-19-Pandemie ausbrach, herrschte in den Vorstädten und in den Gefängnissen großer Hunger, und unsere Mitstreiter*innen von der Organisation *Reaja Ou Será Mort@* [›Reagiere oder du wirst getötet‹] setzten sich für die Beschaffung von Lebensmitteln und Hygieneartikeln für Gefangene ein, die keinen Besuch von Familienangehörigen empfangen durften und daher einen Großteil der ihnen zustehenden Lebensmittel verloren. Dann ging eine MST-Brigade, die mit Teia dos Povos verbunden ist, nach Salvador (der Hauptstadt von Bahia) und schickte anderthalb Tonnen Bio-Lebensmittel, damit sie die Angehörigen der Gefangenen und die Gefangenen selbst erreichen konnten.

So lernten wir in der Praxis, dass es essenziell ist, Allianzen zwischen Schwarzen, Indigenen und Arbeiter*innen aufzubauen. Ohne diese ist es unmöglich zu widerstehen. Und vor allem lernten wir, dass der Widerstand von dem Land ausgeht, das wir uns zurückerobern.

Wir pflegen zu sagen, dass wir die Nachkommen einer langjährigen Tradition von Kämpfen in der Geschichte Brasiliens sind. Genauer gesagt besteht der Kampf des *quilombo* von Palmares[304] länger als das sozialistische Experiment der Sowjetunion andauerte. Palmares konfrontierte die beiden größten ökonomischen Mächte seiner Zeit: Portugal und Holland. Es gelang der Gemeinschaft sich als eine Föderation verschiedener ethnischer und kultureller Gruppen unter der Führung der Bantu aufzustellen, zu der aber auch weitere indigene Gruppen und sogar von der Inquisition verfolgte Jüd*innen und Muslim*innen gehörten. Dies ist nur ein Beispiel. Wir könnten auch von Cabanagem, Balaiada und der Stadt Canudos, im Hinterland von Bahia, sprechen, die gegen die brasilianische Armee kämpfte und wichtige Siege gegen die Republik Brasilien errang.

Wir erkennen eine rebellische Tradition von Bevölkerungen und Gemeinschaften (nicht von Einzelpersonen), die sich im Kampf gegen die Latifundien – unsere ältesten Feinde in diesen Gegenden – zusammengeschlossen haben. Die brasilianischen Rebellionen wurden also von einer Allianz ganzer Gemeinschaften und Bevölkerungen getragen, die sich gegen den Großgrundbesitz und sogar gegen die Macht des Staates erhoben. Wir können dies während des gesamten Verlaufes der Kolonialisierung, des 19. Jahrhundert bis zum Beginn des 20. Jahrhunderts aufzeigen. Im 20. Jahrhundert fokussierten sich die politischen Theorien stärker auf die Organisation von Individuen, durch politische Organisationen und Parteien, und gaben die Perspektive auf, den Kampf durch die Erweiterung der Territorialisierung auf weitere Gemeinschaften zu stärken. Wir machen nichts Neues, wir lernen nur von den Ältesten und den noch Älteren (den *Enchanted Ones* und der Geschichte).

Das Land zurückzuerobern ist die Hauptaufgabe zu Beginn einer rebellischen Reise. Die gesamte politische Theorie der brasilianischen Kleinbäuer*innen dreht sich darum, die Zäune niederzureißen und das dahinterliegende Land zu betreten. Wir fragen uns, was wir dann auf der anderen Seite des Zauns machen sollen? Wie bauen wir ein Territorium auf? Wenn wir auf ein Stück Land zurückkehren, das durch Viehzucht oder Anbau, der keine Rücksicht auf die Gesundheit des Bodens nahm, geschädigt wurde, ist es notwendig, einen Regenerationsprozess einzuleiten. Wir wissen aber, dass die Menschen nur auf dem Land bleiben, wenn sie Essen haben. Also kommt die Arbeit zuerst. Noch bevor wir den Zaun niederreißen, um das Land zurückzurlangen, haben wir schon an anderen Orten angepflanzt, damit die Leute, die das Land zurückerobern werden, genug Essen für die nächsten drei bis sechs Monate haben.

Lebensmittel zu sammeln ist essenziell für den Prozess der Rückeroberung von Land. Ohne genug zu Essen besteht die Gefahr, dass beschädigtes Land zwar zurückerobert wird, die Menschen dann aber hungern und den Traum vom Land schnell wieder aufgeben. Wenn wir also Essen für die erste Zeit besorgt und den Zaun durchbrochen haben, dann müssen wir den ersten Garten anlegen, um so viel zu produzieren, dass es für unsere Existenz ausreicht: Bohnen, Süßkartoffeln und Mais (drei Monate), Maniok (sechs Monate) und

Bananen (ein Jahr) sind Arten, die wir immer anpflanzen, weil sie eine gesunde und reichhaltige Ernährung ermöglichen.

Während wir diesen Garten anlegen, arbeiten wir hart an der Aufzucht unserer Agroforstwirtschaft. Zu diesem Zweck haben wir eine Baumschule mit einheimischen Bäumen und Obstbäumen angelegt (Açaí, Cupuaçu, Kakao usw.). Einen Wald heranzuziehen ist der Beginn des Prozesses der Regeneration. Wir haben ein vier Hektar großes Projekt aufgebaut, auf dem wir unsere Erfolgsmethoden im Sinne der Rückgewinnung von Land kultivieren, die wir mit unseren Mitstreiter*innen teilen können. Und das alles unter Berücksichtigung der Prinzipien der Agrarökologie, die wir von Indigenen und Intellektuellen wie Ana Primavesi[305] gelernt haben.

Teia trat 2012 in Erscheinung – dem Jahr des Weltuntergangs nach dem Maya-Kalender, dem Jahr des Schweigemarsches der Zapatistas –, in der Siedlung Terra Vista (Gemeinde Arataca, südliches Bahia). Am ersten ›Tag der Agrarökologie‹ in Bahia, in Verbindung mit den indigenen Gemeinschaften der Pataxó, Pataxó Hã-hã-hãe, Tupinambá, mit *quilombos* und Landlosenbewegungen wie dem MST. Dort begann ein Kampf für die Ausbreitung der Agrarökologie und der Verbreitung kreolischer Saaten [lokale traditionelle Sorten, die frei von geistigen Eigentumsrechten sind] in den Territorien. Es begann, wie es beginnen sollte: mit den Samen. Durch die Verbreitung der kreolischen Mais- und Bohnensaat wurde das Netz geknüpft. Dieser Zusammenschluss [im Gegensatz zu einer zentralisierten, formellen Organisation] hat keine Führungsrolle in den Territorien. Im Gegenteil, wir wollen von den Unterschieden in der Richtung, der Arbeit und dem Kampf der Territorien lernen. Wir sind im Begriff, Brücken zwischen den verschiedenen Territorien zu bauen und die nötigen Allianzen zu bilden, um uns mit Rassismus, Kapitalismus und dem Patriarchat anzulegen. Obwohl es keinen Vorstand gibt, gibt es einen Rat älterer Menschen, die gewillt sind den Kämpfen eine Richtung zu geben. Die Entscheidung werden jedoch von jeder Basisgruppe selbst getroffen. Wir verteilen uns auf die *base nuclei* (Territorien, Bevölkerungen und Organisationen, die territorialisiert sind) und die Verbindungselemente im Netz (Unterstützer*innen, diffuse urbane

Gruppen, politische oder Forschungskollektive). Also müssen die Verbindungen die Kämpfe der *nuclei* unterstützen, aber nur diese können den Kampf anführen, nur die *nuclei* können die Richtung von Teia dos Povos bestimmen. Denn wir gehen davon aus, dass nur diejenigen, die Teil einer Gemeinschaft sind, nur jene, die Zäune durchbrochen haben, erklären können, wie sie das getan haben. Diejenigen, die sich noch nicht territorialisiert und ihre Gemeinschaft organisiert haben, können keinen Kampf um Land und Territorium führen!

Bei unserer letzten Reise, 2019, in das Herz der Gebiete der Payayá, nach Utinga in Chapada Diamantina, Bahia, hat uns eine Gefährtin von *Rádio Zapatista* begleitet, um vom Leben und dem Kampf der indigenen Zapatistas aus Chiapas zu berichten. Es besteht kein Zweifel daran, dass die Kämpfe indigener Gruppen auf der Suche nach Autonomie – wie im Falle der Gefährtin aus Mexiko oder gar der indigenen kolumbianischen Guards oder der Mapuche in Chile – eine große Inspiration sind. Dies sind Geschichten und Kämpfe, die wir in unsere Projekte zurücktragen. Fast alle diese Kämpfe, die wir erwähnt haben, sind von grundlegender Bedeutung, weil sie die Rückgewinnung des Landes mit dem Bewusstsein verbinden, dass es notwendig ist, der Natur zu helfen sich zu erholen. Sie lieben die Menschheit, aber auch, wie sie sagen, *Madre Tierra*. Nun hören wir, dass es ein Echo dieser Kämpfe auch in Rojava, im syrischen Teil Kurdistans gibt, und das macht uns sehr glücklich. Wir hoffen sie eines Tages besser kennenzulernen. Unser Weg ist die Verteidigung von Territorien und Menschen, darüber hinaus die Zurückgewinnung von jedem Zentimeter Land, der den Indigenen gehört. In dieser Frage gibt es eine Schuld zu begleichen. Es ist nicht länger möglich zu tolerieren, dass ganze indigene Gemeinschaften deterritorialisiert werden. Das Klima ist akut bedroht und wir alle wissen, dass die indigenen Gemeinschaften die größten Beschützer*innen des Waldes sind; es ist dringend notwendig, den indigenen Brüdern und Schwestern ihr Land zurückzugeben.

Die Linke muss mit einiger Dringlichkeit den materialistischen und individualistischen Horizont überdenken, in den sie sich selbst hineinmanövriert hat. Es ist wichtig zu verstehen, dass ein echtes Bündnis mit Schwarzen und indigenen Gemeinschaften auch die Anerkennung ihrer Weltanschauungen beinhaltet. Der Schutz eines Flusses ist nicht nur der Erhalt einer natürlichen Ressource oder eine gute Tat für die Umwelt. Für die Nagô, die aus Nigeria kamen, ist der Fluss eine Repräsentation von *Oxum*, einer Gottheit. Wenn wir den Fluss als Gottheit entweihen und ihn zu einer natürlichen Ressource machen, verwandeln wir ihn in eine Ware, die gekauft, verkauft und zerstört werden kann.

Ebenso wissen die Indigenen, dass ihre Magie, Spiritualität und ihre Geister und Guides, die für die Welt sorgen und sie erhalten, im Wald leben. Sie sehen darin nicht nur Mineralien, Holz und Tiere. Diese Weltanschauungen sind von grundlegender Bedeutung für den Schutz der Welt, die heute zusammenbricht. Ohne den stumpfsinnigen Materialismus aufzugeben ist es also sehr schwierig, ein wirkliches Bündnis zu schmieden. Auf der anderen Seite ist es wichtig, jenen Individualismus zurückzuweisen, der nicht mehr mit Menschen oder Gemeinschaften spricht. Es ist notwendig, darüber hinauszugehen, bloß Individuen unter einem ideologischen Banner versammeln zu wollen. Wir wollen wissen, ob Gemeinschaft X oder Nachbarschaft Y zusammenkommen können, um die Wiederaneignung des Landes zu diskutieren, das Pflanzen von Bäumen, den Aufbau organisierter Territorien, in denen wir uns umeinander kümmern können. Und das bedeutet, ein neues Verständnis von Zeit in der Politik zu entwickeln. Ein Verständnis von Zeit, dass sich darüber bewusst ist, dass es 50 Jahre dauert bis ein Baobá-Baum Samen gibt, mit denen die nächste Generation gepflanzt werden kann. Unsere Probleme und Sorgen sind dringend, aber die Eile, mit der wir in der Politik agieren, hat uns schlicht nicht geholfen, uns politisch etwas aufzubauen und unsere Feinde zu überwinden. Es ist notwendig, eine gute Individualität zu kultivieren, so dass wir stabilere Kollektive bauen können. Und diese gute Individualität ist die Selbstfürsorge, die Selbsterhaltung eurer Gemeinschaften, es ist die Pflege von Werten, die euch mit euren Leuten, mit euren Ahnen, mit eurer Spiritualität in dem Territorium, in dem ihr lebt oder das eure Gemeinschaft vor Generationen genommen wurde, verbindet.

Schließlich können wir feststellen, dass die Unterdrückten dieser Welt sich in der ersten Geste des Kampfes gegenseitig erkennen und bereit sind, Allianzen zu schließen. Wir müssen nur unsere Unterschiede untersuchen und an dem arbeiten, was uns zusammenbringt. Es gibt weise Worte, die wir am Ende unseres Texte wiedergeben wollen: Was uns verbindet ist größer, als was uns trennt; Frieden zwischen uns, Krieg den Tyrannen.«

Guaraní, Brasilien

Ein weiterer inspirierender Kampf hat in Brasilien Gemeinschaften der Guaraní, die ihr Land heilen, und ein ländliches anarchistisches Kollektiv Namens *Cultive Resistência* zusammengebracht. Gefährt*innen, die mir bei diesem Buch halfen, leiteten meine Fragen an Catarina Nimbopuruáis und Aldeia Tapirema aus dem indigenen Gebiet Piaçaguera, Peruíbe, Sãp Paulo, weiter.

»Das Land, auf dem ich seit meiner Geburt lebte, ist Teil des Atlantischen Regenwaldes (Mata Atlântica). Ich wurde in der Nähe der Berge geboren, dort gab es einen wunderschönen Wasserfall, einen schönen Wald und wenn wir dort pflanzten, hatten wir reiche Erträge. Heute bin ich an der Küste, am Strand, wo das Land auch sehr gut war, bis das Bergbauunternehmen und andere Kräfte kamen und dem Wald den Todesstoß versetzten. Wir versuchen noch immer wieder etwas anzupflanzen. Für mich ist der Wald sehr kostbar, erst recht, da es der Atlantische Regenwald ist.

Unser Land wurde von dem Bergbauunternehmen verwüstet. Heute aber sind wir sehr glücklich, denn wir sind auf das Land zurückgekehrt, das einst unseren Vorfahr*innen gehörte. Für uns ist das sehr wichtig, weil hier die spirituelle Stärke ist, die Spiritualität der Ältesten, der Vorfahr*innen. Sie sind hier. Und deshalb ist dieses Land sehr wertvoll für mich. Auch weil dies der Mata Atlântica ist, es leben hier viele Vögel, verschiedene Fische und es gibt Schildkröten im Meer. Darum ist es für mich so besonders hier, dieses Land ist sehr, sehr besonders.

Der Widerstand der Tupi-Guaraní reicht über 500 Jahre zurück bis ins Jahr 1500. Unsere Leute haben Widerstand geleistet, um unsere

Kultur zu bewahren und fortzuführen, unsere Bräuche, Lieder, Tänze und besonders unsere Sprache. Der Fortschritt der Technologie entfremdet viele junge Leute von ihrer Kultur, deshalb konzentrieren wir uns heute auf die Stärkung unserer Kultur und unserer Sprache.

Wir unterrichten Tupi-Guaraní (die Sprache) und versammeln uns mit *txeramoî* und *txedjaryi* am Lagerfeuer, um unser Wissen durch gelebte und alltägliche Geschichten zu stärken. Wir bauen *Pau-a-pique*-Häuser, wir ernten Kräuter, um medizinischen Tee zu machen.[306]

Es gibt mehrere Kämpfe und Inspirationen, auf die wir uns beziehen: Der Kampf unserer Ältesten für die Rückeroberung unseres Landes und der Kampf um die selbstbestimmte Abgrenzung als indigenes Territorium. Damit wir innerhalb der Community eine Autonomie beanspruchen können und eine andere Bildung und traditionelle Gesundheitsversorgung einrichten können.

Unser Land war sehr verwüstet durch die Bergbauunternehmen, das Land war sehr, sehr verletzt. Trotzdem kümmern wir uns heute darum, damit wir pflanzen können, was wir an täglichem Essen benötigen, etwa Süßkartoffel, Cassava und Fruchtbäume. Wir kümmern uns um das Land und ich kann mir vorstellen, dass unsere Mutter Erde im Moment sehr glücklich darüber ist. Wir kümmern uns um die Zukunft unserer Kinder.

Wegen der Gesetze der Regierung ist es sehr schwierig, das Land wiederzuerlangen. Wenn wir ein Stück Land zurückholen, versammeln wir *txeramoî, txedjaryi,* Kinder und Frauen und wir errichten ein Lager an diesem Ort und kämpfen gegen die Regierung, die darauf besteht, unser Land nicht zurückzugeben. Um die zerstörten Gebiete zu heilen, führen wir eine Untersuchung des Ortes durch, etwa um herauszufinden, was für Tiere in dieser Umwelt leben, und wir pflanzen die Bäume, von denen die Tiere leben.

Wir bekommen Unterstützung von *Cultive Resistência*. Unsere Beziehung mit der Gruppe begann vor sehr langer Zeit. Wir begannen eine Freundschaft und eine Arbeitsbeziehung in dem Dorf Piaçaguera. Diese Partnerschaft hat große Anstrengungen zur Stärkung der Tupi-Guaraní-Kultur unternommen und diese Beziehung war und

> ist fundamental für unsere Gemeinschaft, um Praktiken und Bräuche fortzusetzen, die es nur noch in der Erinnerung der Ältesten gab. Mit der Entwicklung dieser Arbeit begannen unsere Kinder Stolz und Wertschätzung für ihre eigene Kultur zu fühlen. Seitdem ist diese Beziehung eine Quelle großen Stolzes für unsere Gemeinschaft.«

Plan Pueblo a Pueblo, Venezuela

»Wenn Essen ein Menschenrecht ist, streben wir nach Überfluss und Vielfalt. Wenn Essen eine Ware ist, ist es der Logik der Verknappung unterworfen«, sagt Ana Felicien. Sie arbeitet an einem Forschungsinstitut in Venezuela und wirkt in einer lateinamerikanischen Arbeitsgruppe bei der Entwicklung des Konzepts der politischen Agrarökologie mit. »Ein Thema, auf das wir uns konzentrieren wollten, ist, dass die Keimzelle des agrarökologischen Denkens in Lateinamerika nicht die Akademie, sondern die gesamte Geschichte und der Aufbau der indigenen, afroamerikanischen und bäuerlichen Kulturen ist.« Sie hat an verschiedenen agrarökologischen Initiativen in urbanen und ländlichen Räumen teilgenommen, unter anderem an der Universidad Indígena del Tauca (der Indigenen Universität von Tauca) und am *Plan Pueblo a Pueblo.*

Einer der größten Erfolge des Plans war es, die Finanzierung des Regierungsprogramms für die Bereitstellung von Mahlzeiten in Schulen in ländlichen Gebieten und einigen Städten zu sichern und die Qualität und den Umfang der Mahlzeiten für die Kinder drastisch zu verbessern. »Mit dem Budget, das für die Ernährung von 400 Kindern mit nur vier Gemüsesorten ausgegeben wurde«, erklärt Ana, »konnte der Plan 8000 bis 9000 Kinder mit einer Ernährung aus 27 verschiedenen Sorten versorgen. Im Grunde haben wir also gezeigt, wie obszön das konventionelle Produktionssystem ist. Deshalb haben sie das Programm daraufhin eingestellt.«

Diese Initiativen entwickeln sich in einer Situation extremer wirtschaftlicher und politischer Gewalt, zwischen der von den USA und ihren Verbündeten orchestrierten Finanzblockade und paramilitärischen Angriffen, die den wirtschaftlichen Interessen der Elite dienen.

»Der *Plan Pueblo a Pueblo* ist Ausdruck eines Projekts zwischen dem Land und der Stadt, er ist keine Organisation. Der Plan wurde durch eine Gruppe von *compañeras* und *compañeros* inmitten der Krise vorgebracht, die wir gerade erleben und in der Essen ein zentrales Thema in unseren Leben geworden ist. Das heißt, dass die Menschen aufgrund der Inflation und der hohen Lebensmittelpreise jeden Tag planen und kämpfen müssen, um etwas zu essen zu bekommen, und in dieser Situation konnten wir diesen Vorschlag entwickeln, um ländliche Gemeinden und die Stadt miteinander zu verbinden, um die Planung von Produktion und Konsum zu ermöglichen und von dort aus zu überlegen, wie wir unsere Konsumformen dekolonialisieren können. In der Stadt wird unser Konsum von einigen wenigen Hauptsorten bestimmt, die sehr globalisiert sind, deren Saatgut importiert wird, vor allem aus den Vereinigten Staaten, und bei deren Anbau viele Pflanzenschutzmittel verwendet werden. Dieses Agrarmodell muss von bäuerlichen Familien an den Orten mit den besseren Produktionsressourcen (viel Wasser, bessere Böden usw.) umgesetzt werden. Inmitten der Krise ist es uns gelungen, einen Vorschlag für den agrarökologischen Übergang zur Ernährungssouveränität zu entwickeln, über den viel geredet wird, der aber in einem spezifischen Gebiet mit den Menschen sehr schwer umzusetzen ist.

In der Zwischenzeit waren einige von uns auch Teil des Prozesses, den wir von 2012 bis 2015 als *Construcción colectiva de una propuesta para la Ley de Semillas* (›Abstimmung über das Saatgutgesetz‹) bezeichnet haben. Das war etwas, was wir auf nationaler Ebene durchführten, um ein Gesetz zu schaffen, das all dies anerkennt – das bäuerliche Wissen, die Bedeutung unserer Vielfalt, die Bewahrung des Landes und die tatsächliche Möglichkeit agrarökologische Landwirtschaft zu praktizieren. Denn trotz aller Ressourcen, die im Zuge der Modernisierung der Landwirtschaft aufgewendet wurden, wird der größte Teil der Landwirtschaft von Menschen bäuerlicher, indigener oder afrikanischer Herkunft betrieben. Und so verfügen sie über die am meisten verbreiteten und verfügbaren Feldfrüchte.

Die Hungerkrise in Venezuela, über die in den Medien so viel berichtet wird, besteht darin, dass es keine importierten Lebensmittel mehr gibt, aber jedes Mal, wenn wir auf dem Land sind, sagen die Leute: ›Es gibt zu viel Wurzelgemüse, aber wir wissen nicht, wie wir es essen sollen.‹ Dort ist Überfluss das Problem. Es ist also wirklich paradox, dass es einerseits ein Venezuela gibt, in dem eine Hungersnot herrscht, und dann ein anderes Venezuela, in dem Lebensmittel verschwendet werden, weil ›es keine Lebensmittel sind‹, weil es die Lebensmittel der Schwarzen sind, die Lebensmittel der Indigenen.«

Pueblo a Pueblo entstand 2015, was aufgrund unserer monopolisierten und homogenisierten Speisepläne ein sehr hartes Jahr war. Im Grunde genommen ernähren wir uns von sehr wenigen Feldfrüchten und vor allem von verarbeiteten Lebensmitteln. Das am meisten konsumierte Lebensmittel ist weißes, verarbeitetes Maismehl, aus dem nur eine Mehlsorte hergestellt wird, was sich auf das gesamte landwirtschaftliche System auswirkt. Es wird von einem einzigen Unternehmen, Empresas Polar, kontrolliert. Fast 80 % der Anbauflächen sind mit Mais und Reis bepflanzt. Und von diesem Mais sind 90 % des Saatguts Hybridsorten, die für die industrielle Landwirtschaft bestimmt sind. Wir haben also eine enorme Vielfalt, die völlig unsichtbar ist, und alle Produktionsmittel und die Struktur des agrarindustriellen Systems konzentrieren sich auf diese wenigen Hybride, die, abgesehen davon, dass sie importiert werden, unter den lokalen Bedingungen unserer Äcker geringere Erträge liefern, um nur einige ihrer Eigenschaften zu nennen. So liegt der durchschnittliche Maisertrag bei 3500 bis 5000 Kilo pro Hektar, was sehr niedrig ist. In den Vereinigten Staaten ist der Ertrag zwei- bis dreimal so hoch. Aber der Ertrag von Cassava oder anderem Wurzelgemüse, Süßkartoffel, etc. kann bis zu 20000 Kilo pro Hektar erreichen. Der größte Teil des Landes wird jedoch mit importiertem Maissaatgut bepflanzt, was die Agrarpolitik, die Ressourcen usw. monopolisiert. 90 % der Menschen leben in der Stadt, als Ergebnis eines Migrationsprozesses, den wir durch die Geschichte verfolgen können: Der Weg führte sie in die Stadt, weil dort inmitten des sogenannten Ölbooms ein höherer Lebensstandard erreicht werden konnte.

Einige *compañer@s*, die aus den historischen Landkämpfen der Student*innenbewegung der 70er- und 80er-Jahre stammten, die wegen abweichender politischer Vorstellungen nicht mehr in den staatlichen Institutionen tätig waren, übernahmen den Aufbau des Plan Pueblo a Pueblo unter der Prämisse, dass Lebensmittel ein Recht und keine Ware sind. Also gingen sie nach Carache. Das ist eine Stadt in den venezolanischen Anden, der Region mit dem höchsten Ernteertrag des Landes. Sie gingen dorthin, um das wieder aufzubauen, was sie den Kampf des Argimiro Gabaldón nennen. Argimiro war einer der Anführer der *guerilla* in Venezuela und hat interessante Arbeit für die bäuerliche Organisation und für die Selbstorganisation geleistet.

Sie begannen, verschiedene Produktionsachsen und -wege zu erkennen. In den Anden, mitten in den Bergen, findet die Produktion meist in einem familiären Maßstab statt. Es handelt sich also um eine sehr arbeitsintensive Produktion, die auf die Versorgung der nationalen Märkte ausgerichtet ist, aber auf der Grundlage einer familialen Produktion mit einer langen Geschichte kooperativer Organisation. Mit anderen Worten: All diese großen Produktionswege wurden von der ländlichen Bevölkerung aufgebaut. Es gibt eine lange Geschichte des Arbeitstausches, der *cayapas*, der *mano vueltas* [eine Form der kollektiven Arbeit, bei der eine Gruppe eine Aufgabe ausführt, die eine Person allein nicht bewältigen könnte, und eine Form der Gegenseitigkeit, bei der wir an einem Tag in deinem Garten oder an deinem Bau- oder anderen Projekt arbeiten und am nächsten Tag in meinem], familiärer Beziehungen, die wie *medianerías* [eine rechtliche und architektonische Situation, in der mehrere Häuser oder Familien eine Gesamtstruktur teilen, die durch interne Mauern zwischen den verschiedenen Einheiten unterteilt ist] funktionieren, aber in Wirklichkeit Beziehungen des Teilens und der Gegenseitigkeit zwischen Familien sind. Beziehungen, die wiederum von anderen Machtbeziehungen durchzogen sind. So sind beispielsweise die meisten Frauen Tagelöhnerinnen und die Männer sind diejenigen, die das Land besitzen, weil sie an die Investitionen rankommen.

Da es sich hier um einen strategischen Standort handelt, der auch geografisch recht günstig liegt, wurde mit diesen Landwirt∗innen eine Analyse durchgeführt, um den Plan Pueblo a Pueblo zu erstellen. Das

Ziel war es, eine Reaktion von unten auf die Zumutung zu bekommen, dass Lebensmittel eine Ware sind und wir keine bekommen, wenn wir uns nicht benehmen. Unsere Antwort lautete: ›Lebensmittel sind keine Ware, sie sind ein Recht, und sie müssen in unseren Händen liegen, auf den Feldern und in der Stadt.‹ Die Essenz des Plans ist das, was wir die Leitermethode für doppelte Beteiligung nennen. Die Menschen organisieren sich auf den Feldern, um zu produzieren und eine Preiskalkulation auf der Grundlage der Kosten und der Bedürfnisse der Menschen in der Stadt aufzustellen, und in der Stadt ermitteln die Menschen ihre Ernährungsbedürfnisse.

Es muss eine Verbindung zwischen jeder Sprosse der Leiter, zwischen dem Land und der Stadt geben, damit die Menschen auf dem Land auf der Grundlage einer Erhebung der Bedürfnisse der Stadt planen können. Diese Bedürfnisse werden durch ihr Konsumverhalten zum Ausdruck gebracht. Ein weiteres Ziel ist es, das, was produziert wird, mit dem, was konsumiert wird, in Einklang zu bringen. Wir haben dort eine Vielfalt, die nicht in die Vertriebskanäle gelangt, aber sie produzieren so viel und die Menschen essen es nicht, weil sie es nicht kennen oder weil sie durch diese Kultur der Supermärkte sehr domestiziert sind.

Der Plan hat es geschafft, mehr als zwei Millionen Kilo Getreide zu verteilen. Ich habe schon aufgehört zu zählen. Wir haben verschiedene Stellen für die kommunale Verteilung eingerichtet, an denen die Menschen ihre Bestellungen auf der Grundlage des Bedarfs der Gemeinschaft planen. Die Nachbar*innen aus Carache holen die bestellten Produkte ab, führen Verteilungstage in den Stadtgebieten durch und bezahlen die Bäuer*innen noch in derselben Woche.

Wir organisieren den Anbau von 27 verschiedenen Kulturpflanzen, viele davon traditionell, andere eher konventionell.

Das Blattgemüse wird hauptsächlich von Frauen angebaut. Interessant an dem Plan ist, dass diese Territorien auf eine lange Geschichte von Kooperativen zurückblicken können. Aber wer beteiligt sich an den Kooperativen? Vor allem Männer mit einer mittleren oder hohen Produktionsmenge. Aber dann gab es all diese Menschen, die viel weiter von diesen offiziellen Produktionsachsen entfernt waren, mit schlechteren Straßen und kleineren Feldern. Der Plan brachte die Kleinsten zusammen: ›Du hast nur ein bisschen Koriander in deinem Vorgarten? Nehmen wir. Alles was du hast, wir nehmen es.‹

Das brachte eine interessante Dynamik hervor. Es gab Frauen, die begannen, um das Land zu kämpfen, ihre Ehemänner um mehr Land zu bitten, ihre Töchter begannen sich zu engagieren. Wenn eine Familie nicht bereit war, die Kosten für die Unterbringung der Töchter in der Stadt zu übernehmen, war es für Mutter und Töchter, sobald sie das Land bewirtschafteten und über eigenes Geld verfügten, plötzlich eine Priorität, dass die Töchter die Universität besuchten – und sie hatten nun auch die Möglichkeit, dafür zu zahlen. All dies war möglich, weil die Geografie der Produktion verändert wurde. Unser Lastwagen fuhr durch die abgelegensten Orte.

All dies geriet in eine Krise, als es keinen Treibstoff mehr gab, um unsere Transportwege zu fahren. Vor allem 2020 war ein sehr hartes Jahr. Die Treibstoffknappheit wirkte sich auf unsere Preiskalkulation und alles andere aus. Aber wenn Lebensmittel ein Recht sind, dann ist auch alles, was zur Herstellung der Lebensmittel gebraucht wird, ein Recht.

Also auch das Saatgut. Wenn ein gutes Saatgut eines ist, das die Produktion maximiert, selbst wenn es 400 Dollar pro Pfund kostet, ist das nicht tragbar, wenn der Mindestlohn ein Dollar pro Monat beträgt. Das sind 400 Mindestlöhne. Unsere Aufgabe ist es nun, in alle Elemente der Produktionsformen einzugreifen und zu einem agrarökologischen Modell überzugehen.

In vielen Gebieten ändern sich die Regenfälle, wir stehen bereits vor einem Klimachaos. Das agrarindustrielle System ist in der Krise, denn es fehlt an Benzin, um die Maisfelder mit Pestiziden zu besprühen, was normalerweise per Flugzeug geschieht. Es gab also diese große Wette auf die Dezentralisierung. Die Menschen beginnen, ihre Felder zu bestellen und knüpfen dabei an eine Tradition an, die das vereint, was von der afrikanischen, der indigenen und der bäuerlichen Tradition überlebt hat.

»Der Unterschied zwischen der früheren Krise und dem Jahr 2020 besteht darin, dass die Menschen jetzt erkennen, dass es die Möglichkeit gibt, sich aus eigener Kraft zu versorgen. Jede*r baut etwas

> an. Die andere Hälfte verarbeitet und erforscht eine komplementäre Transformation ihres Konsums. Und die alten Samen, die die Menschen aufbewahrt hatten, sind wieder aufgetaucht. Heute gibt es im ganzen Land Zentren für Saatguterzeugung, Messen in den Dörfern zum Austausch von Saatgut, Sorten und Erfahrungen. Das ist ein Gegensatz zur Logik der Abhängigkeit. Die einzige Möglichkeit, in Würde zu essen, besteht darin, sich diesem bereits bestehenden Netzwerk anzuschließen.«

Ernährungssouveränität ist eine wichtige Praxis zur Beendigung der *weißen* Vorherrschaft, sowohl im Globalen Norden als auch im Globalen Süden. Leah Penniman arbeitet auf der *Soul Fire Farm* außerhalb von Albany, New York, und ist Autorin von *Farming While Black.* Sie bezeichnet die Enteignung Schwarzer Landwirt*innen und die »Lebensmittelapartheid«, also den mangelnden Zugang zu gesunden Lebensmitteln, der zu einer großen Zahl von Todesfällen aufgrund von Diabetes, Nierenversagen und Herzerkrankungen führt, als anhaltende Merkmale eines systemischen Rassismus. Während es in der Landwirtschaft »von Natur aus um die Zukunft geht«, da das Pflanzen eines Baumes, der erst in einigen Jahren Früchte tragen wird, eine langfristige Perspektive erfordert, haben viele junge Schwarze das Gefühl, dass es keine Zukunft gibt, weil »Inhaftierung und früher Tod so allgegenwärtig sind«.

Um diese sich überschneidenden Probleme anzugehen, bildet die Soul Fire Farm People of Color zu Landwirt*innen aus, praktiziert silvopastorale Landwirtschaft – das Halten und Weiden von Vögeln und Schafen zwischen Obstbäumen, um die Kohlenstoffbindung im Boden zu maximieren – und spendet jede Menge frischer Lebensmittel an Stadtteile in Albany, die Opfer der Lebensmittelapartheid sind. In Pennimans Worten: »Wir verwenden afroindigene und regenerative Praktiken – schicke Worte, die im Wesentlichen bedeuten, dass wir versuchen, das Land nach den besten Ratschlägen unserer Vorfahr*innen zu bearbeiten, und dass wir versuchen, das Land auf eine Weise zu bewirtschaften, die die Umwelt tatsächlich verbessert und nicht verschlechtert«.[307]

Innerhalb und außerhalb der Städte standen Indigene an vorderster Front im Kampf um Ernährungssouveränität und Lebensmittelautonomie. In den ländlichen Gebieten Nordamerikas ging es dabei oft um den Kampf um traditionelle Jagd- und Fischereipraktiken. Der Widerstand gegen die einheimische Jagd und Fischerei kommt oft von kommerziellen Fischern, die unter dem Druck stehen, für den kapitalistischen Markt zu produzieren – eine Praxis, die Meeresökosysteme auf der ganzen Welt zerstört hat –, und von reaktionären *Weißen*, die sich bedroht fühlen, weil ihnen gesagt wird, dass sie folglich auf gestohlenem Land leben.

Bei den Jagd- und Fischereipraktiken der Indigenen geht es wesentlich darum, als integraler Bestandteil des Territoriums das Ökosystem zu erhalten, und nicht bloß von außen einzugreifen. Angela James, eine Jägerin der Bigstone Cree Nation, erklärt uns: »Elch, Bär, Wapiti, Bisam, die Fische, all diese Tiere, diese Lebewesen, sind unsere Verwandten. Du musst diese Verhaltensregeln respektieren und die Verbindung respektieren, dass wir alle Teil von etwas Größerem sind, wir sind nicht die allmächtigen menschlichen Wesen an der Spitze der Nahrungskette, sind wir einfach nicht.«[308]

Pastoralismus von Barcelona bis in die Pyrenäen, Katalonien

Edu Balsells betreibt traditionellen Pastoralismus[309] in Katalonien. 2004 begann er sich als Teil der autonomen Bewegungen mit der Welt der aktivistischen Landwirtschaft zu befassen und ist seitdem zu einer wesentlichen Referenz in der Nutzung von Ziegen und Schafen in der Waldpflege und zur Waldbrandprävention geworden. Er beteiligt sich auch an der Wanderweidewirtschaft, einer seminomadischen Praxis, die bis zu den Anfängen des Pastoralismus zurückreicht. Dabei bleibt die Hirt*in im Winter mit der Herde im Tiefland und wandert dann über den Sommer auf Bergweiden, was beiden Flächen eine gesunde Regeneration ermöglicht. Die Pyrenäen und ihre zahlreichen Tiefebenen sind einer der wenigen Orte im Globalen Norden, an denen Wanderweidewirtschaft noch praktiziert wird. Die Hirt*innen, die sie betreiben, haben lange für ein Commoning des Landes gekämpft. Ihre Gegner*innen sind vor allem diejenigen, die von der Einhegung von Land und der Industrialisierung der Nahrungsmittelproduktion profitieren, oder im Namen der öffentlichen Ordnung die gemeinschaftliche Nutzung öffentlicher Flächen durch Menschen und anderen Tieren ablehnen.

Edu hat gegenwärtig ein kleine Herde mit 150 Schafen, einen Hütehund, um die Herde zu leiten, und einen Pyrenäen-Mastiff, um sie zu beschützen, allesamt traditionelle Züchtungen aus den Pyrenäen. Wir treffen uns auf einer kleinen Fläche auf der Edu seine Hütte und einen offenen Stall hat, in dem die Herde die Nacht verbringt, wenn sie nicht draußen auf dem Feld ist. Sie liegt an den Hängen des Sant Ramón, einem kleinen Berg in den Ausläufern von Sant Boi de Llobregat, einer kleinen Stadt innerhalb der Metropolregion Barcelona. Er ist dort seit zehn Jahren.

Edu bezieht sein Einkommen aus dem Verkauf von Lammfleisch und Dung. Letzteres ist tatsächlich illegal ohne eine Genehmigung, die für kleine Produzent*innen zu teuer ist. Trotzdem sagt er mir trotzig, dass ich seine Vergehen in dem Interview erwähnen soll. Eine weitere Einkommensquelle ist ein Fonds der Regierung zur Pflege der Wälder und Reduzierung der Waldbrandgefahren, technisch gesehen eine Subvention, obwohl die Regierung für diese Leistung sowieso zahlen müsste und Waldpflege mit Maschinen 50 % teurer ist. Leider kann Edu die Wolle seiner Schafe nicht verkaufen, weil der Preis für Wolle, die nicht weiß oder gepunktet ist, nicht einmal die Transportkosten abdeckt.

Edu erläuterte mir zunächst die Bedeutung der traditionellen Tierzüchtungen für die von ihm praktizierte Art der Weidewirtschaft:

»In den letzten zwei Jahren waren wir mit Ziegen hier. Selbstverständlich hat jedes Tier sich zum Überleben mit einem bestimmten Verhalten an die Umwelt angepasst. Kühe fressen, als wäre ihre Zunge eine Sense, Ziegen heben den Kopf und suchen nach den zarten Trieben an den Bäumen, Schafe fressen eher die Kräuter und Gräser, Pferde haben oben und unten Zähne und können die Vegetation ausreißen, was ein Schaf oder eine Kuh nicht könnte. Jedes Tier hat sich also angepasst. Die Ziege ist ohne Zweifel das Tier, das sich am besten für Waldweiden eignet, denn sie ist selbstversorgend und kann sich zu 100 % aus dem Wald ernähren. Als wir hier nach Sant Boi kamen, stellten wir fest, dass das Problem ist, dass – obwohl hier mediterrane Wäldern wachsen – ›*la cabra tira pel monte*‹ [›die Ziege geht in die Berge‹, ein Sprichwort, das besagt, dass jedes Lebewesen seiner eigenen Natur folgt]. Die Ziege ist ein sehr wählerisches Tier, sie läuft viel, und hier ist der Platz begrenzt. Das ist kein 600 Hektar großer Berg. Der Wald, den wir betreuen, ist nur 60 Hektar groß, mit vielen Menschen, vielen Wege, ein Gebiet, das durch Vorstädte, Strommasten und durch die Outdoor-Aktivitäten der Menschen sehr zersplittert ist, deshalb eigenen sich Ziegen hier nicht so gut, wie sie könnten. Dazu kommt, dass es sich bei dem Raum, den wir verwalten sollen, nur um einen Ring von 25 Metern um die Wohngebiete am Stadtrand herum handelt. Die Stadt bezahlt uns dafür, dass wir die Vorstädte vor dem Wald schützen, aber meiner Auffassung nach schützen wir den Wald vor den Vorstädten. Aber wir müssen dieses Gebiet sauber halten, mit einer Steineiche hier, einem Strauch dort und nur wenigen Gräsern.

Ziegen sind in diesen Gebieten aber sehr aggressiv, sie würden sich an den Bäumen vergreifen und die Gräser nicht anfassen. Sie waren also immer im Wald, was in Ordnung ist, aber wir werden dafür bezahlt, eine sehr technische Arbeit zu verrichten, und zwar das Gestrüpp niedrig zuhalten und Brände zu verhindern.

Der Einfluss der Ziegen auf den Wald war riesig. Schon nach einem Jahr erzählten uns die Leute, dass dort, wo die Ziegen vorbei gezogen waren, nun mehr Platz war, dass sich Wege auftaten, dass es wilden Spargel gab, dass es Pilze gab. Natürlich kommt es auch darauf an, einen Raum nicht mit zu vielen Tieren zu übersättigen.

Wenn wir uns nicht um die Wälder kümmern, könnten wir hier in Katalonien alles verlieren. In den Pyrenäen hat es Waldbrände im Winter gegeben. Das ist sehr ungewöhnlich. Inmitten der Hitzewellen und Brände könnten wir bald nicht mehr in der Lage sein, Pastoralismus oder Landwirtschaft zu betreiben. Wenn wir aber die Beweidung der Wälder unterstützen, würde das die Wälder öffnen, mehr Licht hereinlassen, die Wasseraufnahme verbessern. Wir könnten auch die Energieressourcen der Wälder nutzen, zum Beispiel Biomasse, indem lokale Gemeinschaften Brennstoffe sammeln, und zwar nicht industriell, was die Wälder zerstören würde, sondern mit Praktiken, die auf Ausgewogenheit und Nachhaltigkeit ausgerichtet sind. Man muss dafür sorgen, dass die Bäume und Sträucher wachsen, die Vögel nisten und die Wildschweine auf Nahrungssuche gehen können. Es gibt kleine Maßnahmen, die einen großen Unterschied machen würden, aber im derzeitigen System ist das wirtschaftlich nicht machbar.

Wir waren also zwei Jahre lang mit Ziegen unterwegs und mussten dann wechseln. Wenn die Art deiner Weide eher für Schafe als für Ziegen geeignet ist, dann wechselst du. Es kann einem das Herz brechen, weil es deine Tiere sind und sie sich an dich gewöhnt haben, aber letztendlich musst du deinen Lebensunterhalt verdienen. Sie leben von dir und du lebst von ihnen. Es ist ein Gleichgewicht.

Die Wälder sind so schlecht, wie sie sind, weil es an Interaktion und Pflege durch den Menschen mangelt. Weil wir denken, dass wir ein sehr reiches Land sind, schätzen wir die Energie und das Potenzial der Wälder nicht. Andererseits, wenn Repsol [ein großes Energieunternehmen] käme und sagen würde, diese Kiefern seien 100 Euro wert, gäbe es in ganz Katalonien keine Kiefern mehr. Es geht immer von einem Extrem zum anderen. In den 1960er-Jahren wurden die Ziegen abgeschafft, und um 2000 herum sagten sie, dass wir, nun ja, vielleicht Ziegen in die Waldpflege integrieren könnten. Aber sie sprechen nie mit den Hirt*innen, um herauszufinden, was unsere Vorschläge sind. Wir sagen es ihnen, aber niemand hört zu. Und dann kommen die von der Regierung oder von den NGOs, die alle von öffentlichen Geldern leben, und bringen ihre Vorschläge. *Sie verstehen es einfach nicht!*

Wir haben keinen Ausweg aus dem globalen Markt, in dem wir leben, also mussten wir damit zurechtkommen, subventioniert zu werden und akzeptieren, dass man uns bezahlt und wir verpflichtet sind, bestimmte Dinge zu tun, um dieses Geld zu bekommen. Ich habe vorhin Berechnungen angestellt: Wenn ich nur zwei Euro [pro Kilo] mehr mit dem Lammfleisch verdienen würde, müsste ich keine Subventionen erhalten. Aber es ist der globale Markt, der die Preise reguliert. Natürlich gibt es hier einen lokalen Markt, Sant Boi hat 80 000 Einwohner*innen, aber der Markt ist so organisiert, dass das Fleisch den ganzen Weg von Mexiko oder Chile hierher kommt. Das ganze Lammfleisch von hier wird aber in Tarragona auf Schiffe verladen und nach Syrien verschifft. Denn sie essen viel Lamm in den muslimischen Ländern und dort ist Krieg, also können sie es nicht selbst produzieren und schiffen es von hier aus ein. Also was? Sollen wir dankbar für den Krieg in Syrien sein, weil Lammfleischproduzent*innen so ein Auskommen haben? Was für ein beschissenes System. So sieht es nun aus.

Wenn wir gemeinsam und organisiert mehr Einigkeit in unserem Sektor zeigen würden, wenn wir in der Lage wären, uns selbst bekannt zu machen, Vorschläge zu machen und anzubieten und den Wert unserer Funktion in dieser Welt zu würdigen wüssten, in Bezug auf die Umwelt, die Kultur, die Erhaltung traditioneller Züchtungen und Praktiken, die Förderung der biologischen Vielfalt, sodass wir tatsächlich von dem leben könnten, was wir tun, dann könnten wir dem Landwirtschaftsministerium, der Europäischen Kommission und dem spanischen Ministerium einen ordentlichen Tritt in den Hintern verpassen und auf Nimmerwiedersehen sagen. Aber wir haben es nicht geschafft.

Das Reden fällt der Regierung nicht schwer. Sie wissen nur leider, wie man lügt. Von ihr kommt eine Lüge nach der anderen und ich habe schon einige offizielle Projekte zur Integration von Hirt*innen in die Waldpflege gesehen. Aber wenn du nicht garantieren kannst, dass die Hirt*innen ein Auskommen haben, wird es nicht funktionieren. Alle brauchen etwas zu Essen.

Es sollte einen Austausch geben. Ich meine keinen monetären. Ich habe Schafe, wir könnten einen Tausch machen gegen Speiseöl, Benzin, Gemüse, was immer du willst, etwas, das unser Überleben sichert.

Die Regierungen und all diese Satellitenorganisationen haben gut reden, von Umweltschützer*innen über Gewerkschaften bis hin zur Jagdlobby. Es ist ein ganzes Konglomerat von Organisationen, die ihren Lebensunterhalt damit verdienen, dass sie von den Vorteilen der Weidewirtschaft für die Umwelt und die ländliche Entwicklung bloß reden, und es stimmt ja auch alles. Aber so sehr sie auch darüber reden, sie erreichen nichts. All diese Bürokrat*innen und öffentlichen Bediensteten reden immer nur über Zahlen, also schauen wir uns die Zahlen an. Die Einkommen in der Landwirtschaft sind im freien Fall, die Preise für unsere Produkte sind im freien Fall, aber die Lebenshaltungskosten steigen. Die Mietkosten in ländlichen Gegenden steigen als befänden wir uns in Barcelona. In einem Dorf mit zwölf Einwohner*innen, das noch nicht einmal eine Bäckerei, ein Apotheke oder eine Bar hat, beträgt die Miete für eine Wohnung 400 Euro. Ich zahle nicht für diesen neuen bürgerlichen Lebensstil von Leuten, die auf dem Land leben, um dann dort im Homeoffice in der Videokonferenz zu sitzen.

Es gibt einen riesigen Geldtopf, der für Projekte wie meines vorgesehen ist, aber ganz zufällig sehen die Hirt*innen kaum etwas davon. Zuerst müssen sie für eine Studie bezahlen, dann für ein Pilotprojekt, dann eine Diagnose, dann eine Analyse und dann sind da all die Leute, die sich so sehr für den Umweltschutz einsetzen und die alle auf deiner Seite sind, aber am Ende nützt dir alles, was sie getan haben, nichts. Die Dinge werden nur schlimmer. Mehr und mehr Leute sprechen über diese Dinge, aber sie werden nicht besser.

Ich spreche nicht mehr mit Akademiker*innen, wenn sie mich für ein Interview anrufen. Weil sie uns ausbeuten, sie verkaufen unser Wissen und geben nichts im Gegenzug.

Aber ich möchte nicht, dass die Hirt*innen verschwinden. Unsere Welt ist reich an Geschichte. In der Welt der Hirt*innen gibt es diese Verbindungen, die über die Grenzen hinausgehen.«

Während ich dieses Manuskript fertigstelle, jährt sich der zehnte Jahrestag eines großen Sieges bei Cherán K'eri. Am 15. April 2011 erhoben sich die Leute dieser kleinen Stadt im mexikanischen Staat Michoacán in Verteidigung ihres Waldes, ihres Wasser und ihrer Leben. Cherán K'eri ist mit einer Bevölkerung von 14 000 eine von drei Hauptstädten auf dem Territorium der P'urépecha. Dank der mehr als 100 Jahre währenden Kämpfe der Indigenen von Baja California bis Chiapas sind große Teile des mexikanischen Territoriums offiziell als Gemeindeland anerkannt, darunter 15 000 Hektar in der

Gegend von Cherán K'eri. Im Kapitalismus ist jedoch nichts jemals sicher und große Teile des gemeinschaftlichen Landes wurden von den Drogenkartellen geraubt. Diese sind überwiegend in den Staat integriert und haben sich auch auf andere Gebiete, wie die Holzwirtschaft, ausgeweitet.

Mehrere Männer in der Stadt hatten sich gegen die unkontrollierte Abholzung ausgesprochen und in der Regel wurden sie daraufhin ermordet. Als die Morde ungestraft weitergingen und die Abholzung sich der Wasserquelle der Stadt näherte, erhoben sich die Frauen und nahmen mehrere LKW-Fahrer und Holzfäller des Kartells als Geiseln. Es kam zu tagelangen heftigen Kämpfen gegen die Söldner des Kartells und die örtliche Polizei. Die Einwohner*innen von Cherán K'eri errichteten Barrikaden, setzten Lastwagen in Brand und setzten sich mit Steinen, Molotowcocktails und allen Schusswaffen, die sie in die Hände bekamen, zur Wehr. Am 17. April riefen sie eine ›assembly general‹ ins Leben, die der erste Schritt zur Selbstverwaltung sein sollte. Aus der Versammlung ging eine Dialogkommission hervor, die sich abwechselnd aus Delegierten der einzelnen Stadtteile zusammensetzt. Diese Struktur diente den egalitären Bestrebungen der Menschen in der Stadt und war auch weitaus effektiver als Anführer*innen zu haben, die vereinnahmt, entführt oder ermordet werden könnten.[310]

Rund um die Barrikaden und die *parhankua*, die gemeinsamen Kochfeuer, wurde ein Gemeinschaftsgefühl wiederbelebt, das Spaltungen, Antagonismen und materiellen Mangel überwand, die durch Hunderte von Jahren des Kolonialismus entstanden waren. Traditionen und Sprache der P'urépecha wurden wiederbelebt und zu einem Grundpfeiler ihrer Autonomie. Eine dieser Traditionen war *kuá-jpekurhikua*, ein Wort, das sich mit »sich um das Territorium kümmern« übersetzen lässt und sich untrennbar auf das soziale und ökologische Territorium bezieht. Demnach schließt es alles Mögliche, von Bildung und der Verbesserung der Situation von Frauen in der Gemeinde über die Klärung von Beziehung zwischen Nachbar*innen bis zu massiven Wiederaufforstungsbemühungen, mit ein. Im Jahr 2015 übertraf die Baumschule, die sie für die Aufzucht von Bäumen eingerichtet hatten – mit Samen, die sie nur vier Jahre zuvor im Wald gesammelt hatten –, die Zahl von einer Million gekeimter Bäume und Sträucher im Jahr, bei einer Überlebensrate von 80 %. Es handelt sich somit um das größte Gewächshaus im Bundesstaat und möglicherweise in ganz Mexiko. Die Menschen aus Cherán K'eri entwickelten außerdem ein kommunales Justizsystem mit einem Fokus auf Mediation statt Bestrafung. Indem sie ihre Autonomie vom Staat und den Kräften des extraktiven Kapitalismus zurückgewonnen haben, konnten sie beginnen, die Kolonisierung in all ihren Dimensionen zurückzudrängen.[311]

Beispiele für Wiederaufforstung gibt es überall auf der Welt. Der Unterschied zwischen einem echten Wald und einer Baumplantage, die auf dem Papier gut aussieht, in Wirklichkeit aber das lokale Territorium zerstört, ist qualitativ. Der Schlüsselfaktor dafür, ob ein Wiederaufforstungsvorhaben zur ersten oder zweiten Kategorie gehört, liegt darin, ob es unter lokaler Kontrolle und entworfen nach lokalem und verortetem Wissen oder unter Kontrolle des Staates ist.

Äthiopien machte 2019 Schlagzeilen: Dort wurde der Weltrekord von 353 Millionen an einem einzigen Tag gepflanzten Bäumen aufgestellt. Es handelte sich um eine Initiative der Regierung, mit der die Aufmerksamkeit der Medien erregt und der Ökotourismus gefördert werden sollte, obwohl es viele Zweifel an ihrer Wirksamkeit gibt. Es liegen keine unabhängigen Studien vor, aber in einem für das Programm charakteristischen Dorf wurde ein Drittel der Setzlinge, kurz nach der Pflanzung, durch eine Überschwemmung weggespült. Lokale Expert*innen kritisierten die Regierung dafür, dass sie »nicht in Betracht gezogen hat, wie die Gemeinschaft zur Eigentümerin des Prozesses gemacht werden kann« und nicht darüber nachgedacht habe, dass die Aufforstung kein eintägiges Ereignis sein kann, sondern mit den wirtschaftlichen und ökologischen Bedürfnissen der Menschen vor Ort, die sich jeden Tag um die Bäume kümmern und mit ihnen zusammenleben werden, in Einklang gebracht werden muss.[312] Andere wiesen auf frühere Regierungsprogramme aus den 1980er-Jahren hin, die ebenfalls einen quantitativen Ansatz verfolgten, aber scheiterten, weil ihr Top-down-Modell für lokales Wissen unempfänglich war.

Eine weitere Gefahr, die darin liegt, die Verantwortung für die Umwelt an die Regierung zu übertragen, zeigt sich im anhaltenden Bürgerkrieg in Tigray, wo die Regierungen Äthiopiens und Eritreas systematisch die Obstgärten der lokalen Bevölkerung zerstören und andere genozidale Akte begehen.[313] Die Zerstörung der Ernährungssouveränität der Menschen, ihrer Fähigkeit zur Selbstversorgung, ist für Aufstandsbekämpfungsoperationen ein Standard – und eine Tendenz von Kapitalismus und Staaten im Allgemeinen. Wo die Menschen völlig selbstversorgt sind, kann der Staat nicht existieren.[314]

Im Juli 2020 wurden im Westen Kenias die Sengwer aus dem Embobut-Wald und die Ogiek aus dem Mau-Wald vertrieben und ihre Häuser niedergebrannt. Die Schuldigen? Die kenianische Waldbehörde. Es war nicht das erste Mal, dass sie vertrieben wurden, sogar nicht einmal das erste Mal in diesem Jahr. Die kenianische Regierung wendet eine spezifische, koloniale Form des Naturschutzes an, die als ›Festungsnaturschutz‹[315] bekannt ist.[316] In diesem Fall wurde der Festungsnaturschutz von der britischen Kolonialregierung eingeführt und ist ein Artefakt der Kriege der europäischen Aristokratie um die Einhegung der Commons und die Proletarisierung der armen Landbevölkerung. Er sieht Mensch und Natur als Gegensätze und den Zweck des Naturschutzes in der Vertreibung ärmerer Menschen, um die Schaffung von Naturparks zu ermöglichen. Diese Parks dienen in erster Linie der Unterhaltung und den ästhetischen Vorlieben der Wohlhabenden.

Dass der Mensch ein Teil unseres Ökosystems ist und dass die Wälder im Westen Kenias zu einem großen Teil so existieren, weil die Sengwer und Ogiek mit ihm interagieren, wird bei dieser Praxis ausgeblendet. Zudem weigert sich dieser Ansatz anzuerkennen, dass Staaten keine Instrumente zum Schutz der Umwelt sind, sondern Maschinen zur Ausbeutung, Akkumulation und Überwachung. Für jede, die dies versteht, ist es keine Überraschung, dass die kenianische Waldbehörde eine der wichtigsten Akteur*innen der illegalen Abholzung ist. Kritiker*innen weisen darauf hin, dass »Regierungen und Naturschutzorganisationen, trotz zahlreicher internationaler

Verpflichtungen, bei der Anwendung eines menschenrechtsbasierten Ansatzes zum Schutz der Wälder weiterhin versagen.«[317]

In Indien hat eine Gruppe von Kleinbäuer*innen und indigenen Gemeinschaften entscheidend zum Schutz der verbliebenen Wälder des Subkontinents beigetragen. Ähnlich wie in Äthiopien hat die indische Regierung versucht, international Schlagzeilen mit großen Baumpflanzaktionen zu machen. Im Kapitalismus macht es schließlich mehr Sinn, einen bestehenden Wald abzuholzen und einen neuen zu pflanzen – aus ökologischer Perspektive funktioniert das jedoch nicht. In Indien wie auch in Äthiopien waren erfolgreiche Pflanzungen »hauptsächlich das Ergebnis von Bemühungen der Gemeinden«. Von der Regierung geförderte Baumpflanzungen haben oft zu Landraub an den indigenen Adivasi-Gemeinschaften geführt und große Proteste ausgelöst. Viele Adivasi erheben ihre Stimme, weil ihre traditionellen Rechte »zugunsten von künstlichen Wäldern verletzt werden, die wenig Rücksicht auf die lokale Ökologie nehmen«. So pflanzt die Regierung beispielsweise einheimische Teakbäume an, allerdings in riesigen Monokulturen und nicht als einzelne Bäume, die mit vielen anderen Bäumen zusammen ein vielfältiges Ökosystem ergeben würden, das auch den Menschen vor Ort dienen könnte. Selbstverständlich erzeugen Teakholzplantagen ein wertvolles Exportgut, nur profitieren davon die lokalen Gemeinschaften nicht. Die Regierung fördert auch den Anbau von Eukalyptus, weil er schnell wächst und große Mengen CO_2 bindet. Eukalyptus senkt aber auch den Grundwasserspiegel und schadet den heimischen Arten – ein weiteres Beispiel dafür, dass Klima-Reduktionismus dem Klima tatsächlich schadet. Um ihre Verpflichtungen aus dem Pariser Klimaabkommen einzuhalten, versucht die indische Regierung, ihre Waldflächen zu verdoppeln. Weil die Technokrat*innen aber den Unterschied zwischen einem Wald und einer Baumplantage ignorieren, geht dies mit der Einhegung von kommunalem und indigenem Land und dem Pflanzen von Monokulturen einher, die der Erde weiteren Schaden zufügen.[318] Millionen indigener Menschen sind gegenwärtig davon bedroht, vom Staat von ihrem Land vertrieben zu werden.[319]

Die Kleinbäuer*innen haben sich auf die anhaltende Katastrophe eingestellt und wichtige Innovationen eingeführt, obwohl die Regierung droht, sie in den Ruin zu treiben. Während die (industrielle) Landwirtschaft der zweitgrößte Verursacher von Treibhausgasen auf dem Planeten ist, wenden sich viele Kleinbäuer*innen der Agroforstwirtschaft oder Waldgärten zu. Sie mischen Bäume und einjährige Kulturpflanzen, um eine abwechslungsreichere Ernährung zu gewährleisten, der Atmosphäre Kohlenstoffdioxid zu entziehen, anstatt mehr davon auszustoßen, und den Boden zu heilen (der in Indien dank der ›Grünen Revolution‹ zu 50 % degradiert ist).[320] Agroforstwirtschaft verschafft kleinen Höfen außerdem einen Vorteil, weil es eine Methode ist, die Qualität über Quantität stellt und es mehr Menschen ermöglicht, sich durch landwirtschaftliche Arbeit selbst zu versorgen – und dies auf eine Art und Weise, die tatsächlich gut für den Planeten ist und nicht ökozidal. All dies in einem Moment, in welchem der Staat, in Übereinstimmung mit kapitalistischen Entwicklungsmodellen, versucht, Indiens verbleibende Bauernschaft zu enteignen.

Vor Kurzem wurden die Landwirtschaftsgesetze geändert, um große, industrielle Produzenten zu begünstigen und Kleinbäuer*innen von ihrem Land zu vertreiben. In Reaktion darauf sind Hunderttausende Kleinbäuer*innen, viele von ihnen aus indigenen Gemeinschaften, Ende 2020 in den Streik getreten und haben gegen die Polizei gekämpft und Straßen rund um die Hauptstadt blockiert.[321] Laut Pranav Jeevan P formiert sich die indische Bauernbewegung zu großen Teilen entlang von Praktiken der gegenseitigen Hilfe und der Selbstorganisation, verkörpert durch Solidarität ohne Anführer*innen und einer logistischen Organisation in *langars*, kostenlosen Gemeinschaftsküchen, die die Bäuer*innen mit Essen versorgen, während sie ihre Blockaden aufrechterhalten. Die Blockaden wurden schnell zu einer Revolution des alltäglichen Lebens, die Themen wie Kinderbetreuung, Bildung und Kultur in den Blick nahm; eher Mikrokosmen einer neuen Welt, als bloß ein politischer Protest für eine andere Regierungspolitik.[322]

Dort kämpfen, wo wir leben: Von Städten zu Lebensräumen

Die Trennung zwischen Land und Stadt ist eine elementare Dynamik kapitalistischer Akkumulation und der ökologischen Krise. Es gibt ein ausdifferenziertes Regime der Extraktion, Akkumulation und sozialen Kontrolle zwischen dem ländlichen und dem urbanen Raum. Wie in ländlichen Kämpfen das Potenzial für Blockaden und Sabotage wieder entdeckt wird, so wird auch in urbanen Kämpfen gelernt, dass sie nicht auf Protest und Zerstörung beschränkt sind; sie können auch transformierend wirken. Um Städte als Lebensräume zurückzuerobern, verdienen ökologische Kämpfe besondere Aufmerksamkeit.

In einem ersten Schritt heißt das, Städte davon abzuhalten, uns zu töten. Für arme Menschen kommt das urbane Leben oftmals einer Todesstrafe gleich, obwohl sich die medizinische Infrastruktur im Kapitalismus in Städten konzentriert.

In den 1970ern begannen die Verwaltung von New York City und Wirtschaftsvertreter*innen mit der Planung einer Müllverbrennungsanlage in den Brooklyn Navy Yards. Die Anlage hätte Stadtteile wie Williamsburg mit Dioxin und anderen tödlichen Verschmutzungen verseucht, doch puerto-ricanische und chassidische Anwohner*innen schlugen zurück. Der Ansatz ihres Kampfes war es, ›mit allen erforderlichen Mitteln‹ gegen die Stadtregierung, das Entsorgungsunternehmen und die großen Medien vorzugehen, die das Projekt allesamt unterstützten. 1995 verhinderten sie schlussendlich die Verbrennungsanlage.[323]

Was nicht verschwiegen werden sollte, ist, dass Williamsburg und ein Großteil des übrigen Brooklyn nach diesem lokalem Sieg aggressiv gentrifiziert wurden. Dabei gingen die Immobilienwerte durch die Decke und viele Bewohner*innen aus der Arbeiterklasse und People of Color wurden zugunsten von unverhältnismäßig vielen *weißen* jungen *urban professionals* verdrängt. Mit anderen Worten: Viele von denen, die für ein saubereres Viertel gekämpft hatten, durften nicht bleiben, um einen Nutzen daraus zu ziehen. Diese und ähnliche Geschichten sind auf eine systembedingte Weise typisch und erinnern daran, warum vermeintlich pragmatische reformistische Haltungen so hoffnungslos naiv sind. Solange der Kapitalismus intakt bleibt, werden alle Errungenschaften, die wir durch Druck auf die bestehenden Institutionen erringen, den wirtschaftlich privilegierten Schichten und denjenigen zugute kommen, die sich am besten an die rassistischen Codes und die Kultur einer kolonialen Gesellschaft anpassen können.

Ein weiterer Kampf der ökologische mit ökonomischen Bedürfnissen armer Menschen in Städten verbindet, ist der Kampf um den Erhalt des öffentlichen Nahverkehrs. Darunter fallen zum Beispiel Critical-Mass-Fahrraddemos von San Fracisco bis São Paulo, die sich der Autokultur entgegenstellen und in vielen Städten zum Bau von Fahrradwegen und verbessertem Zugang armer Menschen zu Fahrrädern und Fahrradwerkstätten geführt haben. Es ist nicht nur eine Frage des Lebensstils – Städte, die für das Auto konzipiert sind, sind tödlich, vor allem für die Bewohner*innen dicht besiedelter Wohngebiete. Städte, die so organisiert sind, dass die Arbeiter*innen auf das Auto angewiesen sind, erhöhen lediglich die Verschuldung und leiten Einkommen an Unternehmen in zwei der reichsten Sektoren des Globalen Nordens weiter: die Automobil- und die Erdölindustrie.

Auch die Verteidigung der öffentlichen Verkehrsmittel hat zu intensiven Revolten geführt. In Barcelona und in der San Franciosco Bay Area haben massenhafte Zahlungsverweigerung oder öffentliche Aktionen, bei denen die Drehkreuze geöffnet und die Automaten außer Betrieb gesetzt wurden, die von Nachbarschaftsversammlungen oder anarchistischen Gruppen organisiert wurden und manchmal mit Streiks der Verkehrsarbeiter*innen einhergingen, vorübergehend die finanzielle Belastung der Pendler*innen aus der Arbeiter*innenklasse verringert und gleichzeitig enormen Druck auf die Stadtverwaltungen gegen weitere Fahrpreiserhöhungen erzeugt.

Sowohl in Brasilien als auch in Chile entwickelten sich große Aufstände aus Bewegungen, die ursprünglich als Reaktion auf Fahrpreiserhöhungen entstanden waren. Und sowohl die Bewegung 2013 in Brasilien als auch der Aufstand 2019–2021 in Chile konnten sich auf eine entschlossene anarchistische Beteiligung stützen, die vorgeschlagenen Fahrpreiserhöhungen stoppen und einen viel weiteren sozialen Horizont aufzeigen, der sich auf tiefer liegende Ungerechtigkeiten wie polizeiliche Repression, Ungleichheit und Sparmaßnahmen sowie das Recht auf Stadt ausweitete.[324]

Urbane Bewegungen fühlen sich oft zum Scheitern verurteilt: Diejenigen, die in einer Stadt leben, haben selten die Möglichkeit, sich gegen von oben auferlegte Veränderungen in ihren eigenen Vierteln zu wehren. Das liegt zum Teil daran, dass Städte im 20. und 21. Jahrhundert Ausdruck der globalen Konzentration des Kapitals darstellen. Rechtlich gesehen sind Häuser und andere Gebäude keine Orte, in denen Menschen leben oder ihrer beruflichen Tätigkeit nachgehen; sie gleichen im wesentlichen eher Bankkonten, auf denen die großen Anleger*innen die Billionen von Dollar sicher parken können, die sie durch Währungsspekulationen, Private-Equity-Plünderungen, die Unterbezahlung von Arbeiter*innen, die Überlastung von Mieter*innen und die Zerstörung und den Verkauf komplexer Ökosysteme verdient haben. Es spielt keine Rolle, wer dort lebt und was sie brauchen oder sogar ob diese Gebäude über Jahrzehnte leerstehen.

Wenn wir also für unser Recht auf Stadt kämpfen, treten wir gegen den Kapitalismus dort an, wo er am stärksten ist. Darüber hinaus sind Polizeibehörden in Großstädten heutzutage größer, besser finanziert und schwerer bewaffnet als es Armeen noch vor ein oder zweihundert Jahren waren. Die Tatsache, dass urbane Bewegungen aufbegehren und den Staat zum Einlenken zwingen können (Soweto 1986, Hamburg 1987, Cochabamba 2000, El Alto 2003, Paris 2005 und 2006, Oaxaca 2006, Athen 2008, Oakland 2009, Tunis und Kairo 2011, Istanbul 2013, São Paulo 2013, Barcelona 2014, Santiago 2019, Minneapolis 2020, Lagos 2020 …) ist extrem bedeutend und sollte in jeder Strategie für soziale Veränderungen heute eine zentrale Überlegung sein. Städtische Rebellionen werden jedoch häufig aus dem offiziellen Diskurs ausgeklammert. Leider ist dies zynischerweise ein Spiegelbild der Unordnung und der Opfer, die sie mit sich bringen – weil sie der Kultur und den Klasseninteressen der Expert*innen, die die Diskurse kontrollieren, zuwiderlaufen – und ein Spiegelbild der Schwierigkeiten, diese Bewegungen zu kontrollieren.

Urbane Rebellionen tendieren dazu, sich von Einzelthemen aus auf einen immer weiter gefassten und revolutionäreren Horizont hin zu bewegen. Möchtegernpolitiker*innen können diese Bewegungen nicht kontrollieren, solange sie aktiv sind. Ganz im Gegenteil besteht der Haupteinfluss der Bewegungsmanager*innen in der teilweisen Fähigkeit zur Demobilisierung im Tausch gegen kurzfristige reformistische Erfolge oder, falls dies nicht gelingt, dem Schüren interner Konflikte in den Bewegungen.

Indem sie sich auf technologische oder administrative Lösungen konzentrieren, statt auf die dezentralen und oft kämpferischen Antworten, die die sozialen Bewegungen selbst immer wieder vorschlagen, versäumen es die meisten Akademiker*innen und Autor*innen aus dem Globalen Norden, ihre technokratischen Ansätze auf die unmittelbaren Bedürfnisse nach Überleben, Würde und direkter Kontrolle von Menschen und Gemeinschaften über unsere eigenen Leben abzustimmen. Soziale Gerechtigkeit und Dekolonialisierung sind zwar zu Schlagwörtern geworden, aber die meisten Menschen, die heute dafür bezahlt werden, Vorschläge zu machen oder über das Problem zu schreiben, verfolgen eine Praxis, die zutiefst kolonial ist. Zum Glück sind wir nicht auf sie angewiesen. Vorschläge für Würde, Überleben und Selbstorganisation schießen wie Pilze aus dem Boden und entstehen in den betroffenen Gemeinschaften selbst.

Cecosesola ist ein Netzwerk von Kooperativen in Venezuela, das die Fragen des Überlebens und der Würde als Ausgangspunkt nimmt. Cecosesola besteht zur Zeit aus 50 kommunalen Organisationen in sieben Bundesstaaten im Zentrum und Westen des Landes. Es begann 1967 als Initiative für kooperative Bestattungsinstitute. Damals wurden Familien der Arbeiter*innenklasse gerade im Moment familiärer Tragödie, der oft auch finanzielle Not mit sich brachte, von privaten, gewinnorientierten Bestattungsunternehmen ausgepresst. Die neuen Kooperativen sollten die Bedürfnisse der Bestattung stattdessen mit Würde und Respekt erfüllen und gleichzeitig die Kosten senken, um erschwinglich zu sein.

Weiterhin von dem Wunsch angeleitet, die Bedürfnisse der Bevölkerung durch kooperative Strukturen zu befriedigen, wandte sich

Cecosesola Mitte der 1970er-Jahre dem öffentlichen Nahverkehr zu. In dieser Zeit kam es zu massiven Mobilisierungen gegen die Erhöhung der Fahrpreise, sodass das Netzwerk seine Ressourcen bündelte und eine Busflotte anschaffte, die bald den Großteil des Verkehrs in der Stadt Barquisimeto abdeckte. Diese Praxis dauerte bis 1980, als die Regierung ihre Busse beschlagnahmte und zerstörte.

Cecosesola sah sich auch mit einem langsamen, aber stetigen Abdriften in die Bürokratisierung konfrontiert, der gleichen Tendenz, die die meisten anderen genossenschaftlichen Unternehmungen in kaum mehr als ›alternative‹ Unternehmen verwandelt hat. Ich habe mit einigen Mitgliedern von Cecosesola geschrieben und sie haben mir erzählt, wie sie ihre organisatorischen Praktiken komplett geändert haben, um eine Bürokratisierung zu verhindern, die Positionen von Aufsichtsräten und Vorständen aus ihren rechtlichen Statuten streichen zu können und in einer sich verschlechternden wirtschaftlichen Situation weiterhin auf die Bedürfnisse der unteren Klassen einzugehen, während sie gleichzeitig ihren Handlungsspielraum um ökologische Aspekte erweitern. Cecosesola ist ein wichtiger Überlebensmechanismus für Hunderttausende Menschen inmitten Venezuelas großer ökonomischer Krise. Ihre kooperativen Märkte sichern den Großteil der Versorgung von rund 100 000 Familien mit Lebensmitteln und Gütern, sie verbinden Bäuer*innen mit Stadtbewohner*innen; bauen die gemeinschaftliche Produktion von Pasta, Kaffee, Reinigungsmitteln und anderen Waren auf; helfen bei der Finanzierung von Ernten oder dem Kauf von Fahrzeugen und organisieren die medizinische Versorgung von 230 000 Menschen pro Jahr. Während unseres Gesprächs schenkten die Mitglieder, mit denen ich sprach, Fragen des Prozesses und Beziehungsaufbaus die meiste Aufmerksamkeit – ein deutlicher Unterschied zur Fokussierung vorherrschender Institutionen auf quantitative Ergebnisse.

Ernährungsunsicherheit ist auch im Globalen Norden ein Problem, insbesondere in von Rassismus betroffenen Stadtvierteln. *Cooperation Jackson*, in Jackson, Mississippi, entstand 2014 aus Erfahrungen, die in den Schwarzen Befreiungsbewegungen und Projekten zur gegenseitigen Hilfe infolge von Hurrikan Katrina gemacht worden waren.

Die Organisation gründet Kooperativen, um eine Kreislaufwirtschaft aufzubauen. Der Schwerpunkt liegt dabei auf dem Zugang zu Land in der verarmten, mehrheitlich Schwarzen Stadt, dem Anbau gesunder Lebensmittel, die von anderen Kooperativen zubereitet und verteilt werden können, und dem Sammeln von Abfällen und der Herstellung von Kompost und Dünger durch weitere Kooperativen in einer »sich gegenseitig verstärkenden Wertschöpfungskette«, die sich ausdehnt, um eine wachsende Zahl lebenswichtiger Bedürfnisse zu decken. Sie gründete auch eine Produktionskooperative, um »die Kunst und Wissenschaft der digitalen Fertigung zu fördern« und das Ziel zu erreichen, »die Produktionsmittel zu besitzen und zu kontrollieren«.[325] Dieses Projekt ist wiederum Teil des Plans für den Bau des Ewing Street Eco-Village, eines auf den Prinzipien der Permakultur basierenden gemeinschaftlichen Wohnprojekts für Mitglieder der Kooperative, und ein Sprungbrett für weitere kooperative Unternehmen.

Die Cooperation Jackson verfolgt einen strategischen Plan, der darauf abzielt, »autonome Macht außerhalb der staatlichen Struktur [aufzubauen]«, während sie sich »in begrenztem Umfang an Wahlen beteiligt«, vor allem, um sich vor »der Macht des Staates« zu schützen, die, »wie [sie] durch [ihre] eigenen Kämpfe gelernt hat«, eine große Gefahr für Bewegungen darstellen kann.[326] Ihre solidarische Ökonomie aus Arbeiter*innenkooperativen und »informellen, auf Affinität basierenden, nachbarschaftlichen Tauschnetzwerken« beruht »auf den Prinzipien der sozialen Solidarität, der gegenseitigen Hilfe, der Gegenseitigkeit und der Großzügigkeit«.[327] Dem Ideal des Ökosozialismus folgend priorisiert Cooperation Jackson das Überleben in seinen vielen Dimensionen, von der Schaffung von Arbeitsplätzen und wirtschaftlicher Selbstversorgung für die Mitglieder, der Verbesserung des Zugangs zu gesunden Lebensmitteln, der Verringerung der Abhängigkeit von fossilen Energieträgern und der Umgestaltung ihrer Viertel zur Verbesserung der Luft- und Wasserqualität. Bei diesem Vorhaben haben sie die Unterstützung von lokalen Gewerkschaften und progressiven Kirchen.

Cooperation Jackson hat in einer politisch und ökonomisch feindlichen Umgebung beachtenswerte Erfolge erzielt. Kali Akuno, Mitglied der Organisation, nennt zwei wesentliche Herausforderungen, mit denen ihr Modell konfrontiert war, die sich mit den Erfahrungen ähnlicher Initiativen decken, von der Genossenschaft Mondragón im Baskenland bis zum Plan Pueblo a Pueblo, den wir in einem vorherigen Abschnitt behandelt haben: Zum Ersten wäre da die Tendenz von Kooperativen, sich auf Gewinnspannen zu konzentrieren und sich wieder in die kapitalistische Wirtschaft zu integrieren. Diesem Trend folgend (der den Mondragón-Komplex innerhalb weniger Jahrzehnte vom Rest der kapitalistischen Landschaft ununterscheidbar gemacht hat) hat sich eine der ursprünglichen Kooperativen der Cooperation Jackson von der Gruppe getrennt, da sie nicht bereit war, »die erforderlichen Opfer zu bringen, um den Ökosozialismus durch die Entwicklung eines nicht ausbeuterischen und regenerativen Systems auf Gemeinschaftsebene zu fördern«. Zweitens wäre da die ganze Arbeit, die noch getan werden muss, »damit die Menschen den Ernst der Krise *und* unsere kollektive Fähigkeit, etwas dagegen zu tun, verstehen«.[328]

Dies wiederum hat mit der Schwierigkeit zu tun, die Regierung dazu zu bringen, »die notwendigen Maßnahmen umzusetzen«, die, so Akuno, nur dann verwirklicht werden können, »wenn sie von den Menschen bewusst vorangetrieben werden«.[329] Ein Verbündeter und Veteran der Bewegung für antirassistische Gerechtigkeit, Chokwe Lumumba, gewann 2013 die Bürgermeisterwahlen in Jackson und es schien, als würde die Basis offizielle Unterstützung für ihre Projekte und Pläne zur Umgestaltung der Stadt erhalten. Lumumba starb jedoch verfrüht nach nur wenigen Monaten im Amt und die ihm nachfolgenden Politiker*innen waren keine Hilfe. Diese Wendung der Ereignisse unterstreicht, wie wichtig es ist, dass die Cooperation Jackson auf den Aufbau autonomer Macht setzt und sich nicht an den Zyklus der Wahlen anpasst.[330]

In der staatlichen Unterscheidung zwischen Stadt und Land war die Kontrolle von Nahrungsmitteln und ihre künstliche Verknappung häufig eine Methode zur Kontrolle der städtischen Bevölkerung. Im Gegensatz dazu ist das Urban Gardening für die Menschen oft eine Möglichkeit, die Kontrolle über ihren

Stadtteil gegenüber Immobilienentwickler*innen und rassistischen Stadtplanungsexpert*innen zu behaupten, die Lebensqualität zu verbessern und den Zusammenhalt der Gemeinschaft zu stärken.

In North Lawndale, Chicago, gibt es etwa 20 Gärten. Viele, wie der MLK-Garten[331] in der 16th Street, haben eine lange Geschichte als Teil lokaler antirassistischer Bewegungen. Diese Gärten, die oftmals mit Besetzungen durch Nachbar*innen beginnen, organisieren Skillsharing, Community-Events, verbessern die Luftqualität und verteilen Essen in einem Viertel, das effektiv von einem Mangel an Lebensmitteln betroffen ist. Mehrere Gärten spenden medizinische Kräuter an eine traditionsreiche Schwarze Apotheke und unterstützen Gefangene. In Lawndale, im Stadtteil Little Village und anderen Vierteln sind die Gärten mit Netzwerken verbunden, die aus Schwarzen, puerto-ricanischen, indigenen und migrantischen Communitys entspringen. Eine dieser Organisationen, *Reclaiming Our Roots*, »ist eine Initiative im Südwesten Chicagos, die mit Hilfe von indigenem Wissen öffentliche Räume für Heilung und Zusammenkünfte zurückgewinnt. Reclaiming Our Roots schafft Möglichkeiten für Jugendliche, sich in einem Gemeinschaftsgarten zu engagieren und sich gleichzeitig mit dem Land zu verbinden und es zu pflegen.«[332]

Die von der Regierung Kubas so genannte ›Sonderperiode in Friedenszeiten‹, in der der Staat mit plötzlicher Nahrungsmittelknappheit konfrontiert war, als er aufgrund des Zusammenbruchs der Sowjetunion und eines US-Embargos keinen Zugang zu Erdöl mehr hatte, zeigt, wie schnell sich die städtische Bevölkerung auf Selbstversorgung umstellen kann. In diesem Fall durch die explosionsartige Ausbreitung von städtischen und vorstädtischen Gärten, die von gewöhnlichen Leuten mit Handwerkzeugen und einfachen Techniken bepflanzt und gepflegt werden. Obwohl der kubanische Staat das Phänomen unterstützte, war es dezentraler Natur und einige, die diesen Moment erlebten, erzählten mir, dass die Regierung sich hauptsächlich heraushielt und den Gemeinschaften die Selbstorganisation erlaubte. Tatsächlich gibt es wenige Hinweise darauf, dass eine Regierung in der Lage wäre, eine so grundlegende Transformation in so kurzer Zeit zu organisieren.

Auch städtische Aufforstung ist eine wichtige Maßnahme, die wir in Betracht ziehen sollten. Während staatliche Programme dazu neigen, sich auf Zierbäume zu konzentrieren und die Schaffung von frei verfügbaren, gemeinschaftlich genutzten essbaren Pflanzen aktiv vermeiden, können von Anwohner*innen initiierte Bemühungen die Pflanzung auf eine Art und Weise durchführen, die gleichzeitig CO_2 bindet, die Umweltverschmutzung und die Erwärmung der Städte verringert, eigenständig für Nahrungsmittelsicherheit sorgt und Städte in Lebensräume verwandelt, die für Menschen und andere Arten gesund sein können.

Ein kleinstädtischer Waldgarten, irgendwo in den USA

Ich habe mit einer Person gesprochen, die in antikapitalistischen Initiativen in den USA aktiv ist, unter anderem einem Projekt welches mehr als 10 000 heimische Obstbäume und Sträucher in einigen benachbarten Kleinstädten gepflanzt hat. Weil diese Gruppenzusammenhänge wegen ihrer antikapitalistischen und ökologischen Politik mehrfach von Polizei und FBI bedroht wurden, verwende ich ein Pseudonym und nenne keinen genauen Ort.

Victor erklärt mir, wie das Projekt sich die Subventionen aus Regierungsprogrammen für kommerzielle Landwirt*innen zunutze macht, um heimische Obstbäume in großen Mengen zu kaufen und in verschiedenen Communitys zu verteilen:

> »Es ist erwähnenswert, dass die gesamte landwirtschaftliche Industrie um staatliche Subventionen herum strukturiert ist. Was das USDA [US-Landwirtschaftsministerium] finanziert, floriert garantiert, das meiste andere verkümmert. Der Staat entscheidet im Fall der Bäuer*innen, welche Betriebe leben und welche sterben müssen, und diesen Apparat und dieses Ressourcenmonopol müssen wir langsam aufbrechen, während wir ihm auch Ressourcen entziehen.
>
> Deshalb ist es auch so gravierend, dass Schwarze Landwirt*innen historisch von den Kreditprogrammen des USDA ausgeschlossen waren. In schlechten Erntejahren müssen sie die realen Kosten für ihre Löhne zahlen, während *weiße* Farmer*innen geschützt bleiben, und so haben Schwarze Farmer*innen einen großen Teil des Landes

verloren, das sie noch vor 100 Jahren besaßen. Das ist der Grund, warum es so wichtig ist, dass das USDA ›fünf agroforstwirtschaftliche Praktiken‹ anerkennt. Das sind magische Worte und sie bedeuten, dass diese Praktiken die Schleusen für Geld und Subventionen öffnen, so wie andere anerkannte landwirtschaftliche Praktiken auch. Landwirt*innen werden also dafür bezahlt, Windschutz anzupflanzen und können auch die Bäume vergünstigt erwerben. Die meisten von ihnen entscheiden sich für große Laubhölzer, die sie als Investitionen für die spätere Holzernte pflanzen, aber das schafft für uns einen Hebel, um Ressourcen aus diesem System herauszuziehen und unsere eigenen Reserven für den kooperativen Anbau und die zukünftige Pflanzenzucht und -verteilung zu schaffen.

Auf unserer Artenliste stehen Papaya, Amerikanische Wildpflaume, Haselnuss, Amerikanische Persimone, Holunder, Aronia und Virginische Traubenkirsche. Sie werden alle über Subventionen zur Verfügung gestellt, sind aber nur selten dazu bestimmt, in ausreichender Dichte für die menschliche Ernährung oder die Produktion von Arzneimitteln angepflanzt zu werden, sondern werden in der Regel angepflanzt, um eine der anderen fünf anerkannten agroforstwirtschaftlichen Praktiken zu erfüllen, wie z. B. das Pflanzen von Ufergehölzen. Außerdem bestellen wir winterharte Beeren wie Johannisbeeren und Stachelbeeren in großen Mengen bei kommerziellen Anbietern und wählen Bäume wie die Felsenbirne bei befreundeten Baumschulen aus. Außerdem bitten wir diese befreundeten Baumschulen um Spenden – eine Möglichkeit für jene, die den Schritt zurück aufs Land bereits gemacht haben, ihre organisierte Komplizenschaft zum Ausdruck zu bringen – und in diesem Jahr haben wir Maulbeeren, Heidelbeeren, Brombeeren, Feigen und Kastanien als Spenden erhalten.

Wir haben uns langsam ausgebreitet und mehr Stadtteile einbezogen, da sie um Teilnahme gebeten haben, aber wir organisieren uns jedes Jahr in den Vierteln, in denen wir auch andere autonome Organisierung vorantreiben. Ich denke, das Projekt konnte in einigen bestimmten Nachbarschaften erfolgreich einen kollektiven Geist schaffen und in anderen nicht. Wir geben den Menschen die

Möglichkeit, Bäume mitzunehmen, um sie selbst zu pflanzen, Hilfe zu erhalten oder Bäume für die Planung von Pflanzungen in der Nachbarschaft zu verwenden. In jeder der Nachbarschaften gab es wenigstens eine dieser kollektiven Pflanzaktionen. Zwei dieser Nachbarschaften scheinen wirklich Inspiration im gemeinschaftlichen Pflanzen von Bäumen gefunden zu haben. Die eine ist eine Nachbarschaft mit Sozialbauten und die andere eine, in der vor allem lateinamerikanische Migrant*innen leben, die daran gewöhnt sind, ihr eigenes Essen anzubauen und Wohngebiete und landwirtschaftliche Gebiete zu vermischen.

Als wir die Pflanzungen auf weitere Stadtteile ausdehnten, wurden wir auch mit Klassenunterschieden – und, wenn auch relativ geringen, Einkommensunterschieden – zwischen den Gebieten konfrontiert. Daraus ergaben sich Probleme bei der Verteilung der Ressourcen, die aus einer autonomen Perspektive nicht immer leicht zu lösen sind, insbesondere im Hinblick auf Bäume, die knapp sind oder sich für bestimmte Orte besonders eignen.

Bislang haben nur die Beerensträucher Früchte getragen, aber wenn die Obstbäume erst einmal so weit sind, wird sich das Blatt wenden und viele Menschen aus der Arbeiter*innenklasse werden freien Zugang zu einer großen Menge an frischem Obst und Nüssen haben. Eine der Herausforderungen, vor denen wir stehen, ist die Wiederherstellung der Vertrautheit mit einigen der einheimischen Pflanzen, die von den Kolonisator*innen nie für die kommerzielle Nahrungsmittelproduktion genutzt wurden. Einige dieser nicht kommerziell genutzten Früchte sind roh köstlich, wie z. B. die Papaya, können aber nicht verkauft werden, da sie zu empfindlich sind, um sie in den Handel zu bringen, und eignen sich daher perfekt für den Verzehr vor Ort. Andere jedoch werden am besten verarbeitet genossen, wie die sogenannte Virginische Traubenkirsche. Die Leute der First Nations kennen viele Arten, Früchte wie diese zu verarbeiten, und so haben wir recherchiert und die angemessenen Wege diskutiert, auf diese Methoden zurückzugreifen.«

Eine solche Initiative kann sich stark vergrößern, wenn nur einige wenige Aktive in einer Region oder einer kleinen Stadt das Modell übernehmen. Über ein ganzes Land verteilt kann eine solche Praxis Mengen an Bäumen pflanzen, die signifikanten Einfluss auf die Erdatmosphäre haben. Anders als staatlich gelenkte Initiativen gibt es eine solide Gewissheit, dass sich jemand um die Bäume kümmert und sie tatsächlich alt genug werden, um Früchte zu tragen. Damit beschleunigen sie den Prozess des Aufbaus von Gemeinschaften und des Commonings, der für Arbeiter*innen und arme Menschen notwendig sein wird, um der ökologischen Krise mit Resilienz zu begegnen. Sie verbessert die Lebensqualität für Menschen aus den unteren Klassen und schafft stärkere Beziehungen zu den Orten. Auch sind sie ein wirksamer Hebel im Widerstand gegen die Vorstellung von Privateigentum, die von Immobilienentwickler*innen und Spekulant*innen vertreten wird. Somit ermöglicht es einem größeren geografischen Gebiet – auch kleinen Städten oder weniger dicht besiedelten Großstädten –, eine bedeutende Rolle bei der Abscheidung und Speicherung von Kohlenstoffdioxid zu spielen. Dies ist eine präventive Meuterei gegen die bevorstehenden Pläne der Technokrat*innen, einen großen Teil des ländlichen Raums in Opferzonen für die CO_2-Abscheidung zu verwandeln, damit das Leben in den Städten mit minimalen Veränderungen weitergehen kann.

Autonome Graswurzelprojekte zur Vitalisierung urbaner Lebensräume können Ausgangspunkt für kraftvollen Widerstand gegen kommerzielle Versuche zur Restrukturierung von Stadtteilen im Interesse des kapitalistischen Profits und der Stadtplanung von oben sein.

Vallcarca ist ein Viertel in der Peripherie Barcelonas, früher ein unabhängiges Dorf, das zum Schauplatz für einen besonders komplexen Widerstand geworden ist. Dort kommen *assemblees llibertàries* (anarchistische Versammlungen) mit Nachbarschaftsprojekten und selbstorganisierten kommunalen Räumen zusammen. 2002 hatten Stadtplaner*innen Vallcarca als Opferzone für eine Autobahnerweiterung vorgesehen, die den gesamten Kern der Altstadt zerstört hätte. Spekulant*innen kauften, räumten und zerstörten Immobilien im Zentrum des Viertels. Anarchist*innen und andere begannen viele dieser Immobilien zu besetzen, um ihre Zerstörung zu verhindern und Nachbarschaftsinitiativen protestierten gegen die Zerstörung. In jüngster Zeit haben sich Nachbar*innen aller Art zusammengetan, um die durch den Abriss frei gewordenen Flächen zu besetzen und urbane Gärten mit Gemüsebeeten, Plätze für wichtige Traditionen wie *petanca* und *calçotades* sowie Hunderte von Obst- und Nussbäumen anzulegen. Das Netzwerk der Gärten bringt Nachbar*innen zusammen und motiviert viele weitere Menschen, sich für die Verteidigung des Viertels einzusetzen. Darüber hinaus schafft es Orte für kulturelle Veranstaltungen, Gemeinschaftlichkeit und Spiel; es ist ein erster Schritt in Richtung Lebensmittelautonomie; erhöht die Qualität des Viertels im Bezug auf Gesundheit, CO_2-Ausstoß, Schönheit und Vergnügen zugunsten der Menschen aus den unteren Klassen, die dort leben, und nicht zugunsten wohlhabender Bevölkerungsgruppen, die die Immobilienspekulant*innen anlocken wollen.

Mit wöchentlichen Blockaden des Verkehrs, der Besetzung geräumter Häuser und brachliegender Grundstücke, dem unbewilligten Anlegen von Plazas und Gärten und anderen Formen des Protests und der direkten Aktion erzwangen die Nachbar*innen 2018 eine Veränderung des offiziellen städtebaulichen Planungsvorhabens[333] – und noch viel wichtiger: Sie sorgten vor Ort für echte Veränderungen und machten wichtige Schritte in Richtung der Wiedergewinnung ihrer Macht, Entscheidungen treffen zu können und ihre Leben selbst zu organisieren.

Im benachbarten Viertel La Salut hat eine Gruppe von Nachbar*innen ein leerstehendes Grundstück besetzt, um dort einen Garten mit globalem Fokus zu erschaffen. Der Garten selbst wird zu großen Teilen von Leuten organisiert, die auf der Flucht vor den Effekten eines gewinnsüchtigen Kapitalismus Kontinente durchqueren und Grenzen überwinden mussten. Sie schufen eine Initiative innerhalb des Gartenprojekts, *La Enredadera*, ein *semillero diaspórico*, also eine Baumschule für Menschen aus der Diaspora. In den Worten einer Teilnehmer*in:

> »Viele der Menschen, die nach Barcelona migriert sind, wurden durch direkte und indirekte klimatische und landwirtschaftliche Einflüsse vertrieben, die allerdings nur grob kategorisiert werden können.

> Aus einer weitergefassten ökosystemischen Perspektive kann unsere Migration als eine Strategie der Anpassung an das Klima betrachtet werden, des Überlebens und Widerstands, mit Vorteilen für die Territorien, die wir verließen, und den Territorien, in denen wir ankamen. [...]
>
> Klimamigrant*innen haben oftmals eine tiefe Beziehung zu den von ihnen verlassenen Territorien und durchlaufen in der Regel eine schmerzhafte Trauerphase, während sie um einen Neuanfang kämpfen. Sie bewahren jedoch auch wertvolles Wissen über Lebensweisen im Wandel, Resilienz und Anpassungsfähigkeit.«

Zusammenfassend lässt sich sagen, dass La Enredadera eine Antwort auf die Frage gibt, »wie wir das Konzept der globalen Klimagerechtigkeit auf lokaler Ebene verankern können«, indem sie »die Werkzeuge des Dokumentarfilms, der Kulturgeografie und der agrarökologischen Gestaltung« in Zusammenarbeit mit dem übrigen Gartenprojekt einsetzen.

Obwohl die Gärtner*innen von Anfang an einen versöhnlicheren Ansatz gegenüber der Stadtverwaltung verfolgten und Wert auf den Dialog legten, wurden sie schließlich von der progressiven Verwaltung von ihrer ursprünglichen Fläche geräumt. Ohne – wie es ihnen versichert wurde – einen alternativen Ort zu erhalten. Um einen neuen Ort zu haben und ihr Projekt fortsetzen zu können, musste die Gruppe ein hochpreisiges Baugrundstück besetzen, um die Regierung zur Einhaltung ihrer Versprechen zu zwingen. Es sei darauf hingewiesen, dass es sich um eine linke Regierung handelte, die gerne Fototermine wahrnahm, um sich mit ihrem ›Multikulturalismus‹ oder ›grünen Urbanismus‹ zu schmücken.

La Enredadera macht die Zusammenhänge zwischen Migration, Kolonialismus, ökologischer Krise und städtischem Widerstand und Besetzungen deutlich. Angesichts der zunehmenden Verflechtung von Migration und ökologischer Krise verdienen auch Initiativen, die sich auf die Gewinnung von Wohnraum für und durch Menschen ohne Papiere konzentrieren, zentrale Aufmerksamkeit. Auch in diesem

Bereich zeigen antikapitalistische Bewegungen mit direkten Aktionen, wo es langgeht.

In ganz Katalonien gibt es zahlreiche Initiativen von Menschen ohne Papiere und ihren Mitstreiter*innen, die leerstehende Lagerhäuser besetzen, um großen Gruppen Wohnraum zu bieten. Es gibt zahlreiche besetzte soziale Zentren, die mit der anarchistischen Bewegung verbunden sind, in denen auch Migrant*innen leben. Und es gibt mehrere Initiativen zur beruflichen Selbstständigkeit von Menschen ohne Papiere, von der Herstellung und dem Verkauf handgefertigter Taschen bis hin zum Kochen für Veranstaltungen, die Teil von antikapitalistischen Netzwerken und Bewegungen sind.

Auf Gran Canaria, einer von Spanien besetzten Insel des westafrikanischen Archipels, die die höchste Armutsrate im gesamten spanischen Staat aufweist, sind solche Initiativen von größerer Bedeutung. Die Kanarischen Inseln sind außerdem einer der wichtigsten Ort für die Einreise afrikanischer Migrant*innen in die Europäische Union. Die *Federación Anarquista de Gran Canaria* (FAGC) hat mehrere Häuserblocks besetzt und ganze autonome Viertel etabliert, in denen das alltägliche Überleben der unteren Klassen organisiert wird, ob mit oder ohne Papiere. In Zusammenarbeit mit der Schwesterorganisation *Sindicato de Inquilinos* (Mieter*innenvereinigung von Gran Canaria) stoppen sie jedes Jahr Hunderte von Zwangsräumungen und haben zahlreiche Häuser besetzt, um ›sozialisierten‹ Wohnraum zu schaffen, d.h. freien und selbstorganisierten Wohnraum, der sowohl von der Ausbeutung durch die Vermieter*innen als auch von der Demütigung durch die Regierungsbürokrat*innen befreit ist. Während diese Zeilen geschrieben werden, leben tausend Menschen in Sozialwohnungen dieser beiden Organisationen, und Tausende weitere haben dank der Blockade von Räumungen weiterhin Zugang zu kapitalistischen Wohnraum. Einige dieser sozialisierten Wohneinheiten sind kollektiv oder gemeinschaftlich, von einem besetzten Hotel bis zu *La Esperanza*, einer selbstorganisierten Gemeinschaft mit 76 Familien und mehr als 200 Personen. Zwei weitere Projekte, *Las Masías* und *El Refugio II*, bieten Wohnraum für rund 100 bzw. 150 Migrant*innen, denen eine juristische Verfolgung droht, während *El Nido*, eine besetzte Schule, als Zufluchtsort für Frauen dient, die vor häuslicher Gewalt fliehen. Die FAGC hat außerdem große landwirtschaftliche Flächen auf der Insel für autonome Lebensmittelherstellung besetzt und stellt ein rechtliches Beratungsangebot für Arbeiter*innen. Die meisten, die diesen Service nutzen, sind informelle Arbeiter*innen, eingeschlossen Sexarbeiter*innen, die sexistische und transphobe Gewalt erlebt haben.

Ihre Methoden haben sich als so wirksam herausgestellt, dass Sozialarbeiter*innen der Regierung auf der Insel Arbeitslosen und Menschen mit geringem Einkommen, die eine Wohnung, Lebensmittelhilfe oder andere Ressourcen suchen, oft raten, »zu den Anarchisten zu gehen«.[334] Schon jetzt übertreffen diese Aktivitäten den Umfang und sicherlich auch die Qualität der staatlichen Hilfsmaßnahmen. Das größte Hindernis einer weiteren Ausbreitung ist kein interner Mangel dieser Art von Organisation. Wir können im Gegenteil zwei externe Faktoren identifizieren. Der Erste ist staatliche Repression. Einer der aktivsten Organisator*innen des FAGC wurde von der Polizei verhaftet, gefoltert und dann, wie in solchen Fällen üblich, von der Polizei fälschlicherweise beschuldigt, sie angegriffen zu haben. Er erwartet gerade sein Gerichtsverfahren.

Die andere Einschränkung besteht darin, dass eine solche Praxis eine Organisation von unten erfordert, was mit einem Verlust der Kontrolle für professionelle Aktivist*innen einhergeht. Ähnliche Initiativen, die von und für Wohnungslose organisiert werden und sich auf Proteste, Blockaden und Besetzungen stützen, wobei Migrant*innen häufig eine führende Rolle spielen, sind im gesamten spanischen Staat aktiv, darunter die *Plataforma de Afectadas por la Hipoteca* (Plattform der von Hypothekenschulden Betroffenen, PAH), über die in zahlreichen Artikeln in englischsprachigen Medien berichtet wurde. In Schlüsselmomenten haben Aktivist*innen aus der Mittelschicht jedoch bewiesen, dass sie in der Lage sind, ihre Position innerhalb der Bewegung einzusetzen und eine Entwicklung hin zu stärkeren, ausgeweiteteren Taktiken wie Mietstreiks zu verhindern. Diese würden die dem Kapitalismus zugrunde liegenden Eigentumsverhältnisse infrage stellen und das Ideal verwirklichen, *dass Häuser denen gehören,* *die darin wohnen.* Die Tendenz des reformistischen Aktivismus, sich auf ein einziges Thema zu konzentrieren, verhindert auch, dass sich solche Bewegungen unkontrolliert ausbreiten, was sie aber tun müssen, um tatsächlich und wirksam gegen global vernetzte Systeme der Ausbeutung und Unterdrückung vorzugehen.

Auch in Griechenland, einem anderen wichtigen Ankunftsland für Migrant*innen in der Festung Europa, hat es inspirierende Initiativen gegeben, die Wohnraum und andere überlebenswichtige Dinge organisierte haben. Zehntausende Geflüchtete aus Syrien, Afghanistan und Dutzenden anderen Ländern arbeiten eng mit Anarchist*innen und anderen autonomen Initiativen zusammen, besetzen ganze Hotels und verlassene Gebäude zur Schaffung menschenwürdiger Unterkünfte in Athen, Thessaloniki und anderen Städten.[335] Die Besetzungen werden von den Bewohner*innen selbst organisiert und viele von ihnen verweigern die Zusammenarbeit mit Mitarbeiter*innen von NGOs und direkten Repräsentant*innen des Staates. Sie betreiben außerdem Cafeterien und Kliniken, bieten Sprachkurse, Kinderbetreuung und andere Aktivitäten an.

Einige der Besetzungen haben Wartelisten mit Tausenden von Menschen, die auf einen Platz hoffen. Im Gegensatz dazu können die Lager, die von der Regierung betrieben und von NGOs verwaltet werden, nicht anders genannt werden als zerstörerische Internierungslager, in denen Menschen unter unhygienischen Bedingungen in verrottenden Zelten oder Baracken leben. Die Verpflegung ist minderwertig und manchmal mit Maden verseucht, im Winter kommt es zu Erfrierungen und das ganze Jahr über zu zahllosen Misshandlungen.[336]

Die progressive Syriza-Regierung hatte wenig Sympathien für die radikalen Bewegungen, weil sie die Komplizenschaft der Partei mit dem ›Business as usual‹ vor Augen führten. Sie ließ mehrere migrantische Besetzungen räumen und versuchte die Bewegung im Allgemeinen zu schwächen.[337]

Angesichts der Repressionswelle 2017 stellte sich die Bewegung der Herausforderung und bewies, dass Prinzipien wie Solidarität, gegenseitige Hilfe und Selbstorganisation nicht bloß nette Ideen sind und in Momenten der Krise ein effektives Ausmaß annehmen können.

Ganz im Gegensatz zu den NGOs und progressiven politischen Parteien, die buchstäblich *zum Problem wurden*, und im Gegensatz zum Chor der Akademiker∗innen im Globalen Norden, die das alte Spiel der Infantilisierung anarchistischer politischer Aktionen betreiben, aber de facto Angesichts der Krise des Wohnraums und des Grenzregimes nichts Praktikables vorzuweisen haben. Anarchist∗innen und andere Mitstreiter∗innen besetzten den Hauptsitz der Regierungspartei, die selbstverwaltete Fabrik Vio.Me eröffnete »ein Lagerhaus für die Sammlung, Lagerung und den Transport von grundlegenden Gütern wie Kleidung, Hygieneartikeln und Babynahrung, die von Solidaritätskollektiven aus ganz Griechenland und Europa gesammelt wurden, bevor sie an der Grenze von Eidomeni an die Geflüchteten verteilt wurden«, Tausende von Menschen luden die Schwächsten unter den Geflüchteten in ihre Häuser ein, und Seite an Seite eröffneten Migrant∗innen und griechische Radikale die nächste Generation von besetzten Häusern.[338]

Wie so oft ebnete das Versagen der institutionellen Linken, das darin bestand, entweder die sozialen Forderungen zu befriedigen oder die *Ordnung wiederherzustellen*, den konservativen Parteien den Weg, denen sich so die Gelegenheit bot, immer weiter nach rechts zu rücken. Als die Nea Demokratia[339] 2019 wieder an die Macht kam, erklärte sie den sich selbst organisierenden Migrant∗innen und der anarchistischen Bewegung im Allgemeinen den offenen Krieg, räumte zahlreiche besetzte Häuser mit schwer bewaffneten Polizeieinheiten und schickte Menschen ohne Papiere zum Schlafen auf die Straße oder in das System der staatlichen Gulags.

In gewisser Hinsicht dürfen arme Menschen nirgendwo zu Hause sein, ob mit oder ohne Papiere, und überall auf der Welt tobt der Kampf um das Recht auf Stadt. In den ärmeren Ländern des Globalen Südens kann der Ausgang dieses Kampfes oft darüber entscheiden, ob die Menschen überhaupt auswandern müssen oder ob sie die kollektive Kraft aufbringen können, um sich ein Zuhause zu schaffen.

Abahlali baseMjondolo, deren Name in Zulu »Menschen, die in Hütten wohnen« bedeutet, ist eine »radikaldemokratische und nicht professionalisierte Graswurzelbewegung von Hüttenbewohner∗innen« in

Durban, Pinetown, Pietermaritzburg und anderen Teilen des Westkaps in Südafrika. Die Bewegung entstand 2005 aus Straßenblockaden und Landbesetzungen, die von armen Hüttenbewohner∗innen in Durban durchgeführt wurden. Sie lehnen eine Beteiligung »an der Parteipolitik oder an einer Professionalisierung oder Individualisierung des Kampfes im Stil von NGOs« ab.

> »Seit der Straßenblockade von 2005 ist die Mitgliedschaft der Bewegung von der gesamten Bevölkerung der 6000-Seelen-Siedlung Kennedy Road bis zu dem Punkt angewachsen, an dem ganze Siedlungen dafür gestimmt haben, sich Abahlali kollektiv anzuschließen und sich unabhängig von der staatlichen Politik zu verwalten. Außerdem gibt es 23 ähnliche Organisationen in anderen Siedlungen, die nicht kollektiv mit Abahlali verbunden sind, aber unabhängige politische Aktivitäten ermöglichen.
>
> Das bedeutet, dass rund 30 000 Menschen direkt und formal mit der Bewegung verbunden, aber noch viele mehr von ihr inspiriert sind.
>
> [...] Die Bewegung arbeitet außerdem mit Straßenhändler∗innen zusammen und hat drei weitere Zweigstellen von Straßenhändler∗innen, von denen alle in Pinetown sind. Es gibt weitere Mitglieder in zwei Gegenden in Pinetown, in denen die Menschen eher in minderwertigen Häusern als in Hütten leben und die der Bewegung beigetreten sind, weil ihre Gemeinden an Abahlali-Hüttensiedlungen grenzen und sie mit diesen vertraut sind.
>
> Die Bewegung ist multiethnisch, multi-*racial* und multinational und arbeitet nach dem Prinzip, dass jede∗r, die in einer Siedlung lebt, als dieser Siedlung zugehörig angesehen wird und das volle Recht hat, am politischen Leben dieser Siedlung teilzunehmen, unabhängig von ihrer Herkunft.«[340]

Abahlali hat für den Zugang zu Wohnraum und Land, Bildung und Kinderbetreuung, Elektrifizierung, Wasser und sanitäre Anlagen gekämpft. Sie haben »vierteljährlich nächtelange Musik-, Poesie- und Theaterabende veranstaltet, eine Fußball-Liga mit 16 Teams organisiert, HIV/AIDS-Behandlung angeboten« und sie haben auch

Beziehungen der internationalen Solidarität »zur Unterstützung von Hüttenbewohner*innen in Simbabwe und Haiti« aufgebaut. Eines ihrer Hauptziele ist es, »dass die Leute die Kontrolle über Entscheidungen zurückgewinnen, die arme Gemeinden betreffen«. Damit haben sie sich direkt gegen den »Autoritarismus der Regierung, der Wirtschaft und einiger linker NGOs mit avantgardistischen Wahnvorstellungen« gestellt. Aufgrund ihrer Aktivitäten und ihrer Unabhängigkeit von den herrschenden Institutionen wurden ihre Leute und Aktionen wiederholt von der Polizei angegriffen, manchmal mit stillschweigender Unterstützung von auf Armut spezialisierten NGOs.

Urban Gardening ist in den Siedlungen Südafrikas weit verbreitet, ebenso wie in den informellen Städten des gesamten Globalen Südens, in denen zusammengenommen circa eine Milliarde Menschen leben. Aufgrund des Konzepts der Entwicklungshilfe sind diese Gärten mit einer Reihe von Problemen konfrontiert, die mit der anhaltenden kolonialen Dynamik zusammenhängen. Viele Bewohner*innen dieser verarmten, selbst errichteten und weitgehend selbstbestimmten städtischen Gebiete sind erst kürzlich von ländlichen Gebieten vertrieben oder umgesiedelt worden, weil eine Kombination aus kapitalistischem und staatlichem Druck das Leben dort immer weniger erträglich und wünschenswert macht. Die urbane Landwirtschaft ist jedoch nicht gerade eine Fortsetzung der ländlichen, es gibt große Unterschiede bei den erforderlichen Techniken und der weltweite Druck, der die kleinbäuerliche Landwirtschaft als etwas Rückständiges ausweist, das es zu überwinden gilt, ist sehr groß. Im Globalen Norden wie im Globalen Süden wird urbane Landwirtschaft als Überlebensstrategie praktiziert, wenn die Versorgung mit Lebensmitteln unsicherer wird, und bleibt oft bestehen und breitet sich aus, wenn die Menschen ihre vielen sozialen und ökologischen Vorteile erkennen.

*»Viele nationale und lokale Regierungen in Afrika südlich der Sahara haben sich gegen [urbane Landwirtschaft] gewehrt und städtische Bäuer*innen sind häufig den Schikanen durch Verwaltung und Polizei ausgesetzt.«* Menschen, die versuchen, sich zu ernähren, ihre Lebensqualität zu verbessern und traditionelle Essenskulturen an ihre neue Umgebung anzupassen, werden mit militarisierten Hygienediskursen konfrontiert. Damit

wird signalisiert, welche Lebensweisen nachgeahmt werden sollten und welche ein Hindernis oder eine Bedrohung darstellen. »Die urbane Landwirtschaft vermittelt den lokalen Eliten und internationalen Beobachter*innen den Eindruck, dass die Stadt nach wie vor ›unmodern‹, ›unzivilisiert‹, ›unkontrolliert‹ und ›unterentwickelt‹ ist [...] In dieser Rhetorik lässt sich eine Form des Anti-Afrikanismus erkennen.[341]

Die Notwendigkeit, Städte in Umgebungen zu verwandeln, in denen es reichlich Nahrung gibt, und ihre Existenz als unfruchtbare Orte der Akkumulation, die das Land verwüsten, in denen die ärmeren Klassen besonders anfällig für Unterernährung sind und es nur wenige Nischen für andere Arten gibt, zu beenden, stößt hier auf ein Hindernis. Und dennoch sind diese Grenzen nicht rein materiell. Eines der Haupthindernisse ist der Begriff des Fortschritts selbst, der untrennbar mit dem Kolonialismus und dem Eurozentrismus verbunden ist. Faranak Miraftab macht, inspiriert von Frantz Fanon[342], auf die koloniale Imagination von Städteplaner*innen aufmerksam und bestreitet »die Annahme, dass jeder Plan und jede Regelung auf Modernisierung beharren muss. Diese mentale Dekolonisierung setzt voraus, dass man erkennt, wie das Ideal der westlichen Stadt historisch in der Kolonialzeit eingesetzt wurde und nun in der neoliberalen Ära eingesetzt wird, um ein bestimmtes Paradigma der Entwicklung und Kapitalakkumulation zu fördern. Ein Kollektiv von Entwickler*innen, Planer*innen, Architekt*innen und Politiker*innen sowie eine mächtige Marketing- und Imageindustrie haben die westliche Stadt als Objekt der Begierde vorangetrieben.«[343]

Auf mehr Seiten oder in einem zweibändigen Buch könnte ich autonome Technologien vorstellen, die direkt von den Bewohner*innen von Städten entwickelt wurden, wie z.B. die Regenwasserfilterung und die biologische Reinigung von Grauwasser, die in dem anarchistischen sozialen Zentrum *Casa de Lagartixa Preta* in Santo André, Brasilien, entwickelt wurden, oder Bienenhabitate und Dachgärten, die von Den Haag bis Detroit kultiviert werden. Stattdessen habe ich mich dafür entschieden, mich nicht auf die besonderen Technologien zu konzentrieren, die die Umgestaltung unserer Städte begleiten werden, sondern auf die Auseinandersetzungen darüber, wer den Raum kontrolliert. Ich habe keinen Zweifel daran, dass wir all die erstaunlichen Innovationen, die auf der ganzen Welt entwickelt wurden, in dem Moment einsetzen können, in dem unsere Viertel uns gehören.

Der Punkt ist, dass die Technologien zur Umwandlung von Städten in gesunde Lebensräume bereits existieren. Es mangelt nicht an Erfinder*innen, sondern an der Kontrolle über unser eigenes Leben und unsere Lebensräume. Solange wir nicht in der Lage sind, unsere Viertel direkt zu organisieren und umzugestalten, um unsere eigenen Bedürfnisse zu befriedigen und die Monopole zu brechen, die die Ressourcen der Welt kontrollieren – einschließlich des geistigen Eigentums – wird es zwei Arten von neuen Technologien geben: ›raubkopierte‹, autonome Erfindungen, die *in situ* entwickelt werden und das Beste aus knappen Materialien machen, oder von Fachleuten entwickelte, wohlmeinende oder nicht so wohlmeinende Technologien, die die globalen Ungleichheiten nur noch vergrößern werden.

Der Punkt ist, dass die Technologien zur Umwandlung von Städten in gesunde Lebensräume bereits existieren. Es mangelt nicht an Erfinder*innen, sondern an der Kontrolle über unser eigenes Leben und unsere Lebensräume.

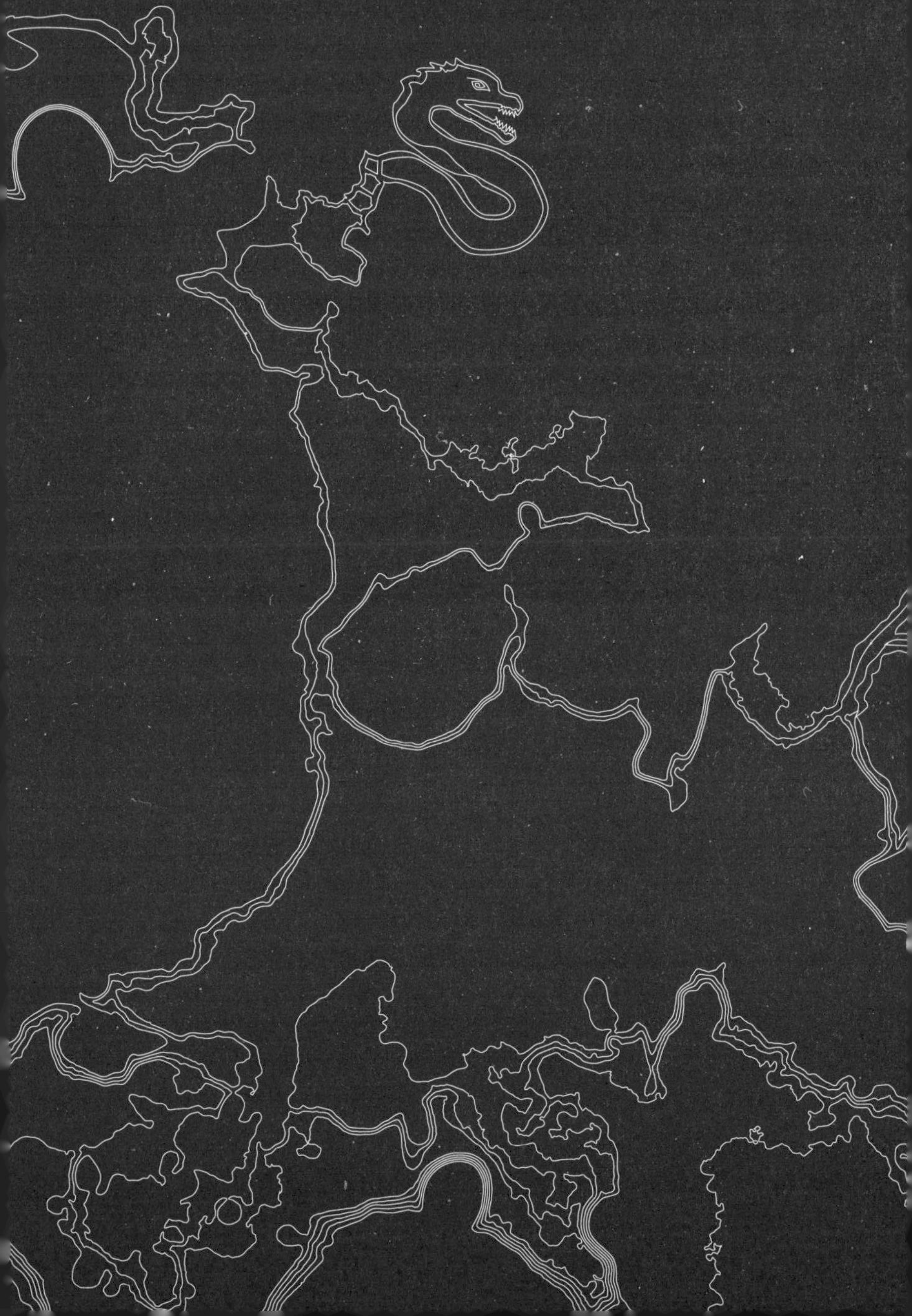

4. Vielfältige Strategien

Tausend Welten kämpfen darum, geboren zu werden: Ökosysteme der Revolte

Die Kämpfe und Initiativen, die im letzten Kapitel beschrieben wurden, sind Teil einer revolutionären Welle, die sich in beinahe jedem Land dieser Welt aufbaut. Die Beispiele, die ich gegeben habe, sind nur eine winzige Auswahl eines umfangreichen Netzwerks der Blockade, Sabotage, Zerstörung, Heilung, Kultivierung, Gestaltung, des Lernens, der Kommunikation – und die größte Hoffnung für unseren Planeten. Es ist die einzige derzeit existierende Kraft, die alle folgenden Kriterien erfüllt: eine strukturelle Unabhängigkeit von den Institutionen, die für den Ökozid und den kolonisierenden Kapitalismus verantwortlich sind; die Fähigkeit, den Staat in wesentlichen Konflikten zum Einlenken zu zwingen; Zugang zu lokalem Wissen, das für echte und intelligente Antworten auf die sich abzeichnende Klimakatastrophe notwendig ist; die Tendenz, Barrieren zu durchbrechen und ein zunehmend globales Bewusstsein zu schaffen, das das Wissen über die Verschränkung aller Formen der Unterdrückung und aller sich abzeichnenden Krisen in den Mittelpunkt stellt; Zugang zu Traditionen der Organisation und ökosozialen Beziehungen, die die Möglichkeit für eine Welt ohne Kapitalismus und ohne Ökozid eröffnen.

Bitte missversteht meinen leidenschaftlichen Bericht nicht als Optimismus. Es ist immer noch ein Kampf David gegen Goliath, und wenn wir die ökologische Krise wie eine Wette in einem Casino angehen würden – wie es zum Beispiel die Ökonom*innen tun –, dann wäre unser Geld klüger angelegt, wenn wir auf die Kräfte der Apokalypse setzten. Wenn wir jedoch unser Leben aufs Spiel setzen – und es steht bereits auf dem Spiel, ob wir es schon erkannt haben oder nicht –, ist dieses bunte Netzwerk von Außenseiter*innen unsere größte Hoffnung. Alle anderen Vorschläge zur Bewältigung der ökologischen Krise sind eine weitere Variante der Strategie, bei der David zum Schildträger von Goliath wird, in der Hoffnung, Goliath würde irgendwann doch seinen Speer zum Guten einsetzen.

Welche Ein- und Beschränkungen hat diese revolutionären Welle? Die primäre externe Beschränkung ist, wie wir gesehen haben, die Aufstandsbekämpfung, die gegen uns geführt wird: von den Momenten harter Repression – all die Menschen, die wir verloren haben, all die Menschen, die gegenwärtig für ihre Kämpfe im Knast sitzen – bis zur weichen Repression und dem Unsichtbarmachen unserer Positionen, an dem Mainstream-Umweltgruppen, Medien und Expert*innen, willentlich oder nicht, teilhaben. Wenn zumindest einige derjenigen, die derzeit ihre Energie darauf verwenden, Goliath zu rehabilitieren, ihre Ressourcen auf die Unterstützung dieser revolutionären Welle verlagern würden – was auch bedeuten würde, dass sie ihre beträchtlichen institutionellen Privilegien verlieren –, dann würden sich unsere Chancen erheblich verbessern. Es gibt einen Mangel an revolutionärer Vorstellungskraft und einen Mangel an Bewusstsein dafür, dass diese Bewegungen die Saat einer zukünftigen Welt sind. Im Grunde bedeutete dies, dass wir unser restliches Vertrauen in die herrschenden Institutionen aufgeben und mehr an uns selbst und die Zukunft glauben, die wir anstreben. Dies ist eine Begrenzung, die bereits innerhalb dieser Bewegungen und zwischen ihnen überwunden wird. Auch dieses Buch stellt einen kleinen Versuch in dieser Richtung dar. Diese Begrenzung ist, in anderen Worten, weder fatal noch unüberwindbar.

Es gibt eine geläufige Falschdarstellung, die benutzt wird, um das revolutionäre Potenzial dieser Welle abzutun. Sie ist ein überaus starker Ausdruck des Bedürfnisses der herrschenden Institutionen, die Organisation und Problemlösung in der gesamten Gesellschaft zu monopolisieren. Es ist die Unterstellung, dass diese Bewegungen keine Lösung anzubieten hätten, die in einem relevanten Umfang praktikabel wäre. Holly Jean Buck beispielsweise beschreibt dieses Phänomen als »reaktiv« und Naomi Klein als »Blockadia«.[344] Ich werde hier nicht darauf eingehen, ob diese Ablehnung das Ergebnis einer Fehlinterpretation von Buck ist oder auf die eingeschränkte Sichtweise zurückzuführen ist, die Klein anwendet, um Blockadia als akzeptabel darzustellen (wobei sich die Frage stellt, akzeptabel für wen). Ich will stattdessen die Beobachtung äußern, dass Expert*innen darauf trainiert werden, diejenigen zum Schweigen zu bringen, die sie erforschen. Es scheint deshalb sowohl systematisch als auch symptomatisch für die Perspektive der Expert*innen zu sein, dass sie in einem so diversen Phänomen, das vom Widerstand gegen Standing Rock bis zum Hambacher Forst reicht, etwas ›Reaktives‹ erkennen. Jedenfalls zeigt die breitere, globalere, etwas anrüchige Sicht auf den Widerstand, die ich versucht habe zu präsentieren, dass wir es hier mit etwas Intelligentem, Kreativen, Strategischen, Proaktiven und mit verdammt vielen Vorschlägen zu tun haben, die sich nicht zum Schweigen werden bringen lassen.

Die Bewegungen und Projekte, die dieses globale Netz bilden, zeichnen sich durch ihre Heterogenität, ihre Heterodoxie und ihre schlichte Weigerung aus, sich in einfache Kategorien einordnen zu lassen. Ich denke nicht, dass diese *vielköpfige Hydra* des Widerstands benannt werden sollte; letzten Endes wird ein Wesen mit tausend Köpfen tausend verschiedene Namen für sich selbst erfinden.[345] Ich möchte jedoch die gemeinsamen Merkmale so flexibel wie möglich benennen, um das zu fördern, was ich als Stärken ansehe, und um mehr Menschen dabei zu helfen, ihre eigenen Aktivitäten so umzugestalten, dass sie in der Lage sind, sich rhizomatisch mit diesem größeren Ganzen zu verbinden. Die folgenden Charakteristika sind keine festgefügten Kategorisierungen, die über Einschluss oder Ausschluss in einem abgegrenzten Phänomen bestimmen können, sondern vielmehr Spannungen, die im ganzen miteinander verwobenen Netz der Kämpfe Resonanz finden.

Territorialität

Die Beziehung zu ihrem spezifischen lokalen Territorium bildet eine wichtige Quelle für die Wirkmächtigkeit dieser Kämpfe und Projekte. Wir entwickeln unsere Praktiken und Geschichten im Dialog mit dem Territorium, sodass ›die Umwelt‹ weder bloße Umgebung, noch ein neutrales, überall gleiches Feld ist, auf welches wir unsere Ideologien übertragen.

Wenn Kämpfe in einem spezifischen Territorium verwurzelt sind, ist dies eine Gratwanderung zwischen zwei Formen der Isolation. In jedem Kampf wird es Leute geben, die sich auf ihr Territorium begrenzen, die nicht nach Gemeinsamkeiten mit anderen Kämpfen suchen oder Inspiration in ihren eigenen Erfahrungen finden, die im größeren, möglicherweise globalen Rahmen signifikant sein könnten. Auf der anderen Seite gibt es diejenigen, die von jedem Territorium entfremdet sind, selbst wenn sie sich an ›lokalem Aktivismus‹ beteiligen. Sie ziehen ideologische rote Linien für ihre Solidarität; entweder sie beschränken sie auf ihre eigene kleine Sekte, oder sie erkennen in all jenen, mit denen sie sich solidarisieren wollen, bloß die Werte ihrer Sekte wieder. Diese Menschen sind ein Teil der Vielfalt, das ist einerseits eine Komplikation in territorialen Kämpfen, andererseits zeigt es auch eine Form der Offenheit, die die Möglichkeit bietet, größere Gruppen von Menschen einzubinden.

Ökozentrismus

Während viele von denen, die Teil diese revolutionären Welle sind, die menschlichen Bedürfnisse in den Vordergrund stellen, neigen wir dazu, die Anmaßung zurückzuweisen, dass menschliche Bedürfnisse nachhaltig im Widerspruch zu ökologischen Bedürfnissen stehen, diese übertreffen oder sich von ihnen abkoppeln können. Auf der einen oder anderen Ebene stellen wir Definitionen des Menschseins in Frage oder lehnen sie ab, die aus der europäischen Aufklärung und von der Mensch/Natur-Dichotomie herrühren.

Überleben

Wir artikulieren unsere Aktivitäten im Bezug auf Situationen, die uns direkt betreffen und wir stellen diesen Kampf als Frage des Überlebens in den Mittelpunkt – unseres und das von anderen Menschen und Lebensformen, die uns wichtig sind. Eine Stimme zu haben leitet sich deshalb nicht aus Expertise oder institutioneller Legitimität ab, sondern daraus, dass man betroffen ist und sich persönlich mit dem Problem und seinen Lösungen auseinandersetzt.

Gesetzlosigkeit

Diese Projekte gehen, mehr oder weniger ausgeprägt, einen Konflikt mit etablierten gesetzlichen Regelungen ein. Einige suchen vielleicht aktiv die Subversion oder Zerstörung bestehender Regierungen, andere beanspruchen vielleicht traditionelle und indigene Rechtssysteme (die mit dem Paradigma strafender oder auf Eigentum basierender Gesetze, die in Staaten entstehen, nichts gemein haben), oder sie versuchen, so weit wie möglich unbemerkt zu bleiben oder sich an bestehende Rechtssysteme anzupassen. Sie werden aber immer die Bedürfnisse ihrer Gemeinschaft und die Bedürfnisse der Erde über die Autorität der Regierung oder angebliche Unantastbarkeit des Gesetzes stellen.

Kollektivität

Individualisierte oder atomisierte Vorstellungen des Menschen werden zugunsten von Praktiken aufgegeben, die die Beziehungen zwischen Menschen betonen und neu beleben (manchmal auch Beziehungen, die die Trennung zwischen Menschen und anderen Lebensformen aufheben). Es gibt immer ein Element des Kampfes gegen die Entfremdung, die uns von Staat und Kapitalismus aufgezwungen wird, und eine Tendenz zur gegenseitigen Hilfe und Solidarität. Das bedeutet, dass dieses Netz des Widerstands von Grund auf schöpferisch ist: Es schafft andersartige soziale Beziehungen, neue Subjektivitäten und emanzipatorische Infrastrukturen, Praktiken und Kulturen.

Heterogenität

Wie gesagt ist diese ›Bewegung der Bewegungen‹, um es mit den Zapatistas zu sagen, extrem heterogen. Das heißt, sie ist nicht einfach nur divers, sondern sie wird unentwegt Differenzen produzieren und sich keiner ideologischen oder kulturellen Einheit unterwerfen. Dieses hervorstechende Merkmal entlarvt jeden technokratischen Vorschlag für die Lösung der Krise als extrem ignorant, was wahrscheinlich der Grund dafür ist, dass die Technokrat*innen beim Entwerfen von Lösungen bestehende Bewegungen ignorieren oder unsichtbar machen. Es sollte beachtet werden, dass diese Heterogenität nicht nur eine kulturelle Präferenz des Netzwerks ist. Sie ist ein unabdingbares Merkmal seiner territorialisierten Natur. Deshalb wären Ideologien oder Traditionen des Kampfes, die einen feststehenden Namen erlangt haben, die strukturell in der Lage sind von einer Diversität statt einer Einheit der Praxis auszugehen – wie der Zapatismus oder der Anarchismus –, trotzdem niemals in der Lage, alle Varianten dieser revolutionären Welle zu integrieren. Der einzige Grund, dass diese Traditionen des Kampfes in weiten Teilen des Netzwerks toleriert und bestärkt werden, ist gerade, weil sie kein ideologisches Bedürfnis danach haben, andere zu ihrer Denkweise zu bekehren oder theoretische Einigkeit durchzusetzen.

Intersektionalität

Die Bewegungen, die an dieser Welle beteiligt sind, neigen dazu, die Begrenztheit einzelner Themen aufzubrechen und stattdessen ihre Verwobenheit mit verschiedenen Formen der Unterdrückung – und damit auch der Solidarität – zu erkennen. Diese Intersektionalität erlaubt es uns, einander zu erkennen, auch wenn wir von sehr unterschiedlichen Orten kommen und keine einheitlichen Erkennungszeichen haben. Es ist anzumerken, dass der Prozess der Anerkennung eher konfliktreich als befriedend ist – Menschen kämpfen oft darum, nach ihren eigenen Begriffen anerkannt zu werden, ein Kampf, der durch die Art und Weise, wie wir innerhalb unterdrückerischer Systeme unterschiedlich sozialisiert wurden, nicht einfacher wird –, was bedeutet, dass die Selbstdefinition von Kämpfen für die Möglichkeit der Solidarität innerhalb des Netzwerks entscheidend ist: Menschen wird implizit zugetraut, ihre eigenen Unterdrückungen zu definieren und ihre eigenen Kämpfe zu führen. Ein weiterer Todesstoß für alle Anmaßungen uniforme Lösungen anzuordnen.

Antikolonialismus

All diese Initiativen und Bewegungen existieren im Widerspruch zum Vorhaben der Entwicklung, welches die aktivste Manifestation des Kolonialismus im Zeitalter des Internationalen Währungsfonds, der Welthandelsorganisation, der Vereinten Nationen und all den mit ihnen verbundenen NGOs ist. Abgesehen von dieser gemeinsamen Ablehnung gibt es eine große Distanz zwischen vollständig antikolonialen Bewegungen; anderen Bewegungen, die den Kapitalismus als Feind identifizieren, ohne aber die Kolonisierung als historischen und fortlaufenden Prozess zu untersuchen, der integraler Bestandteil der Globalisierung des Kapitalismus ist; und sogar solchen Bewegungen, die die Sprache der Entwicklung verwenden, um an Ressourcen oder Legitimität zu gelangen. Selbst unter den erstgenannten Strömungen gibt es weltweit sehr unterschiedliche Erfahrungen mit dem Kolonialismus, aber die Heterogenität des Widerstands bedeutet, dass diese Unterschiede kein Problem darstellen müssen. Ich denke, dass die Praktiken dieser Bewegungen trotz der großen Unterschiede in Sprache und Umfang Möglichkeiten zur Gegenseitigkeit eröffnen, und dass ein umfassendes antikoloniales Bewusstsein eine Priorität ist, um ihre Schlagkraft zu erhöhen.

Bei der Verwendung dieser Begriffe, die bei Weitem nicht allgemeingültig ist, halte ich es für sinnvoll, zwischen ›dekolonial‹ und ›antikolonial‹ zu unterscheiden. ›Dekolonial‹ ist das neuste Modewort und wird inzwischen häufig in akademischen und aktivistischen Texten verwendet, die die Rückgabe von indigenem Land jedoch mit keinem Wort erwähnen und nicht einmal den Anstand haben, die Möglichkeit der Abschaffung von Siedlerstaaten, die ihre Existenz dem Kolonialismus verdanken wie die Vereinigten Staaten oder Kanada, auch nur anzudeuten. Was genau soll Dekolonisierung bedeuten, wenn die Institutionen und Methoden des Kolonialismus Bestandsschutz haben und als ewig gültig akzeptiert werden? Die Unterscheidung, die ich machen würde, ist zwischen Bewegungen, die nach Versöhnung und Befriedung streben, und denjenigen, die die Kräfte zerstören wollen, die als universell akzeptiert wurden. Die letzteren Bewegungen machen Hoffnung auf einen Sieg, der einige der Niederlagen der letzten 500 Jahre revidieren wird (oder 2000 Jahre, oder länger, je nachdem, welches Territorium wir betrachten).

Autonomie

Die Menschen, die dieses internationale Netzwerk bilden, versuchen vielleicht aktiv den Staat zu stürzen oder zu zerstören, oder sie suchen nach etwas Bewegungsspielraum angesichts staatlicher Repression, um ihre Aktivitäten ausüben zu können; einige unterstützen vielleicht sogar alternative Regierungen, die möglicherweise das Ausmaß der Repression reduzieren. Wir glauben vielleicht, der Kampf gegen den Staat sei zentral für unsere Kämpfe, oder das der Staat verschwindet, sobald die Leute etwas mehr ökonomische Unabhängigkeit erreichen. Vielleicht verweigern wir jeden Kontakt mit dem Staat oder aber wir versuchen Zugang zu den Ressourcen des Staates zu bekommen. Was auch immer der Fall ist, die generelle Praxis der Autonomie ist, was es uns erlaubt zusammenzuarbeiten und ein zusammenhängendes Netz zu formen. Autonomie bedeutet, dass wir unsere eigenen Regeln machen, wir treffen unsere eigenen Entscheidungen, unabhängig von jeder Partei oder Regierung. Woher auch immer unsere Ressourcen kommen, wir treffen die finale Entscheidung darüber, wie diese Ressourcen benutzt werden und wir praktizieren Selbstorganisation und vermeiden die Zentralisierung der Bewegung.

Wenn ein Teil dieser Bewegungen eine Beziehung zu einer politischen Partei oder einer Regierung unterhält, achtet er darauf, dass diese Beziehung die Tätigkeit in der Bewegung nicht beeinflusst oder zu einem Druckmittel wird, mit dem die Regierung oder die Partei Einfluss auf die Bewegung ausüben können; wenn er einen dieser Mindeststandards nicht einhält, wird dies vom Rest der Bewegung weithin als Bruch der Solidarität angesehen. Ohne Autonomie ist es unmöglich, eine Bewegung der Bewegungen zu erschaffen, eine Welt in der tausend Welten florieren können.

Besonders diese letzten beiden Charakteristika – Antikolonialismus und Autonomie – sind Gegenstand wesentlicher strategischer Debatten. Ich bin in diesen Debatten sehr parteiisch und der festen Überzeugung, dass die Verbreitung der Praktiken des Antikolonialismus und der Autonomie, mehr oder weniger wie ich sie beschrieben habe, aber sicherlich ohne jeden doktrinären Konsens, von entscheidender

Bedeutung ist, um das revolutionäre Potenzial unserer vernetzten Bewegungen zu erhöhen.

Das Konzept der Autonomie hat einen besonderen Vorteil. Sie ist häufig der politische Bezugspunkt für bäuerliche und indigene Kämpfe,[346] sowie für urbane Hausbesetzungen und subkulturelle Bewegungen.[347] Die Rebellion in Oaxaca 2006, die fünf Monate lang in einem großen Teil des südlichen mexikanischen Bundesstaates eine große Zone staatenloser Selbstorganisation schuf, stützte sich in ihren Organisationsstrukturen stark auf indigene Traditionen. Durch das Konzept föderierter Versammlungen konnten alle, Gewerkschafter*innen und Bäuer*innen, Indigene und *mestizos*, Landarbeiter*innen und Stadtbewohner*innen, Anarchist*innen und Marxist*innen, zusammenarbeiten.

Immer häufiger kommt es vor, dass berühmte Autor*innen und grüne Akademiker*innen den sozialen Bewegungen ihr Lob aussprechen, indem sie behaupten, sie seien eine notwendige Ergänzung zum politischen Wandel. Dies erlaubt es ihnen anzuerkennen, dass die herrschenden politischen Institutionen eine schreckliche Erfolgsbilanz haben, wenn es darum geht, soziale und ökologische Probleme zu lösen – ohne dabei jedoch so radikal zu sein, dass sie die politischen Institutionen selbst als Ursache des Problems identifizieren. Sie vermeiden sehr diplomatisch jede historische Analyse davon, wie die Beziehung zwischen dem Staat und den sozialen Bewegungen immer endet.

In ihrem Bestseller *Warum nur ein Green New Deal unseren Planeten retten kann* hat Naomi Klein eine Rede abgedruckt, die sie 2017 vor der Labour Party Großbritanniens gehalten hat, als Jeremy Corbyn den Parteivorsitz innehatte. In dieser Rede drängt sie auf eine enge Beziehung zwischen der Partei und den sozialen Bewegungen und behauptet, »dass diese Bewegungen durchaus profitieren können, wenn sie sich in den Wahlkampf einmischen«, obwohl sie dazu bemerkenswert wenig ins Detail geht.[348] Wir mussten nicht lange warten, um zu sehen, wie diese Wette letztlich ausgegangen ist. Corbyns eigene Partei sabotierte seine progressive Agenda und stellte sicher, dass die einzigen Wahlmöglichkeiten rechts oder zentristisch waren.

Obwohl ich Anarchist bin, habe ich nie eine dogmatische Position gegen das Wählen eingenommen. Wichtig ist, was wir in all den Tausenden anderen Stunden des Jahres machen. Der Grund warum ich heute Leute davor warne, sich mit Wahlpolitik zu befassen, ist, dass ich ihre Konsequenzen beobachtet habe: Ein klares Muster zeichnet sich ab, von der Corbyn-Kampagne in Großbritannien zur Sanders-Kampagne in den USA, über das Austeritätsreferendum in Griechenland bis zum Unabhängigkeitsreferendum in Katalonien, den Sieg der MAS[349] in Bolivien zum Verfassungsreferendum in Chile. Abgesehen von der immensen Energie und den Ressourcen, die in diesen Kampagnen vergeudet werden, um eine Abstimmung zu beeinflussen anstatt Infrastrukturen für die kämpfenden Gemeinschaften aufzubauen, gibt es ein klares psychologisches Ergebnis: Jedes Mal, wenn sie verloren haben - und noch mehr, wenn sie gewonnen haben -, wurden daraufhin resiliente Bewegungen, die diese Wahlkampagnen mit der Rechtfertigung der Dringlichkeit oder des reformistischen Wandels unterstützt haben, müde, ausgebrannt und demobilisiert. Es ist, als hätte der symbolische Akt des Wählens ein sehr reales psychologisches Gewicht, als würden wir unsere Hoffnungen in eine Maschinerie einspeisen, die uns unweigerlich enttäuschen wird. Politische Parteien sind skrupellos darin, soziale Bewegungen auszuschlachten und ihnen alle Kraft auszusaugen. Selbst in Ländern, in denen ein wahlpolitisches Engagement sehr einfach mit dem bloßen Überleben zu rechtfertigen ist, beispielsweise in Ländern, in denen die alte Regierung direkte Verbindungen zum Militär und zu den Todesschwadronen unterhält, stellt ein Bündnis mit einer fortschrittlicheren Regierung eine Sackgasse dar, in der die anfänglichen Verbesserungen innerhalb weniger Jahre wieder in die alten, blutigen Gewohnheiten zurückschwingen. Der Waffenstillstand ist im besten Fall eine temporäre Angelegenheit. Der Kontext ist wichtiger als das Dogma und das Überleben der Menschen steht an erster Stelle. Diejenigen, die in einer Situation leben, in der ihr Überleben bedroht ist, sollten sich keine Sorgen über die uninformierte Ablehnung seitens derjenigen machen müssen, für die die Gefahr weniger präsent ist. Sie sollten sich jedoch auch keine Illusionen über die unvermeidliche

Entwicklungslinie der einmal errungenen staatlichen Macht machen. Deshalb ist es so wichtig, autonome Macht aufzubauen und so wichtig, zu verstehen, dass alle Institutionen kolonialer Gesellschaften uns bedrohen.

Falsche Paradigmen: Strategien der Verzweiflung

Der Lleu-Lleu-See in der Region Biobío im Süden Südamerikas ist einer der saubersten Seen des Kontinents.[350] Er liegt im Herzen von Wallmapu, dem Land der Mapuche, welches durch den chilenischen und argentinischen Staat seit Ende des 19. Jahrhunderts besetzt wird. Dank gemeinsamer Aktionen der anliegenden Mapuche-Gemeinschaften bleibt der Lleu Lleu sauber. Sobald *winka* (kolonisierende Unternehmen) beginnen, Hütten zu bauen, um Tourist*innen anzulocken und in ihrem Schlepptau Jetskis, Verkehr und den Schimmer von Öl und Sonnencreme auf der Wasseroberfläche mitbringen, brennen Mapuche-Krieger*innen die Hütten nieder. Sobald die *carabineros*, die chilenische Militärpolizei, Außenposten in der Region baut, um Geschäftsvorhaben vor Brandstiftungen zu schützen oder die ausgedehnten Baumplantagen vor Landbesetzungen durch Mapuche zu bewachen, werden auch diese in Brand gesetzt. Wenn Bergbauunternehmen für Erkundungen in die Region kommen, werden ihre Vermessungsstationen und Fahrzeuge zerstört. Wenn der Staat versucht, gegen den Widerstand vorzugehen, blockieren die Gemeinschaften alle Autobahnen der Region und organisieren kämpferische Demonstrationen in der nahegelegenen Stadt Concepción oder der chilenischen Hauptstadt Santiago.[351]

Dieser anhaltende Erfolg ist ein Mikrokosmos, anhand dessen wir die Mängel der wichtigsten linken Vorschläge zur Lösung der ökologischen Krise herausarbeiten können. Innerhalb der Grenzen des Gesetzes zu bleiben oder höchstens seriösen und symbolischen zivilen Ungehorsam zu akzeptieren, ist schlicht unrealistisch. In jedem Territorium, in dem die Bewohnenden nicht die Privilegien des *Weißseins* genießen, gibt es kein sauberes Wasser ohne Brandstiftung, Blockaden und klandestine Organisation. Der Kampf der Mapuche am Lleu Lleu steht auch im Widerspruch zu der Vorstellung, dass Dekolonisierung ein höfliches Label ist, das in politischen Strategiepapieren irgendwo am Ende noch eingebaut wird, die sich jedoch zur Lösung des Problems auf die Institutionen der Kolonialität selbst stützen. In der realen Praxis bedeutet Dekolonisierung die physische und gewaltvolle Wiederinanspruchnahme des Landes, es bedeutet enorme Risiken auf sich zu nehmen und in den Konflikt mit allen Institutionen der herrschenden Gesellschaft zu treten.

Ihr Erfolg ist auch eine Warnung gegen den Klima-Reduktionismus. Selbst mit einem nur moderat technokratischen Blick, der sich auf die Statistiken der Einsparungen von CO_2 richtet, würden Mapuche-Gemeinschaften faktisch zu Feind*innen des Klimas werden. So ließen sich dann weitere repressive Aktionen gegen sie innerhalb einer ökologischen Logik rechtfertigen. Wie wir gesehen haben, ist es Teil des Kampfes der Mapuche, kommerzielle Baumplantagen zu zerstören. Dieselben Plantagen, die aus einer globalen technokratischen Perspektive unverzichtbare Kohlenstoffsenken sind und wichtiger Teil der Strategie der chilenischen Regierung, um ein gefeiertes ›CO_2-neutrales‹ Land zu werden. Nur mit einer starken lokalen Perspektive können wir erkennen, dass diese Plantagen keine Wälder sind und in Wirklichkeit das Land zerstören und das Grundwasser verbrauchen. Sobald wir die Büros der Technokrat*innen hinter uns lassen und eine lokale Perspektive einnehmen, werden andere Probleme genauso wichtig – oder noch wichtiger – als die Statistiken über den atmosphärischen CO_2-Gehalt: einen heiligen See verteidigen, einen bestimmten heimischen Wald wiederherstellen und für Nahrungsmittelsouveränität kämpfen. Keines dieser Ziele wird von den Klimabewegungen des Globalen Nordens priorisiert, tatsächlich repräsentieren sie aber einen Pfad, der weitaus besser in der Lage ist, die ökologische Krise, inklusive der globalen Erwärmung, anzugehen, als ein reduktionistischer Ansatz.

Die zivilen Ungehorsam praktizierende Bewegung *Extinction Rebellion* leidet gleich in mehrfacher Hinsicht unter Klima-Reduktionismus.

Indem sie fast keinen Bezug auf die lange und vielfältige Geschichte ökologischer Kämpfe nimmt, schneidet sie sich selbst von den kollektiven Lernerfahrungen ab, die unsere Geschichte des Widerstands prägen.

Wie ich an anderer Stelle dargelegt habe, ist Geschichtsvergessenheit ein Hauptmerkmal gewaltfreier Bewegungen, insbesondere in den letzten 20 Jahren.[352] Indem sie sich nicht mit der gelebten Geschichte von Kämpfen und den daraus resultierenden Lehren auseinandersetzen, vermeiden gewaltfreie Bewegungen die taktischen und strategischen Entwicklung, die einer dogmatische Gewaltlosigkeit entgegenstehen würde. Außerdem vermeiden sie eine tiefe Analyse der sozialen Situation, mit der sie konfrontiert sind, was sie davor schützt, beispielsweise die repressiven Mechanismen des Staates studieren zu müssen oder zu erkennen, dass die Priorisierung von Gewaltlosigkeit in sozialen Bewegungen eines der Hauptziele von Strategien der Aufstandsbekämpfung ist.

Extinction Rebellion ersetzt die Geschichte der Bewegung durch Statistiken, die den Erfolg von gewaltfreiem, zivilen Ungehorsam versprechen. Die Statistiken stammen übrigens aus einer Studie, die eine handverlesene Liste angeblicher pazifistischer Siege mit einer Auswahl blutiger militärischer Konflikte vergleicht, absichtlich Bewegungen auslässt, die die Wirksamkeit einer Vielfalt der Taktiken belegen, den Begriff ›Sieg‹ nicht definiert, ihre eigenen Ergebnisse häufig falsch darstellt und teilweise von einer ehemaligen Mitarbeiterin des Außen- und Verteidigungsministeriums der USA verfasst wurde. Es erübrigt sich zu sagen, dass die Statistik von den Medien umfassend verbreitet wurde.[353]

Die politische Naivität von Extinction Rebellion erstreckt sich von ihren Methoden auf ihre Ziele: nämlich die Idee, die Regierung unter Druck zu setzen, um den ›Klimanotstand‹ ausrufen zu lassen und das Pariser Abkommen durchzusetzen. Die Ausrufung eines Klimanotstands ist politisch bedeutungslos. Es ist ein reine Alibiveranstaltung der Regierungen der Rechten und der Linken, das ihnen die Möglichkeit bietet, ihr Image mit einer weiteren hohlen Erklärung aufzupolieren. Was das Pariser Abkommen angeht, so haben wir gesehen, wie unzureichend es ist. Nachfolgende Aktionsziele wie ›Geldstreiks‹ sind ebenfalls eher schwach und beschränken sich auf diejenigen, die über Geld verfügen; und die Einrichtung von Bürger*innenräten mit tatsächlicher Entscheidungsbefugnis würde größere Verfassungsreformen erfordern, ein Ergebnis, das durch friedliche Bewegungen nie erreicht worden ist. Aber auch hier ist der Vorschlag leicht zu vereinnahmen, denn Regierungen lieben beratende Gremien ohne wirkliche Befugnisse als Mittel zur Institutionalisierung von Bewegungen und Neutralisierung von Forderungen.

Betrachten wir die Bewegung mit der von ihr geforderten Dringlichkeit, so hat man den Eindruck, dass Extinction Rebellion eine enorme Menge an Ressourcen und die Energie von Zehntausenden von jungen Menschen verbraucht, um Lobbyarbeit für ein aussichtsloses Unterfangen zu betreiben.

Aber es ist mehr als eine Frage der Ineffizienz. So wurde Extinction Rebellion häufig für ihre Gleichgültigkeit gegenüber Umweltrassismus und der Marginalisierung von antirassistischen Kämpfen und von Rassismus betroffenen Menschen kritisiert.[354] Das Beharren von Extinction Rebellion auf der Abgegrenzheit ihres thematischen Fokus versäumt es auf monumentale Weise, die zentrale Frage des Kolonialismus anzugehen, und öffnet dem Ökofaschismus Tür und Tor.

Die Möglichkeit einer Allianz zwischen der Ökologie und *weißer* Vorherrschaft wurde an einem kritischen Punkt der Umweltbewegung im letzten Jahrhundert wiedererweckt. In den 1960er-Jahren wuchs das Umweltbewusstsein und manifestierte sich in den Werken von Murray Bookchin, Rachel Carson und Vine Deloria Jr. In dieser Zeit erlangten die Kämpfe indigener Menschen weltweite Aufmerksamkeit und auch die Bewegungen gegen imperialistische Kriege, einschließlich der Unterstützung für die Rechte Flüchtender, blühten auf. Die Menschen hätten sich für ein umfassendes Bewusstsein entscheiden können, das die Verbindungen zwischen diesen verschiedenen Kämpfen wahrnimmt. Ein Teil der Bewegung hat sich jedoch auf die Verteidigung einer menschenfeindlichen Umwelt unter Ausschluss aller anderen Themen festgelegt, möglicherweise verlockt von der Spendierfreudigkeit der alten Aristokratie der Naturschutzbewegung.

Dank ihrer unsolidarischen Ausgrenzungen können wir über Umweltschutz als ein rassistisches, *weißes* Phänomen reden, einerseits von großem Interesse für progressive *Weiße*, aber auch interessant für ›Blut-und-Boden‹-Faschist∗innen, die die Vereinnahmung der ›Lebensreform‹-Bewegungen durch die NSDAP des frühen 20. Jahrhunderts nachahmen.[355]

Diese unheilvolle Allianz hat nicht nur einen großen Teil der Tierrechtsbewegung auf ihre Seite gezogen und ist in die Klimabewegung eingedrungen, sondern hat auch die internationale Bühne erreicht, als die österreichischen Grünen 2020 eine Regierungskoalition mit der äußerst rassistischen ÖVP (Österreichische Volkspartei, die das ›Volk‹ schon im Namen trägt) bildeten, die zuvor mit den buchstäblichen Neonazis der Freiheitlichen Partei regiert hatte.

Es wird sich zeigen, ob Extinction Rebellion Durchhaltevermögen beweist oder ob sie verschwinden wird, wie andere Bewegungen, die durch Astroturfing[356] entstanden sind. Unabhängig davon, welcher Fall eintrifft: Solange es kapitalistische Medien gibt, die alle sozialen Konflikte in einen Dialog mit den Institutionen der Macht umlenken, werden wir eine Dominanz der Strategie beobachten können, Lobbyarbeit für Notstandsmaßnahmen zu betreiben.

Der Green New Deal (GND) ist der wichtigste Vorschlag der Linken und innerhalb eines sozialdemokratischen Bezugrahmens ergibt er auch Sinn. Er sieht massive öffentliche Ausgaben vor, um eine umfassende Erneuerung der Infrastruktur zu finanzieren, den Übergang zu erneuerbaren Energien zu vollenden und gleichzeitig die Sozialausgaben zu erhöhen, um die Ungleichheiten zu verringern, die in fast allen Demokratien der Welt zu wachsenden Krisen geführt haben. Gleichzeitig könnte die staatlich subventionierte Produktion ausreichen, um eine neue industrielle Expansion auszulösen und die Akkumulationskrise hinter sich zu lassen, die der globale Kapitalismus seit 2007 und in gewissem Sinne seit den 1970er-Jahren mit sich herumschleppt. Mit einem Schlag könnte der Green New Deal die drei miteinander verbundenen Krisen lösen, die den Staat bedrohen: die ökologische Krise, die Legitimitätskrise der Demokratie und die Akkumulationskrise des Kapitalismus.[357]

Eigentlich sollte der GND ein Katechismus für die eifrigsten Verteidiger*innen des derzeitigen, kippenden Systems sein, aber es scheint, dass fast alle einen großen Schritt hinter den Ereignissen zurückliegen. Die Konservativen, die sich in einer ständigen Existenzkrise befinden, sind zu sehr vom Verlust ihrer Privilegien bedroht, sodass sie das System, das sie zu schützen versuchen, immer weiter destabilisieren.[358] Die sogenannte Mitte versucht einen Mittelweg zu finden, wo es keinen gibt. Und so ist den Progressiven bzw. Linken, von denen viele bekennende Antikapitalist*innen sind, die Rolle zugefallen, zur letzte Verteidigungslinie des Kapitalismus zu werden.

Die Ökonom*innen haben weitgehend anerkannt, dass das derzeitige Modell der permanenten Defizitfinanzierung, bei dem die Regierungen stets mehr ausgeben, als sie eigentlich haben, tatsächlich praktikabel ist.[359] Größere Zahlungsausfälle und ein wirtschaftlicher Zusammenbruch können jedoch nur dann vermieden werden, wenn die Regierungen weiterhin Zinszahlungen leisten, was nur möglich ist, wenn ihre Volkswirtschaften weiter wachsen und ihnen Jahr für Jahr ein höheres Bruttoinlandsprodukt und höhere Einkommen bescheren. Die massiven Ausgaben des Green New Deal erfordern einen Anstieg der Defizitfinanzierung, was wiederum einen ständigen Anstieg des Gesamtvolumens der Wirtschaft erfordert. Jeder Green New Deal würde bedeuten, dass man die Hoffnung auf Degrowth zugunsten der zweifelhaften These aufgibt, dass ein unendliches Wirtschaftswachstum auf einem endlichen Planeten tatsächlich gesund und nachhaltig sein kann. Einige haben versucht, diesen Wunschtraum wiederzubeleben, indem sie ein schiefes Bild der Informationswirtschaft beschworen haben. Sie suggerieren, dass die Prozesse der Informationsverarbeitung kreativ, affektiv und immateriell sind und daher nicht vom Verbrauch materieller Ressourcen abhängen. Der Bitcoin-Boom – die Bitcoin-Miner verbrauchen inzwischen mehr Energie als viele mittelgroße Länder – sollte ein für alle Mal klarstellen, dass der Kapitalismus grundsätzlich immer extraktiv ist. Alle Wertschöpfungsketten basieren letztlich auf der Tötung von Ökosystemen und dem Verkauf ihrer Leichen.

Trotz der versprochenen Ausgaben für Programme zur Förderung sozialer Gerechtigkeit bleibt der GND in Bezug auf das Klima reduktionistisch. Er wird das Ausmaß der Zerstörung durch die sogenannten grünen Energien um ein Mehrfaches erhöhen, neue verheerende Infrastrukturen für die CO_2-Abscheidung und -Speicherung schaffen, Kriege und Putsche anheizen, die sich an der Ausbeutung von Kupfer-, Lithium- und Kobaltvorkommen entzünden, und einen Multibillionen-Dollar-Markt für Land schaffen – Kohlenstoffsenken, Standorte für Windenergie und Photovoltaik, Anbau von Biokraftstoffen –, was für Kleinbäuer*innen und indigene Gemeinschaften auf der ganzen Welt den Todesstoß bedeuten wird.

Indem sie Anreize für Kohlenstoffsenken schaffen, legen die Regierungen und NGOs der Welt den Grundstein für einen massiven Landraub, der das Ausmaß der Invasionen und der Kolonisation des 16. bis 18. Jahrhunderts erreichen dürfte. Die Ausweitung des Marktes für CO_2 – sei es durch Steuergutschriften oder umfangreiche staatliche Subventionen – wird ein großer Segen für die Holzindustrie, die Energieunternehmen und die Agrarindustrie sein, da die verbleibenden landwirtschaftlichen Flächen auf eine intensivere, infrastrukturlastige und marktorientierte Produktion umgestellt werden müssen.

Es ist leicht nachvollziehbar, warum die Wall Street und die Koryphäen des Big Business den Green New Deal oder ähnliche Vorschläge trotzdem eher verhalten befürworten.[360] Der GND bedeutet eine riesige Menge an staatlichen Fördermitteln und Steuervergünstigungen, und Unternehmen wie Microsoft, Tesla, Google und vorausschauende Ölfirmen wie BP sind am besten positioniert, um dieses Geld zu ergattern. Der Hauptgrund für die Zurückhaltung ist, dass der GND die staatlichen Eingriffe und die Kontrolle über die Wirtschaft verstärken würde, so wie der ursprüngliche New Deal eine Verlagerung der »Kontrolle über die weltweite Liquidität [...] von London und der Wall Street nach Washington« darstellte, um es mit den Worten von Giovanni Arrighi auszudrücken.[361]

Nahezu alle Projekte, die wir in Kapitel 3 betrachtet haben, verfügen nur über knappe Ressourcen. Alle von ihnen können mehr Unterstützung gebrauchen. Aber keines von ihnen fordert Milliarden von Dollar an Regierungsgeldern, weil sie wissen, dass sie dadurch zerstört werden würden. Dadurch würden die Risse im System, in denen sie gedeihen konnten, monetarisiert werden, große Unternehmen ins Spiel gebracht werden, die von den Menschen und den Ökosystemleistungen profitieren wollen, und im Globalen Süden würden die Mittel für paramilitärische Todesschwadronen aufgestockt, weit über das hinausgehend, was die Drogen- und Holzindustrie jemals aufbringen könnte.

Mit dem Verweis auf den New Deal von Franklin D. Roosevelt, der die USA aus der Großen Depression führte, hat sich der GND einen aufschlussreichen und zutreffenden historischen Vergleich geschaffen. Der ursprüngliche New Deal setzte immense staatliche Mittel ein, um die Wirtschaft anzukurbeln und Arbeitsplätze zu schaffen. Er wird oft mit den Anfängen der keynesianischen Wirtschaftslehre in Verbindung gebracht, bei der Regierungen Haushaltsdefizite auf sich nehmen, um in Abstimmung mit einer Zentralbank aktiv in die Wirtschaft einzugreifen. Obwohl der New Deal von den Progressiven gelobt wird, stellt er aus Sicht der Umweltbewegung einen merkwürdige Fluchtpunkt dar. Der New Deal stand exemplarisch für den Bau von Megaprojekten wie Wasserkraftwerken, die Zehntausende von Kleinbäuer*innen vertrieben und ganze Flusstäler zerstörten, oder für mehr als eine Million Kilometer Straßen und Autobahnen, die das Land vernichteten und ein infrastrukturelles Geschenk an die Automobilindustrie waren, die später die Architektur des amerikanischen Lebens dominieren und zu einer Hauptquelle der Luftverschmutzung werden sollte. Es stimmt, dass der New Deal in Reaktion auf den Dust Bowl auch Aufforstungs- und Bodenschutzbemühungen beinhaltete. Jedoch waren die Regierungshilfe nicht dafür bestimmt, die Gesundheit des Landes wiederherzustellen, sondern kommerzielle Landwirtschaft weiter möglich zu machen. Der Dust Bowl endete erst, als die Regenfälle in der Region sich wieder normalisierten, und während der Bodenschutz sich verbesserte, wurden andere ökozidale Praktiken fortgesetzt, was durch die fortschreitende Desertifikation und die Totzone im Mississippi-Flussdelta bewiesen wird.

Der New Deal hat dank einiger Programme, die unterdrückerische soziale Ungleichheiten bekämpften, einen Anschein von sozialer Gerechtigkeit. Das Federal Writers' Project beispielsweise bezahlte Autor*innen dafür, mündliche Geschichten bestimmter Bevölkerungsgruppen aufzuzeichnen. Am bekanntesten ist die Dokumentation der Erinnerungen Tausender älterer Schwarzer, den Überlebenden der letzten Generation, die die Sklaverei noch erlebt hat. Obwohl solche Projekte der historischen Erinnerung durchaus ihren Wert haben, manifestierte und verstärkte das Federal Writers' Project genau die Ungleichheiten, gegen die vorgegangen werden sollte. Es geschah, was typischerweise geschieht, wenn Regierungen Geld für ein Problem der sozialen Gerechtigkeit ausgeben: Die meisten Autor*innen, die staatliche Schecks erhielten, um das extreme Elend der Depression zu überleben und die Erinnerungen der letzten Überlebenden der Sklaverei aufzuzeichnen, waren keine Schwarzen, sondern *Weiße* aus den Südstaaten, viele von ihnen aus Familien, die von der Sklaverei und dem darauf folgenden *sharecropping*[362] profitiert hatten.[363]

Selbst Naomi Klein räumt in ihrem den GND propagierenden Buch ein, dass der ursprüngliche New Deal initiiert wurde, weil er »damals als die einzige Möglichkeit erschien, eine reale Revolution zu verhindern«.[364] Die Leistungen und Finanzierungsmöglichkeiten des New Deal wurden angeboten, um soziale Bewegungen zu schwächen oder zu institutionalisieren und sie unter Kontrolle zu bringen. Mittels gut bezahlter, institutionalisierter Gewerkschaften und der staatlich garantierten Vollbeschäftigung ersetzte er den revolutionären Internationalismus der Arbeiter*innenbewegung – einer Bewegung, die während des Ersten Weltkriegs Meutereien und am Ende des Krieges zahllose Generalstreiks, Aufstände und Revolutionen auslöste – durch den verengten Horizont des Patriotismus. Der New Deal schuf die Voraussetzungen für die Schwäche der revolutionären Bewegungen nach dem Zweiten Weltkrieg, für den Nationalismus und Konservatismus des Kalten Krieges und alle damit verbundenen Angriffe auf die Rechte der Arbeiter*innen und die soziale Gerechtigkeit. Historisch gesehen hat die Sozialdemokratie immer die Saat ihrer eigenen Zerstörung gepflanzt.

Das ist exakt, was der Green New Deal macht. Er verhindert eine wirkliche Lösung, er tötet unsere beste Chance für eine bessere Welt, um den Kapitalismus zu retten, um das Problem auf die lange Bank zu schieben, oder realistischer, in den Schoß der Menschen zu legen, die die Hauptlast dieses neuen industriellen Ansturms tragen werden. Der Green New Deal ist Kolonialismus *as usual.*

Asad Rehman nennt ihn »grünen Kolonialismus« und weist darauf hin, dass der Übergang zu grüner Energie im Green New Deal auf dieselben ökonomischen Strukturen angewiesen ist, die das Problem verursacht haben. Er unterstreicht auch die Gefahr eines Bergbaubooms, der für eine grüne Wende nötig wäre. Außerdem sei »die Extraktion von Ressourcen für 50% der globalen Emissionen verantwortlich« sowie für einen großen Teil der Gewalt gegen arme Gemeinschaften von der Demokratischen Republik Kongo bis nach Chile.

»Das Herzstück unseres Wirtschaftssystems, das von der Londoner City angetrieben wird, ist der Glaube, dass das Vereinigte Königreich und andere reiche Länder ein Anrecht auf einen größeren Anteil an den endlichen Ressourcen der Welt haben, unabhängig davon, wen wir dabei verarmen lassen oder welche Zerstörung wir verursachen.

Dieser grüne Kolonialismus wird von denselben etablierten Wirtschaftsinteressen getragen, die im Streben nach Profit bereitwillig sowohl Menschen als auch das Klima geopfert haben. Doch dieses Mal werden die Bergbaugiganten und die schmutzigen Energieunternehmen die Fahne des Klimanotstandes schwenken, um das gleiche tödliche Geschäftsmodell zu rechtfertigen.«[365]

Durch den Versuch, bestehende Kanäle für wirtschaftliche Maßnahmen auf globaler Ebene zu nutzen, wird sich der GND unweigerlich in die institutionellen Pfade und das eurozentrische Konzept der Entwicklungspolitik einfügen, eine Denkweise und Praxis, die rundweg als rassistisch kritisiert wurde. Wie Rajni Kothari es ausdrückte: »Wo der Kolonialismus aufhörte, übernahm die Entwicklung«.[366]

Massive Finanzierungen für grüne Energie und Kohlenstoffsenken im industriellen Maßstab haben bereits übergroße Auswirkungen auf den Globalen Süden. In Mosambik, »übereinstimmend mit anderen afrikanischen Kontexten«, expandiert – als ein direktes Resultat der

Pläne der europäischen Regierungen für den Ausbau erneuerbarer Energien – die Biokraftstoffindustrie und »legitimiert Landgrabbing durch Greenwashing zum Nachteil der am meisten marginalisierten in der Gesellschaft [...], verursacht die Verdrängung ganzer Gemeinschaften, führt zu Lebensmittelknappheit, Ressourcenerschöpfung, sozialer Polarisierung und politischer Instabilität« und »bedeutet einen enormen spirituellen und kulturellen Verlust«.[367]

Gute Vorsätze sind in etwa so verbreitet wie schlechte Resultate. Der weit verbreitete Rassismus des Entwicklungsparadigmas, der bestehenden institutionellen Wege zur Steuerung globaler Interventionen, ist zu systematisch, als dass dieses stumpfe Instrument durch eine liberalere Dekolonisierungsrhetorik korrigiert werden könnte.

Einige Autor∗innen und Organisator∗innen tragen diesen Tendenzen Rechnung und machen Vorschläge für einen Green New Deal, der sicherstellen würde, dass die Gelder direkt bei denen ankommen, die sie am meisten brauchen, zur Stärkung von Gemeinschaften und zur Überwindung der Vermächtnisse von Rassismus und Kolonialismus, ohne die überausbeuterischen Märkte zu finanzieren, vor denen ich gewarnt habe. Das Problem mit diesen Vorschlägen ist, dass sie sich wie ein Wunschzettel für eine ideale Welt lesen. Sie erwähnen keine Beispiele von Regierungsprogrammen, die in der Geschichte jemals etwas ähnliches erreicht hätten.[368] Wenn der Green New Deal tatsächlich so umgesetzt würde, würde er genau die Leute, die die Regierung bilden, ihres Reichtums und ihrer Macht berauben. Selbst stabile Demokratien wie die Vereinigten Staaten oder Großbritannien würden sich vermutlich mit einen Militärputsch konfrontiert sehen, wenn diejenigen, die an der Macht sind, Gesetze verabschieden würden, die nur halb so radikal sind. Nirgendwo gibt es eine Regierung mit mehr als einer Handvoll Abgeordneter, die einem solchen Gesetzesvorhaben zustimmen würden.

Weitere Vorschläge in Reaktion auf die ökologische Krise sind Öko-Leninismus oder ein ›Kriegskommunismus‹ für die Klimakrise. Einige Varianten dieser Vorschläge konzentrieren sich auf die folgende Methodik: eine avantgardistische Kaderorganisation aufbauen, um die Klimabewegung anzuführen; andere fokussieren sich auf das

Ergebnis: eine starke Regierung, die schonungslos ihre regulatorische und strafende Macht gebraucht, um die Situation ›in Ordnung zu bringen‹.

Was ihren Gehalt betrifft, so sind diese Vorschläge kaum mehr als heiße Luft. Trotzdem stellen sie eine Gefahr dar. Denn wenn wir eine Lehre aus der Geschichte ziehen können – und für gewöhnlich ist das möglich –, dann jene, dass autoritäre und avantgardistische Formationen schnell wachsen können, wenn die herrschenden Institutionen kurz vor dem Zusammenbruch stehen. Ihr Schicksal besteht in der Regel darin, eine Art Bündnis mit den Herrschenden einzugehen, entweder um revolutionäre Bewegungen zu verraten, zu institutionalisieren und zu unterdrücken, oder um ein neues System zu schaffen, das viele Komponenten des alten Systems und all den repressiven Ballast enthält, den sie mit sich bringen.

Der Vergleich zum ›Kriegskommunismus‹ ist auf Andreas Malm zurückzuführen.[369] Wie es auch schon beim Green New Deal der Fall ist, scheint es eine schlecht durchdachte historische Anspielung zu sein. Die UdSSR war ein vollständig ökozidales Regime. Als ein revolutionäres Experiment ließ es die interessantesten Fragen unbeantwortet. Was hätten wir von den städtischen Sowjets und Fabrikräten lernen können, die während der Russischen Revolution direkte Beziehungen zu den Bauernräten und Lebensmittelproduzent*innen auf dem Land aufbauten? Lenin verbot die direkte Selbstorganisation des Proletariats zwischen November und Dezember 1917.[370] Was hätten wir von Alexander Tschajanow, dem Autor von *Die Lehre von der bäuerlichen Wirtschaft* und Befürworter kleiner kooperativer Höfe im Gegensatz zu großen staatlich geführten Genossenschaften, lernen können? Er wurde auf Befehl Stalins 1937 ermordet. Was den Kriegskommunismus anbelangt, so war dies nichts anderes als ein unverhüllter Euphemismus mit dem die blutige Plünderung des ländlichen Raums durch die Rote Armee beschrieben wurde, um die beiden Hauptinstrumente der bolschewistischen Macht während des Bürgerkriegs am Leben zu erhalten: die Armee selbst und die städtische Parteibürokratie. Der Kriegskommunismus war faktisch identisch mit dem, was jede Armee machen würde, wenn sie keine Anbindung an ein produktives und stabiles Hinterland hat. Er deckte sich mit keiner Vorstellung von sozialer Transformation, sondern mit den Interessen und Machtkämpfen des historischen Augenblicks. Warum sollten wir dies als eine Anregung dafür heranziehen, was Staaten heute machen könnten? Welcher Staat wird seine regulatorischen Kräfte so schonungslos nutzen, und zwar nicht in seinem eigenen Interesse, sondern gegen seine eigenen ökonomischen Eliten? Und in welchen großen Staaten existiert überhaupt eine Avantgardepartei, die auch nur annähernd in der Lage wäre, in den nächsten Jahren zu wachsen, die Macht zu übernehmen und diesen Kriegskommunismus gegen die Verschmutzer*innen der Umwelt umzusetzen?

Dieser Vorschlag steht in keinerlei Verbindung mit den sozialen Bewegungen, die heutzutage tatsächlich existieren. Bewegungen, die die einzige Kraft für Veränderung darstellen, die nicht den ökonomischen und politischen Interessen verpflichtet sind, die diesen Planeten zerstören. Die Bewegungen, die hinter fast allen großen Revolten seit dem Zusammenbruch der UdSSR stehen, weisen mehrere gemeinsame Merkmale auf: eine Vielzahl von Aktionen, die weitgehend am Rande aller formalen Organisationen stattfinden; eine Skepsis gegenüber dem Dialog mit bestehenden Institutionen und stattdessen eine Tendenz, deren Führungsanspruch zu stören; ein revolutionärer Organisationsrahmen, der spezifisch antiavantgardistisch ist, der versucht, Räume des Dialogs zwischen sozialen Bewegungen zu schaffen, anstatt solche Bewegungen zu kontrollieren, und der mit der staatlichen Praxis bricht, die Revolution als einen militärischen Wettkampf zu begreifen; und eine Betonung von sich in Versammlungen gründenden Entscheidungsstrukturen, die häufig traditionellen und indigenen Ursprungs sind und als legitimer und befreiender als staatliche Strukturen gesehen werden.[371] Selbst ursprünglich leninistische Bewegungen von Venezuela bis Kurdistan haben sich autonomeren Strukturen zugewandt. Die sozialen Bewegungen, die heute existieren, bauen nicht die Art von Macht auf, die nützlich wäre, um einen Staat zu übernehmen – und das ist eine gute Nachricht.

Seit dem Verschwinden der Massenorganisationen des Proletariats in der Nachkriegszeit und dem Erstarken der antikolonialen, antirassistischen und antipatriarchalen Kämpfe haben sich die Kampflinien vervielfacht, und homogenisierende Organisationen wie Parteien sind nicht mehr in der Lage, die Bestrebungen der sozialen Bewegungen zum Ausdruck zu bringen. Sie neigen zu Abschottung und sozialem Konservatismus. Um Zugang zu staatlicher Finanzierung und undurchsichtigeren Formen der Finanzierung zu erhalten, nutzen Parteien plötzliche Aufschwünge, um verlockende Versprechungen zu machen, ihrem unvermeidlichen Zusammenbruch zuvorzukommen und in die Hallen der Macht zu eilen, dabei institutionalisieren sie, als einzige Möglichkeit am Leben zu bleiben, so viel von der sozialen Bewegung, wie sie nur können.

Ich denke der Hauptgrund, warum solche unrealistischen Ansätze so beliebt sind – die letzten Endes alle darauf hinauslaufen der Regierung zu vertrauen, dass sie die Probleme schon lösen wird –, ist Verzweiflung. Wir fühlen uns schwach, Millionen von Menschen sterben, Millionen von Arten sind heute vom Aussterben bedroht und die Emissionen steigen jedes Jahr weiter. Der Zeitpunkt, an dem es kein Zurück mehr gibt, ist vielleicht schon vorbei, unsere Bewegungen sind nicht so stark, wie sie sein müssten, und so scheint die größte Hoffnung darin zu bestehen, dass jemand auftaucht, der mit einen Zauberstab wedelt und die Dinge richtet. Wir haben sicher keine Zauberstäbe, aber von hier unten scheint es, als könnten die Regierung einen haben.

Der Schutz, den Regierungen bieten, ist oft illusorisch. Sie haben eine absolut miserable Erfolgsbilanz bei der Einhaltung ihrer Emissionsziele, bei der Einhaltung der Biodiversitätsziele und generell bei ihren Abkommen. Ashley Dawsons Buch *Extreme Cities* ist voll von Beispielen dafür, wie Großstädte von Miami bis New York, die von der existenziellen Gefahr bedroht sind, dass sie bald unter dem Meeresspiegel liegen könnten, Jahrzehnte mit bürokratischen Regulierungen verschwendet haben, die wenig mehr als Ausweichmanöver sind.[372] Wie sollen also Regierungsverordnungen in eine Maschine transformiert werden, die effizient genug ist, um unsere Leben daran zu hängen? Das scheint eine entscheidende strategische Frage an diejenigen zu sein, die auf den Staat hoffen. Wie sorgen wir dafür, dass der Staat anders funktioniert, als er immer funktioniert hat? Wo sind die Beispiele aus der Geschichte, die zeigen, dass Staaten ihre Bevölkerung – ihre gesamte Bevölkerung – und ihre Umwelt effektiv schützen, ohne eine Form von Ressourcen-Kolonialismus wiederherzustellen?

Gelegentlich finden wir vage Andeutungen, dass soziale Bewegungen die Regierungen zwingen werden, ihren Kurs zu halten. Wenn also soziale Bewegungen der Schlüssel zur Lösung der Klimakrise sind, warum lassen dann nicht alle Bücher, die für einen Green New Deal oder einen starken Regulierungsstaat plädieren, soziale Bewegungen zu Wort kommen und machen sie zu den Protagonist*innen ihrer Geschichte, indem sie ihre spezifischen Erfahrungen, Methoden und Vorschläge aufgreifen? Warum präsentieren sie uns keine Vorschläge dafür, wie soziale Bewegungen und Regierungen erfolgreich zusammenarbeiten? Sie tun es nicht, weil sie nicht können. Denn je mehr sie sich für eine staatliche Lösung unserer Probleme aussprechen, desto distanzierter und ignoranter sind sie gegenüber den sozialen Bewegungen. Und die Geschichte unserer Bewegungen zeigt, dass die Beziehung zu den Regierungen unterm Strich eine antagonistische ist.

Regierungen sind Maschinen, die dazu entworfen wurden, den oberen Klassen zu erlauben, Druck auf den Rest der Gesellschaft auszuüben. Sie funktionieren nicht in die andere Richtung; sie sind in etwa so umkehrbar wie ein Teleskop. Sie beschränken den Horizont des Möglichen eher, als dass sie ihn erweitern.

Es ist ebenso wenig sinnvoll, unser Vertrauen in progressive oder revolutionäre Regierungen zu setzen, weil selbst diese Teil eines verschränkten globalen Systems sind, das sich nicht einfach ignorieren lässt. Um Sozialprogramme zu finanzieren und Lebensmittel zu importieren musste Hugo Chávez in Venezuela die Ölförderung ankurbeln, damit Deviseneinnahmen generiert wurden. Dies führte zu gewalttätigen Konflikten mit indigenen Gemeinschaften, deren Land durch die Ölforderung zerstört wurde. Trotzdem lassen sich die westlichen Fans im Globalen Norden leicht verarschen. Als Evo Morales 2010 in Tiquipaya, Bolivien, die ›World People's Conference on Climate Change and the Rights of Mother Earth‹ veranstaltete, musste seine Verwaltung nur die Sägewerke entlang der Straße mit Werbetafeln verstecken, zuversichtlich, dass keine der internationalen Teilnehmer*innen mit den Einheimischen sprechen oder sich nach der fortschreitenden Abholzung erkundigen würde. Einige Jahre später mobilisierte er seine gewerkschaftlichen Unterstützer*innen, um einen indigenen Protestmarsch mit Dynamit anzugreifen, da sie gegen den Bau einer Autobahn durch ihr Territorium protestierten, der den westlichen Amazonas einem Entwicklungsboom aussetzte. Es war die Art von Megaprojekt, mit dem die vorherige rechte Regierung niemals durchgekommen wäre. Vielmehr profitierte sie von dem von der populistischen Linken verbreiteten oberflächlichen Antiimperialismus, der alles auf ein Puppenspiel der US-Regierung reduziert und dabei ignoriert, wie sich der Kapitalismus praktisch in jedem Gebiet einnistet, das er berührt. Während die Verwüstung von bolivianischen Unternehmen und brasilianischem Kapital durchgeführt wurde, wurden ihre Gegner*innen als Agent*innen der CIA denunziert, was in dem oben erwähnten Anschlag sowie einer Antiterrorismuskampagne gegen lokale Anarchist*innen gipfelte.[373] Silvia Rivera Cusicanqui charakterisiert die Regierung Morales so: Sie hatte ein »Verlangen nach zentralisierter Macht« und »gab dem Kapitalismus ein indigenes Gesicht«.[374]

Über das gesamte politische Spektrum hinweg gefährdet uns der staatliche Umweltschutz eher, als das er uns sicherer macht. Durch die zunehmende Monetarisierung und rationale Messung der ›Inputs‹ und ›Outputs‹ der Umwelt nähern wir uns noch mehr der Dystopie der technokratischen Kontrolle der Umwelt an, die auch in einer stärkeren technokratischen Kontrolle des Menschen resultieren wird. (Dies ist keine übertrieben paranoide Vision: Pläne für ›Smart Cities‹ verbinden systematisch grüne Ansätze mit zunehmender KI-basierter Überwachung. Der MI5[375] wurde kürzlich dabei erwischt, Forschung für landwirtschaftliche Dronen zu finanzieren, die gleichzeitig den ländlichen Raum überwachen sollten.)[376]

In all diesen Vorschlägen spiegeln sich die Klasseninteressen und die Weltanschauung der Technokrat*innen selbst wider: Macht wird als Hebel eingesetzt, der auf die unbelebten ›Anderen‹ wirkt. Für sie ist das Territorium bloß eine Landkarte und ihre Hand hält den Stift, der sie neu zeichnen wird. Tief in ihrem Inneren können sie niemals

Vertrauen in die Intelligenz des Territoriums empfinden (noch sich selbst darin verorten). Sie können sich nicht in einen Dialog begeben, den Tanz mit einem spezifischen Territorium tanzen, noch können sie sich in die reziproken Beziehungen *einer sich heilenden Erde* hinein auflösen. Sie sind Missionare der Moderne, die nicht in der Lage sind zu akzeptieren, dass sie nicht gebraucht werden, um irgendjemanden zu retten.

Und deshalb bleiben sie Teil des Problems. Um Erahsto Felício von *Teia dos Povos* erneut zu zitieren: »Diejenigen, die sich noch nicht territorialisiert und ihre Gemeinschaft organisiert haben, können keinen Kampf um Land und Territorium führen!«

Da ich Anarchist bin, ist es für viele, deren Vorschläge ich kritisiere, ein Leichtes, mir meine Ablehnung des Staates als eine bloß ideologische Position anzukreiden. Für mich aber heißt Anarchismus nicht, dass ich alle zu meiner Denkweise konvertieren muss, denn Anarchismus ist auch eine Methodik, mit der wir eine Welt bauen können, in der Tausende Welten Platz haben können. Der Vorschlag, dass heterogene soziale Bewegungen Autonomie vom Staat benötigen, um zusammenarbeiten zu können, wäre ziemlich begrenzt, wenn nur andere Anarchist*innen die Vorteile einer solchen Autonomie sehen würden. Ich sprach mit einer Person, die, wie ich, den ökologischen Kampf in den Vordergrund stellt und das koloniale Projekt ablehnt, die aber einen ganz anderen politischen Hintergrund hat.

In Kapitel 2 beschrieb Adrianna Quena die miteinander verknüpften Probleme von Wissenschaft, Expertentum und *Weißsein*. Wir erfuhren auch von ihren Erfahrungen in der *chavistischen* Bewegung in Venezuela, wo sie an zahlreichen Initiativen beteiligt war, die sich um staatliche Mittel bemühten oder in irgendeiner Weise mit der Regierung zusammenarbeiteten. Oft war dies ein Weg etwas ›Luft‹ zu gewinnen, nach den brutalen rechten Regierungen der Vergangenheit und der anhaltenden Gewalt der von den USA und Kolumbien unterstützten Wirtschaftselite, die immer noch einen großen Teil der Macht in Venezuela innehat (ein Würgegriff, den Chavez nicht zu brechen vermochte und der sich in einigen Fällen noch verstärkt hat).

Ein Kalkül der Dringlichkeit ist in diesem Zusammenhang sinnvoll: »Für uns hat der Klimakollaps schon vor einigen Jahren begonnen.«

Auch wenn wir unterschiedliche Auffassungen über die Idee einer revolutionären Regierung haben, ist es ermutigend, dass wir zu vielen gleichen Schlussfolgerungen kommen, was die Tendenzen des staatlichen Handelns und die Notwendigkeit betrifft, dass soziale Bewegungen ihre Autonomie kultivieren sollten. Ein Schlüsselelement, das eine zentrale Wichtigkeit in unseren Gesprächen hatte, war der technokratische Blick. Er stellt eine Fortsetzung des Kolonialismus dar, die auch unter revolutionären Regierungen bestehen bleibt und für jede dauerhafte Lösung der ökologischen Krise tödlich ist.

»Das eine Extrem ist die ›Philantropie‹ der ausländischen NGOs. Ich kann zum Beispiel kurz den Fall schildern, in dem der französische Ölkonzern Total im Rahmen seiner Greenwashing-Politik die großartige Idee hatte, im Amacuro-Delta in Venezuela Solarzellen zu installieren, um einigen Warao-Gemeinden den Zugang zu Strom zu ermöglichen. In diesem Fall wird ein konkretes Bedürfnis, wie das Aufladen von Mobiltelefonen, die Beleuchtung der Schulen, der Betrieb eines Fernsehers für die Familien, die zum Schauen von Kung-Fu-Filmen zusammenkommen, oder der Betrieb eines Kühlschranks, durch ein Projekt im Bereich der erneuerbaren Energien befriedigt. Dieses Projekt wird jedoch über die Köpfe der gemeinschaftlichen indigenen Logik der Autorität, der Entscheidungsfindung und der Verwaltung der Ressourcen hinweg beschlossen, sodass sich anschließend nie um die Instandhaltung gekümmert wurde und das Gebiet der Warao in einem absoluten Chaos zurückblieb: voller kaputter Solarpanels, ›erneuerbar‹ nur dem Namen nach und mit verschiedenen Konflikten innerhalb der Gemeinschaft. Es ist ein weiterer gescheiterter Versuch, etwas durch die moderne, technokratische Fallschirmjäger-Methode zu bewirken [auch *paracaidismo* genannt, eine ziemlich eindrückliche Metapher für die vermeintlichen Expert*innen, die mit Fallschirmen aus Flugzeugen springen und keine Ahnung von dem Gebiet haben, auf dem sie landen werden].

Am anderen Ende stehen die staatlichen Institutionen, die Techniker*innen schicken, um zu versuchen ein lokales landwirtschaftliches Problem zu lösen. Zum Beispiel mit einer Lösung direkt aus dem agrarwissenschaftlichen Handbuch, die nichts als Propaganda für das ist, was dürftig als ›Grüne Revolution‹ beschrieben wird. Sie sorgen sich um den ›Output‹, als ob es sich um eine isolierte Angelegenheit handeln würde. Sie sind besessen vom Quantitativen, weil es das ist, was sie in ihre Tabellen schreiben können. Sie sorgen sich um ihr technologisches Paket (Saaten, Agrargifte, Maschinen), das ihnen verkauft wurde, fast immer durch ausländische Unternehmen, die bereits Teil der Geschäftsbücher sind. Sie sind nicht in der Lage einen Dialog mit dem zu führen, was schon da ist, sie sehen das Potenzial eines Agrarökosystems nur in den Begriffen ihres Handbuchs, das aus den Niederlanden oder Kanada kommt. Ihr Rezept besteht darin, fast alles von außen heranzuschaffen, das bereits Vorhandene wegzufegen, das lokale Wissen, das Verständnis der dort bestehenden Beziehungen zu vergessen, natürlich die spirituelle Dimension zu ignorieren und alles in ein neutrales Substrat zu verwandeln, um wie im Labor bei Null zu beginnen. Dieses Subjekt – *weiß*, modern, technifiziert – hört nicht zu und ist durch seine Konstitution dazu bestimmt, zu erniedrigen. Und wenn es sich, wie in diesem Fall, um einen Vertreter des Staates handelt, der mit der Autorität genau der Institution ausgestattet ist, die deinen Zugang zu den Grundrechten bestimmt, wird alles nur noch komplizierter.

Es ist immer eine Frage von *Weißsein* und Spezialisierung.

Es gibt einen Mythos, dass das Territorium immer kontrolliert und domestiziert werden kann. In Gebieten, in denen die Domestizierung und die imperiale Logik seit Tausenden von Jahren etabliert ist (wie in weiten Teilen Europas), kann dies vielleicht Sinn ergeben, aber in vielen der Gebiete, die heute als die Amerikas bekannt sind, ist die Geschichte eine andere: Der Dialog mit dem Territorium und mit allen Lebewesen, die es bewohnen, war nicht der einer Domestizierung durch Kontrolle und Unterwerfung, sondern eher der einer Koexistenz und Symbiose.

Wenn wir das Thema Qualität und Nachhaltigkeit in mehr politischen Dimensionen verankern, die mit dem Klima zusammenhängen, können wir sehen, wie in Venezuela die rein quantitative und homogenisierende Logik der Technokratie die Entwicklung der Gegenmacht (eine Macht, die territorial ist und von unten kommt) behinderte, die Diversifizierung der Wirtschaft und die Neugestaltung des Bildungswesens behinderte, und zwar zum eigentlich günstigsten Zeitpunkt für all diese Dinge, nämlich während der Regierung von Hugo Chávez.

Dadurch wurde die Selbstwahrnehmung der Menschen, als handlungsfähig und selbstbestimmt, transformiert und erschuf eine neue politische Klasse, die – weil sie die Sprache der Institutionen spricht: der quantitativen Annäherung; des Reduktionismus auf Ziele, Zwecke, der Zahl der Begünstigten, der Nullen und Kommata – außerdem Privilegien anhäufte und – oftmals die wichtigsten – Probleme ignorierte und stattdessen die weniger wichtigen löste, die sich in ihrer Sprache leichter formulieren ließen.

Die Regierung wird fast vollständig von der sogenannten *Mestiza*-Mittelschicht gebildet, oder genauer gesagt von ›*white-passing*‹ Personen und Städter*innen, und sie tun, was sie können, aber nur unter den Einschränkungen ihrer aus dieser Position erwachsenden Perspektive, da sie das Territorium nicht kennen, und mit ihrem Ehrgeiz, den Prozess des *Weißwerdens* zu vollenden.

Die Technokratie ist ungeduldig, sie braucht schnelle Resultate, um die Tabellen mit Zahlen zu füllen, damit sie sagen kann, ob das Projekt implementiert wurde oder nicht, um Stimmen zu garantieren und so weiter. Die Idee eines gemischten staatlich/kommunalen Modells tendiert fast immer zu einem ineffizienten staatlichen und weniger zum kommunalen Modell. Dadurch wurden die bäuerlichen Organisationen und die Familien schrittweise entmachtet, was den Weg für eine staatliche Verwaltung ebnete, die Netzwerke der Korruption ermöglichte, die von alten und neuen Kapitalist*innen kontrolliert werden, jedoch in den Händen des Staates und nicht in den Händen der historisch reichen Familien der Region.

Je mehr Autonomie und gemeinschaftliche Kontrolle erreicht wurde, und zwar bezogen auf Organisation und Evaluierung aus der Perspektive des Territoriums, desto nachhaltiger haben sich die Projekte auf lange Sicht herausgestellt, selbst unter dem immensen Druck einer internationalen Blockade und Pandemie.«

Ökologische Revolution: Die beste Strategie, egal ob wir erfolgreich sind oder scheitern

Unsere Lösungsvorschläge zu verändern, bedeutet auch, unser Verständnis von den Methoden zu verändern, die uns zum Ziel führen werden. »Heute gehören alle zur herrschenden Klasse, die auf ihr eigenes Leben von oben herab schauen.« Das anarchistische Essay *›23 Theses Concerning Revolt‹* geht auf die Idee der verkörperten Strategie näher ein:

> »Jede militärische Strategie besteht darin, der Karte, die die Realität darstellt, einen idealen Plan aufzuzwingen. [...] Wenn wir nicht vorhaben, einen militärischen Feldzug zu führen, müssen wir uns weigern, die Revolution als etwas zu sehen, das nach einem einheitlichen Plan organisiert ist, als wäre sie eine Partie Risiko. Wir schauen nicht von oben herab und geben Befehle. Wir sind hier, inmitten des schönen Chaos, das unsere Feinde immer wieder zu organisieren versuchen. Wir werden stärker sein als je zuvor, wenn wir lernen, in diesem Chaos zu triumphieren, uns im Netz unserer eigenen Beziehungen zu bewegen, horizontal oder zirkulär zu kommunizieren, nur das zu nutzen, was uns wirklich gehört, und andere zu beeinflussen, zu verstehen, dass nicht alle so handeln werden wie wir; das ist das Schöne an der Rebellion, und unsere Effektivität liegt nicht darin, die ganze Welt gleich zu machen, sondern darin, den besten Weg zu finden, um mit denen, die anders sind und andere Wege gehen, komplementär in Beziehung zu treten.«[377]

Der Paradigmenwechsel in unserem Konzept der Revolution fügt sich nahtlos in den Paradigmenwechsel in unserer Beziehung mit dem Planeten und seinen Bewohner*innen ein. Wir müssen ein ›Ökosystem der Revolte‹ anerkennen, in welchem – anstatt zu versuchen zu kontrollieren, was die Leute tun – wir die richtigen Ideen fördern und die falschen zurückweisen. Wir verstehen unsere Nische und schaffen Beziehungen der Gegenseitigkeit mit den Menschen in unserem Umfeld, wir machen uns stärker und gesünder, statt uns alle gleich zu machen. Ein solches Ökosystem ist am ehesten in der Lage, kollektives Wissen mit lokalem, situativem Wissen zu verbinden und die Dezentralisierung von Informationen zu ermöglichen, anstatt sich weiterhin auf die Expert*innen und Führungspersönlichkeiten zu verlassen, die uns in diese Krise geführt haben.

Teil diese Ansatzes ist es, zu akzeptieren, dass wir niemals alle überzeugen werden. Andere werden weiterhin mit juristischen Mitteln und für begrenzte Reformen oder staatliche Finanzierung kämpfen. Es kann trotzdem noch Synergien geben, selbst mit denen, die in diesen diametral entgegengesetzten Paradigmen verbleiben. Zum einen könnten wir einen Vorteil aus Ressourcen ziehen, die für etwas anderes gedacht waren, wie die Leute in der Kleinstadt in den USA, die Tausende staatlich subventionierte Bäume pflanzen. In anderen Fällen lernen wir vielleicht sympathisierende Bürokrat*innen oder Akademiker*innen kennen, die in der Lage sind, Ressourcen an unsere Kämpfe weiterzuleiten oder unsere Kämpfe zu unterstützen, wie die Akademiker*innen, die dieses Buch unterstützt haben, oder der radikale Akademiker von Borneo, der seine Forschung nutzt, um indigene Gemeinschaften in ihrem Kampf zu unterstützen.

Jede Allianz sollte daraufhin untersucht werden, ob sie uns hilft oder uns daran hindert, die dezentrale, gemeinschaftliche Kraft aufzubauen, die wir brauchen. Die Ablehnung des technokratischen Strebens nach Einheit oder des Parteidogmatismus in unseren Bewegungen bedeutet nicht, dass wir uns einem kritischen Relativismus verschreiben, in dem alle Ideen gleichermaßen gültig sind. Es ist kein Ökosystem der Revolte, wenn es keine Revolte gibt. Eine der wichtigsten Aufgaben heute, die wir so energisch wie möglich verfolgen sollten, ist die Entwicklung revolutionärer Horizonte, mit so vielen Menschen und Gemeinschaften wie möglich, genau weil der Staat und all seine Anhängsel so viele Jahrzehnte damit verbracht haben, den bloßen Gedanken einer Revolution auszulöschen.

Revolutionäre Bewegungen haben mehrere wichtige Vorteile. Nur indem wir für revolutionäre Veränderung kämpfen, die eine existenzielle Gefahr für die bestehende Ordnung darstellen – zum Beispiel eine Welt ohne die Reichen, ohne Polizei, ohne Regierungen, ohne Konzerne –, haben wir jemals wichtige Zugeständnisse erreicht. Alle Arbeitsrechte, bezahlter Urlaub, die Verkürzung des Arbeitstages,

Revolutionäre Bewegungen haben mehrere wichtige Vorteile. Nur indem wir für revolutionäre Veränderung kämpfen, die eine existenzielle Gefahr für die bestehende Ordnung darstellen – zum Beispiel eine Welt ohne die Reichen, ohne Polizei, ohne Regierungen, ohne Konzerne –, haben wir jemals wichtige Zugeständnisse erreicht. Alle Arbeitsrechte, bezahlter Urlaub, die Verkürzung des Arbeitstages, Mieter∗innenschutz, öffentliche Gesundheitsversorgung, Arbeitslosenhilfe und Sicherheitsbestimmungen, die Jahr um Jahr wieder beschnitten werden, sind die Überreste von Reformen, die durch revolutionären Bewegungen von Anarchist∗innen und Kommunist∗innen zu Beginn des 20. Jahrhunderts erkämpft wurden, oder später durch die Organisationen, die aus diesen Bewegungen entstanden sind und institutionalisiert wurden, um sie zu befrieden.

Mit anderen Worten:
Wenn wir für die Revolution kämpfen,
gewinnen wir auch, wenn wir verlieren.

Mieter*innenschutz, öffentliche Gesundheitsversorgung, Arbeitslosenhilfe und Sicherheitsbestimmungen, die Jahr um Jahr wieder beschnitten werden, sind die Überreste von Reformen, die durch revolutionären Bewegungen von Anarchist*innen und Kommunist*innen zu Beginn des 20. Jahrhunderts erkämpft wurden, oder später durch die Organisationen, die aus diesen Bewegungen entstanden sind und institutionalisiert wurden, um sie zu befrieden.

Mit anderen Worten: Wenn wir für die Revolution kämpfen, gewinnen wir auch, wenn wir verlieren.

Trotzdem können wir revolutionäre Bewegungen nicht einfach als ein Verhandlungsmittel betrachten. Solange wir von der Macht über unsere Leben selbst zu bestimmen entfremdet werden und sie bei den Institutionen verbleibt, die uns regieren, wird jede Verbesserung, die uns zugestanden wird, ab dem Moment wieder stetig abgetragen werden, an dem wir keine Gefahr mehr darstellen.

Revolutionäre Bewegungen, die direkte Aktionen anwenden, um *kaputt zu machen, was uns kaputt macht,* stärken das Bewusstsein und zwingen die gesamte Gesellschaft dazu, über Probleme zu reden, von denen die Medien und die Regierung wollen, dass wir sie ignorieren. Wenn wir uns in der Hitze der Rebellion in den Straßen treffen, tragen wir alle unsere isolierten Probleme zusammen und realisieren, wie viel wir teilen.

Ob wir auf Fracking in Pennsylvania oder Windparks in Oaxaca schauen, Big Business und die Regierungen, die diese Projekte unterstützen, agieren im Schutz der Geheimhaltung, sie isolieren die Leute und bringen sie dazu, eine nach der anderen, ihr Land zu verkaufen. Wenn die Leute zurückschlagen, wenn sie beispielsweise Barrikaden bauen, um zu verhindern, dass bewaffnete Kräfte Windkraftanlagen in Bíi Hioxo, im mexikanischen Bundesstaat Oaxaca, bauen, dann »erschaffen sie einen Raum, um diese Projekte zu hinterfragen« und auch wenn dieses spezifische Projekt trotzdem gebaut wurde, weil eine komplexe Kampagne zur Aufstandsbekämpfung verschiedenste bezahlte Kräfte aufgebracht hat – von Auftragsmördern und Spitzeln im Viertel, über Marketingleute, NGO-Angestellte und Akademiker*innen –, wurden Kampflinien gezogen, die weiterhin

Widerstand im Rest der Region ermöglichen und die Leute, die nominell den Konflikt verloren haben, konnten bessere Bedingungen aushandeln.[378]

In den Vereinigten Staaten war über 40 Jahre lang die vorherrschende Meinung, dass der systemische Rassismus durch die Bürgerrechtsbewegung der 1950er- und 1960er-Jahre beendet wurde. Erst nachdem divers zusammengesetzte und von Schwarzen angeführte Unruhen nach der Ermordung von Oscar Grant 2009 und, in viel größerem Umfang, nach der Ermordung von Mike Brown 2014 in Ferguson, Missouri, die Polizei bekämpft und noble Geschäfte angegriffen haben, wurde die *weiße* Vorherrschaft wieder zu einem Thema der öffentlichen Auseinandersetzung. Dies war möglich dank einer komplett führerlosen Bewegung, die durch viele andere Revolten von unterschiedlicher Größe im ganzen Land zum Leben erweckt wurde. Eine Bewegung, die Räume für Gespräche, Räume für Heilung, Räume für Besetzungen und Transformation und Räume des Gegenangriffs, der Rache und Umverteilung von Reichtum eröffnete. Bezeichnenderweise waren die meisten Mainstream-Medien, die selbst den systemischen Rassismus aufrecht erhielten, indem sie als Propagandakanäle für den Krieg gegen die Drogen dienten und eine ernsthafte Berichterstattung über alle Facetten der *weißen* Vorherrschaft vermieden, 2014 gezwungen anzuerkennen, dass Rassismus immer noch ein Problem ist.

Und so unbequem es auch für diejenigen ist, die die Bewegung gern in eine lukrative NGO verwandeln würden, die ihre Gefangenen nicht unterstützt, oder in eine Wahlmaschine für die Demokratische Partei: 2020 manifestierte sich die Bewegung erneut in riesigem Umfang und zwang die ganze Gesellschaft wenigsten für einige Monate, eine sehr radikale Idee zu erwägen, die nur wenige Jahre vorher in diesem Umfang unvorstellbar gewesen wäre: die komplette Abschaffung der Polizei. Und die eloquenteste Geste, um diese Debatte zu eröffnen, war die Manifestation der Idee der Abschaffung der Polizei durch das Niederbrennen des Dritten Polizeireviers in Minneapolis. Ähnlich wie der Arabische Frühling 2011 schickte die Revolte von Minneapolis Schockwellen um die Welt, die Debatten über Rassismus voranbrachten und Taktiken der kollektiven Selbstverteidigung gegen die Polizei verbreitete: nach Großbritannien, Frankreich, Brasilien und darüber hinaus.

Die Fähigkeit revolutionärer Bewegungen, das Bewusstsein zu schärfen und die Grenzen einer Debatte zu verschieben, steht außer Frage. Damit verbunden ist aber auch ein anderes wichtiges Anliegen: die Verschiebung des Kräfteverhältnisses. Besonders in den USA ist die Polizei eine zentrale Institution. Die Polizei abzuschaffen heißt, den gesamten kapitalistischen Siedlerstaat abzuschaffen. Es war unvermeidlich, dass jede*r, der oder die nicht in der Lage ist, solch einen revolutionären Horizont zu begreifen, die Parole ›*Abolish the Police*‹ allmählich durch ›*Defund the Police*‹ ersetzen würde. Und von dort aus ist es nur ein kurzer Weg zur Erhöhung des Budgets der Polizei, um für Bodycams und verbesserte Ausbildung zu zahlen, die angeblich einen Schlusspunkt hinter Hunderte Jahre Polizeigewalt setzten sollte.

Dadurch, das wir nicht die Macht haben, eine so riesige, hässliche Maschine wie die USA abzuschaffen und sie durch etwas Besseres, Gesünderes zu ersetzen, haben nur sehr wenige von uns die Macht, sich vorzustellen, was es bedeutet ihre Bestandteile einzeln abzuschaffen. Gleichermaßen gilt: Wenn wir nicht die Macht haben, unser Territorium zu übernehmen und uns selbst durch ökozentrische Beziehungen zu versorgen und ökozidale Industrien abzuschaffen, werden nur wenige von uns die Macht haben, sich irgendeine Lösung vorzustellen, die nicht beinhaltet, dass die Regierung einen Zauberspruch aufsagt und die Lage klärt.

Einen revolutionären Horizont zu haben, verlangt von uns, Macht aufzubauen; eine revolutionäre Macht, die im Verhältnis mit unseren Bedürfnissen und Lebensweisen steht. Glücklicherweise sind revolutionäre Bewegungen mehr als alles andere dazu geeignet, dezentrale Macht aufzubauen. Im Gegensatz dazu stärken reformistische Bewegungen nur zentralisierte Macht, indem sie die Rolle der Autoritäten als Vermittler*innen festigen und indem sie riesige Mengen an Ressourcen von den sozialen Bewegungen zum Zweck des Lobbyismus abschöpfen.

Uns revolutionäre Horizonte vorzustellen und eine Macht aufzubauen, die aus unseren eigenen Aktivitäten und der kollektiven Befriedigung unserer Bedürfnisse und Begehren schöpft - eine Art von Macht, die keine Grundlage für ein neues Unterdrückungssystem bietet -, offenbart unweigerlich all die sich überschneidenden Linien der Unterdrückung und des Widerstands. Auf diesem Terrain sehen wir, wie Klimawandel, industrielle Verschmutzung, Patriarchat, Grenzen, Rassismus, Massenaussterben, Kapitalakkumulation durch Enteignung und Kolonialismus untrennbar verbunden sind. Per Definition ist diese Art von Revolution ein Paradigmenwechsel. In einer Gesellschaft, in der sogar der Umweltschutz zu einem Werkzeug der Zerstörung der Erde und ihrer Bewohnenden geworden ist, wird der Bruch mit dem vorherrschenden Paradigma zu einer Notwendigkeit, die wir nicht länger vermeiden können.

Deshalb müssen wir für eine Revolution kämpfen und unser Bestes geben, um zu gewinnen. Einem System, das inhärent Elend produziert, ein Ende zu setzen, wäre die beste Zukunft für uns alle. Wenn wir auf eine Weise kämpfen, die mit der Welt, die wir verteidigen wollen, im Einklang steht, dann macht jeder Schritt, den wir tun, auch wenn wir ihn nicht bis zum Ende gehen, die Welt zu einem besseren Ort und könnte den Unterschied zwischen Leben und Tod für einen Menschen, eine Gemeinschaft, ein Ökosystem ausmachen, das gerade jetzt bedroht ist. Aus der Erkenntnis heraus, dass wir nur dank eines wunderbaren Beziehungsgeflechts mit unzähligen anderen Lebewesen existieren, können wir erkennen, dass die Pflege dieser Beziehungen die bestmögliche Art zu leben ist. Es ist eine Revolution, die unsere Gegenwart transformiert, unsere Vergangenheit würdigt und die größte Hoffnung für ein Ende der Apokalypse darstellt, die schon viel zu lange fortwährt, eine Bewegung in Richtung einer Zukunft, in der wir alle endlich beginnen können zu heilen.

Deshalb müssen wir für eine Revolution kämpfen und unser Bestes geben, um zu gewinnen. Einem System, das inhärent Elend produziert, ein Ende zu setzen, wäre die beste Zukunft für uns alle. Wenn wir auf eine Weise kämpfen, die mit der Welt, die wir verteidigen wollen, im Einklang steht, dann macht jeder Schritt, den wir tun, auch wenn wir ihn nicht bis zum Ende gehen, die Welt zu einem besseren Ort und könnte den Unterschied zwischen Leben und Tod für einen Menschen, eine Gemeinschaft, ein Ökosystem ausmachen, das gerade jetzt bedroht ist.

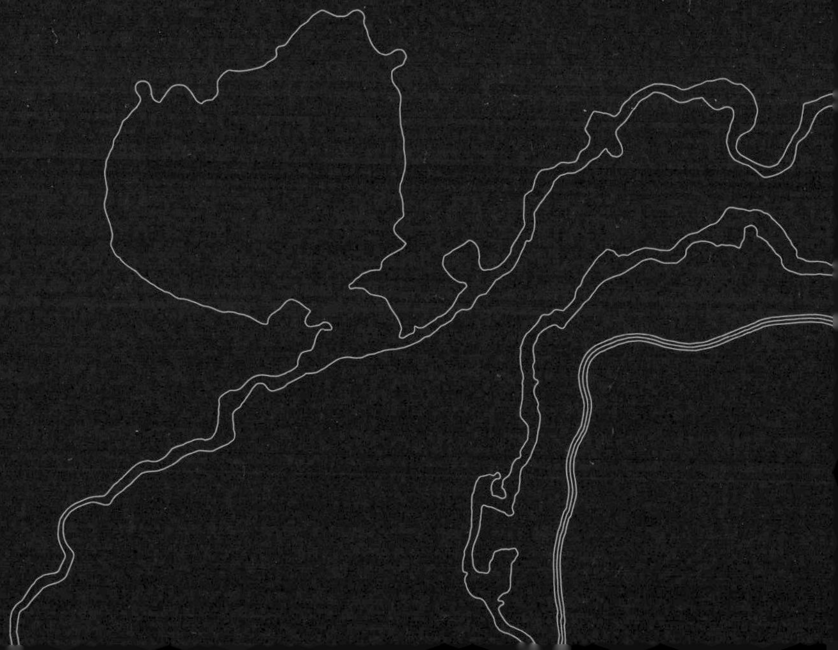

5. Eine wirklich andere Zukunft

Ökologische Vorstellungskraft: Entwurf einer vollständigen Transformation der menschlichen Existenz

Eine riesige Menge Ressourcen wurde aufgewandt, um es uns unmöglich zu machen, uns eine Welt frei von Kapitalismus, frei von Hierarchien und frei von dem Kolonialismus entstammenden Institutionen überhaupt vorzustellen. Die einzige Art von Vorstellungswelt, die in der herrschenden Gesellschaft artikuliert und praktiziert wird, ist die von technokratischen Ingenieur*innen, die ihre Blaupausen auf das von ihnen als passiv vorgestellte Territorium legen.

Eine der wirksamsten Waffen gegen einen solchen Interventionismus ist eine situierte Vorstellungskraft: die Welt um uns herum betrachten, die Beziehungen aufspüren, die wir haben und haben könnten, auf ihre Bedürfnisse hören und diesen Bedürfnissen freien Lauf lassen, um zu sehen, in welche Richtung sie uns ziehen.

Falls du deinen Blick nicht kurz abseits des Buches hast schweifen lassen, nachdem du das gelesen hast, tu es jetzt. Nimm dir einen Moment Zeit, zu verstehen, worauf ich eigentlich hinaus will. ›Die Welt um uns herum‹ ist nichts Abstraktes. Es ist der Boden unter deinen Füßen. Es sind die Organismen, die dir die Luft zum Atmen spenden, und die Maschinen, die sie vergiften. Es geht um die Lebensmittel in deiner Speisekammer oder deinem Kühlschrank, um die Maschinen, die ihnen ihre heutige Form gegeben haben. Das Land, von dem diese Lebensmittel stammen, und vielleicht anderes, viel näher gelegenes Land, von dem sie stammen könnten, es aber nicht tun. Und es geht um das Warum des Ganzen.

Hast du dir die Welt um dich herum nun angeschaut? Tu es. Hör auf zu lesen.

Die Geschichten des Widerstands in Kapitel 3 sind allesamt von unmittelbarer Relevanz. Aber sie spannen auch einen möglichen Horizont auf. Was brauchen wir, um zu diesem Horizont zu gelangen? Wer sind die Leute, was sind die Institutionen, die uns im Weg stehen? Was sind die Traumata und festgefahrenen sozialen Beziehungen, die es unerträglich machen, auch nur die ersten Schritte zu tun, und was müssen wir tun, um diese Traumata zu heilen und diese Machtverhältnisse zu verändern?

Da wir nicht erreichen können, was wir uns nicht vorstellen können, werde ich versuchen, diese Schritte nicht als Entwurf, sondern als eine imaginäre Zukunft zu beschreiben. Das Bild ist global, aber nicht universell. Ich werde mich auf ein Gebiet konzentrieren, das ich sehr gut kenne – das Gebiet, in dem ich die meiste Zeit meines erwachsenen Lebens gelebt habe –, um mir eine ganze Welt vorzustellen, die aus ähnlich ermächtigten Territorien besteht, von denen jedes einzigartig darin ist, wie sich die Krise dort manifestierte und wie die Menschen zusammen kamen, um sie zu lösen.

Dieser Abschnitt ist außerdem eine Einladung zu einem viel größeren Buch. Es ist das Phantombuch der ungeschriebenen Imaginationen, die miteinander im Dialog stehen. Du schreibst, während du weiter liest, ein eigenes Kapitel, von deinem eigenen Territorium aus.

Katalanische Länder

Einige Jahrzehnte in der Zukunft ist der globale Kapitalismus endlich abgeschafft, aber wir leben immer noch mit vielen seiner Auswirkungen. Der globale Anstieg des Meeresspiegels hat sich in vielen Teilen der Welt bereits als katastrophal erwiesen. In Städte wie Miami, die auf porösem Grundgestein gebaut wurden, hat die Infrastruktur massiv versagt und wurde aufgegeben, während viele Inselstaaten im Pazifik evakuiert worden sind.[379] In den katalanischen Ländern sind, trotz der ausgedehnten Küstenlinie, dank der gebirgigen Topografie und des steilen Gefälles an den Küsten, die schlimmsten Auswirkungen des Meeresspiegelanstiegs bisher ausgeblieben. Andererseits ist eine neue Beziehung zum Meer eine der wichtigsten Antworten auf die ökologische Krise. Das Verbot von kommerzieller Schleppnetzfischerei, Kreuzfahrtschiffen, Öl- und Chemikalientankern sowie die schrittweise Einstellung des Einsatzes internationaler Frachtschiffe haben dem Mittelmeer die dringend benötigte Chance gegeben, sich zu erholen, indem sie die chemische Verschmutzung und die Lärmbelästigung fast vollständig beseitigt und die Verwüstung des Meeresbodens gestoppt haben.

Seetang- und Seegraswälder haben sich wieder erholt und sich von kleinen Küstenschutzgebieten vor der Küste Kataloniens und Eivissas aus ausgebreitet, um den größten Teil des Küstenökosystems wiederzubeleben. Ein großer Teil davon ist von allein nachgewachsen. Durch die Abschaffung der Schleppnetze wurde der Meeresboden geschützt und die Überpopulation der Seeigel, die den Wäldern zu schaffen machte, wurde durch die Krabbenpopulationen, die aufgrund des Rückgangs der Verschmutzung gewachsen sind, ins Gleichgewicht gebracht. Auch die menschliche Tradition, Seeigel zu essen, die durch das Regime der kapitalistischen Lebensmittelproduktion zurückgegangen war, hat einen großen Aufschwung erlebt. In der traditionellen Esskultur der katalanischen Länder – Rosselló, Katalonien, die Balearen und València – waren Meeresfrüchte eine wichtige Nahrungsquelle für die Küstenbevölkerungen. Die kapitalistische Vereinheitlichung der lokalen Esskultur ist ohne Rücksicht auf die Umweltauswirkungen geschehen. Heute ist die alte Esskultur wieder beliebt und wird im Wissen um das ökosystemische Gleichgewicht weitergeführt. Wenn Menschen an den Strand gehen, kommen sie oft mit einem kleinen Korb voller Seeigel zurück, die sie zum Abendessen servieren. Dies ist ein erstes Beispiel eines größeren Trends: Arbeit und Freizeit, Produktion und Spiel sind selbstbestimmt und nicht mehr voneinander zu unterscheiden. Vergessen ist die Entfremdung, die die Arbeit vom Leben trennt. Auch der jüngste technologische Trend, der die Logik der Produktivität auf jeden Moment des Tages ausgedehnt hat, ist verschwunden.

Neben der Schaffung der Voraussetzungen für das Nachwachsen von Seetang- und Seegraswäldern haben die Menschen in den katalanischen Ländern sorgfältig mehrere Projekte durchgeführt, bei denen Wissenschaftler*innen mit den Küstengemeinden auf Augenhöhe zusammengearbeitet haben und in der Letztere die Entscheidungen trafen. Eines dieser Programme war die Wiederansiedlung des europäischen Fischotters – neben dem Menschen der größte natürliche Räuber von Seeigeln – an bestimmten Küstenstandorten, an denen ein geeigneter Lebensraum für ihn gefunden wurde. Ein weiteres Projekt war eine Zusammenarbeit zwischen Meeresbiolog*innen und

Taucher*innen, um neue Seetang- und Seegraswälder an Orten zu pflanzen, die auch als Brücken zwischen den verbleibenden Wäldern dienen, um die möglichen Korridore für die Bewegung und Migration von Arten in einer Zeit zunehmender Instabilität zu vergrößern.

Diese Praktiken haben die biologische Vielfalt der Meere erhalten und mehrere bedrohte Arten vor dem Aussterben bewahrt, die Ernährungssicherheit der Küstengemeinden verbessert, Puffer gegen die Küstenerosion während der Superstürme geschaffen, die wahrscheinlich auch in den nächsten Jahrhunderten anhalten werden. Die Meereswälder stellen durch ihr exponentielles Wachstum eine der wichtigsten Kohlenstoffsenken in der Region dar, die der Atmosphäre Kohlenstoffdioxid entziehen, während wir langsam zu den vorindustriellen Treibhausgaswerten zurückkehren.

Eine weitere Veränderung in der Beziehung des Menschen zum Meer betrifft die Seefahrt. In den intensivsten Jahren der Transformation, als die Macht des Staates schwand, wurden die verbleibenden Treibstoffreserven größtenteils auf internationale Frachtschiffe aufgeteilt, die Hilfsgüter in gefährdete Teile der Welt brachten. Dabei handelte es sich im Wesentlichen um zwei Dinge: Lebensmittellieferungen an Länder des Globalen Südens, die in eine Abhängigkeit von Importen geraten waren, und Maschinenteile, damit ärmere Regionen die Selbstversorgung mit Lebensmitteln, Medikamenten und anderen lebenswichtigen Gütern erreichen konnten.

Dieser globale Ressourcentransfer, der es der armen Bevölkerung ermöglichte, sich aus dem ausbeuterischen Verhältnis der erzwungenen Abhängigkeit zu befreien, war dank der Arbeiter*innenorganisation in den Häfen und Fabriken möglich. Trotz des jahrzehntelangen Neoliberalismus blieb die gewerkschaftliche Organisierung in den Häfen – nicht nur in den katalanischen Ländern, sondern auf der ganzen Welt – bemerkenswert stark. Insbesondere in Barcelona waren die Hafenarbeiter*innen in der Regel sehr solidarisch mit anderen Kämpfen. Darüber hinaus stammten die internationalen Besatzungen von Frachtschiffen häufig aus den Ländern, die am stärksten von der erzwungenen Abhängigkeit vom Kapitalismus betroffen waren. Sie hatten während der Tragödien der Pandemie und des Zusammenbruchs der Weltwirtschaft zunehmend ein solidarisches Bewusstsein entwickelt, da viele Besatzungen hungernd mit jahrelang nicht gezahlten Löhnen auf hoher See zurückgelassen wurden. Hilfreich war auch, dass ein großer Teil der Kraftstoffreserven und Verarbeitungsanlagen in oder in der Nähe von Häfen lag, wo sie für die Hafenarbeiter*innen leicht zu erreichen waren.

Was die Fabriken betrifft, so hatte die katalanische Automobilindustrie bereits ihre Nützlichkeit in einer Zeit bewiesen, in der die Regierungen und der Kapitalismus die Menschen dem Tod überließen: An mehreren Standorten weigerten sich die Arbeiter*innen während der Pandemie, die Fabriken zu schließen und stattdessen nutzten sie sie zur Herstellung von Atemschutzmasken.[380] Internationale, direkte Solidaritätsbeziehungen, die sich unter den Basisbewegungen ausbreiteten, aber für die Expert*innen und Technokrat*innen nicht nachvollziehbar waren, ermöglichten Kommunikationslinien zwischen katalanischen Fabrikarbeiter*innen und kooperativen, städtischen Versammlungen und bäuerlichen Gruppen im Globalen Süden – vom Senegal bis Peru –, um spezifische Maschinenteile und Geräte wie Ölpressen, Traktorteile und medizinische Zentrifugen anzufordern und ihre Lieferung zu organisieren.

Es versteht sich von selbst, dass ein weiterer wichtiger Schritt bei der globalen Umverteilung lebenswichtiger Mittel die sofortige, totale und voller Verachtung vollzogene Abschaffung des hässlichsten aller kapitalistischen Artefakte war: des geistigen Eigentums. Alle Medikamente, die gesamte wissenschaftliche Forschung, alle Baupläne für Maschinen, aller Code wurden sofort offen zugänglich gemacht, und zwar mit illegalen und wirkungsvollen Mitteln, wenn Institutionen versuchten, den exklusiven Zugang zu erhalten. Arzneimittelfabriken, die ihre Produkte nicht frei mit allen teilten, wurden enteignet, Universitätsfakultäten, die ihre Forschung nicht teilen wollten, wurden in Brand gesteckt. Zuvor arbeitslose Kunststudent*innen machten sich satirisch über die vermeintlich großen Erfinder und Forscher lustig, die Forschungsassistent*innen ausgebeutet hatten, traditionelles Wissen für sich beanspruchten oder nützliche Technologien geheim hielten, um reich zu werden, während Menschen starben. Die

Namen vieler, die erwartet hatten, als große Männer in die Annalen der Geschichte einzugehen, wurden in den Schmutz gezogen und werden als verachtenswerte gierige Gestalten in die Mythologie eingehen, wie der Grinch oder König Midas.

Territorien, die Autonomie erlangt hatten und an den oben beschriebenen Initiativen teilnahmen, erreichten den Zustand der Selbstversorgung oft innerhalb eines Jahrzehnts. Je mehr Gebiete diesen Weg einschlugen, desto mehr trockneten die verbleibenden Netzwerke der kapitalistischen Ausbeutung aus, desto mehr fehlten den verbleibenden Staaten die Mittel und die Unterstützung, um diese Initiativen zu behindern oder zu vernichten, und desto mehr konnten andere Gebiete ihre Autonomie zurückgewinnen und sich gegen die Versuche der kapitalistischen und staatlichen Institutionen, die Kontrolle zu behalten, verteidigen. Dieser Prozess beschleunigte sich exponentiell. Aus der Perspektive der Regierenden war es ein apokalyptischer Kollaps. Für den Rest von uns war es die beste Party, die wir je erlebt haben – auch wenn dafür einige große Schwierigkeiten überwunden werden mussten. Unsere Leben gehörten zum ersten Mal uns.

Da sich immer mehr Gebiete der Selbstversorgung annäherten, gingen die Frachttransporte zurück, parallel zu einem Rückgang des verfügbaren Kraftstoffs. Der ungeschriebene Konsens innerhalb dieses wachsenden Netzwerks von autonomen Territorien war: alle Öl- und Gasquellen in einem bestimmten Gebiet so schnell wie technisch möglich zu versiegeln, ausgenommen in Fällen, in denen dies zu einer Hungersnot führen würde; in solchen Fällen verpflichtete sich das gesamte Netzwerk, das betreffende Gebiet bei der Anpassung seiner Lebensmittelinfrastruktur zu unterstützen, um die Abhängigkeit von fossilen Brennstoffen zu beenden.

Dass Containerschiffe aus der Mode kamen, bedeutet jedoch nicht, dass die Meere frei von menschlicher Präsenz sind. Ganz im Gegenteil: Die Meere und Ozeane werden ständig von Booten durchquert, obwohl unter den Wellen eine gesunde Stille herrscht, ohne laute Motorengeräusche, die die Walpopulationen schädigen, denn die Boote werden nun vom Wind angetrieben. Überall dort, wo sich die Küstengebiete befreiten, enteigneten die Menschen die großen

Segelboote und Jachten der Reichen und setzten sie rasch für emanzipatorische Zwecke ein. Bevor die Revolution richtig gestartet war, waren die katalanischen Länder bereits durch eine aufkeimende anarchistische Segler*innengewerkschaft verbunden.[381] Diese und andere Organisationen mit Bezug zu Seenotrettung oder reproduktiver Freiheit verstärkten ihre Aktivitäten drastisch, unterwanderten die Grenzen, transportieren Klima- und Kriegsflüchtende in sichere Gebiete und ergänzen die internationalen Lieferungen von lebenswichtigen Gütern.

Heute, in dieser bestmöglichen Zukunft, einige Jahrzehnte nach der revolutionären Transformation, liegt der Umfang des globalen Transportaufkommens nur bei wenigen Prozent des Niveaus, auf dem es vor dem langsamen Absterben des globalen Kapitalismus lag. Die Menschen tauschen nach wie vor weltweit Waren aus, und zwar eher aus Vergnügen als aus Abhängigkeit. Denn da die Gebiete autark sind, gibt es keine Logik der Knappheit mehr und somit auch keine Notwendigkeit, den Austausch in einem monetären Rahmen zu regeln.

Alle, die in einem katalanischen Hafen Segel Richtung Lápmi oder Südpatagonien setzen, füllen den Laderaum mit Orangen oder Olivenöl. Auf den Feldern rund um Tarragona oder Dénia gibt es solche Waren in Hülle und Fülle und wer mit solchen Leckereien in die gemäßigten oder subarktischen Breitengrade kommt, ist dort mit Sicherheit gern gesehen. Diese Praxis des Handels hat jedoch keine Ähnlichkeit mit einem quantitativen Austausch. Die bedauernswerten Bevölkerungen, die Gastfreundschaft verlernt hatten, lernen gerade wieder, dass sie etwas ist, das wir allen anbieten sollten, die in Frieden kommen; dass Großzügigkeit nur noch mehr Großzügigkeit erzeugt.

Auch das Inland der katalanischen Länder hat eine radikale Transformation erlebt. Bevor die Revolution richtig in Gang kam, war die Bevölkerungsdichte bereits nahe an der Grenze dessen, was nachhaltig sein könnte. Ein großer Teil der Fläche war bereits mit dem bedeckt, was Technokrat*innen als ›Wald‹ bezeichneten. Die Umwandlung dieser Baumplantagen in echte Wälder ist ein langsamer, aber für die Verringerung des atmosphärischen Kohlenstoffdioxids wichtiger Prozess. In einigen Ökosystemen heißt das, dass lokale Gemeinschaften helfen, feuerresistente regionale Eichen- oder Buchenwälder zurückzubringen, sie fördern lokale Feuchtigkeit und speichern im Laufe der Zeit sehr viel Kohlenstoff im Waldboden und Laubdach. Außerdem sind sie eine Nahrungsquelle für etliche Arten und reichern das Nahrungsnetz an – Teil dessen sind auch lokale menschliche Gemeinschaften (Eichelmehl ist außerdem ein guter Ersatz in Jahren mit schlechter Getreideernte). In Ökosystemen, in denen Nadelwälder besser gedeihen, werden wieder heimische Nadelbäume gepflanzt und rigoroser Gebrauch von Praktiken des regenerativen Pastoralismus gemacht, mit Ziegen und Schafen, die das Unterholz sauber halten und damit katastrophale Waldbrände unwahrscheinlicher machen, die in unserer Region eine große Gefahr darstellen.

Moore binden viel mehr CO_2 als Wälder, und so wurden die alten Moore entlang aller großen Flusstäler im Tiefland wiederhergestellt. Die Realität katastrophaler Überschwemmungen erleichterte es, die Menschen davon zu überzeugen, umzuziehen, wenn ihre Häuser abgerissen werden mussten, um Platz für die Renaturierung zu schaffen. Eines der größten Projekte war die fast vollständige Zerstörung des Flughafens von Barcelona und die Wiederherstellung des Feuchtgebiets, auf dem er errichtet worden war. Nach dem Ende des Massentourismus und des Flugverkehrs blieb nur noch eine Start- und Landebahn für Kleinflugzeuge übrig. Die Menschen auf den Balearen waren davon begeistert, ihre Häuser von den respektlosen Tourist*innenhorden zurückzuerobern und die Schließung des Flughafens für den Massenverkehr war eine der ersten Maßnahmen im Rahmen dieser Transformation. Um zu verhindern, dass weitere Schiffe ankommen und ihre unerwünschten Passagiere ausspucken, wurde der Anleger für Kreuzfahrtschiffe vollständig sabotiert.

In den heikelsten Jahren der Transformation hatten die katalanischen Länder das Glück, über große landwirtschaftliche Flächen und Industrien zu verfügen, die die Menschen ernähren konnten, während sie gleichzeitig umgewidmet wurden und genügend Überschüsse für die trockeneren Gebiete auf der anderen Seite des Mittelmeers zur Verfügung standen.

Eine der dramatischsten Veränderungen war die Abschaffung der industriellen Fleischproduktion. Die Massentierhaltung von Schweinen hatte weite Teile der Agrarlandschaft beherrscht, von den riesigen Ställen und Schlachthöfen, in denen die Tiere ein elendes Leben fristeten und einen elenden Tod starben, bis hin zu den ausgedehnten Monokulturen, die mit Schweinegülle gedüngt wurden, sodass sowohl pflanzliche als auch fleischliche Lebensmittel in die Schweineindustrie integriert und von großen Mengen fossiler Brennstoffe abhängig waren.

Aufgrund der dramatischen Veränderung der Ressourcenverfügbarkeit und des sich ausbreitenden ökologischen Bewusstseins wurde die industrielle Fleischproduktion in aller Eile eingestellt. Dies erforderte auch eine radikale Umgestaltung der landwirtschaftlichen Flächen. Die Tierhaltung musste entweder in die Land- oder in die Forstwirtschaft integriert werden, sodass die Nutztiere keinen Bedarf an der Produktion von Getreide hatten, sondern sich weitgehend selbst ernährten, wobei sie die Felder düngten, die Wälder pflegten und in Herden unter freiem Himmel lebten. Riesige Monokulturen verschwanden ebenfalls, da eine Abhängigkeit von industriellen Erntemaschinen, Chemikalien und Erdöl weder wünschenswert noch praktikabel war. Der ländliche Raum erfuhr eine erhebliche Zuwanderung, sodass kleine Gärten in der Nähe der Häuser einen großen Teil der Nahrungsmittel produzieren. Große Felder wurden aufgeteilt und mit Obst- und Nussbäumen bepflanzt. Der verbleibende Getreideanbau erfolgt im kleineren Maßstab mit Traktoren, die mit Biokraftstoff betrieben werden, oder in einer wachsenden Zahl von Projekten, die von hochmotivierten jungen Menschen initiiert werden, durch die Wiederverwendung älterer ökologischer Technologien und Handwerkzeuge. In der Zwischenzeit wird der handwerkliche Reisanbau in den Feuchtgebieten von Tarragona und València fortgesetzt.

Das Ergebnis ist, dass das derzeitige landwirtschaftliche System sich selbst befruchtet, eine weitaus vielfältigere und gesündere Ernährung bietet, einen guten Lebensraum für viele Vogel-, Reptilien-, Amphibien-, Insekten- und Säugetierarten darstellt, keine

Umweltverschmutzung verursacht und sogar CO_2-negativ ist – ganz im Gegensatz zum früheren System.

Die Verlagerung von durchschnittlich 30 bis 50% der Stadtbevölkerung in Kleinstädte und aufs Land ist in der Tat eine komplexere Angelegenheit als eine einfache Übersiedlung der Menschen. Statische Kategorien wie ›Stadtbewohner*in‹ oder ›Landbewohner*in‹ einem Prozentsatz zuzuordnen, wirkt wie ein Artefakt aus der soziologischen Vergangenheit, wenn wir bedenken, wie viele Menschen mit einem Bein in der Stadt und mit dem anderen auf dem Land stehen. Schon vor dem Zusammenbruch der Staatsmacht gab es eine Vielzahl anarchistischer und ökologischer Initiativen, die die für eine handwerkliche, hauptsächlich ländliche und weitgehend auf der Gabe oder Solidarität basierende Wirtschaft erforderlichen Praktiken und Infrastrukturen wiederherstellten. Dank dieser ersten revolutionären Wellen waren die Modelle, Instrumente, Erfahrungen und das territoriale Bewusstsein bereits vorhanden, als die Menschen mit der Notwendigkeit konfrontiert wurden, eine rasche Umgestaltung des bestehenden Agrarsystems vorzunehmen. Nach der Abschaffung der Polizeikräfte und der Niederschlagung der verbliebenen faschistischen Paramilitärs stand der Besetzung der zahlreichen leerstehenden Wohnungen – ein Nebenprodukt der ausufernden Immobilienspekulation –, der Instandsetzung alter, verlassener *masies* (Bauernhäuser), der Enteignung von *masies* und Ferienhäusern der Wohlhabenden nichts mehr im Wege. Der einfache Zugang zu ländlichem Wohnraum beseitigte eines der größten Hindernisse und führte dazu, dass sich die Anzahl handwerklicher und landwirtschaftlicher Projekte nach anarchistischem Vorbild innerhalb weniger Jahre verhundertfachen konnte.

Diese Projekte gehen mit immenser Arbeit einher – jedoch einer lustvollen und gesunden, in starkem Kontrast zur Landarbeit der kapitalistischen Vergangenheit –, die von kleinen Kerngruppen geleistet wird, die dauerhaft auf dem Land leben und oft in queeren Familien organisiert sind, die die patriarchalen Normen abschaffen. Allerdings stützen sich diese Gruppen, wiederum in radikaler Tradition, auf ein breiteres Netzwerk von Freund*innen, die zu bestimmten Zeiten des Jahres – beim Baumschnitt, beim Pflanzen und Säen, bei der Ernte – aus den Städten kommen, um mitzuhelfen und die üppigen Feste zu genießen, die solche *jornades* (Arbeitstage) immer begleiten. So kann eine *masia* mit vielleicht acht bis zehn ständigen Bewohner∗innen mit zehn bis dreißig Freund∗innen rechnen, die sich ebenfalls als Teil des Projekts betrachten und für einige Tage aus der Stadt kommen, um sich an der Arbeit zu beteiligen und an der Fülle der Natur teilzuhaben. Diese Tradition verwandelt die anstrengendsten Momente der landwirtschaftlichen Arbeit in Anlässe zum Feiern, bei denen die Landbewohner∗innen mit ihren semiurbanen Freund∗innen wieder zusammenkommen und diese die Landschaft und eine Form der Arbeit genießen können, die sich in kleinen Portionen und als Kontrast zu ihrer normalen Tätigkeit in den städtischen Werkstätten gesund und erholsam anfühlt.

Seltsamerweise vollzog sich ein ähnlicher Wandel bei der alten Garde der veralteten industriellen Agrarwirtschaft. Da sie in relativ kurzer Zeit den Zugang zu fossilen Brennstoffen und industriellen Dünge- und Schädlingsbekämpfungsmitteln verloren hatte, verfügte sie weder über die Fähigkeit noch über das Know-how, ihre großen Ländereien zu bewirtschaften. Einige Bäuer∗innen übernahmen freiwillig ökologische Methoden – alte und neue –, die lange Zeit eine randständige Erscheinung im landwirtschaftlichen Sektor gewesen waren. Nun konnten sie darauf zurückgreifen, weil Traditionalist∗innen die Methoden bewahrt hatten oder enthusiastische Städter∗innen sie wieder einführten. Alle waren von der Notwendigkeit überzeugt, die Landwirtschaft aufrechtzuerhalten, um einen sozialen Zusammenbruch zu verhindern, und alle mussten sich Hilfe suchen, um ihr Land ohne die schädlichen Hilfsmittel aus Erdöl und Kunststoffen zu bewirtschaften. Ähnlich wie die ›Neo-Ruralen‹ und die Anarchist∗innen wandten sie sich daher an ihr Umfeld. In diesem Fall handelte es sich um Cousins und Cousinen, Nichten, Neffen, Kinder und Enkelkinder, die zum Studieren in die Stadt gegangen und nie wieder zurückgekommen waren. Diese größeren Familiennetzwerke lieferten die Arbeitskraft, die in Schlüsselmomenten wie den Ernten benötigt wurde, und die zurückkehrende Jugend neigte auch dazu, den Konservatismus der alten Garde der kapitalistischen Landwirtschaft zu untergraben, von ihrer patriarchalen und rassistischen Einstellung bis hin zu ihrer Ablehnung ökologischer Praktiken.

Derartige Aufenthaltsrhythmen bedeuten, dass weitaus weniger Lebensmittel transportiert werden müssen, da mehr Menschen in Regionen leben, die reich an Lebensmitteln sind, und die meisten Lebensmittel in einem kleinen Umkreis produziert werden. Der Gegensatz zwischen Stadt und Land, der im Laufe der Geschichte Quelle oder Komplize vieler unterdrückerischer und staatsbildender Dynamiken war, ist weitgehend aufgehoben, da die meisten Menschen zu beiden Räumen gehören.

Ein Kampf, der sich über Jahre hinzog und in den ländlichen Regionen tiefe Spuren hinterließ, war der Kampf gegen Rassismus. In den Städten haben die Solidarität der Unterschicht während der Revolte und die Abschaffung der Massenmedien viel dazu beigetragen, die Wunden des Rassismus zu heilen und aktive Rassist*innen an den Rand zu drängen. Was die ehemalige Oberschicht betrifft, so sind sie alle Rassist*innen, ob sie sich ansonsten nun progressiv oder reaktionär verorten würden, aber sie spielen keine Rolle mehr, da sie vollständig enteignet und diskreditiert wurden und niemand hören will, was sie zu sagen haben.

Auf dem Land jedoch lebten die industriellen Landwirt*innen in einem eigentümlichen Grenzbereich zwischen Kapitalist*innen und Arbeiter*innen. Sie besaßen Produktionsmittel und sorgten persönlich für die brutale Ausbeutung von Landarbeiter*innen, zumeist von Rassismus betroffene Menschen, aber sie arbeiteten auch selbst auf den Feldern und waren faktisch in der Hand der Banken und lebten in der Regel von kleinen Profitmargen.

In den meisten Regionen gab es kaum gesellschaftliche Unterstützung für die Enteignung von Familienbetrieben. Es gab einen großen Vorstoß durch von Rassismus Betroffene und denjenigen, die an ihrer Seite kämpfen, um aus der marginalen Position auszubrechen, in die sie von der breiten Gesellschaft lange Zeit gedrängt worden waren. Das bedeutete für sie Zugang zu gutem Wohnraum, was im Allgemeinen durch die Enteignung von Häusern der Superreichen, von Ferienhäusern oder von leerstehenden Wohneinheiten aus der

Immobilienblase gelöst werden konnte. Es bedeutete auch, Zugang zu Land und Essen zu bekommen. In einigen Fällen gelang es durch den Druck von semiurbanen Angehörigen, Landwirt*innen, die Landarbeiter*innen ausgebeutet hatten, dazu zu bringen, einen Teil ihres Landes abzugeben. In anderen Fällen enteigneten von Rassismus betroffene Menschen mit Unterstützung von ›Neo-Ruralen‹, die in einem Gebiet bereits gut etabliert waren, das Land großer Agrarunternehmen. Vor allem bei den Landwirt*innen, die sich geweigert haben, ihre Ausbeutung von Landarbeiter*innen im Kapitalismus aufzuarbeiten, sind die Wunden noch nicht verheilt, die möglicherweise noch ein oder zwei Generationen lang anhalten. Glücklicherweise ist die tonangebende Ansicht in den Städten und in einem großen Teil des ländlichen Raumes, dass Rassismus der alten plutokratischen Klasse Nutzen bringt, die uns beinahe alle umgebracht hätte. Der gemeinsame Kampf auf der Straße gegen Polizeigewalt, Zwangsräumungen und Prekarität in den letzten Jahren des kapitalistischen Regimes war entscheidend für die Entwicklung eines Gefühls der antirassistischen Solidarität unter der Jugend.

Diese Solidarität war der Schlüssel zu den großen Migrationsbewegungen des ersten Jahrzehnts der Transformation. Viele Migrant*innen, die in den letzten Jahren des Kapitalismus auf der Suche nach Arbeit oder auf der Flucht vor Kriegen in die katalanischen Länder kamen, zogen es vor, zurückzukehren, als die kommunalen Solidarwirtschaften aufblühten und die Kriege endeten. Doch viele derjenigen, die vor den Folgen der Wüstenbildung und des ökologischen Zusammenbruchs flohen, vor allem aus Afrika, entschieden sich zu bleiben, und noch immer kommen weiter Klimaflüchtende an. Obwohl der atmosphärische CO_2-Gehalt jetzt abnimmt und sich Techniken zur Eindämmung der Wüstenbildung in den gefährdeten Gebieten verbreitet haben, liegen die Temperaturen immer noch mehr als 2 °C über dem vorindustriellen Wert, und es wird vorhergesagt, dass das Klima noch ein oder zwei Jahrhunderte lang instabil bleiben wird, bevor es sich wieder auf das Gleichgewicht des späten Holozäns einpendeln wird.

Angesichts der Tatsache, dass die katalanischen Länder ebenfalls eine Wüstenbildung erleben, mussten die sozialen Bewegungen einen großen Vorstoß unternehmen, um jegliche migrationsfeindliche Diskurse im Keim zu ersticken. Glücklicherweise blühte in den letzten Jahren des Kapitalismus die Solidarität auf, so wie es bei Katastrophen meistens der Fall ist. Es wurde eine umfassende Solidaritätsinfrastruktur entwickelt, um Klimaflüchtenden zu helfen in Gebiete zu gelangen, die einen größeren Bevölkerungszustrom aufnehmen können. Dazu gehörte technische Hilfe bei der Gründung landwirtschaftlicher Gemeinden im kastilischen Hinterland, das von der kapitalistischen Landwirtschaft weitgehend verlassen worden war, oder kämpferischere Formen der Unterstützung, um Menschen zu begleiten, die in Länder wie Deutschland und England auswandern wollten, wo es zwar reichlich Niederschläge gab, aber ein größerer Teil der Bevölkerung während der Transformation weiterhin rassistische Positionen vertrat.

Zusammenfassend lässt sich sagen, dass die Abschaffung von Grenzen und Staaten es Migrant*innen und Flüchtenden ermöglicht hat, in den katalanischen Ländern unter würdevollen Bedingungen zu leben oder diese lokalen Gebiete als Ausgangspunkt zu nutzen, um weiter nach Norden zu gelangen. Es gibt keinen Zentralstaat mehr, der Minderheitensprachen und -gruppen unterdrückt, so wie Spanien die Katalan*innen, Bask*innen und andere unterdrückt hat. Ohne klare Grenzen und mit einer Vielzahl familiärer und kultureller Bindungen zu benachbarten Gebieten kommen die Menschen im Falle von Konflikten zusammen, weil die Gesellschaft einfach nicht mehr so strukturiert ist, dass eine Segmentierung oder ein beginnender Nationalismus möglich ist.

Auch Städte haben sich signifikant transformiert. Eine der ersten Veränderungen war die Vermehrung der Barrikaden, mit denen sich die Menschen vor der scheiternden Staatsmacht schützten. Die Barrikaden waren mit zwei weiteren Veränderungen verbunden: Die erste war die Ausbreitung von Nachbarschaftsversammlungen, die zu einer der wichtigsten Einheiten in der späteren föderativen und zellulären Organisationsstruktur wurden. Sie ermöglichte es den Stadtbewohnenden, Raum zurückzugewinnen und die Stadt nach ihren eigenen Bedürfnissen zu gestalten, was im Kapitalismus unmöglich war. Die

Nachbarschaftsversammlungen orientierten sich an den bekannten früheren Erfahrungen mit Stadtteilversammlungen, jedoch in einem kleineren, intensiveren Rahmen, an dem alle sinnvoll teilnehmen konnten. Die Stadtteilversammlungen tauchten ebenfalls wieder auf, aber als föderative, koordinierende Räume für die jeweiligen Nachbarschaftsversammlungen. Gleichwohl behielten die Nachbarschaftsversammlungen ihre Autonomie und hatten in vielerlei Hinsicht mehr Macht als die stadtweite Versammlung. Sie garantierten, dass stadtweite Infrastrukturprojekte die Lebensqualität für alle Stadtteile verbessern mussten, statt wie unter dem früheren Regime Opferzonen durchzusetzen. Indem die Macht auf lokaler Ebene angesiedelt wurde, konnten die Pyramidensysteme der staatlichen Organisation vermieden werden.

Die zweite rasche Veränderung im Zusammenhang mit den Barrikaden bestand darin, die Stadt für den Autoverkehr unpassierbar zu machen. Die Barrikaden blockierten nicht nur die Straßen, sondern die Autos selbst wurden als nützliche Bauteile für Barrikaden umfunktioniert. Das Benzin, dass sie antrieb, war eines der wichtigsten Mittel für die Selbstverteidigung der Menschen gegen die Polizeieinheiten, die zunehmend bereit waren, für die Aufrechterhaltung der Privilegien ihrer Bosse zu töten.

Sowohl die Sperrung für als auch die Enteignung von Autos, die sich negativ auf die wirtschaftlich privilegierten Klassen auswirkten und die unteren Klassen schützten, stellten eine wichtige symbolische Verschiebung dar, die vermittelte, dass die Stadt nicht mehr den Wohlhabenden gehörte. Auch die Luft- und Lärmbelastung, die das Leben in den Städten zur Hölle machte, ging rasch zurück. Plötzlich wurde die Stadt zu einem fröhlichen Ort der Begegnung, der den Bewohnenden gehört. Mit der Abschaffung der Polizei wurden Eigentumstitel verbrannt und alle erhielten quasi über Nacht Zugang zu angemessenem Wohnraum. Schon bevor die Horden von Tourist*innen geflohen waren, gab es mehr als genug freie Wohnungen. Da es keine Eigentumsrechte mehr gibt, überzogen Künstler*innen die Wände mit Bildern, um die Hässlichkeit der bürgerlichen Architektur zu übertünchen.

Die großen Straßen wurden für Busse geöffnet, organisierte Arbeiter*innen halten die U-Bahn am Laufen und die Anwohner*innen sorgen dafür, dass alle kleinen Straßen zu Fuß, für Fahrräder und Rollstühle stets passierbar bleiben.

Die nächste große Sorge galt der Ernährung. Noch bevor die Supermärkte leer geräumt waren, nahmen Freiwillige aus jeder Straße Kontakt zu den Arbeiter*innen in den entsprechenden Industrien auf, um die Produktion und den Vertrieb in Abwesenheit einer geldbasierten Wirtschaft aufrechtzuerhalten und die bereits erwähnte Tradition der Mobilisierung von Stadtbewohner*innen zur Mithilfe bei der Ernte und beim Pflanzen zu beschleunigen. In den meisten Straßen wurde die Hälfte des Pflasters entfernt, sodass der Boden darunter zum Vorschein kam. Dieser wurde ein oder zwei Jahre lang mit Pilzen und Pflanzen biologisch saniert – um die Giftstoffe der kapitalistischen Stadt zu beseitigen – und dann mit Obst- und Nussbäumen bepflanzt. Die wenigen ungenutzten Grundstücke, die nicht bereits urbane Gärten waren, wurden schnell in solche umgewandelt. Viele Nachbar*innen begannen Hühner zu halten, die zwischen den Obstbäumen pickten und scharrten und so auch Insekten- und Rattenpopulationen eindämmten. Die Straßen organisierten die Kompostsammlung in Zusammenarbeit mit urbanen Gärten und vorstädtischen Höfen und erinnerten damit an das von Kropotkin im 19. Jahrhundert dokumentierte System, das Paris mit dem größten Teil seines Gemüses versorgte.[382]

Obwohl viele sozial unbrauchbare Gebäude schon früh abgerissen wurden – Polizeistationen, Gerichtsgebäude, Gefängnisse, das Rathaus –, verzögerte sich der Abriss von überflüssigen und minderwertigen Wohnungen, bis sich die Migrationsströme stabilisierten und klar wurde, wie viele Klimaflüchtende aus der Sahelzone kommen würden. Sobald bekannt war, wie viel zusätzlicher Wohnraum vorhanden war, räumten die Stadtteile dem Abriss von Gebäuden an Standorten Vorrang ein, an denen es am einfachsten wäre, den Boden zu sanieren und Gärten anzulegen. Innerhalb von zwei Jahrzehnten waren die Städte viel geräumiger, sauberer und schöner geworden, und mehr als die Hälfte der Lebensmittel stammt nun aus urbanen

Gärten und vorstädtischen Bauernhöfen. Der Rest kommt aus landwirtschaftlichen Projekten, die von der semiurbanen Bevölkerung direkt unterstützt werden.

Eine weitere interessante Entwicklung, die die Städte betrifft, ist das Phänomen der Jugendviertel. Erstaunlicherweise liegt das Durchschnittsalter in vielen Stadtvierteln bei 20 bis 30 Jahren. Dies ist darauf zurückzuführen, dass die meisten Menschen über 30 in Kleinstädte und ländliche Projekte ziehen und ihre Kinder irgendwann im Teenageralter in die Städte zurückkehren, um die dortigen Bildungs- und Kulturangebote zu nutzen und die sozialen Möglichkeiten zu genießen. Um Konflikte mit älteren Nachbar*innen oder Menschen mit kleinen Kindern zu vermeiden, konzentriert sich diese Jugendmigration in der Regel auf einige wenige Viertel, die zuvor hauptsächlich von Tourist*innen oder Wohlhabenden bewohnt wurden, oder auf verlassene Viertel mit Wohnungen in schlechtem Zustand. Einige dieser Viertel sind für pausenlose Partys bekannt, andere sind zu Universitätsstädten geworden und wieder andere wurden renoviert und in bewohnbare Kunstwerke verwandelt, die weitaus fantasievoller sind als alles, was die professionellen Künstler*innen des kapitalistischen Regimes hervorgebracht hatten.

Universitäten werden insofern unterstützt, als sie für die Gemeinschaften nützlich sind, die die Ressourcen für ihren Betrieb bereitstellen. Das bedeutet kostenlose Bildung für alle, die sie suchen, und Forschung, die die Bedürfnisse der Gemeinschaften widerspiegelt. Forschende, die für die Großindustrie oder für die Entwicklung von Kriegs- und Polizeitechnologien gearbeitet haben – von Anthropolog*innen bis zu Physiker*innen – wurden aus der akademischen Gemeinschaft ausgeschlossen und geächtet. Ein großer Teil der Forschung konzentriert sich auf Klimaanpassung und Technologien von unten.

Eine wichtige wissenschaftliche Innovation sind die Algenfarmen, die zur Wasserreinigung in mehreren Großstädten und zur Herstellung eines schnell wachsenden, energiereichen Biokraftstoffs verwendet werden, der in Verbindung mit der CO_2-Abscheidung in den Kraftwerken der Atmosphäre eine beträchtliche Menge an CO_2

entzieht. Ein weiteres Beispiel sind die schwimmenden Algenfarmen weit draußen im Mittelmeer, die zur Reinigung des Wassers beitragen und eine neue Nahrungsquelle darstellen. Eine Sorte von Algen wird dem Futter von Schafen und Rindern zugesetzt, wodurch die von ihnen ausgestoßene Methanmenge drastisch reduziert wird.[383]

Auch die Industrie hat sich entsprechend den Bedürfnissen der Gemeinschaften, die sie unterstützen, stark gewandelt. Die Fabriken wurden aus dem profitorientierten globalen Produktionsnetz herausgelöst und wurden entweder aufgegeben oder von den Beschäftigten übernommen, wobei sie im letzteren Fall schnell für soziale Zwecke umfunktioniert wurden. Die wichtigsten Produktionszweige, die in industriellem Maßstab fortbestehen, sind Pharmazie und medizinischer Bedarf, Textilien und Maschinenteile, die jedoch alle in wesentlich geringerem Umfang hergestellt werden. Die meisten Fabriken sind daher nur noch ein paar Tage in der Woche in Betrieb und die Arbeiter*innen haben erhebliche Veränderungen vorgenommen, um das Tempo zu drosseln und den Komfort und die Sicherheit zu erhöhen. Es darf jedoch nicht außer Acht gelassen werden, dass Fabriken in sich so konzipiert sind, dass sie die Interessen der Maschinen über die Interessen ihrer menschlichen Arbeiter*innen stellen. Dies ist kein stachanowscher Sozialismus[384], der die Produktivität in den Vordergrund stellt und so tut, als ob alle damit verbundenen Probleme mit einem Wechsel des Managements gelöst wären. Fabriken sind weiterhin fiese Orte. Diejenigen, die noch in diesen Betrieben arbeiten, haben entweder eine Affinität zu großen Maschinen oder es sind Freiwillige, die den Lärm und die künstliche Umgebung für ein paar Tage im Monat in Kauf nehmen, um Dinge zu produzieren, von denen sie wollen, dass ihre Gemeinschaften Zugang dazu haben.

Die Gründe für den Rückgang des Produktionsvolumens in den drei vorgenannten Kategorien sind recht einfach. Unter der Voraussetzung, dass alle Menschen Zugang zu einer gesunden und abwechslungsreichen Ernährung und zu Präventivmedizin haben und dass Luft- und Wasserverschmutzung, das Ausmaß giftiger Stoffe in Lebensmitteln und Belastungsverletzungen fast auf Null zurückgegangen sind, sind die Hauptursachen für Tod und Krankheit unter dem kapitalistischen

Regime weitgehend beseitigt worden. Praktisch die einzigen Gründe für chirurgische Eingriffe und Arzneimittel sind heute Vorerkrankungen aus der Zeit des Kapitalismus, Restverschmutzung, Erbkrankheiten, tropische Krankheiten, die durch die Erwärmung verbreitet werden, und Unfälle.

Durch den Rückgang der synthetischen Stoffe werden die meisten Textilien aus Flachs, Baumwolle oder Wolle hergestellt. Textilien werden heute in höherer Qualität hergestellt, damit sie länger halten, und mensch hat sich deutlich von dem bürgerlichen Ideal entfernt, Individualität durch einen großen Kleiderschrank ausdrücken zu wollen. Andererseits werden die meisten Kleidungsstücke heute in handwerklichen Werkstätten hergestellt (unter Verwendung von Textilien aus den Fabriken), sodass die Mode sogar individueller ist – oft von einer Freund*in oder Bekannten gefertigt – als in der Massenproduktion.

Was die Maschinenteile betrifft, so waren sie im Kapitalismus dazu bestimmt, kaputt zu gehen und weggeworfen zu werden; heute werden sie für eine lange Lebensdauer hergestellt und wenn möglich repariert. Häufig werden Maschinen für die Textil- und Pharmaindustrie, für die Landwirtschaft (beispielsweise Ölpressen oder Getreidemühlen), Handwerkzeuge, Fahrzeuge für den öffentlichen Verkehr wie Busse und Bahnen sowie Energie- und Kommunikationsinfrastrukturen hergestellt. Da der Umfang der industriellen Produktion so drastisch zurückgegangen ist, koordinieren sich die Arbeiter*innen in verschiedenen Regionen, um sich gegenseitig zu ergänzen und die Produktion auf ein größeres Netz zu verteilen. Es geht darum, ein Gleichgewicht zu finden zwischen der Verringerung der Entfernung, über die Komponenten transportiert werden müssen, und der Verteilung der industriellen Infrastruktur, damit nicht eine Region alle Fabriken beherbergen muss, die für die Herstellung eines Zuges oder eines Funksenders von Anfang bis Ende erforderlich wären.

Was anorganische Rohstoffe wie Metalle angeht, so stammt der größte Teil aus der Verschrottung und dem Recycling. Die sozialen Bewegungen drängen auf ein Moratorium für den Bergbau und die Wahrheit ist, dass nur sehr wenige Gemeinden Bergwerke vor der eigenen Haustür wollen. Glücklicherweise hat der Kapitalismus viel Abfall hinterlassen, sodass es bereits einen relativen Reichtum an Rohstoffen gibt. Ein wichtiger Bereich der wissenschaftlichen Forschung im letzten Jahrzehnt war die Entwicklung von Kunststoffen, die weder giftig noch erdölbasiert sind.

Die Wissenschaft von unten hat derweil die Kunst des Recyclings und der Wiederverwendung verfeinert. Im Zusammenhang mit diesem Trend findet der Großteil der Produktion in kleinen Werkstätten statt, die alles von Kleidung über Fahrräder und Bücher bis hin zu Baumaterialien herstellen. In solchen Werkstätten können die Menschen ihre kreativen und technischen Fähigkeiten in einem Umfeld entwickeln, das sie selbst gestalten, in dem sie frei trödeln, experimentieren und innovativ tätig sein können, während sie Dinge bauen und entwerfen, die für ihre Gemeinschaft nützlich sind. Im Gegensatz zu Fabriken sind die Werkstätten auch in der Lage, notwendige Reparaturen durchzuführen und alles von Jacken und Schuhen bis hin zu Motoren und Öfen instand zu halten.

Die Kommunikation hat sich grundlegend verändert, denn Raketenstarts und damit auch Satelliten gehören der Vergangenheit an. Der Nachthimmel wird allmählich für Sternengucker*innen zurückerobert. Es besteht nach wie vor ein starker gemeinsamer Wunsch nach globaler Kommunikation und ein solches Kommunikationsnetz ist für die Anpassung an globale Probleme sowie für die Verbreitung von Solidarität und die Überwindung von Konflikten unerlässlich. Funk und Telefon haben wieder an Bedeutung gewonnen. Das Internet wird durch eine Kombination aus bereits bestehenden Glasfasernetzen und neu eingerichteten Mesh-Netzwerken oder drahtlosen Großraumnetzen aufrechterhalten. Der Datendurchsatz des Internets wurde erheblich reduziert, sowohl aufgrund des geringeren Stromangebots als auch wegen des Endes der kapitalistischen Langeweile. Die wichtigsten Faktoren für die Internetnutzung sind heute internationale Freund*innenschaften und der Austausch von wissenschaftlichen Artikeln und Nachrichten. Die neue Internetinfrastruktur ist vollständig verschlüsselt und so sicher wie möglich, es gibt keine datensammelnden Unternehmen mehr, keine staatlichen Spionierprogramme und keine Beschlagnahmungen von Servern. Bisher hat das Recycling von Computer- und Telefonhardware angesichts der rückläufigen Nachfrage ausgereicht und die Herstellung von Ersatzteilen für neue Produkte hängt von der wissenschaftlichen Erforschung verbesserter Recyclingtechniken oder von Kunststoffen ab, da ein allgemeines Moratorium für den Erzabbau besteht.

Die Energie, mit der die Kommunikationsinfrastruktur sowie Fabriken, Werkstätten, Krankenhäuser und Verkehrsnetze betrieben werden, stammt aus einer Vielzahl von Quellen. Gegen Ende des kapitalistischen Regimes verteilte sich die Stromerzeugung in Katalonien (dem bevölkerungsreichsten der katalanischen Länder) zu etwa 12 % auf Wasserkraft, zu 6 % auf Windenergie, zu 4 % auf andere erneuerbare Energien, zu 50 % auf Atomenergie und zu 28 % auf Kombikraftwerke (meist mit Erdgas oder Biomasse als Brennstoffquelle).[385] Alle diese Quellen unterlagen großen Veränderungen.

Die Ingenieur*innen in den beiden katalanischen Atomkraftwerken konnten überzeugt werden, die Reaktoren nach einem Zeitplan vom Netz zu nehmen, der die geringste Menge hochradioaktiver Abfälle hinterlässt, sodass die Anlagen noch mehrere Jahre lang Strom produzieren. Einige Kombikraftwerke und Heizkraftwerke wurden auf die Verbrennung von Biokraftstoffen umgestellt, während die meisten bereits im ersten Jahr abgeschaltet wurden. Solarzellen, die bereits vor dem Ende des Kapitalismus produziert wurden, wurden schnell dorthin umverteilt, wo sie am meisten gebraucht wurden. Industrielle Windkraftanlagen wurden dort zurückgebaut, wo sie als besonders schädlich für Zugvögel erkannt wurden oder wo die örtlichen Landwirt*innen dies verlangten; andere wurden in Betrieb gelassen. Da sich der Strombedarf auf einem neuen Tiefstand stabilisiert hat, beginnen Biolog*innen, Geolog*innen und örtliche Gemeinden damit, alle Wasserkraftwerke zu untersuchen, um festzustellen, welche die Ökosysteme der Flüsse und Berge am stärksten beeinträchtigen, und so einen ersten Schritt zu ihrer Demontage zu gehen.

Biokraftwerke verbrennen landwirtschaftliche und häusliche Abfälle. Da der Stromverbrauch gesenkt wurde, mussten keine landwirtschaftlichen Flächen mehr für den Anbau von Brennstoff für

Kraftwerke verschwendet werden. Die Anlagen sind mit Systemen zur CO_2-Abscheidung ausgestattet. Die dabei entstehende Pflanzenkohle wird auf den Feldern ausgebracht, um die Bodenqualität zu verbessern, oder für CO_2-angereicherten Beton und andere Baumaterialien verwendet.[386]

Insgesamt verursacht das Stromnetz in den katalanischen Ländern dank der Abschaffung von Erdgas und Erdöl und der drastischen Reduzierung des Gesamtenergieverbrauchs negative CO_2-Emissionen. Ohne diese Verringerung wären negative Emissionen unmöglich gewesen und die extreme Nachfrage nach Biokraftstoffen hätte zu Nahrungsmittelknappheit geführt.

Der Stromverbrauch wurde innerhalb weniger Jahre auf weniger als ein Viertel des Verbrauchsniveaus am Ende des Kapitalismus gesenkt. Der Stromverbrauch der Industrie und des Dienstleistungssektors ging unmittelbar mit dem Ende der kapitalistischen Wirtschaft zurück. Die Senkung des Strombedarfs der Haushalte erforderte eine tiefgreifendere Umgestaltung, da die Häuser so umgebaut wurden, dass sie besser isoliert sind und mehr passive Heizung und Kühlung ermöglichen. Auf vielen Dächern wurden kleine Windturbinen und Solarpanels mit Perowskitsolarzellen[387] auf Zinnbasis und neueren synthetischen Konstruktionen installiert, ebenso wie *solar skins* an nach Süden ausgerichteten Hausfassaden. Wo es der Platz zulässt, werden diese Systeme an kinetische und Schwerkraftbatterien sowie an neuere, noch ausgeklügeltere Methoden der Energiespeicherung angeschlossen, sodass die Notwendigkeit zerstörerischer chemischer Batterien entfällt und die Wohnblöcke sich vom Stromnetz abkoppeln können. Dies wiederum ermöglicht eine stärkere Konzentration des Stromnetzes, was die Verteilungsverluste verringert.

Während Züge, U-Bahnen und Busse über das Stromnetz betrieben werden, werden in ländlichen Regionen, in denen es keine öffentliche Verkehrsinfrastruktur gibt, geringe Mengen an Biokraftstoffen für landwirtschaftliche Traktoren und Lastwagen produziert. Die Nebenstraßen werden mit Schotter oder CO_2-angereichertem Beton instand gehalten, aber die Autobahnen sind dem Verfall preisgegeben. Schon früh wurden zahlreiche Autobahnbrücken sabotiert, um die militärische Mobilisierung zur Niederschlagung der Bewegungen zu verlangsamen. Angesichts dieser Assoziationen (Militarismus, Autoverkehr, schnelles Leben) haben die Menschen gezögert, sie wieder in Stand zu setzen.

Eine letzte wichtige Frage ist die des Heizens und Kochens im Haushalt. Während Elektrizität und passive Solarenergie eher in dichteren, urbanen Gebieten anzutreffen sind, haben sich immer bessere Öfen aus recycelten Metallen in Kleinstädten und ländlichen Gebieten als revolutionär erwiesen. Die Öfen ermöglichen das Kochen und Heizen, sie filtern die Schmutzpartikel und sind für die Verbrennung von landwirtschaftlichen Reststoffen wie Mandelschalen und Baumschnitt, gesammelten Ästen und kleinen Holzscheiten ausgelegt. Mit mehreren Millionen Oliven-, Mandel-, Apfel-, Kirsch-, Pflaumen-, Orangen-, Walnuss- und anderen Bäumen in den katalanischen Ländern sind solche Reststoffe reichlich vorhanden.

Wie sieht also dein Territorium in einer glücklicheren Zukunft aus und wie passt deine Version zu dem, was ich gerade beschrieben habe?

Ich möchte klarstellen, dass es in meinem Vorschlag nicht um eine definitive Vision oder einen Endzustand geht, sondern um eine Methode zur Herstellung von Zukünften. Wenn du zum Beispiel Antworten auf die ökologische Krise bevorzugst, die mehr horizontale, situierte Technologien (das, was der Kapitalismus nicht als Technologie anerkennt) kennen oder solche, die stärker interventionistische und von hochspezialisierten Ingenieur*innen entwickelte Technologien in den Mittelpunkt stellen, ist das in Ordnung. Es geht nicht darum, einen Konsens für ein Konzept zu finden, denn das ist auf globaler Ebene ein unmögliches Unterfangen. Vielmehr geht es darum, sich in einem Territorium niederzulassen, mit diesem Territorium und seinen anderen Bewohner*innen ins Gespräch zu kommen und Beziehungen aufzubauen, sich gegen diejenigen zu wehren, die uns der Vernichtung preis geben oder ausbeuten wollen, und mit allen anderen zusammen zu etwas Gesünderem heranzuwachsen. Die Vision, die ich oben beschrieben habe, liegt irgendwo zwischen meinem Ideal (formuliert als ein Best-Case-Szenario, das von der gegenwärtigen Hölle abweicht) und einer Anerkennung dessen, woher andere Menschen kommen und wofür sie wahrscheinlich kämpfen werden. Mit anderen Worten: Mein Ideal enthält die Ideale anderer Menschen, die meinen eigenen widersprechen. Als Anarchist möchte ich in einem Kommunismus leben, der von anderen Menschen bewohnt wird und nicht von untertänigen, linientreuen Anhänger*innen der Partei.

Gerechtigkeit und Versöhnung: Um sicherzustellen, dass sich Massenmord nicht rechnet

Wie wir in diesem Buch gesehen haben, ist die ökologische Krise kein Problem der Zukunft. Sie ist jetzt schon da. Jedes Jahr werden Millionen von Menschen getötet und Dutzende von Arten sterben aus, aufgrund der Handlungen mächtiger Menschen und Institutionen.

Ein grundlegender Teil jeder realistischen Antwort auf die ökologische Krise besteht darin, sich diesen Ungerechtigkeiten zu stellen und Fragen der Reparationen und Versöhnung anzugehen. Wie gehen wir mit den Verantwortlichen um? Wie gleichen wir das entstandene Leid aus? Wie können wir verhindern, dass diese Unterdrückung fortgesetzt wird? Mächtige Institutionen sprechen häufig von Rechenschaftspflicht, dennoch ist klar, dass die Zerstörung des Planeten und seiner Bewohner*innen immer noch eine reich belohnte Tätigkeit ist.

Um nur ein Beispiel aus jüngster Zeit zu nennen: Der Vorstandsvorsitzende des multinationalen Unternehmens Rio Tinto musste reumütig zurücktreten, nachdem sein Unternehmen bei der Zerstörung von 46 000 Jahre alten heiligen Stätten der Puutu Kunti Kurrama und Pinikura in Australien im Zuge des Erzabbaus erwischt worden war, wurde aber gleichzeitig mit einer Abfindung in Höhe von 18,6 Millionen Dollar überhäuft, doppelt so viel wie im Jahr zuvor.[388]

Konzepte wie Menschenrechte, Selbstbestimmung, Rechtsverfahren und Wiedergutmachung sind im derzeitigen globalen System festgeschrieben. Seit dem Ende des Zweiten Weltkriegs hat es zahlreiche offizielle Versuche gegeben, Episoden extremer Unterdrückung und brutaler Gräueltaten zu bestrafen. Dennoch werden die von den mächtigsten Akteur*innen begangenen Gräueltaten nie bestraft und selbst die Ungerechtigkeiten, für die jemand zur Rechenschaft gezogen wurde, wurden in der Regel nach einigen kosmetischen Änderungen fortgesetzt. In einer Zeit, in der ›Klimagerechtigkeit‹ ein Schlagwort ist, bedeutet dies, dass wir gegenüber Institutionen, die sich auf Versöhnungsprozesse einlassen, genauso misstrauisch sein müssen wie gegenüber denen, die schweigen.

Ein Rückblick auf einige historisch bedeutsame Prozesse der Versöhnung, Wiedergutmachung und Bestrafung könnte uns zumindest helfen, nützliche und kontraproduktive Elemente für den vor uns liegenden Weg zu erkennen.

Das Musterbeispiel für einen solchen Prozess sind die Nürnberger Prozesse von 1945–1949, ein Schlüsselmoment in der Entwicklung des Völkerrechts in der Nachkriegszeit. Etwa 200 Personen wurden in Nürnberg wegen Kriegsverbrechen angeklagt, wobei der Hauptprozess gegen die Führer des NS-Regimes zu 19 Verurteilungen (mit 12 Todesurteilen) und 3 Freisprüchen führte. Bei den Verurteilten handelte es sich größtenteils um politische und militärische Anführer, die für die Hinrichtung von Zivilist*innen und Kriegsgefangenen verantwortlich waren. Plünderung – die Missachtung der Eigentumsrechte der Bevölkerung in den eroberten Gebieten – war ein weiterer Punkt, den die Nürnberger Richter und Staatsanwälte sehr ernst nahmen. Die von den Nazis begangenen systematischen Völkermorde spielten in den Prozessen nur eine untergeordnete Rolle. Wobei der Begriff des Genozids als juristisches Konzept entwickelt wurde – allerdings gab es zwischen den USA und der UdSSR heftige juristische Auseinandersetzungen bei der Ausarbeitung des Straftatbestandes, um die von ihnen jeweils bevorzugten Formen des Genozids aus der Definition herauszuhalten.[389]

Einige Angeklagte im Hauptprozess sollen hier näher untersucht werden. Karl Dönitz war der Oberbefehlshaber der Kriegsmarine und wurde der Führung eines uneingeschränkten Unterseebootkrieges überführt – d.h. ihm wurde das Abschlachten von Zehntausenden von Zivilist*innen auf offener See nachgewiesen –, wurde aber für dieses Vergehen nicht bestraft, *weil das US-Militär dasselbe getan hatte.*[390] [Dönitz wurde schließlich wegen der Durchführung von Angriffskriegen und wegen Kriegsverbrechen zu zehn Jahren Haft verurteilt, Anm. d. Ü.]

Hier können wir eine frühe Einschränkung des Modells der internationalen Gerichtshöfe zum Schutz der Menschenrechte erkennen. Wie die politische Macht, so entspringt auch die richterliche Macht den Gewehrläufen, und jedes wirksame Gericht benötigt die Unterstützung einer Regierung und damit eines Militärs. Heute kann der Internationale Strafgerichtshof (IStGH) in Den Haag seine Rechtsnormen nur auf Länder anwenden, die sich der militärischen Dominanz seiner Stützmächte, vor allem der NATO, gebeugt haben. Aus diesem Grund kann er Kriegsverbrecher in Serbien und Uganda verfolgen und inhaftieren, ist aber völlig nutzlos, wenn es um Menschenrechtsverletzungen in Jerusalem oder Los Angeles geht. Durch die ungleiche Anwendung von Strafen wird das, was nicht bestraft wird, normalisiert, sodass die Arten von Missbrauch, die von den politischen und militärischen Stützen des Gerichtshofs systematisch begangen werden, unsichtbar oder akzeptabel werden. In diesem Sinne kann ein staatliches, strafendes Modell die Dinge schlimmer machen.

Diese internationale Ungleichheit entspricht auch dem Rassismus der Strafjustiz innerhalb eines Landes. Diejenigen, die bestraft werden, werden als Kriminelle aus marginalisierten Gebieten dargestellt. Leid ist demnach nichts, was durch die Herrschenden zugefügt wird. Die Niederlande, die den Internationalen Strafgerichtshof beherbergen, werden sich niemals für die zahlreichen Genozide verantworten müssen, die sie begangen haben, um ihre Kolonien zu behalten. Stattdessen wird uns beigebracht, den Schaden in den unteren Ebenen der Hierarchie zu suchen, sei es in rassistisch markierten Innenstädten auf nationaler Ebene, in Ländern, die sich im Prozess der Europäisierung befinden, wie auf dem Balkan, oder in den randständigen Ländern der Welt, wie Uganda.

Hans Fritzsche, ein weiterer Angeklagter in den Nürnberger Prozessen, war einer der wenigen, die freigesprochen wurden. Er war

Leiter der Rundfunkabteilung des Propagandaministeriums. Die Nazis hätten ohne einen effektiven Pressedienst nichts von dem erreichen können, was sie getan haben, aber eine der spezifischen Methoden, mit denen liberale Regime soziale Kontrolle erreichen, ist die Entfremdung von Ideen und Handlungen. Den Medienunternehmen steht es also frei, Genozid und Unterdrückung auf ideologischem Terrain zu organisieren – und eigentlich gebührt ihnen sogar Dank dafür, dass sie die freie Debatte fördern. Ein Beispiel für diesen Grundsatz in der Praxis ist die *New York Times*, die bei der Vorbereitung der US-Invasion im Irak eine entscheidende Rolle spielte und für die weite Verbreitung von Informationen verantwortlich war, von denen wir damals wussten, dass sie falsch waren.[391] Die Tatsache, dass die Redakteur*innen nicht nur keine Konsequenzen für ihre direkte Mitschuld am Tod von mehr als einer Million Menschen zu tragen hatten, sondern dass die meisten Menschen die Publikation immer noch ernst nehmen, zeigt einen weiteren Missstand, der durch die in Nürnberg verankerten Grundsätze festgeschrieben wurde.

Ein weiterer impliziter Grundsatz, der in Nürnberg aufgestellt wurde, ist, dass ein Massenmord akzeptabel ist, wenn er das Ergebnis des Strebens nach Profit ist und nicht das unmittelbare Ziel desjenigen, der ihn ausführt. Im Großen und Ganzen schützten die amerikanischen und britischen Architekten der Nürnberger Prozesse deutsche Bankiers und Industrielle vor Strafverfolgung. Es gab nur drei Verfahren gegen deutsche Industrielle: gegen die Flick-Gruppe, IG Farben und Krupp. Es handelte sich dabei weitestgehend um symbolische Prozesse, bei denen in erster Linie der Einsatz von Zwangsarbeit und die Plünderung des Eigentums der Menschen in den eroberten Gebiete angeklagt wurden, d.h. die Missachtung der in anderen Industrienationen üblichen Eigentumsrechte. Die Tatsache, dass sie von einem genozidalen Regime profitierten, stand nicht vor Gericht. Und letzten Endes haben auch viele nordamerikanische, britische und französische Unternehmen von der Naziherrschaft profitiert.

In den ersten beiden Prozessen wurde etwa die Hälfte der Angeklagten freigesprochen und diejenigen, die verurteilt wurden, erhielten kurze Haftstrafen, wobei die längste bei acht Jahren lag. Im Prozess gegen Krupp – das Unternehmen, das maßgeblich für die Bewaffnung des deutschen Militärs verantwortlich war – betrug die längste Strafe zwölf Jahre. Nach zweieinhalb Jahren wurden jedoch alle freigelassen und die Kontrolle über das Unternehmen wurde sogar an Alfred Krupp zurückgegeben.

Die Haltung der neuen führenden Politiker*innen der Welt gegenüber den Gräueltaten des Zweiten Weltkriegs ging über Toleranz hinaus. Die USA rekrutierten und versteckten mehr als 1600 Nazi-Wissenschaftler*innen und -Ingenieur*innen, die im Kalten Krieg von militärischem Nutzen waren. Die Sowjetunion holte ihrerseits 2200 Spezialist*innen zu sich, von denen sie sich einen Nutzen versprachen. Viele von ihnen hatten sich an entsetzlichen Taten beteiligt und alle hatten den Eroberungsdrang der Nazis unterstützt.

Was waren die positiven Konsequenzen aus den Nürnberger Prozessen? Die Tatsache, dass zumindest ein Teil der Verantwortlichen hart bestraft wurde – dass z.B. die Wächter*innen der Vernichtungslager fliehen mussten und, wenn sie erwischt wurden, mit Inhaftierung rechnen mussten, obwohl sie *nur Befehle befolgten* –, trug zu einer Veränderung der Gesellschaft bei. Auch wenn unser Verständnis der Menschenrechte widersprüchlich ist und mit zweierlei Maß gemessen wird, gibt es zumindest den Versuch, die Menschenrechte über die Pflicht zum Gehorsam gegenüber der Autorität zu stellen. Die Wirksamkeit dieser Änderung zeigt sich in ihren Versäumnissen. Die Formen der Komplizenschaft mit Gräueltaten, die in Nürnberg freigesprochen wurden, gehören zu den häufigsten Formen, die heute begangen werden – die Förderung von Weltanschauungen, die solche Gräueltaten unvermeidlich machen und daraus Profit schlagen; das verursachen von Leid um des wissenschaftlichen Fortschritts willen oder durch das Zulassen von Leiden durch bürokratische Prozesse, die zu keinem Zeitpunkt erfordern, dass jemand einen Abzug betätigt oder einen Hebel umlegt. Währenddessen werden die brutalen Methoden der *Einsatzgruppen*, der Todesschwadronen, außerhalb von *Sonderzonen* nicht angewandt. Sonderzonen sind Gebiete, die durch den Krieg gegen den Terror oder durch koloniale Geografien der Enteignung, die bestimmte

Regionen als von Natur aus gewalttätig verurteilen, aus der Zivilisation verdrängt werden.

Was den Antisemitismus betrifft, so wurde er in Nürnberg zwar kaum angesprochen, stand aber im Mittelpunkt späterer Strafverfolgungen und Gerichtsverfahren. Antisemitismus ist auch heute noch eine große Gefahr, aber die Unterstützung dafür ist in weiten Teilen Europas deutlich zurückgegangen und selbst rechtsgerichtete Parteien müssen sich mit antisemitischen Äußerungen in der Regel zurückhalten. Die Bestrafung der Täter der Schoah und die Zahlung von Wiedergutmachung für von den Nazis geraubte Vermögen der jüdischen Bevölkerung sind Faktoren für diesen Wandel. Auch diese Veränderungen lassen sich an ihren Versäumnissen bemessen. Im Mainstream wird häufig die sehr niedrige Zahl von 6 Millionen Opfern der Schoah genannt, wobei unter anderem die Opfer der Sinti*zze und Rom*nja nicht berücksichtigt werden. Diesen Bevölkerungsgruppen wird insgesamt nur wenig Aufmerksamkeit geschenkt. Das Resultat? In ganz Europa können Politiker*innen offen für institutionelle oder spontane Gewalt gegen diese Gemeinschaften eintreten, ohne dass dies Konsequenzen hat. Die Mainstream-Medien sprechen systematisch in rassistischer Weise über sie und in den 1990er- und 2000er-Jahren haben Deutschland und Frankreich Tausende von Rom*nja nach Rumänien und Bulgarien abgeschoben. Sowohl in Deutschland als auch in Rumänien wurden sie außerdem zur Zielscheibe von tödlicher Gewalt.[392] Die Massendeportation ist übrigens eines der in den rechtlichen Definitionen des Genozids aufgeführten Tatbestandsmerkmale und war sicherlich eine wichtige vorbereitende Aktion während der Schoah.

Alles in allem hat eine strafrechtliche Reaktion auf Genozid gemischte Ergebnisse gezeigt. Die gesellschaftlichen Wertvorstellungen haben sich geändert und die Forderung des ›Nie wieder‹ findet breite Unterstützung, aber die Grausamkeiten der Behörden, die die Strafe verhängten, sind zur Normalität geworden.

Gegenwärtig spricht niemand davon, diejenigen zu bestrafen, die für die ökologische Krise und den damit einhergehenden Tod verantwortlich sind. Es gibt allenfalls Vorschläge für die Verhängung von

Geldstrafen gegen Unternehmen, die fossile Brennstoffe herstellen. Das ist jedoch keine Bestrafung, sondern schlicht ein Weg, sie etwas weniger von der Misere profitieren zu lassen, die sie verursachen. Wir sollten also darüber nachdenken, sie tatsächlich zur Verantwortung zu ziehen.

Die Hinrichtung der Naziführer ist einer der am wenigsten umstrittenen Rechtsakte in der Geschichte, selbst unter denjenigen, die die Todesstrafe ablehnen. Dennoch wird der Vorschlag, Führungskräfte von Ölkonzernen hinzurichten, weil sie wissentlich zig Millionen Tote verursacht, davon profitiert und soziale und rechtliche Maßnahmen behindert haben, vielen Menschen schrecklich und unverhältnismäßig vorkommen.

Strafende Justiz ist per Definition die Justiz der Herrschenden.

Die Menschen von heute, deren Überleben derzeit durch das rassistische kapitalistische System gesichert ist, werden diese Kette von Gräueltaten, die rein vom Ausmaß der Opfer mindestens eine Größenordnung tödlicher ist als der Zweite Weltkrieg, brav mitmachen. Viele von ihnen werden den Nachrichtensprecher*innen und Politiker*innen zustimmen, die vor der doppelten Gefahr durch faschistische und antifaschistische Extremist*innen warnen, und sich dann später, nachdem sie die neueste historische Dokumentation gesehen haben, fragen, wie so viele ›gute Deutsche‹ die Schoah zulassen konnten.

Und dennoch werden die meisten Menschen unweigerlich, ob in zehn oder hundert Jahren, wenn sie erkennen, dass die heutigen Politiker*innen, Millionäre, CEOs und auch viele Wissenschaftler*innen, in Wirklichkeit Massenmörder*innen waren, ein oberflächliches ethisches Gedankenspiel anstellen und sich fragen, ob es hypothetisch gerechtfertigt wäre, in die Vergangenheit zurückzugehen und einige dieser Monster zu töten, wenn dies den Lauf der Geschichte beeinflussen könnte.

Dies ist ein weiterer Aspekt der Strafjustiz: Sie nimmt uns das Streben nach Gerechtigkeit aus der Hand und macht uns zu Zuschauer*innen. Und wenn wir das Unrecht, das wir überall um uns herum sehen, nicht korrigieren können, dann ist die typische Reaktion, es zu ignorieren.

Ich würde sagen, dass die Politiker*innen und Millionär*innen, nach allem was sie getan haben, keineswegs unantastbar sind und dass es eine gesunde und gerechte Reaktion ist, unsere Wut gegen sie zu richten. Trotzdem, meiner anarchistischen Ethik folgend, würde ich davor warnen, nach Nürnberg zu schauen, nicht um ihretwegen, sondern um unserer selbst willen. Und zwar weil jede Gruppe von Menschen, die eine systematische Bestrafung ihrer Feind*innen organisiert, unweigerlich selbst zu Monstern wird, egal wie monströs die Verbrechen sind, die sie bestrafen wollen.

Betrachten wir nun die Gerichtsverfahren, bei denen die Möglichkeit der Bestrafung von vornherein teilweise oder vollständig ausgeschlossen wurde. Das berühmteste Beispiel ist die südafrikanische *Truth and Reconciliation Commission* (TRC, Wahrheits- und Versöhnungskommission), in der Straftäter*innen aller Seiten Amnestie versprochen wurde, wenn sie sich zu den von ihnen begangenen Gräueltaten bekennen würden. Etwa 20 000 Menschen wurden als Opfer von Menschenrechtsverletzungen identifiziert, wobei 3 000 Opfer auf Basis von Amnestieanträgen der Täter*innen identifiziert wurden.[393] Ziel dieses Prozesses war es, vorrangig die Wahrheit über die Geschehnisse zu erfahren und im Geiste der Vergebung voranzuschreiten.

Der Schwerpunkt dieses Prozesses lag auf den letzten Jahrzehnten der blutigen Unterdrückung der Anti-Apartheid-Bewegung. Ein Problem bei einer solchen Fokussierung ist, dass sie den größeren Zusammenhang außer Acht lässt: die drei Jahrhunderte blutiger Kolonisierung durch die Niederlande und Großbritannien und den weit verbreiteten Landraub durch die Bur*innen. Am Ende des Prozesses musste Südafrika immer noch um IWF-Kredite betteln, während britische Kapitalist*innen immer noch international mit unvorstellbarem Reichtum spekulierten, der zum großen Teil aus dem Kolonialismus stammte, *weiße* Bur*innen immer noch einen Großteil der besten Ländereien kontrollierten und Minen und eine profitable Infrastruktur besaßen, während viele Schwarze immer noch in extremer Armut lebten. Und wenn sich diese verarmten Einwohner*innen aus Protest erheben, wie sie es im Township Soweto taten, um das

Apartheidregime zu beenden, wird noch immer die Polizei geschickt, um sie zu erschießen, obwohl jetzt viele dieser Polizist∗innen Schwarz sind.

Mit anderen Worten: Es gab keine wirkliche Wiedergutmachung und die Verschiebung der Machtverhältnisse war minimal. Die Apartheidregierung hat die Bedingungen für ihren Abzug festgelegt. »Der Erfolg bei den Verfassungsverhandlungen hing weitgehend davon ab, dass man sich mit dem früheren Regime arrangierte«, und die »Lakaien« der Apartheid »beherrschten immer noch die Polizei, die Armee und den öffentlichen Dienst«.[394] Eine neue Klasse Schwarzer Politiker∗innen gelangte in die politische Elite und dank der guten alten Korruption gelangten einige von ihnen in die unteren Schichten der Wirtschaftselite, die nach wie vor weitgehend *weiß* ist. Was vielleicht noch wichtiger ist: Südafrika ist nach wie vor in alle Strukturen des globalen Kapitalismus eingebunden, die im Laufe der europäischen Kolonisierung der Welt entstanden sind. Die Repräsentationspolitik der Schwarzen politischen Anführer∗innen dient eher dazu, diese Machtverhältnisse zu verschleiern als sie zu verändern.

Wie steht es mit dem Ziel, die Wahrheit über die Unterdrückung in den letzten Jahrzehnten der Apartheid zu erfahren? Viele Familien haben erfahren, wie ihre Angehörigen gestorben sind, und das ist von unschätzbarem Wert. Die Anhörungen waren so gestaltet, dass die Opfer geehrt und in den Mittelpunkt gestellt wurden und nicht wie in einem Gerichtssaal am Rand saßen, wo die Gesetzgebenden im Mittelpunkt stehen. Ich kann mich jedoch des Eindrucks nicht erwehren, dass das Narrativ, *die Wahrheit über die Geschehnisse zu erfahren*, eher der sogenannten internationalen Gemeinschaft oder Forscher∗innen zugute kommt, die sich eine solide Dokumentation wünschen. Kann irgendwer bezweifeln, dass die Menschen in Soweto und in Sharpeville genau wussten, wie die Situation aussah, auch wenn sie nicht das genaue Datum kannten, die genaue Polizeistation, den Ort oder wer genau den Befehl gab, das Feuer auf ihre Demo zu eröffnen?

Darüber hinaus förderte die Kommission mit ihrer Formulierung einen verhängnisvollen *bothsidesism*, jenes zynische liberale Manöver, das darin besteht, zu behaupten, dass beide Seiten in einem Konflikt bedauerliche Handlungen begangen haben. Zwischenmenschliche Konflikte weisen zwar häufig Dynamiken auf, bei der die Fehler beider Seiten eine weitere Runde von Fehlern verschlimmern und vorantreiben, sodass die Darstellung ›beider Seiten‹ zwar an den gesunden Menschenverstand appelliert, sich aber nur selten auf eine größere Ebene übertragen lässt. In einem eindeutigen Fall von Unterdrückenden und Unterdrückten ist es nichts anderes als eine Unterstützung der Unterdrückung, die extreme Handlungen, die die Unterdrückten ausführen, um ihre Freiheit zu erlangen, mit den extremen Handlungen der Unterdrückenden vergleicht, die diese Freiheit zu verhindern suchen. Großbritannien und die Niederlande sind nicht unschuldig nach Südafrika gestolpert und haben auch nicht mit der Plünderung der Indigenen begonnen, weil die Südafrikaner*innen sie beleidigt hatten. Die TRC hat versucht mit der Nachkriegsjustiz von Nürnberg zu brechen. Wir können sie dafür würdigen, dass sie erkannt hat, dass der Zweck nicht die Mittel heiligt, denn Zweck und Mittel sind untrennbar voneinander. Und dennoch müssen sich die Befreiungsbewegungen davor hüten, selbst repressive Taktiken anzuwenden. Dass dies in einem Dialog mit ihren Unterdrücker*innen geschehen soll, verwischt nur die Realität der Situation, gegen die sie gekämpft haben. Darüber hinaus hielt es der von der TRC aufgestellte Grundsatz der ›Verhältnismäßigkeit‹ eher für vertretbarer, dass die Vertreter*innen der Apartheid Schwarze, die sich am bewaffneten Widerstand beteiligten, ermordeten, als diejenigen, die friedlich blieben.

Alles in allem ist das südafrikanische Modell interessant, weil es uns hilft, uns eine Form der Gerechtigkeit vorzustellen, die auf dem Austausch von Geschichten und der Schaffung von Wegen zur Heilung basiert. Aber darüber hinaus glaube ich, dass es ein abschreckendes Beispiel dafür ist, wie unterdrückerische Institutionen leicht subversive Ideen aufgreifen und aushöhlen können. Letztlich kann es keine Heilung geben, wenn die Machtverhältnisse, die der Unterdrückung zugrunde liegen, nicht beseitigt werden. Und immer wieder hat sich gezeigt, dass die repräsentative Politik nicht in der Lage ist, unterdrückerische Machtverhältnisse zu verändern, sondern im Gegenteil in deren Dienst steht. Für mich steht fest, dass die meisten

Schwarzen Überlebenden der Apartheid mit der TRC nicht zufrieden waren, und viele teilten die Meinung: »Keine Versöhnung ohne Wiedergutmachung.«[395]

In Guatemala untersuchte die *Comisión para el Esclarecimiento Histórico* (CEH, Kommission zur Aufklärung der Geschichte) von 1995–1997 den Völkermord an den Maya, der während des 36-jährigen Bürgerkriegs stattfand und über 200 000 Tote und noch viel mehr Gefolterte, Vergewaltigte und Verletzte zur Folge hatte. Die von den Vereinten Nationen eingesetzte Kommission war nicht befugt, Strafverfolgungsmaßnahmen zu ergreifen, und ihre Feststellungen hatten keine juristischen Konsequenzen zur Folge. Ihr Mandat bestand vielmehr darin, Empfehlungen auszusprechen und den Genozid zu untersuchen und zu dokumentieren. Angeblich war es das Ziel, die Wahrheit über die Geschehnisse herauszufinden, um Heilung zu ermöglichen, aber dies scheint Augenwischerei gewesen zu sein, da es der Kommission verboten war, Namen zu nennen oder Verantwortung zuzuweisen.

Die Entschädigung für die Opfer des Genozids wurde aus einem winzigen, von der guatemaltekischen Regierung eingerichteten Fonds gezahlt und wird von den Empfänger*innen als »symbolisch« oder »erbärmlich« bezeichnet.[396] Eine kleine Anzahl von militärischen Führungskräften und Kommandos wurde schließlich strafrechtlich verfolgt, obwohl nur wenige Urteile tatsächlich vollstreckt werden.

Es ist vielleicht bezeichnend, dass die Vereinigten Staaten, die den völkerrechtlichen Rahmen maßgeblich gestaltet haben, der von den Vereinten Nationen und damit der CEH repräsentiert wird, von dem Bürgerkrieg und dem damit einhergehenden Genozid profitierten und ihn mit organisierten. Die CIA, die US-Armee und Unternehmen wie die United Fruit Company arbeiteten mit der europäischstämmigen guatemaltekischen Elite zusammen, um einen Putsch zu starten und einen genozidalen Krieg gegen diejenigen zu führen, die sich widersetzten, um die Kontrolle zu behalten und weiterhin Profite aus der Rohstoffwirtschaft zu erzielen.[397] Die CEH änderte nichts an der Enteignung der Maya in Guatemala und beendete auch nicht die räuberischen Beziehungen, die die US-Regierung und die Unternehmen mit Lateinamerika unterhalten.

Auch Kanada ist auf den Zug der Versöhnung aufgesprungen, nachdem eine rechtliche Vereinbarung aus dem Jahr 2006 die weit verbreiteten genozidalen Praktiken der Internatsschulen einräumte, in die die Regierung vom 19. Jahrhundert bis in die 1990er-Jahre hinein indigene Jugendliche entführte, dort missbrauchte und versuchte, ihre Sprache und Kultur auszurotten. Während die Regierung Trudeau mit wehenden Fahnen Frieden und Heilung verkündete, wurden extraktivistische Projekte auf dem Land der First Nations aggressiv vorangetrieben.

In diesem Kontext kritisiert die Feministin und Anarchistin Tawinikay von den Michif-Cree das Konzept der Versöhnung als »ein Ablenkungsmanöver, um eine ausgeklügeltere Politik der Assimilierung voranzubringen«.

»Bei der offiziellen kanadischen Versöhnung geht es darum, die Vergangenheit zu akzeptieren, sich zu entschuldigen und gemeinsam nach vorne zu blicken. Sie sieht keine Notwendigkeit für materielle Entschädigungen für die Geschichte der Kolonialisierung. Tatsächlich wird vor dieser Rhetorik gewarnt, weil sie spalterisch sei. Kontraproduktiv. Schwierig.

Hier besteht ein grundlegendes Problem, denn der Siedlerkolonialismus existiert nicht nur in der Vergangenheit. Die Gewalt ist allgegenwärtig und hält an, gerade jetzt, heute Abend, überall wohin wir schauen. Versöhnung bedeutet die Auslöschung dieser gegenwärtigen siedlerkolonialen Gewalt.

Versöhnung – als Begriff – bedeutet, einen Konflikt zu lösen und zu einem Status freundschaftlicher Beziehungen zurückzukehren. Es kann auch bedeuten, dass zwei Positionen zusammengebracht werden, um sie miteinander vereinbar zu machen.

Bei der Dekolonisierung hingegen geht es um die Aufhebung der Autorität des Kolonialstaates und die Neuverteilung von Land und Ressourcen. Es bedeutet auch, dass bisher unterdrückte indigene Weltanschauungen anerkannt und legitimiert werden.

Dekolonisierung ist kein leicht dahergesagtes Wort. Wir müssen verstehen, was Kolonisierung ist: die vollständige administrative und wirtschaftliche Beherrschung einer Bevölkerung und eines Ortes. Diese abzuschaffen, ist eine große Sache.

Trotzdem wirst du oftmals beobachten können, wie mit den Worten [Versöhnung und Dekolonisierung] beinahe ununterscheidbar nur so um sich geworfen wird, besonders im universitären Kontext, wo die Leute, die mit diesen Begriffen hantieren, keine tatsächlich handelnden Subjekte in diesem Kampf sind. Ich würde sagen, dass das nicht angemessen ist. [...]

Kanada wurde gegründet, um die Territorien zu regieren, auszubeuten und zu erweitern, die den Indigenen erst geraubt und dann besiedelt wurden. Das ist kein Nebenprodukt, sondern seine primäre Funktion. Das ist noch immer so. Und wird immer so sein. Kanada kann dem nicht entkommen.

Wie kann sich der kanadische Staat also mit den Indigenen versöhnen? Sie können sicherlich nicht zu einem Zustand freundschaftlicher Beziehungen ›zurückkehren‹, weil es eine solche Zeit nie gegeben hat. Versöhnung kann nur bedeuten, den Konflikt zu beseitigen, indem die Indigenen und die Siedler*innengemeinschaften miteinander verwoben werden. Das entspricht der zweiten Variante meiner Definition: Gegensätzliche Positionen werden kompatibel gemacht.

Das bedeutet, dass Indigene assimiliert werden, indem sie ihren Anspruch auf Souveränität zugunsten des Versprechens wirtschaftlicher Gleichberechtigung in Kanada aufgeben. Und es bedeutet, dass die Kanadier*innen die Ideen und Symbole der Indigenen in ihre eigenen Siedler*innengeschichten, ihr eigenes ›Canadiana‹, einfließen lassen können. Dies ist der einzige mögliche Weg, den es im kanadischen Staat gibt. [...]

Punkt 7 [der 10 Punkte der offiziellen Versöhnung Kanadas] [...] besagt, dass Anhörungen zwar angestrebt werden, aber die Kontrolle über Land, das angeblich im Besitz der First Nations ist, in jeder für den Staat Kanada vorteilhaften Situation außer Kraft gesetzt werden kann.

Die Indigenen haben, selbst unter dem Banner der Versöhnung, nicht das Recht, dem kanadischen Staat gegenüber Nein zu sagen.

> Das Recht, Nein zu sagen, ist entscheidend für die Verwirklichung von Souveränität, Konsensualität und Freiheit«.[398]

Diese vernichtende Kritik unterstreicht, was wir bei den Misserfolgen der institutionellen Versuche, Gerechtigkeit zu erreichen, gesehen haben: Es kann keine Gerechtigkeit geben, wenn die Machtverhältnisse, die Unterdrückung hervorgebracht und Gräueltaten ausgelöst haben, nicht abgebaut werden.

Im Hinblick auf die Siedler*innengesellschaften schlägt Tawinikay vor, dass wir von einer Versöhnung zwischen Indigenen und Siedler*innen sprechen könnten, wenn wir den Kapitalismus und den Staat abschaffen: »Die neue Beziehung zum Ort und die Konzentration auf die gegenseitige Abhängigkeit wird den Siedler*innen die Chance geben, selbst eine neue Verbindung zu diesem Land aufzubauen.«[399]

Es wird keine Gerechtigkeit geben, wenn wir nicht anerkennen, dass die ökologische Krise derzeit Hunderte von Millionen von Menschen zu Opfern macht und dass auch die nichtmenschlichen Opfer dieser Krise es wert sind, dass wir ihrer gedenken, sie schützen und sie, wenn möglich, rächen.

Apocalyptic Utopias Now: Schritte für eine Vernetzung lokaler und globaler Räume

Die Alternative zum Ökozid ist kein simpler Plan zur Reduzierung der Treibhausgasemissionen, nach einem Fahrplan, der eh nicht eingehalten werden kann. Selbst wenn dies der Fall wäre, lässt sich eine Katastrophe, die bereits über uns hereingebrochen ist, nicht mehr abwenden.

Die Alternative ist die Vernetzung von Tausenden von ermächtigten Territorien, von denen sich jedes dem Horizont einer komplexen Zukunftsvorstellung nähert. Eine Zukunft in der die Priorität auf der Gesundheit und dem Glück dieses Territoriums und seiner Bewohner*innen liegt. Um das zu erreichen, müssen wir nicht auf die Zeitpläne von Ökonom*innen und Ingenieur*innen warten, die uns dazu beraten, wie wir Anreize für mächtige, mörderische Institutionen schaffen können, damit sie die notwendigen Veränderungen in ihrem eigenen Tempo vornehmen – ohne dabei für zu viel Unruhe zu sorgen.

Was wir stattdessen tun müssen, ist, die Samen dieser ermächtigten Territorien überall um uns herum zu finden, sie zu nähren, sie zu kultivieren und sie in einem rhizomatischen Netz zu verbinden, das stärker wird als jede Institution des ökozidalen Systems, das bereits in den Ruin stürzt. Ein Netz stark genug, damit so viele unserer lebendigen Gemeinschaften wie möglich – menschliche und nichtmenschliche, alle miteinander verwoben – die Umwälzungen und Störungen überleben, während unser Planet versucht, sich von den Jahrhunderten des Missbrauchs zu heilen.

Diese Saat zu finden und zu kultivieren wird in jedem Territorium anders aussehen. Nach Gesprächen mit Freund*innen auf der ganzen Welt glaube ich jedoch, dass wir einen Umriss der notwendigen Handlungen entwerfen können, der in verschiedenen Kontexten nützlich sein wird, wenn wir uns vier einfache Fragen stellen. Diese Fragen können im Gespräch mit den Menschen in unserer Umgebung ein wichtiger Schritt zur Schaffung von eigenverantwortlichen Gemeinschaften sein:

→ *Wer kämpft bereits?*
→ *Welche Samen haben wir?*
→ *Welche Risiken sehen wir?*
→ *Wem können wir helfen?*

Wenn wir uns danach umschauen, wer bereits kämpft, suchen wir nach Kompliz*innen und brechen mit der Mentalität, passiv auf Lösungen zu warten. Und mit *Kämpfen* meine ich den Kampf ums Überleben im weitesten Sinne des Wortes. Überleben ist niemals individuell, es ist gemeinschaftlich, es ist physisch, emotional und generationenübergreifend. Dazu gehören Menschen, die versuchen, eine Pipeline zu stoppen, die ihre Wasserversorgung vergiften würde, oder einen Flughafen, der eine Flut von Tourist*innen anlocken und die traditionelle Beziehung zu ihrem Land zerstören würde; Menschen, die versuchen, ihre Sprache oder ihre alte Kultur gegen den Modernisierungsdruck zu bewahren; Menschen, die gegen Zwangsräumungen oder Müllverbrennungsanlagen kämpfen und versuchen, eine lebenswertere Stadt zu schaffen; Menschen, die auf der Suche nach einem besseren Leben Grenzen überqueren. Ums Überleben zu kämpfen schließt aber keine Menschen mit ein, die mit ihrem Aktivismus Karriere machen. Oder Technologien entwickeln und patentieren, die, aus dem Zusammenhang gerissen, einen kleinen Teil des Problems zu verbessern scheinen, aber im aktuellen Kontext nur mehr Reichtum in den Händen weniger konzentrieren werden.

Eine Bestandsaufnahme unserer Samen und Setzlinge bedeutet, dass wir Kraftquellen ausfindig machen, die sich bereits jetzt als lebensfähig erwiesen haben und die mit mehr Unterstützung exponentiell wachsen und als Inspiration oder Ausgangspunkt für eine neue Lebensweise dienen könnten, wie das Unkraut, das den Boden durchbricht, oder der Baum der ersten Generation, der den Weg für einen gedeihenden Wald bereitet. Vielleicht beteiligen wir uns an einer Organisierung von Arbeiter*innen, die in der Lage sein könnte, in einer Zeit der sich verschärfenden Krise Infrastrukturen der internationalen Solidarität zu schaffen. Vielleicht leben wir in einem Territorium, das relativ fruchtbar geblieben ist und in dem es zahlreiche Projekte gibt, die den Weg zu lokaler Ernährungssouveränität weisen; oder wir leben in einer Gegend, in der die Wüstenbildung voranschreitet, beteiligen uns aber an Projekten, die dem lokalen Ökosystem und den menschlichen Gemeinschaften helfen, sich anzupassen und den Schaden zu begrenzen. Vielleicht sind wir Teil eines Hacker*innenkollektivs oder einer Initiative für offene Technologien, und in der Lage, nützliche Werkzeuge und Pläne auf globaler Ebene zu entwickeln. Vielleicht gibt es in unserer Region eine kämpferische Straßenbewegung, die in der Lage ist, kapitalistische Infrastrukturprojekte zu zerstören oder Regierungsmaßnahmen zu blockieren, die uns bedrohen. Welche Verbindungen können wir zwischen den Projekten herstellen und welche Gespräche können wir innerhalb dieser Projekte führen, um mehr Menschen wissen zu lassen, dass sie als Modell für eine bessere Welt dienen, und um vorbereitet zu sein, wenn sie schnell wachsen und mehr Gewicht bekommen müssen?

Wir müssen uns auch darüber bewusst sein, was die spezifischen Risiken in unserem Territorium sind. Leben wir in einer Gegend ohne Zugang zu gesunden Lebensmitteln? Wie weit ist die Versorgung mit Lebensmitteln und Treibstoff entfernt, wenn die Tankstellen und Supermärkte leer sein werden? Welche Infrastrukturen fehlen uns für den Anbau und die Verarbeitung unserer eigenen Lebensmittel? Welche repressiven Strategien und Fähigkeiten wird die lokale Regierung wahrscheinlich gegen uns einsetzen und welche Art von organisierten paramilitärischen Kräften gibt es in unserem Gebiet? Sind wir akut von Wüstenbildung, Waldbränden, dem Anstieg des Meeresspiegels oder tropischen Krankheiten bedroht? Haben wir Zugang zu dem Saatgut, das wir für die Aussaat im nächsten Jahr benötigen, oder liegt ist es in den Lagern der Agrarindustrie? Wie reagieren die Menschen um uns herum auf Krisen? Als die Pandemie ausbrach: Haben sie in aller Eile die Läden leer geräumt oder haben sie überlegt, wie sie sich gegenseitig schützen können?

Und zuletzt: Wem können wir helfen? Welche Gemeinschaften – menschliche und nichtmenschliche – in unserem Territorium sind am meisten gefährdet und benötigen zusätzliche Ressourcen, um sich anzupassen und zu schützen? Über welche Infrastrukturen und Ressourcen verfügen wir – insbesondere wenn wir bedenken, dass sie uns vom globalen Kapitalismus zur Verfügung gestellt wurden –, die den Menschen in anderen Gebieten fehlen? Wie können wir ein Band der Kommunikation und Solidarität mit diesen anderen Gebieten knüpfen, damit wir ihnen helfen können, das zu bekommen, was sie zum Überleben brauchen?

Wo wir leben und wer wir sind, wird zu sehr unterschiedlichen Antworten auf diese Fragen führen. Keine Institution auf diesem Planeten ist in der Lage, all diese Erkenntnisse auf intelligente Weise zu verarbeiten. Es liegt an uns, diese Fragen zu beantworten und unsere eigenen Pläne zu machen.

Es könnte hilfreich sein, einige Fragen zu stellen, die sich auf die grundlegendsten und größten Unterschiede beziehen. Menschen aus kolonisierten Gebieten haben verschiedene historische und aktuelle Beispiele, an denen sie sich orientieren können, um zu entscheiden, wie sie ihre Solidaritätsaufrufe gestalten, wie sie Unterstützung aufbauen und wie sie Wiedergutmachung verstehen. Sowohl die Zapatistas als auch die kurdische Befreiungsbewegung riefen zur internationalen Solidarität auf und erhielten wichtige materielle und moralische Unterstützung. Zu den Schlüsselelementen ihrer Kampagnen gehörte es, Unterstützer*innen in ihre Territorien einzuladen, um aus erster Hand etwas über ihre Kämpfe zu erfahren; festzulegen, wie Menschen von außerhalb sie unterstützen konnten, und damit eines der zentralsten und bedrückendsten Merkmale der Wohltätigkeit zu beseitigen; diese Unterstützer*innen zu bitten, ihre Erfahrungen an eine wesentlich größere Gruppe von Menschen in ihren Territorien weiterzugeben und dort Unterstützung aufzubauen; und die Ideologien der Befreiungsbewegungen in den kolonisierenden Ländern zu diskutieren und zu adaptieren. Vor allem im Fall der Zapatistas ging es auch darum, die Menschen in den wohlhabenderen Ländern aufzufordern, Geld zu sammeln und den lokalen Gemeinschaften dabei zu helfen, die materielle Grundlage für eine Autonomie zu schaffen, die im Widerspruch zur erzwungenen Abhängigkeit des globalen Kapitalismus steht.

Andere Beispiel sind Solidaritätskampagnen, die mit Boykott oder Sabotage auf die Unternehmen zielten, die Geschäfte mit dem südafrikanischen Apartheidregime machten (unter anderem eine intensive Kampagne von Brandanschlägen in Deutschland und den Niederlanden, die mehrere Unternehmen dazu zwang, sich von ihren Geschäften dort zurückzuziehen), oder internationale Solidarität mit Palästina mit Schwerpunkt auf Boykott, Divestment und Sanktionen. Im kleineren Maßstab, aber erst kürzlich, gab es den Aufruf der First Nations, die gegen Landraub in den vom kanadischen Staat besetzten Gebieten kämpfen, sich an der Blockade von Verkehrsinfrastruktur zu beteiligen, eine gewaltige Protestwelle, die Autobahnen, Häfen und Bahnlinien im ganzen Land lahmlegte.

Vereinfacht gesagt geht es darum, wie die Bedürfnisse des kolonisierten Gebiets vermittelt werden können, wie internationale Beziehungen aufgebaut werden können, die stark genug sind, um einen Rahmen für echte Solidarität zu schaffen, und wie der Kampf selbst definiert und die Gewohnheiten des Paternalismus und der Wohltätigkeit durchbrochen werden können, die Menschen aus kolonisierenden Gesellschaften anerzogen wurden.

In einer Reihe von Artikeln von John Severino, die alle auf *theanarchistlibrary.org* verfügbar sind, wird ein Modell für internationale Solidarität beschrieben, das auf der Schaffung und Kollektivierung persönlicher Beziehungen zwischen kämpfenden Gemeinschaften beruht, in diesem Fall zwischen Anarchist*innen und indigenen Gemeinschaften in den Vereinigten Staaten, Bolivien und Chile.

Von unserer Seite aus könnten Leute aus kolonisierenden Ländern vielleicht darüber nachdenken, jüngere Kritiken am Konzept der *Allyship* zu berücksichtigen, wie sie etwa in den Texten *›Accomplices not Allies‹* von *Indigenous Action Media* oder *›Critique of Ally Politics‹* formuliert wurde.[400] Mit paternalistischen Wohltätigkeitsmodellen zu brechen ist ein fundamentaler Schritt – wenn wir nicht von den Leute lernen, die wir unterstützen, sind wir nicht solidarisch. Aber es gibt auch andere Fallstricke.

Tawinikay spricht über einen von ihnen:

> »Wenn du sagst, dass du die Souveränität der Indigenen unterstützt, heißt das nicht, dass du jede Indigene*n bei jedem Projekt unterstützt. Es gibt viele indigene misogyne und karrierefokussierte Politiker*innen da draußen, und du tust mir keinen Gefallen, wenn du ihnen hilfst, an die Macht zu kommen. Kämpfe für befreiende Ideen, nicht für Nationen oder Blutlinien.
>
> Wir tun das die ganze Zeit. Es gibt Indigene da draußen, die gegen Pipelines sind, und solche, die sie unterstützen, aber wir schließen uns dem Widerstand an, also treffen wir bereits Entscheidungen. Nehmt es hin. Es ist in Ordnung. Es ist gut, für das Land und für die Freiheit zu kämpfen. [...]
>
> Verstehe, worum es bei den Kämpfen geht, und erkenne, wer an ihnen teilnimmt. Lerne diese Menschen kennen. Baue Beziehungen auf. Baue bedeutungsvolle Beziehungen außerhalb der Besetzung auf, als Freund*innen. *›White Guilt‹* kann kein Ausgangspunkt sein. Lass dich nicht von deiner eigenen Siedler*innen-Erlösungsgeschichte mitreißen.«[401]

Was die Notwendigkeit betrifft, sich in einem Territorium zu verwurzeln, so kann dies äußerst schwierig sein, wenn du keine solchen Wurzeln hast, wenn du aus einer völlig durchmodernisierten Kultur kommst und vor allem, wenn du Siedler*in in einem Siedlerstaat bist. Wenn sie keine historische Perspektive einnehmen und mit großer Sensibilität für alle anderen lebendigen Gemeinschaften um uns herum durchdacht sind, werden Versuche ›zu unseren Wurzeln zurückzukehren‹, nur dazu führen, die Entfremdung zu reproduzieren.

Knowing the Land is Resistance[402] ist ein interessantes Modell für eine Initiative von Siedler*innen, die »zwischen dem Ontariosee und der Niagara-Schichtstufe« leben und von den örtlichen Wäldern lernen und sich mit ihnen verbinden wollen; die ökologische Fähigkeiten und Bewusstsein mit Pflanzenwanderungen, Samenernte, Zines und Workshops verbreiten; eine »anarchistische Ökologie« entwickeln, die »eine Ökologie kritisiert, die bloß aus der Ferne eingreift und nur ein berührungsloses Fachwissen vorweisen kann, eine Ökologie, die sich selbst als grundsätzlich vom Land getrennt sieht und eine Gegenwart ohne Vergangenheit oder Zukunft bewohnt« und stattdessen »Ansatzpunkte für eine antikoloniale, antiautoritäre Art der Verbindung mit dem Land schafft, die in Beziehungen, tiefem Zuhören, urbaner Ökologie, Wiederverzauberung und Unprofessionalität verwurzelt ist«; und aktive Solidarität mit den laufenden Kämpfen der indigenen Gemeinschaften für die Beendigung und Rückgewinnung ihres Landes und ihrer Lebensweise aufbaut.

Aufgrund einer Geschichte, die wir nicht selbst gemacht haben, in der wir uns aber dennoch verorten müssen, müssen die Siedler*innen deutlich machen, dass es für sie wichtiger ist, das Land zu verteidigen als es zu besitzen. Das bedeutet, zerstörerische Infrastrukturen zu sabotieren und dabei zu helfen, umweltzerstörerische Megaprojekte zu blockieren, ohne die Erwartung, dass wir dadurch Eigentum oder einen anderen Anspruch auf das Land gewinnen.

Viele frühere Projekte, die aus dem europäischen Sozialismus hervorgingen und sich auf die Wiederherstellung einer Verbindung mit dem Land konzentrierten, wurden zu Komplizen des Kolonialismus, wenn sie in einem Siedler*innenkontext durchgeführt wurden, wie es etwa im Fall zionistischer Kibbuze wie *Degania* zu sehen ist oder bei *Sointula*, einer Kommune, die von finnischen Sozialist*innen auf dem Territorium der ’Namgis First Nation gegründet und später in das Staatsgebiet von British Columbia einverleibt wurde.[403]

Was spezifische Überlegungen angeht, wie Indigene und von Rassismus betroffene Menschen vorangehen sollten, so bin ich selbstverständlich nicht qualifiziert welche anzubieten, aber ich hoffe, dass die Revolutionär*innen, Gemeinschaften, Organisationen und Initiativen, die ebenfalls auf diesen Seiten zu Wort gekommen sind, Inspirationen liefern können, die für viele verschiedene Kontexte relevant sind.

Eine Sache, die meiner Meinung nach überall gilt, ist, dass wir den Boden unter unseren Füßen, die Geschichte, die sich hinter uns auftürmt, und die sich überschneidenden Gemeinschaften, die uns umgeben, kennen lernen können. Wo immer wir leben, können wir Leben finden, und mit dem Leben auch Kampf. Lasst uns auf dieser Grundlage zusammenarbeiten und für eine Welt kämpfen, die für Lebewesen da ist, und nicht für die verknöcherten Institutionen, die uns anflehen, sie zu retten, um sie mit einer weiteren Runde lebensvernichtender Reformen zu verjüngen.

Der Kapitalismus stirbt. Er stirbt schon seit einer langen Zeit und wächst dennoch weiter. Der Kolonialismus hat bereits seine Maske gewechselt. Der Staat stand schon einmal am Rande des Abgrunds. Warum weiter so tun, als wäre nichts? Warum sollten wir uns mäßigen? Erlösen wir sie von ihrem Elend, bevor es für uns alle zu spät ist. Wir brauchen sie nicht. Es gibt eine andere Welt, genau hier. Sie war die ganze Zeit bei uns.

Endnoten

1 Berardelli, Jeff: How Climate Change Is Making Hurricanes More Dangerous. Yale Climate Connections. https://yaleclimateconnections.org/2019/07/how-climate-change-is-making-hurricanes-more-dangerous (8. Juli 2019).

2 Borunda, Alejandra: The Science Connecting Wildfires to Climate Change. National Geographic. www.nationalgeographic.com/science/2020/09/climate-change-increases-risk-fires-western-us (17. September 2020).

3 Milesi, Orlando / Jarroud, Marianela: Soil Degradation Threatens Nutrition in Latin America. Inter Press Service. https://reliefweb.int/report/world/soil-degradation-threatens-nutrition-latin-america (15. Juni 2016).; United Nations: The United Nations Convention to Combat Desertification. A New Response to an Age-Old Problem. (1997).

4 Coumou, Dim et al.: Global Increase in Record-Breaking Monthly-Mean Temperatures. In: Climatic Change (2013) 118. S. 771–782. [https://doi.org/10.1007/s10584-012-0668-1]

5 »Wenn ein Land vor allem als Rohstoffquelle genutzt wird, dann spricht man von (Neo-)Extraktivismus und kolonialen Kontinuitäten. Der Großteil seiner Ökonomie baut auf das Herausziehen (lat. extrahere) bestimmter Ressourcen auf, die in anderen Ländern weiterverarbeitet werden. Mit diesem Raubbau an der Natur geht die Zerstörung von Ökosystemen und die Verdrängung indigener Communitys einher.
In Lateinamerika finden wir seit den 1990ern viele Beispiele für dieses Wirtschaftsmodell. Daher entwickelte sich auch dort die starke Kritik des Extraktivismus und die negative Konnotation, die der Begriff heute meistens hat. Außerdem ist es ein wichtiges Konzept für soziale Bewegungen, um ihre Erfahrungen mit verschiedenen Industrien zusammenzufassen und gemeinsam anti-extraktivistische Bewegungen zu bilden.«
(Klima Kalender 2023. Münster: Unrast Verlag, S. 9)

6 WWF: Living Planet Report 2020. Gland 2020.

7 Virginia Institute of Marine Science: Study Shows Continued Spread Of ›Dead Zones‹. Lack Of Oxygen Now A Key Stressor On Marine Ecosystems. ScienceDaily. www.sciencedaily.com/releases/2008/08/080814154325.htm (15. August 2008).

8 D. Pimentel / K. Hart: Pesticide Use: Ethical, Environmental, and Public Health Implications. In A. W. Galston und E. G. Shurr (Hg.): New Dimensions in Bioethics. Boston, MA: Springer 2001.

9 S. Lewis, Andrew: Tax on Superfund Polluters Gets New Life. NJ Spotlight News. www.njspotlight.com/2021/04/superfund-sites-rep-frank-pallone-nj-reintroduces-tries-again-tax-polluters-site-cleanup-he-first-introduced-2005 (22. April 2021).

10 Calvo, Erena: La minería deja una huella tóxica en la salud de la Sierra Minera de Cartagena. El Diario. www.eldiario.es/murcia/industrializacion-pesadilla-sierra-minera-cartagena_1_3223100.html (26. August 2017).

11 C. Milesi et al: A Strategy for Mapping and Modeling the Ecological Effects of US Lawns. www.isprs.org/proceedings/XXXVI/8-W27/milesi.pdf.

12 Brown, Lester R.: Paving the Plane. Cars and Crops Competing for Land. Earth Policy Institute. http://www.earth-policy.org/plan_b_updates/2001/alert12 (14. Februar 2001).

13 Milman, Oliver: ›Invisible Killer‹. Fossil Fuels Caused 8.7m Deaths Globally in 2018, Research Finds. The Guardian. www.theguardian.com/environment/2021/feb/09/fossil-fuels-pollution-deaths-research (9. Februar 2021).

14 World Health Organization: Climate Change and Health. www.who.int/news-room/fact-sheets/detail/climate-change-and-health (1. Februar 2018).

15 World Health Organization: Diarrhoeal Disease. www.who.int/news-room/fact-sheets/detail/diarrhoeal-disease (2. Mai 2017).

16 Lelieveld, Jos et al: Cardiovascular Disease Burden from Ambient Air Pollution in Europe Reassessed Using Novel Hazard Ratio Functions. European Heart Journal (2019) 40 (20). S. 1590–1596. [https://doi.org/10.1093/eurheartj/ehz135]

17 Landrigan, Philip J. / Fuller, Richard et al.: The Lancet Commission on Pollution and Health. The Lancet (2017) 391 (10119).

18 Mataloni, Francesca / Badaloni, Chiara et al.: Morbidity and Mortality of People Who Live Close to Municipal Waste Landfills. A Multisite Cohort Study.

International Journal of Epidemiology (2016) 45 (3). S. 806–815.

19 Internal Displacement Monitoring Centre: Internal Displacement from January to June 2019. www.internal-displacement.org/sites/default/files/inline-files/2019-mid-year-figures_for%20website%20upload.pdf (12. September 2019).

20 International Organization for Migration: Migration and Climate Change. IOM Migration Research Series 31. Genf 2008.

21 WWF: Half of Plant and Animal Species at Risk from Climate Change in World's Most Important Natural Places. www.worldwildlife.org/press-releases/half-of-plant-and-animal-species-at-risk-from-climate-change-in-world-s-most-important-natural-places (14. März 2018).

22 Jean Buck, Holly: After Geoengineering. Climate Tragedy, Repair, and Restoration. London: Verso 2019. S. 217.

23 Coumou, Dim / Robinson, Alexander: Historic and Future Increases in the Global Land Area Affected by Monthly Heat Extremes. Environmental Research Letters (2013) 8 (3).

24 Dobson, Jim: Shocking New Maps Show How Sea Level Rise Will Destroy Coastal Cities by 2050. Forbes. www.forbes.com/sites/jimdobson/2019/10/30/shocking-new-maps-show-how-sea-level-rise-will-destroy-coastal-cities-by-2050 (30. Oktober 2019).

25 Im Folgenden immer unter der üblichen Abkürzung NGO (Non-Governmental Organization) genannt. (Anm. d. Ü.)

26 Campbell, Kurt / Gulledge, Jay et al.: The Age of Consequences. The Foreign Policy and National Security Implications of Global Climate Change. Washington, DC: Center for A New American Security 2007. S. 9.

27 Prior, Ryan: The Water Is So Hot in Alaska it's Killing Large Numbers of Salmon. https://edition.cnn.com/2019/08/16/us/alaska-salmon-hot-water-trnd/index.html (17. August 2019)

28 M. Lenton, Timothy / Rockström, Johan et al.: Climate Tipping Points: Too Risky to Bet Against. Nature (2019) 575. S. 592–595.

29 Helmholtz Association of German Research Centres: The Forests of the Amazon Are an Important Carbon Sink. https://phys.org/news/2019-11-forests-amazon-important-carbon.html (11. November 2019).

30 Lovejoy, Thomas E. / Nobre, Carlos: Amazon Tipping Point. Science Advances (2018) 4 (2).

31 Lenton et al: Climate Tipping Points. Too Risky to Bet Against.

32 WWF: Half of Plant and Animal Species at Risk from Climate Change in World's Most Important Natural Places. www.wwf.org.uk/updates/half-plant-and-animal-species-risk-climate-change-worlds-most-important-natural-places-0.

33 Xu, Yangyang / Ramanathan, Veerabhadran: Well Below 2°C: Mitigation Strategies for Avoiding Dangerous to Catastrophtric Climate Changes. Proceedings of the National Academy of Sciences (2017) 114 (39). S. 10315–10323. In: David Spratt / Ian Dunlop: Existential Climate-Related Security Risk. A Scenario Approach. Melbourne: Breakthrough National Centre for Climate Restoration 2019.

34 Ebd., S. 6.

35 University of Bristol: Ever-Increasssing CO2 Levels Could Take Us Back to the Tropical Climate of the Paleogene Period. www.bristol.ac.uk/news/2018/july/co2-levels-paleogene-period.html (30. Juli 2018).

36 Trimble, Megan: Air Pollution Causes 8.8 Million Extra Deaths a Year. US News & World Reporft. www.usnews.com/news/national-news/articles/2019-03-12/air-pollution-causes-88-million-extra-deaths-world-wide-each-year-study-says (12. März 2019); und Landrigan et al: The Lancet Commission on Pollution and Health.

37 Crow, Scott: Black Flags and Windmills. Hope, Anarchy, and the Common Ground Collective. Oakland, CA: PM Press 2011.

38 Smith, Neil: There's No Such Thing as a Natural Disaster. https://libcom.org/library/there's-no-such-thing-natural-disaster-neil-smith.

39 de Waal, Frans: Are We Smart Enough to Know How Smart Animals Are? New York: W. W. Norton Company 2016.

40 Jarvis, Brooke: The Insect Apocalypse is Here. New York Times Magazine. www.nytimes.com/2018/11/27/magazine/insect-apocalypse.html (27. November 2018).

41 Boycoff, Pamela: By Learning to Think Like a Puffin, This Conservationist Has Saved Seabirds around the World. CNN. https://edition.cnn.com/2020/09/30/world/puffins-maine-kress-c2e-scn-spc-intl/index.html (14. Oktober 2020).

42 Groc, Isabelle: Furry Engineers. Sea Otters in California's Estuaries Surprise Scientists. The Guardian. www.theguardian.com/environment/2020/aug/14/natures-furry-engineers-sea-otters-in- california-estuaries-surprise-scientists-aoe (14. August 2020).

43 McKie, Robin: How Sea Otters Help Save the Planet. The Guardian. www.theguardian.com/environment/2016/jul/10/sea-otters-global-warming-trophic-cascades-food-chain-kelp (10. Juli 2016).

44 Smith, Robin: The Future of a Fog Oasis. Scientific American. https://blogs.scientificamerican.com/guest-blog/the-future-of-a-fog-oasis (19. August 2011).

45 Ebd.

46 Ebd.

47 Asmelash, Leah: Australia's Indigenous People Have a Solution for the Country's Bushfires. And it's Been around for 50,000 Years. CNN. https://edition.cnn.com/2020/01/12/world/aboriginal-australia-fire-trnd/index.html (12. Januar 2020).

48 https://twitter.com/M_Go.uldhawke/status/1387494937214607365?s=19 (28. April 2021)

49 Robbins, Jim: Orcas of the Pacific Northwest Starving and Disappearing. The New York Times. www.nytimes.com/2018/07/09/science/orcas-whales-endangered.html (9. Juli 2018).

50 Die Uhrmacher-Analogie besagt, dass eine komplexe und durch physikalische Gesetzen erklärbare Welt nur durch einen intelligenten Gott erschaffen sein kann. (Anm. d. Ü.)

51 D. Smits, David: The Frontier Army and the Destruction of the Buffalo. 1865–1883. Western Historical Quarterly (1994) 25 (3). S.316.

52 Cook, Benjamin I. / Miller, Ron L. et al.: Amplification of the North American ›Dust Bowl‹ Drought through Human-Induced Land Degradation. Proceedings of the National Academy of Sciences of the United States of America (2009) 106 (13). S. 4997–5001.

53 Durch den Artikel ›The Tragedy of the Commons‹ des Biologen Garrett Hardin in *Science* wurde er 1968 breit in die wissenschaftliche Öffentlichkeit eingeführt. Die Wirtschaftswissenschaftlerin und Nobelpreisträgerin Elinor Ostrom zeigte in ihrer Forschung, dass staatliche Kontrolle und Privatisierung der Selbstorganisation und Kooperation bei der Nutzung der Commons unterlegen sind – und sie in letzterem Fall nicht in einer Tragödie enden muss. (Anm. d. Ü.)

54 Gelderloos, Peter: Commoning and Scarcity. Tides of Flame. https://theanarchistlibrary.org/library/peter-gelderloos-commoning-and-scarcity (2012).

55 Thompson, E. P.: Whigs and Hunters. The Origin of the Black Act. New York: Pantheon Books 1975; Linebaugh, Peter: Red Round Globe Hot Burning. Oakland, CA: University of California Press 2019.

56 C. Scott, James: The Art of Not Being Governed. New Haven, CT: Yale University Press 2009. S. 25-26.

57 Negreverd: 12 Historias Ludditas. Zaragoza 2015.

58 Léo, André: La Guerre Social. Hg. von Michèle Perrot. Paris: Le Passager clandestin 2010 [1871].

59 M. Bonanno, Alfredo: Armed Joy. Übers: Jean Weir. London: Elephant Editions 1988 [1977]; Anonymous: At Daggers Drawn. Übers: Jean Weir. London: Elephant Editions 1998.

60 Kitson, Frank: Low Intensity Operations. Subversion, Insurgency, and Peacekeeping. London 1971; Hughes, James: Frank Kitson in Northern Ireland and the ›British Way‹ of Counterinsurgency. History Ireland (2014) 22 (1).

61 Dunlap, Alexander: ›Agro sí, mina no!‹ The Tía Maria Copper Mine, State Terrorism, and Social War by Every Means in the Tambo Valley, Peru. Political Geography (2019) 71. S. 10–25; Dunlap, Alexander: Wind, Coal, and Copper. The Politics of Land Grabbing, Counterinsurgency, and the Social Engineering of Extraction. Globalizations (2020) 17 (4). S. 661–682.

62 Arrighi, Giovanni: The Long Twentieth Century. Money, Power and the Origins of our Times. London: Verso 2010 [1994].

63 Bakunin, Mikhail: Statism and Anarchy. Übers: S. Shatz, Marshall. Cambridge: Cambridge University Press 1990 [1873].

64 Perlman, Fredy: Against His-story, Against Leviathan. Detroit, MI: Black & Red 1983.

65 Gardenyes, Josep: 23 Tesis en torno a la revuelta. Barcelona: Distri Josep Gardenyes 2011. S. 19. (Übers: Peter Gelderloos).

66 Watts, Jonathan / Campbell, Denis: Half of Child Psychiatrists Surveyed Say Patients Have Environmental Anxiety. The Guardian. www.theguardian.com/society/2020/nov/20/half-of-child-psychiatrists-surveyed-say-patients-have-environment-anxiety (20. November 2020).

67 Bracho-Sanchez, Edith: Number of Children Going to ER with Suicidal Thoughts, Attempts Doubles, Study Finds. CNN. https://edition.cnn.com/2019/04/08/health/child-teen-suicide-er-study/index.html (8. April 2019).

68 Stronks, Karien / Şekercan, Aydın et al.: Higher Prevalence of Depressed Mood in Immigrants' Offspring Reflects Their Social Conditions in the Host Country. The HELIUS Study. PLoS One 2020 15 (6) [https://www.ncbi.nlm.nih.gov/pmc/articles/PMC7272005/]; Siriwardhana, Chesmal / Stewart, Robert: Forced Migration and Mental Health. Prolonged Internal Displacement, Return Migration and Resilience. International Health (2013) 5 (1). S. 19–23.

69 Jordan, Rob: Stanford Resarchers Find Mental Health Prescription - Nature. Stanford News. https://news.stanford.edu/2015/06/30/hiking-mental-health-063015 (30. Juni 2015).

70 C. Chew, Sing: World Ecological Degradation. Accumulation, Urbanization, and Deforestation 3000 BC–AD 2000. Walnut Creek, CA: Altamira Press 2001. S. 110–111.

71 Totman, Conrad: Forest Products Trade in Pre-Industrial Japan. In: John Dargavel (Hg.): Changing Pacific Forests. Durham, NC: Forest History Society 1992. S. 19–20. Zitiert nach Chew: World Ecological Degradation. S. 115.

72 Chew: World Ecological Degradation. S. 66–70.

73 Hughes, J. Donald: Ancient Deforestation Revisited. Journal of the History of Biology (2014) 44. S. 43–57.

74 Gelderloos, Peter: Worshiping Power. Oakland, CA: AK Press 2017.

75 Scott: The Art of Not Being Governed.

76 Grove, Richard: Green Imperialism. Colonial Expansion, Tropical Island Edens and the Origins of Environmentalism, 1600–1860. Cambridge: Cambridge University Press 1995.

77 Thompson: Whigs and Hunters.

78 Diamond, Jared: Collapse. How Societies Choose to Fail or Succeed. London: Penguin Books 2005.

79 Marten, Gerry: How Japan Saved Its Forests. The Birth of Silviculture and Community Forest Management. In Environmental Tipping Points. A New Paradigm for Restoring Ecological Security. Journal of Policy Studies (Japan) (2005) 20. S. 75–87.

80 Hiroyuki, Ishi: Protecting the Forests. www.nippon.com/en/features/c03912 (19. März 2018).

81 Owsley, Douglas W. et al.: Biological Effects of European Contact on Easter Island. In: C. S. Larson und G.R. Milner (Hg.): In the Wake of Contact: Biological Responses to Conquest. New York: Wiley-Liss 1993.

82 Gelderloos, Worshiping Power.

83 Woods Hole Oceanographic Institute: Climate Change Likely Caused Migration, Demise of Ancient Indus Valley Civilization. www.whoi.edu/press-room/news-release/climate-change-likely-caused-migration-demise-of-ancient-indus-valley-civilization (13. November 2018).

84 Kemeny, Richard: Double Climate Disaster May Have Ended Ancient Harappan Civilisation. New Scientist. www.newscientist.com/article/2261018-double-climate-drisiaster-may-have-ended-ancient-harappan-civilisation (20. November 2020).

85 Engel, Max / Brückner, Helmut: Holocene Climate Variability of Mesopotamia and its Impact on the History of Civilisation. In: Eckart Ehlers und Katajun

Amirpur (Hg.): Middle East and North Africa. Climate, Culture, and Conflicts. Leiden: Brill 2021. S. 77-113.

86 Chew: World Ecological Degradation. S. 37–38.

87 Gelderloos: Worshiping Power.

88 Aimers, James J.: What Maya Collapse? Terminal Classic Variation in the Maya Lowlands. Journal of Archaeological Research (2007) 15. S. 329–377. S. 347.

89 Armstrong, Katrina: The Classic Maya Collapse. The Importance of Ecological Prosperity. Earth Common Journal (2014) 4 (1); Gill, Richardson B.: The Great Maya Droughts: Water, Life, and Death. Albuquerque, NM: University of New Mexico Press 2000.

90 Aimers: What Maya Collapse? S. 349.

91 Hilario Tuz Chi, Lázaro: Así es nuestro pensamiento. Cosmovisión e identidad en los rituales agrícolas de los mayas peninsulares. Dissertation. Universidad de Salamanca 2009. S. 50–51, 54–55.

92 Severino, John: ›The Other Gods Were Crying‹. Stories of Rebellion in the Bolivian Highlands. https://theanarchistlibrary.org/library/john-severino-the-other-gods-were-crying.html (11. Dezember 2010).

93 Gelderloos: Worshiping Power.

94 Buck, Stephanie: The First American Settlers Cut Down Millions of Trees to Deliberately Engineer Climate Change. https://timeline.com/american-settlers-climate-change-5b7b68bd9064 (22. August 2017).

95 The Firewood Shortage that Helped Give Birth to America. www.history.com/news/the-firewood-shortage-that-helped-give- birth-to-america (15. November 2017).

96 Manning, Patrick: The Slave Trade. The Formal Demographics of a Global System. In: Joseph E. Inikori und Stanley L. Engerman (Hg.): The Atlantic Slave Trade. Effects on Economies, Societies and Peoples in Africa, the Americas, and Europe. Durham, NC: Duke University Press 1992.

97 Rodney, Walter: How Europe Underdeveloped Africa. Baltimore, MD: Black Classic Press 2011 [1972]; Shiva, Vandana: The Violence of the Green Revolution. Ecological Degradation and Political Conflict in Punjab. New Delhi: Natraj Publishers 1989.

98 Harvey, Fiona: World's Richest 1% Cause Double CO2 Emissions of Poorest 50%, Says Oxfam. The Guardian. www.theguardian.com/environment/2020/sep/21/worlds-richest-1-cause-double-co2-emissions-of-poorest-50-says-oxfam (21. September 2020).

99 Yusoff, Kathryn: A Billion Black Anthropocenes. Minneapolis, MN: University of Minnesota Press 2019.

100 Purchase, Graham: Green Flame. Kropotkin and the Birth of Ecology. Fordsburg, South Africa: Zabalaza Books 2013.

101 Reuters: Timeline: How the World Found Out about Global Warming. www.reuters.com/article/us-climate-talks-history/timeline-how-the-world-found-out-about-global-warming-idUSBRE8AL0LE20121122 (22. November 2012).

102 Das SAC wurde von Präsident Truman 1951 im Verteidigungsministerium eingerichtet, um ihn über Fragen der Wissenschaft allgemein, vor allem aber hinsichtlich der Landesverteidigung zu beraten. 1957 wurde es in Reaktion auf den sog. Sputnik-Schock ins Weiße Haus verlagert. Heute ist es als Office of Science and Technology Policy ein Teil des Executive Office des Präsidenten. Der genannte Bericht wurde durch das Enviromental Pollution Panel innerhalb des SAC unter dem Titel »Restoring the Quality of Our Environment« veröffentlicht. (Anm. d. Ü.)

103 Milman, Oliver: Oil Firms Knews Decades Ago Fossil Fuels Posed Grave Health Risks, Files Reveal. The Guardian. www.theguardian.com/environmtent/2021/mar/18/oil-industry-fossil-fuels-air-pollution-documents (18. März 2021).

104 Cook, John / Nuccitelli, Dana et al.: Quantifying the Consensus on Anthropogenic Global Warming in the Scientific Literature. Environmental Research Letters (2013) 8 (2).

105 Mann, Michael E.: The New Climate War. The Fight to Take Back Our Planet. New York: PublicAffairs Books 2021.

106 McCarthy, Niall: Oil and Gas Giants Spend Millions Lobbying to Block Climate Change Policies. Forbes. www.forbes.com/sites/niallmccarthy/2019/03/25/oil-and-gas-giants-spend-millions-lobbying-to-block-climate-change-policies-infographic (25. März 2019).

107 McChesney, Robert: Corporate Media and the Threat to Democracy. New York: 7 Stories Press 1997; McChesney, Robert: Rich Media, Poor Democracy. Communication Politics in Dubious Times. New York: The New Press 1999; Chomsky, Noam: Necessary Illusions. Thought Control in Democratic Societies. London: Pluto Press 1989.

108 Media and Climate Change Observatory: Monthly Summaries (2017) 9. [https://sciencepolicy.colorado.edu/icecaps/research/media_coverage/summaries/issue9.html]

109 Hymas, Lisa: Climate Change Is the Story You Missed in 2017. And the Media Is to Blame. The Guardian. www.theguardian.com/commentisfree/2017/dec/07/climate-change-media-coverage-media-matters (7. Dezember 2017); Kalhoefer, Kevin: Study - ABC and NBC Drop the Ball on Covering the Impact of Climate Change on Hurricanes. www.mediamatters.org/tucker-carlson/study-abc-and-nbc-drop-ball-covering-impact-climate-change-hurricanes (8. September 2017).

110 LeBaron, Genevieve: Green NGOs Cannot Take Big Business Cash and Save Planet. The Guardian. www.theguardian.com/environment/2013/oct/01/green-ngos-big-business-naomi-klein (1. Oktober 2013).

111 NCITE! Women of Color Against Violence: The Revolution Will Not Be Funded. Beyond the Non-Profit Industrial Complex. Durham, NC: Duke University Press 2017.

112 The Highest Paid Nonprofit CEOs in 2019. www.causeiq.com/insights/highest-paid-nonprofit-ceos.

113 Laframboise, Donna: The Enormous CEO Salaries Behind Earth Hour. https://nofrakkingconsensus.com/2012/03/28/the-enormous-ceo-salaries-behind-earth-hour (28. März 2012).

114 United Nations Environment Programme: The Emissions Gap Report 2012. Nairobi 2012. S. 2.

115 G. Victor, David / Akimoto, Keigo et al.: Prove Paris More than Paper Promises. Nature (2017) 548 (7665). S. 25–27.

116 Watts, Jonathan: Domino-Effect of Climate Events Could Push Earth into a ›Hothouse‹ State. The Guardian. www.theguardian.com/environment/2018/aug/06/domino-effect-of-climate-events-could-push-earth-into-a-hothouse-state (7. August 2018).

117 Levin, K. / Bradley, R.:Comparability of Annex Emission Reduction Pledge. Working Paper. World Resources Institute 2010. S. 16.

118 Lenton et al.: Climate tipping Points. Too Risky to Bet Against.

119 Carrington, Damian: Big Banks' Trillion-Dollar Finance for Fossil Fuels ›Shocking‹, Says Reeport. The Guardian. www.theguardian.com/environroment/2021/mar/24/big-banks-trillion-dollar-finance-for-fossil-fuels-shocking-says-report (24. März 2021).

120 Buck: After Geoengineering. S. 207.

121 Aronoff, Kate: Shell Oil Executive Boasts That His Company Influenced the Paris Agreement. The Intercept. https://theintercept.com/2018/12/08/shell-oil-executive-boasts-that-his-company-influenced-the-paris-agreement (8. Dezember 2018).

122 Terzani, Laura: Persönlich Kommunikation mit dem Autoren. 12. Juli 2021.

123 Dunlap, Alexander: Renewing Destruction: Wind Energy Development in Oaxaca, Mexico. Dissertation. Vrije Universiteit Amsterdam 2017. S. 130. In property based approaches to counterinsurgency. Dunlap zitiert Joe Bryan und Denis Wood: Weaponizing Maps. Indigenous Peoples and Counterinsurgency in the Americas. New York: The Guildford Press 2015. S. 149.

124 Readfearn, Graham: Australia's Bushfires Have Emitted 250m Tonnes of CO2, almost Half of Country's Annual Emissions. The Guardian. www.theguardian.com/environment/2019/dec/13/australias-bushfires-have-emitted-250m-tonnes-of-co2-almost-half-of-countrys-annual-emissions (13. Dezember 2019); Morton, Adam / Readfearn, Graham: The Disaster Movie Playing in Australia's Wild Places—and Solutions that Could Help Hit Pause. The Guardian. www.theguardian.com/environment/2021/mar/05/the-disaster-movie-playing-in-australias-wild-places-and-solutions-that-could-help-hit-pause (5. März 2021).

125 Stone, Maddie: Solar Panels Are Starting to Die, Leaving Behind Toxic Trash. www.wired.com/story/solar-panels-are-starting-to-die-leaving-behind-toxic-trash (22. August 2020).

126 Brock, Andrea / Sovacool, Benjamin K. et al.: Volatile Photovoltaics: Green Industrialization, Sacrifice Zones, and the Political Ecology of Solar Energy in

Germany. Annals of the American Association of Geographers (2021) 111 (6). S. 1756–1778.

127 Kim, Alice: Puna Geothermal Works to Plug Final Well as Lava Approaches. Hawai'i Groundwater & Geothermal Resources Center. www.higp.hawaii.edu/hggrc/puna-geothermal-works-to-plug-final-well-as-lava-approaches (21. Mai 2018).

128 Radioactive Leaks Found at 75% of US Nuke Sites. www.cbsnews.com/news/radioactive-leaks-found-at-75-of-us-nuke-sites (21. Juni 2011).

129 WISE Uranium Project: Depleted Uranium Inventories. www.wise-uranium.org/eddat.html (21. April 2008).

130 Dunlap: Renewing Destruction. S. 7.

131 Das North American Free Trade Agreement oder zu Deutsch Nordamerikanische Freihandelsabkommen ist ein am 1. Januar 1994 in Kraft getretenes Handelsabkommen zwischen den USA, Kanada sowie Mexiko und intensiviert u.a. die neoliberale Reformierung der mexikanischen Wirtschaft (Anm. d. Ü.)

132 Dunlap: Renewing Destruction. S. 80.

133 Ebd., S. 88–90.

134 Ebd., S. 85.

135 Ebd. S. 95–97.

136 Ebd., S. 99–100, 102.

137 Ebd., S. 90–91.

138 Ebd., S. 81–82.

139 Ebd., S. 83.

140 Ebd., S. 109–111.

141 Ebd., S. 107–108.

142 Ebd., S. 131–132.

143 Ebd., S. 43.

144 BNEF: German Coal Mine to Be Reborn as Giant Pumped Hydropower Battery. https://about.bnef.com/blog/german-coal-mine-to-be-reborn-as-giant-pumped-hydropower-battery (17. März 2017).

145 Der Begriff *treaty rights* verweist in Siedlerstaaten wie Kanada, den USA, Australien und Neuseeland auf vertragliche Abkommen zwischen dem jeweiligen Kolonialstaat und der/den indigenen Bevölkerung(en). (Anm. d. Ü.).

146 Die Trans-Mountain-Pipeline (TPML) ist eine 827 km lange Erweiterungslinie für ein bestehendes Pipeline-System (welches 1952 in Betrieb ging) und verläuft von Edmonton, Alberta, Kanada, nach Burnaby, British Columbia, Kanada. Die Pipeline verläuft über unabgetretens Territorium und u.a. Gebiete der Musqueam, Squamish und Tsleil-Waututh. (Anm. d. Ü.).

147 Diaz, Andrea / Almasy, Steve: Canadian Government Says Taxes from Reapproved Pipeline Expansion Project Will Go towards Green Energy. https://edition.cnn.com/2019/06/18/americas/canada-trans-mountain-pipeline-expansion/index.html (19. Juni 2019).

148 Watts, Jonathan: Deep-Sea ›Gold-Rush‹: Secretive Plans to Carve Up Seabed Decried. The Guardian. www.theguardian.com/environment/2020/dec/09/secretive-gold-rush-for-deep-sea-mining-dominated-by-handful-of-firms (9. Dezember 2020).

149 van Niekerk, Sandra: Resource Rich and Access Poor. Securing a Just Transition to Renewables in South Africa. In: Morena, Edouard / Krause, Dunja et al. (Hg.): Just Transitions: Social Justice in the Shift Towards a Low-Carbon World. London: Pluto Press 2020. S. 196.

150 Greenpeace: Oil in the Cloud. www.greenpeace.org/usa/reports/oil-in-the-cloud (19. Mai 2020).

151 Opray, Max: Nickel Mining: The Hidden Environmental Cost of Electric Cars. The Guardian. www.theguardian.com/sustainable-business/2017/aug/24/nickel-mining-hidden-environmental-cost-electric-cars-batteries (24. August 2017).

152 Kelly, Annie: Children as Young as Seven Mining Cobalt Used in Smartphones, Says Amnesty. The Guardian. www.theguardian.com/global-development/2016/jan/19/children-as-young-as-seven-mining-cobalt-for-use-in-smartphones-says-amnesty (19. Januar 2016).

153 Rozsa, Matthew: Elon Musk Becomes Twitter Laughingstock after Bolivian Socialist Movement Returns to Power. www.salon.com/2020/10/20/elon-musk-becomes-twitter-laughingstroick-after-bolivian-socialist-movement-returns-to-power (20. Oktober 2020).

154 Telesur: Evo Morales: Lithium was the Reasono for the Coup in Bolivia. www.telesurenglish.net/news/Morales-Lithium-Was-the-Reason-for-the-Coup-D-Etat-in-Boliviao-20201110-0014.html (10. November 2020).

155 Balch, Oliver: The Curse of ›White Oil‹s: Electric Vehicles‹ Dirty Secret. The Guardian. www.theguardian.com/news/2020/dec/08/the-curse-of-white-oil-electric-vehiecles-dirty-secret-lithium (8. Dezember 2020).

156 Avramova, Nina: Climate Change Is Already Here, and Heat Waves Are Having the Biggest Effect, Report Says. https://edition.cnn.com/2018/11/28/health/global-climate-change-and-health-report-intl/index.html (29. November 2018).

157 W. Griscom, Bronson / Adams, Justin et al: Natural Climate Solutions. PNAS (2017) 114 (44). S. 11645–11650.

158 Vidal, John: ›Large-Scale Human Rights Human Rights Violations‹ Taint Congo National Park Project. The Guardian. www.theguardian.com/world/2020/nov/26/you-have-stolen-our-forest-rights-of-baka-people-in-the-congo-ignored (26. November 2020).

159 Corry, Stephen: The Two Faces of Conservation. www.survivalinternational.org/articles/3396-the-two-faces-of-conservation (August 2015).

160 Ebd.

161 Qadri, Azhar / Ellis-Petersen, Hannah: ›They are Custodians of the Jungle‹ - Anger as Kashmiri Nomads' Homes Destroyed. The Guardian. www.theguardian.com/world/2020/dec/04/they-are-custodians-of-the-jungle-anger-as-kashmiri-nomads-homes-destroyed (4. Dezember 2020).

162 Dunlap: Renewing Destruction. S. 114.

163 Open Letter to the Lead Authors of 'Protecting 30% of the Planet for Nature: Costs, Benefits and Implications. https://openlettertowaldronetal.wordpress.com.

164 Terzani, Laura: The Black Mambas Anti-poaching Unit – Are There Any Elephants in the Room? A Decolonial-Feminist Political Ecology Analysis of Conservation in the Greater Kruger National Park. MA Dissertation. University of Sussex 2019. S. 7.

165 Buck: After Geoengineering. S. 207.

166 Redfern, Jerry: ›No One Explained‹ - Fracking Brings Pollution, Not Wealth, to Navajo Land. The Guardian. www.theguardian.com/us-news/2021/apr/04/navajo-nation-fracking (4. April 2021).

167 Also das Einbringen bestimmter Mineralien und Gesteinsarten in den Boden, um die CO2-Aufnahme und/oder seine Fruchtbarkeit zu steigern (Anm. d. Ü.)

168 Watts, Jonathan: China Plans Rapid Expansion of ›Weather Modification‹ Efforts. The Guardian. www.theguardian.com/world/2020/dec/03/china-vows-to-boost-weather-modification-capabilities (3. Dezember 2020).

169 Rich, Nathaniel: Climate Change and the Savage Human Future. The New York Times. www.nytimes.com/interactive/2018/11/16/magazine/tech-design-nature.html (16. November 2018).

170 Scott: The Art of Not Being Governed.

171 Perlman: Against His-story, Against Leviathan.

172 Chew: World Ecological Degradation. S. 96.

173 Colin Allen / Michael Trestman: Animal Consciousness. In: Edward N. Zalta (Hg.): The Stanford Encyclopedia of Philosophy. Winter 2020 edition. https://plato.stanford.edu/entries/consciousness-animal/#hist,§3.

174 Federici, Silvia: Caliban and the Witch. Women, the Body and Primitive Accumulation. New York: Autonomedia 2004. S. 158–159.

175 Worral, Simon: There Is Such a Thing as Plant Intelligence. National Geographic. www.nationalgeographic.com/science/article/160221-plant-science-botany-evolution-mabey-booktalk (21. Februar 2016).

176 Nhất Hạnh, Thích: Peace Is Every Step. The Path of Mindfulness in Everyday Life. New York: Byantam 1992. S. 100. Für die deutsche Übersetzung: Ich pflanze ein Lächeln. Der Weg der Achtsamkeit. Goldmann, München 1991.

177 Sivarakesra, Sulak: Seeds of Peace. A Buddhist Vision for Renewing Society. Berkeley, CA: Parallax Press 1992. S. 7. Für die deutsche Übersetzung: Saat des Friedens – Vision einer buddhistischen Gesellschaftsordnung. Freiburg im Breisgau 1995.

178 Kuhn, Gabriel: Liberating Sápmi. Indigenous Resistance in Europe's Far North. Oakland, CA: PM Press 2020. S. 55.

179 Somby, Niillas in Kuhn: Liberating Sápmi. S. 57, 66.

180 Zitiert in Kuhn: Liberating Sápmi. S. 7.

181 Hookimaw-Witt, Jacqueline: Keenebonanoh keemoshominook kaeshe peemishikhik odaskiwakh [We Stand on the Graves of Our Ancestors]. Native Interpretations of Treaty #9 with Attawapiskat Elders. Graduate Thesis an der Trent University, Peterborough, Ontario 1997. Zitiert in Mike Gouldhawke: Land as a Social Relationship. Briarpatch. https://briarpatchmagazine.com/articles/view/land-as-a-social-relationship (10. September 2020).

182 Gouldhawke: Land as a Social Relationship.

183 Nowell, Cecilia: In the Navajo Nation, Anarchism Has Indigenous Roots. The Nation. www.thenation.com/article/activism/anarchism-navajo-aid (25. September 2020).

184 Mayhew Bergman, Megan: ›We're at a Crossroads‹. Who Do the Fish of Hawaii Belong to? The Guardian. www.theguardian.com/environment/2020/aug/26/hawaii-fish-waters-native-commercial-fishers (26. August 2020).

185 Deloria Jr, Vine: Custer Died for Your Sins. An Indian Manifesto. Norman, OK: University of Oklahoma Press 1988 [1969]. S. 102, 104.

186 D'Alisa, Giacomo / Demaria, Federico et al. (Hg.): Degrowth - A Vocabulary for a New Era. Abingdon-on-Thames, Routledge 2015; Jason Hickel / Giorgos Kallis: Is Green Growth Possible? New Political Economy (2020) 54 (4). S. 469–486.

187 Demaria, Federico / Kallis, Giorgos et al: Geographies of Degrowth. Nowtopias, Resurgences and the Decolonization of Imaginaries and Places. Nature and Space (2019) 2 (3).. S. 432.

188 Im Jahr 1660 aus informellen Treffen von Intellektuellen gegründete Gelehrtengesellschaft, die Medaillen, Preise und Mitgliedschaften (Fellowships) vergibt. Mit der kolonialen Ausdehnung wurden auch Intellektuelle in Militär, Marine und Handelsgesellschaften nominiert, z. B. explizit wegen ihrer Arbeit für koloniale Handelsgesellschaften wie die East India Company (Anm. d. Ü.)

189 Chappell, Frankie: Terra Nullius? https://royalsociety.org/blog/2020/04/terra-nullius (7. April 2020); Macleod, Roy: Passages in Imperial Science. From Empire to Commonwealth. Journal of World History (1993) 4 (1). S.117–150.

190 Yusoff: A Billion Black Anthropocenes; Tuhiwai-Smith, Linda: Decolonizing Methodologies. Research and Indigenous Peoples. London: Zed Books 2002.

191 Makoons Geniusz, Wendy: Our Knowledge Is Not Primitive. Decolonizing Botanical Anishinaabe Teachings. Syracuse, NY: Syracuse University Press 2009.

192 Bergman: ›We're at a Crossroads‹. Who the Fish of Hawaii Belong to?

193 »Das Adjektiv ›popular‹ leitet sich von Pueblo – ›Volk‹ – ab. Der spanische Begriff [...] bezieh[t] sich bei Pueblo nicht auf eine nationale, ›völkische‹ oder gesellschaftliche Einheit, sondern auf eine breite und heterogene Schicht, deren einendes Element die ökonomische, soziale und politische Marginalität und die damit einhergehende Exklusion vom Zugang zu grundlegendsten Menschenrechten und sozio-ökonomischer und politischer Teilhabe ist. Im Deutschen könnte ein hierarchisierender, diskreditierender und homogenisierender Begriff die sogenannte ›Unterschicht‹ sein. Zudem geht mit ›popular‹ eine gewisse Anerkennung und Wertschätzung und auch Identifikation einher, die aber anders als der im Deutschen benutzte Begriff ›Volk‹ weder einen Bezug zu einer exklusiven, klassenübergreifenden, also vertikalen ›völkischen‹ Identität herstellt, noch auf das sozialistische Verständnis von ›Volk‹ (im Klassenkampf) reduziert werden kann, da es auch (sub-)kulturelle Aspekte integriert. Im Gegenteil ist ›Pueblo‹ und ›Popular‹ horizontal äußerst inklusiv und integriert beispielsweise zahlreiche Pueblos Indígenas.« (Svampa, Maristella: Epochenwechsel in Lateinamerika. Progressive Regierungen, Extraktivismus und soziale Bewegungen. Münster: Unrast Verlag 2020. S. 45, Fußnote 23.)

194 Monroy, Matthias: Social Movements Against the Global Security Architecture! https://digit.site36.net/2008/10/07/social-movements-against-the-global-security-architecture (7. Oktober 2008). (Deutsch: https://web.archive.org/web/20080220064302/

http://www.nato.int/docu/review/2006/issue4/german/analysis3.html; Anm. d. Ü.)

195 Naumann, Klaus / Shalikashvili, John et al.: Towards a Grand Strategy for an Uncertain World. Renewing Transatlantic Partnership. AK Lunteren: Noaber Foundation 2007.

196 CrimethInc.: Designed to Kill: Border Policy and How to Change It. Aktualisierte Version in: CrimethInc.: No Wall They Can Build. Salem, Oregon 2017.

197 *Orde Baru* (indonesisch für ›Neue Ordnung‹) ist ein Begriff, der für die Periode der Amtszeit Suhartos vom Militärputsch 1966 bis zu seinem Rücktritt 1998 verwendet wird. (Anm. d. Ü)

198 Second Indigenous Activist Killed in Honduras This Week. Al Jazeera. www.aljazeera.com/news/2020/12/31/honduras-sees-second-indigenous-activist-killed-in-past-week (12. Dezember 2020).

199 Butt, Nathalie / Menton, Mary: More than 1,700 Activists Have Been Killed this Century Defending the Environment. The Conversation. https://theconversation.com/more-than-1-700-activists-have-been-killed-this-century-defending-the-environment-120352 (5. August 2019). Zitiert aus dem Global Witness Report.

200 Guy, Jack: Record Number of Environmental Activists Killed in 2019. https://edition.cnn.com/2020/07/29/world/global-witness-2019-defenders-report-scli-intl/index.html (29. Juli 2020).

201 Smith, Juan: Colombia - Ex-Paramilitary Implicates Two U.S. Companies in Murder of Trade Unionists. https://nacla.org/news/colombia-ex-paramilitary-implicates-two-us-companies-murder-trade-unionists (14. Dezember 2009).

202 Alsema, Adriaan: Colombia Charges 13 Former Chiquita Executives over Hundreds of Murders. Colombia Reports. https://colombiareports.com/terror-for-profit-colombia-charges-14-former-chiquita-executives (1. September 2018).

203 Cohen, Steven: The Supreme Court Needs to Decide - Can Victims Sue Chiquita for Sponsoring Terrorism. New Republic. https://newrepublic.com/article/121506/supreme-court-should-take-chiquitas-terrorism-sponsorship-case (10. April 2015).

204 Colombia Reports: Civilian Casualties of Colombia's Armed Conflict. https://colombiareports.com/civilians-killed-armed-conflict (20. Juli 2019). Für ein gute Beispiel für unehrliche Berichterstattung siehe: Colombia's Guerrilla War Killed 260,000, Report Says. CBC. www.cbc.ca/news/world/colombia-guerrilla-farc-death-toll-1.4771858 (2. August 2018).

205 Parkin Daniels, Joe: Colombian Army Killed Thousands More Civilians than Reported, Study Claims. The Guardian. www.theguardian.com/world/2018/may/08/colombia-false-positives-scandal-casualties-higher-thought-study (8. Mai 2018).

206 Siehe https://onlinenigeria.com/finance/?blurb=669 (19. Dezember 2005).

207 Kadafa, A. A: Environmental Impacts of Onilo Exploration and Exploitation in the Niger Delta of Nigeria. Global Journal of Science Frontier Research (2012) 12 (3).

208 BBC: Nigerian Attack Closes Oilfield. http://news.bbc.co.uk/1/hi/world/africa/746328r8.stm (20. Juni 2008).

209 Maupin, Caleb: The Niger Delta Avengers Declare War on Western Oil Giants. www.mintpressnews.com/niger-deltans-plenty-avenge-yet-us-media-ignores-context-terrorism-oil-companies/217030 (8. Juni 2016).

210 Larsson, Naomi: Killed for Defending the Planet. Murder of Environmental Activists Reaches Record High. Independent. www.independent.co.uk/news/world/europe/environmental-activists-deaths-murder-climate-change-colombia-romania-a9651826.html (5. August 2020).

211 Federman, Adam: Revealed: US Listed Climate Activist Group as ›Extremist‹ alongside Mass Killers. The Guardian. www.theguardian.com/environment/2020/jan/13/us-listed-climate-activist-group-extremists (13. Januar 2020).

212 Brock, Andrea: Enforcing Ecological Catastrophe at All Costs. New Internationalist. https://newint.org/features/2020/11/19/enforcing-ecological-catastrophe-all-costs (19. November 2020).

213 Brock, Andrea: The Battle of Hambacher Forest. Red Pepper. www.redpepper.org.uk/the-battle-of-hambacher-forest (20. September 2018).

214 Rodríguez, Dylan: Reformism Isn't Liberation, It's Counterinsurgency. Black Agenda Report https://blackagendareport.com/reformism-isnt-liberation-its-counterinsurgency (21. Oktober 2020); Marshall, Yannick Giovanni: Black Liberal, Your Time Is Up. Al Jazeera. www.aljazeera.com/opinions/2020/6/1/black-liberal-your-time-is-up (1. Juni 2020).

215 Woodman, Connor: The Infiltrator and the Movement. Jacobin. https://jacobinmag.com/2018/04/uk-infiltration-secret-police-mi5-special-branch-undercover (23. April 2018).

216 Lewis, Paul / Evans, Rob: Secrets and Lies. Untangling the UK ›Spy Cops‹ Scandal. The Guardian. www.theguardian.com/uk-news/2020/oct/28/secrets-and-lies-untangling-the-uk-spy-cops-scandal (28. Oktober 2020).

217 https://colzeacolzeblog.wordpress.com/2017/04/10/presentacio (10. April 2017).

218 Potter, Will: Green Is the New Red. An Insider's Account of a Social Movement Under Siege. San Francisco, CA: City Light Publishers 2011.

219 *Green Scare* bezeichnet eine Phase intensiver Repression gegen die radikale Umweltbewegung in den USA, insbesondere gegen ELF und ALF in den frühen 2000er-Jahren. Die Green Scare umfasst ca. 20 Repressionsfälle, die in zahlreichen Haftstrafen resultierten. Siehe z. B. CrimethInc.: Message in a Bottle. CrimethInc Communiqués 1996–2011, Münster: Unrast Verlag 2017, S. 147ff.

220 Ist ein US-Bundesgesetz welches Handlungen mit der Absicht tiernutzende Unternehmen in ihrer Tätigkeit zu schädigen oder zu beeinflussen als Terrorismus unter Strafe stellt. Es wurde 2006 durch Präsident George W. Bush unterzeichnet. (Anm. d. Ü.)

221 www.greenisthenewred.com/blog/tag/shac-7

222 Harrison, David: Minister Set up Deal to Save Animal Lab. The Telegraph. www.telegraph.co.uk/news/uknews/131875.9/Minister-set-up-deal-to-save-animal-lab.html (21. Januar 2001).

223 Johnson, Gene: Two Face Federal Terror Charget river Train Track Interference. AP News. https://isapnews.com/article/bellingham-washington-british-columbia-seattle-7Dafd76ecb1ee9bccac7d0bcb7f9ae1b7 (1. Dezember 2020).

224 Levin, Sam: Revealed: How Monsanto's ›Intelligence Center‹ Targeted Journalists and Activists. The Guardian. www.theguardian.com/business/2019/aug/07/monsantos-fusion-center-journalists-roundup-neil-young (8. August 2019).

225 Nolin, Catherine / Ruos Pell, Grahame: Public Letter. https://www2.unbc.ca/sites/default/files/sections/catherine-nolin/guatemala/20201110publiclettern olin-russell.pdf (26. Februar 2024).

226 Die kanadische Bundespolizei (Anm. d. Ü.)

227 Glynn, Tracy: Did the RCMP Attend a University Book Launch to Stop a Crime? NB Media Co-op. https://nbmediacoop.org/2021/0P1/r22/did-the-rcmp-attend-a-university-book-launch-to-stop-a-crime (22. Januar 2021).

228 Milman, Oliver: Facebook Suspends Environmental Groups Despite Vow to Fight Misinformation. The Guardian. www.theguardian.com/environment/2020/sep/22/facebook-climate-change-environment-groups-suspended (22. September 2020); O. A.: Facebook Bans Multiple Anarchist and Antifascist Pages. Indybay. www.indybay.org/newsitems/2020/08/24/18836084.php (24. August 2020).

229 Enough 14: Dutch Police Seized Servers of NoState Tech Collective—North Shore Counter-info, Montreal Counter-info, 325 and Act for Freedom Now. https://enoughisenough14.org/2021/03/31/dutch-police-seized-servers-of-nostate-tech-collective-north-shore-counter-info-montreal-counter-info-325-and-act-for-freedom-now-down (31. März 2021).

230 Willsher, Kim: Anarchists Hijack Climate March on Day of Violent Protests in Paris. The Guardian. www.theguardian.com/notes.world/2019/sep/21/paris-on-high-alert-as-protesters-try-to-revive-gilets-jaunes-movement (21. September 2019).

231 Der Begriff ›outside agitators‹ wird in der (US-)amerikanischen Medienöffentlichkeit verwendet, um die radikaleren Elemente von Protesten als ›auswärtige‹ Aktivist*innen zu diskreditieren. Es soll suggeriert werden, dass diese Elemente lediglich zur Eskalation von friedlichen Protesten der lokalen Bevölkerung anreisen. (Anm. d. Ü.)

232 Walia, Harsha: Border and Rule. Global Migration, Capitalism, and the Rise of Racist Nationalism. Chicago, IL: Haymarket Books 2021.

233 Hockenos, Paul: Germany's Secret Labor Experiment. The New York Times. www.nytimes.com/2018/05/09/opinion/germans-secret-labor-experiment.html (9. Mai 2018).

234 The Migrant Project: Migrant Deaths in the Mediterranean Exceed 20,000 since 2014. www.themigrantproject.org/mediterranean-deaths-2 (9. März 2020).

235 Karakoulaki, Marianna: The Invisible Violence of Europe's Refugee Camps. Al Jazeera. www.aljazeera.com/opinions/ 2019/10/22/the-invisible-violence-of-europes-refugee-camps (22. Oktober 2019); Council of Europe: Council of Europe's Anti-torture Committee Calls on Greece to Reform its Immigration Detention System and Stop Pushbacks. www.coe.int/en/web/cpt/-/council-of-europe-s-anti-torture-committee-calls-on-greece-to-reform-its-immigration-detention-system-and-stop-pushbacks (19. November 2020).

236 Giaritelli, Anna: Deadly Crossing. Bodies of 300 illegal Immigrants Found on US-Mexico Border during Fiscal 2019. Washington Examiner. www.washingtonexaminer.com/news/deadly-crossing-bodies-of-300-illegal-immigrants-found-on-us-mexico-border-during-fiscal-2019 (11. Dezember 2019).

237 Shen, Aviva: Why Did it Takers Sterilization Scandal to Retrigger our Outrage over ICE? Slate. https://slate.com/news-and-politics/2020/09/ice-stelrilization-scandal-outrage-abuse-hysterectomies.html (18. September 2020); Manian, Maya: Immigration Detention and Coerced Sterilization. History Tragically Repeats Itself. www.aclu.org/news/immigrants-rigthyts/immigration-detention-and-coerced-sterilization-history-tragically-repeats-itself (29. September 2020).

238 Klardozpyk, René: ICE Detainees Face Systemic Torture at El Paso Area Immigration Facility, New Report Says. El Paso Matters. https://elpasomatters.org/2021/01/05/ice-detainees-at-el-paso-area-immigration-facility-face-systemic-torture-new-report-says/ (5. Januar 2021); Borger, Julian: US Ice Officers ›Used Torture to Make Africans Sign Own Deportation Orders‹. The Guardian. www.theguardian.com/us-news/2020/oct/22/us-ice-officers-allegedly-used-torture-to-make-africans-sign-own-deportation-orders (22. Oktober 2020).

239 Siehe Anthony, Thalia / Gray, Stephen: Was There Slavery in Australia? Yes, it Shouldn't Even Be Up for Debate. The Conversation. https://theconversation.com/was-there-slavery-in-australia-yes-it-shouldnt-even-be-up-for-debate-140544 (12. Juni 2020). Die Autor*innen beschreiben den Prozess, geben aber fälschlicherweise an, dass die Versklavung der australischen First Nations in den 1950er-Jahren endete. Zur Kontinuität bis in die 1970er-Jahre siehe Collard, Sarah: Class Action Launched against West Australian Government over Indigenous Stolen Wages. ABC News. www.abc.net.au/news/2020-10-19/wa-government-faces-class-action-over-stolen-wages/12737046 (18. Oktober 2020); sowie Hermant, Norman: Seasonal Farm Workers Receiving Less than $10 a Week after Deductions, Investigation Reveals. ABC News. www.abc.net.au/news/2016-02-25/seasonal-farm-workers-receiving-as-little-as-$9-a-week/7196844 (26. Februar 2016).

240 Charles, Stephen: Our Detention Centres Are Concentration Camps and Must Be Closed. Sydney Morning Herald. www.smh.com.au/comment/our-detention-centres-are-intentionally-cruel-and-must-be-closed-20160504-golr04.html (4. Mai 2016).

241 Dadusc, Deanna / Mudu, Pierpaolo: Care Without Control. The Humanitarian Industrial Complex and the Criminalisation of Solidarity. Geopolitics (2020).. S. 25–26, 30.

242 Mackey, Robert: Trump Boasts about Federal Task Force Killing Anti-Fascist Wanted for Murder in Portland. The Intercept. https://theintercept.com/2020/10/15/trump-boasts-federal-task-force-killing-antifascist-wanted-murder-portland (15. Oktober 2020).

243 Estes, Nick: Our History is the Future. London: Verso 2019. S. 54.

244 Ebd., S. 251.

245 Tolan, Sandy: Wounded on the Front Line at Standing Rock, a Protester Refuses to Give Up Her Fight. Los Angeles Times. www.latimes.com/nation/la-na-standing-rock-wounded-20161222-story.html (22. Dezember 2016); Fontaine, Tim: Woman Hurt in Latest

Standing Rock Confrontation in ›Serious‹ Condition. CBC. www.cbc.ca/news/indigenous/standing-rock-serious-injuries-1.3861705 (22. November 2016).

246 Estes: Our History is the Future. S. 55.

247 Fatica, Ryan: Steve Martínelzu Jtailed Again after Refusing to Testify Before a Federal Grand Jury. Perilous Chronicle. https://perilouschronicle.comof/2021/03/03/steve-martinez-jailed-again-after-refusing-to-testify-before-a-federal-grand-jury (3. März 2021).

248 *Two spirit* ist eine zeitgenössische Selbstbezeichnung von einigen indigenen queeren oder trans Personen und bezieht sich auf Traditionen, die es in vielen indigenen Gemeinschaften im Bezug auf die Nichtkonformität mit europäisch-amerikanischen Geschlechterrollen gibt. Two spirit könnte ähnlich wie die Begriffe queer oder LGBTIQ verstanden werden. (Anm. d. Ü.)

249 Churchille, Ward: From a Native Son. Selected Essays on Indigenism, 1985–1995. Cambridge, MA: South End Press 1996. S. 256–260.

250 Democracy Now: Leonard Peltier Speaks from Prison. www.democracynow.org/2000/6/12/leonard_peltier_speaks_from_prison (12. Juni 2000).

251 Starblanket, Tamara: Suffer the Little Children. Genocide, Indigenous Nations and the Canadian State. Atlanta, GA: Clarity Press 2018.

252 Dhillon, Jaskiran / Parrish, Will: Exclusive: Canada Police Prepared to Shoot Indigenous Activists, Documents Show. The Guardian. www.theguardian.com/world/2019/dec/20/canada-indigenous- land-defenders-police-documents (20. Dezember 2019).

253 Patterson, Brent: Secwepemc Land Defender Kanahus Manuel Calls for a National Inquiry into the Ts'Peten/Gustafsen Lake Standoff. PBI. https://pbicanada.org/2020/12/12/secwepemc-land-defender-kanahus-manuel-calls-for-a-national-inquiry-into-the-tspeten-gustafsen-lake-standoff (12. Dezember 2020).

254 Freedom News: Breaking: Russian Antifascists sentenced to 6-18 Years Prison. https://freedomnews.org.uk/breaking-russian-antifascists-sentenced-to-6-18-years-prison (10. Februar 2020); RUPepression: How the FSB Is Manufacturing a Terrorism Case Against Antifascists in Russia. https://rupression.com/en/how-the-fsb-is-manufacturing-a-terrorism-case-against-antifascists-in-russia.

255 Economy, Elizabeth C.: A Land Grab Epidemic. China's Wonderful World of Wukans. Council on Foreign Relations. (7. Februar 2012); und Forsythe, Michael: China's Spending on Internal Police Force in 2010 Outstrips Defense Budget. Bloomberg. www.bloomberg.com/news/2011-03-06/china-s-spending-on-internal-police-force-in-2010-outstrips-defense-budget.html (6. März 2011).

256 Agence France-Presse: China Bomb Attack Kills Four in Suspected Protest Over Development. The Guardian. www.theguardian.com/world/2021/mar/23/china-bomb-attack-kills-four-in-suspected-protest-over-development (23. März 2021).

257 Jianqiang, Liu: How Tiger Leaping Gorge Was Saved. China Dialogue. https://chinadialogue.net/en/nature/5923-how-tiger-leuatpeing-gorge-was-saved; Standaert, Michael: With Activists Silenced, China Moves Ahead on Big Dam Project. The Third Pole. www.thethirdpole.net/2020/11/05/with-activists-silenced-china-moves-ahead-on-big-dam-project (5. November 2020).

258 You, Li: Ningxia Conservationists Detained for ›Picking Quarrels‹. Sixth Tone. www.sixthtone.com/news/1006168/ningxia-conservationists-detained-for-picking-quarrels (1. September 2020).

259 It's Going Down: We Don't Forget. Support Joseph Dibee, Environmentalist Accused of Sabotage. https://itsgoingdown.org/we-dont-forget-support-joseph-dibee (20. August 2018).

260 Gibson, Carl / Horn, Steve: Exposed: Globally Renowned Activist Collaborated with Intelligence Firm Stratfor. www.occupy.com/article/exposed-globally-renowned-activist-collaborated-intelligence-firm-stratfor (2. Dezember 2013).

261 Duchin, Ronald zitiert in Horn, Steve: Here's How the Corporations Defeat Political Movements. https://popularresistance.org/heres-how-the-corporations-defeat-political-movements (29. Juli 2013).

262 Ebd.

263 Ebd.

264 Gelderloos, Peter: The Failure of Nonviolence. Seattle, WA: Left Bank Books 2013; Gelderloos, Peter: Riots and Remembrance on the Streets of Barcelona. The Collective Learning of Subversive Techniques. In: Alissa Starodub und Andrew Robinson (Hg.): Riots and Militant Occupations. Smashing a System, Building a World—A Critical Introduction. London: Rowman & Littlefield International 2018.

265 Ananthalakshmi, A: Palm Oil to Blame for 39% of Forest Loss in Borneo Since 2000: Study. Reuters. www.reuters.com/article/us-palmoil-deforestation-study-idUSKBN1W41HD (19. September 2019).

266 Zhao, Emily: Unilever and Nestlé Are Burning Indonesia. Is ›Sustainable Palm Oil‹ a Con? https://medium.com/the-climate-reporter/unilever-and-nestlé-are-burning-indonesia-is-sustainable-palm-oil-a-con-4a15e3110d1a (11. November 2019); The Copernicus Atmospheric Monitoring Service Tracks Extent and Pollution from Fires across Indonesia. https://atmosphere.copernicus.eu/copernicus-atmosphere-monitoring-service-tracks-extent-and-pollution-fires-across-indonesia (20. September 2019).

267 Obidzinski, Krystof: Fact File—Indonesia World Leader in Palm Oil Production. Forest News. https://forestsnews.cifor.org/17798/fact-file-indonesia-world-leader-in-palm-oil-production (8. Juli 2013).

268 *Majelis Permusyawaratan Rakyat*, das indonesische Parlament (Anm. d. Ü.)

269 Siehe Kapitel 2, Fußnote 99.

270 Kuhn: Liberating Sápmi. S. 40.

271 Ebd., S. 111.

272 Holmberg,Aslak in Kuhn, Liberating Sápmi, S. 112 und 118.

273 Der Áltá-Konflikt begann 1968 mit Plänen der norwegischen Regierung den Fluss Altaelva aufzustauen. Am Altaelva liegt unter anderem Kautokeino, eine überwiegend von Sámi bewohnte Stadt und ein wichtiges Zentrum samischer Kultur. Die Bewegung konnte den Bau lange hinauszögern, 1987 wurde der Damm jedoch fertigstellt. (Anm. d. Ü.)

274 Kuhn: Liberating Sápmi. S. 55.

275 1852 attackierten Sámi-Rebell∗innen lokale Vertreter der norwegischen Regierung und der Kirche. Der Aufstand richtet sich unter anderem gegen den Verkauf von Alkohol und die Verstrickung von Kirche und Alkoholindustrie. Aslak Hætta und Mons Somby wurden für ihre Rolle im Aufstand geköpft. (Anm. d. Ü.)

276 Somby, Niillas in Kuhn: Liberating Sápmi. S. 58, 66.

277 CrimethInc: La ZAD: Another End of the World Is Possible. https://de.crimethinc.com/2018/04/09/la-zad-another-end-of-the-world-is-possible-learning-from-50-years-of-struggle-at-notre-dame-des-landes (9. April 2018).

278 *Die Association citoyenne intercommunale des populations concernées par le projet d'aéroport de Notre-Dame-des-Landes* ist eine im Jahr 2000 gegründeter Bürger∗inneninitiative die sich gegen den Bau des Flughafens engagierte. ACIPA löste sich 2018 mit dem definitiven Ende des Flughafenprojektes auf. (Anm. d. Ü.)

279 Der Kampf von Larzac richtete sich gegen die Ausweitung eines Truppenübungsplatzes auf dem Larzac-Plateau. 1970 wurden die ersten Pläne bekannt, 1971 wurde bekannt, dass mehr als 100 Bäuer∗innen enteignet werden sollten, 1981 wurde das Projekt nach landesweiten Kämpfen aufgegeben. (Anm. d. Ü.)

280 Die Region Plogoff in der Bretagne gilt bis heute als Symbol im Kampf gegen Atomkraftwerke. Ein Plan zum Bau eines Atomkraftwerks dort wurde in den 1970er-Jahren öffentlich und 1981 als Ergebnis der Kämpfe aufgegeben. (Anm. d. Ü.)

281 Der *Contrat première embauche* (›Vertrag bei Ersteinstellung‹) war ein Gesetzesentwurf der französischen Regierung um den Kündigungsschutz junger Arbeiter*innen aufzuheben. Das Gesetz war seinerseits eine Reaktion auf Unruhen in den französischen Vororten und wurde bereits nach zwei Monaten im Zuge einer Welle wütender landesweiter Proteste, Besetzungen, Streiks und Krawalle zurückgezogen. (Anm. d. Ü.)

282 Siehe https://crimethinc.com/2019/04/23/reflections-on-the-zad-looking-back-a-year-after-the-evictions und https://infokiosques.net/IMG/pdf/SPLASH3-letter.pdf.

283 Archiviert unter https://web.archive.org/web/20071013213726/www.protestculture.org/history.html.

284 Reclaim the Streets. Do or Die (1997) 6. S. 1–10. Archiviert unter www.doordie.org.uk.

285 CrimethInc: The Forest Occupation Movement in Germany. https://de.crimethinc.com/2021/03/10/the-forest-occupation-movement-in-germany-tactics-strategy-and-culture-of-resistance (10. März 2021).

286 Poland: Anarchists Successfully Stop Allotment Gardens Eviction. Freedom News. https://freedomnews.org.uk/poland-anarchists-successfully-stop-allotment-gardens-eviction (18. November 2020).

287 *Six Nations* oder auch *Six Nations of the Grand River* bzw. auf *Seneca Ye:i' Nióñöëdzage:h* bezeichnet ein Gebiet welches den Six Nations (Mohawk, Cayuga, Onondaga, Oneida, Seneca und Tuscarora) qua Dekret durch die US-Amerikanische Regierung zuerkannt wurde. Die heutige Fläche des Reservats entspricht nur etwa 5 % der damals vertraglich zugesicherten Fläche. (Anm. d. Ü.)

288 Einige dieser Erzählungen sind Thema in: Gord Hill: The 500 Years of Resistance Comic Book. Vancouver: Arsenal Pulp Press 2010.

289 Wilder Utopia: Fracking in New Brunswick. Elsipogtog First Nation Takes a Stand. www.wilderutopia.com/environment/energy/fracking-new-brunswick-elsipogtog-first-nation-takes-stand (7. Dezember 2013).

290 *Hereditary chiefs* sind Anführer∗innen einiger nordamerikanischer indigener Gemeinschaften. Die Rolle des hereditary chief wurzelt in alten indigenen Traditionen und kann nicht mit hierarchischen Systemen kolonialer Gesellschaften verglichen werden (siehe z. B. Eepa: Indigenous Anarchist Hierarchy. The Anarchist Library – theanarchistlibrary.com (04.04.2024) und werden von der kanadischen Regierung nicht anerkannt. (Anm. d. Ü.)

291 Tawinikay: Reconciliation Is Dead. A Strategic Proposal. It's Going Down. https://itsgoingdown.org/reconciliation-is-dead-a-strategic-proposal (15. Februar 2020).

292 Siehe: www.tinyhousewarriors.com/#about.

293 Hill: The 500 Years of Resistance Comic Book, S. 74, 87.

294 CrimethInc: Don't See What Happens, Be What Happens. https://crimethinc.com/2017/01/29/dont-see-what-happens-be-what-happens-continuous-updates-from-the-airport-blockades (29. Januar 2017).

295 Ridder, Kevin: The Appalachian Pipeline Resistance Movement. We're Not Going Away. Appalachian Voice. https://appvoices.org/2020/10/28/the-appalachian-pipeline-resistance-movement (28. Oktober 2020).

296 Fearnley-Whittingstall, Hugh: If the UK Government Won't Stop Industrial Fishing from Destroying Our Oceans, Activists Will. The Guardian. www.theguardian.com/commentisfree/2021/feb/26/if-the-uk-government-stop-industrial-fishing-oceans-activists-greenpeace (26. Februar 2021).

297 Shiva, Vandana: Stolen Harvest. The Hijacking of the Global Food Supply. Cambridge, MA: South End Press 2000; Shiva: The Violence of the Green Revolution.

298 Watts, Jonathan: 1% of Farms Operate 70% of World's Farmland. The Guardian. www.theguardian.com/environment/2020/nov/24/farmland-inequality-is-rising-around-the-world-finds-report (24. November 2020).

299 Watts, Jonathan: Third of Earth's Soil Is Acutely Degraded due to Agriculture. The Guardian. www.theguardian.com/environment/2017/sep/12/third-of-earths-soil-acutely-degraded-due-to-agriculture-study (12. September 2017).

300 World Future Council: How Does Agriculture Contribute to Climate Change? www.worldfuturecouncil.org/how-does- agriculture-contribute-to-climate-change (21. Oktober 2012).

301 PG: Coordinating a Gift Economy. Fifth Estate (2016) 395.

302 Ein Bundesstaat im Nordosten Brasiliens. (Anm. d. Ü.)

303 *Self-demarcation* bezeichnet einen juristischen Prozess, in dem indigenen Gruppen das Recht zugesprochen wird, ihr Land abzugrenzen. Im Folgenden muss diese Grenze physisch markiert werden. Danach ist es Außenstehenden (zumindest rechtlich) nicht mehr gestattet, dieses Land zu betreten. Dies ist wichtig etwa zum Schutz vor eingeschleppten Krankheiten oder der Plünderung von Natur- oder Bodenschätzen. (Anm. d. Ü.)

304 *Quilombo* wird eine Gemeinschaft bzw. Siedlung von geflohenen versklavten Schwarzen zu Zeiten der portugiesischen Herrschaft in Brasilien genannt. Das *quilombo* von Palmares bestand von 1600 bis 1694 in den Hügeln der Sierra da Barriga, Alagoas. Zu Hochzeiten lebten dort etwa 30 000 Menschen. (Anm. d. Ü.).

305 Ana Maria Primavesi war eine Agrarwissenschaftlerin und lehrte Bodenwissenschaften. Insbesondere arbeitete sie zu tropischen Böden Brasiliens. Primavesi wurde 1920 in Österreich geboren, zog 1949 nach Brasilien und lehrte dort zunächst biologischen Landbau. Sie schrieb Bücher über Agrarökologie, Gaia-Theorie und Landwirtschaft. (Anm. d. Ü.)

306 *Txeramoî* und txedjaryi, Maskulinum und Femininum, sind weise Älteste unter den Guaraní die sich mit Spiritualität und Heilung beschäftigen. *Pau a pique* ist eine Konstruktionstechnik mit Bambus und Strohlehm (Anm. d. Ü.)

307 Heyman, Stephen: Soul Fire Farm's Leah Penniman Explains Why Food Sovereignty Is Central in the Fight for Racial Justice. Vogue. www.vogue.com/article/sourl-fire-farm-leah-penniman-why-food-sovereignty-is-central-int-the-fight-for-racial-justice (2. Juli 2020); Leah Penniman: Farming While Black. Soul Fire Farm's Practical Guide to Liberation to Liberation on the Land. White River Junction, Vermont: Chelsea Green Publishing Company 2018.

308 Wilson, Alex: Becoming Intimate with the Land. Briarpatch. https://briarpatchmagazine.com/articles/view/becoming-intimate-with-the-land (10. September 2020).

309 Pastoralismus oder auch Naturweidewirtschaft bezeichnet die Praxis, Weidetiere auf zumeist nicht eingehegten Flächen zu halten. (Anm. d. Ü.)

310 Arques, Rafa: La Fuerza del Fuego. Alcoi, València: Editorial Milvus 2019. S. 15, 35–38, 43–44.

311 Ebd., S. 52–53, 68, 86–87, 90.

312 Corey Boulet, Robbie: Despite Snags, Ethiopia Scales up Massive Tree-Planting Campaign. https://phys.org/news/2020-06-snags-ethiopia-scales-massive-tree-planting.html (5. Juni 2020).

313 Burke, Jason: Young Men Take Up Arms in Northern Ethiopia as Atrocities Fuel Insurgency. The Guardian. www.theguardian.com/world/2021/mar/08/atrocities-insurgency-ethiopia-tigray (8. März 2021).

314 Gelderloos: Worshiping Power.

315 Festungsnaturschutz ist die kritische Bezeichnung für eine Form des Naturschutzes, bei der die lokale Bevölkerung im Namen des Kampfes gegen ›Wilderei‹ von der Nutzung von Naturschutzprojekten bzw. Parks ausgeschlossen wird. Nicht selten kontrollieren militarisierte ›Ranger‹ diese Parks. (Anm. d. Ü.)

316 Langat, Anthony: The Traditions that Could Save a Nation's Forests. BBC. www.bbc.com/future/article/20201103-the-indigenous-wisdom-that-can-save-forests-from-destruction (4. November 2020).

317 Ebd.

318 del Bello, Lou: In India, Indigenous Tribes Clash with the Government Over Trees. Undark. https://undark.org/2020/01/06/india-indigenous-trees (6. Januar 2020).

319 Dhillon, Amrit: Millions of Forest-Dwelling Indigenous People in India to Be Evicted. The Guardian. www.theguardian.com/world/2019/feb/22/millions-of-forest-dwelling-indigenous-people-in-india-to-be-evicted (22. Februar 2019).

320 Watson, Cathy: Indian Farmers Fight against Climate Change Using Trees as a Weapon. The Guardian. www.theguardian.com/global-development-professionals-network/2016/oct/29/indian-farmers-fight-against-climate-change-using-trees-as-a-weapon (29. Oktober 2016).

321 Ellis-Petersen, Hannah: Nationwide Farmers' Strike Shuts Down Large Parts of India. The Guardian. www.theguardian.com/world/2020/dec/08/nation-wide-farmers-strike-shuts-down-large-parts-of-india (8. Dezember 2020).

322 JeevanP, Pranav: Anarchism, Mutual Aid, and Self-Organization. From the George Floyd Uprising to India's Farmer Rebellion. It's Going Down. https://itsgoingdown.org/anarchism-mutual-aid-and-self-organization-from-the-george-floyd-uprising-to-indias-farmer-rebellion (5. März 2021).

323 Shaw, Randy: The Activist's Handbook. A Primer for the 1990s and Beyond. Berkeley, CA: University of California Press 1996.

324 CrimethInc: The June 2013 Uprisings. in Brazil. Part I. https://crimethinc.com/2013/07/27s/the-june-2013-uprisings-in-brazil-part-1 (27. Juni 2013); CrimethInc: Chile: Looking Back on a Year of Uprising. https://crimethinc.com/2020/10/15/chile-looking-back-on-a-year-of-uprising-what-makes-revolt-spread-and-what-hinders-it (15. Oktober 2020).

325 Akuno, Kali: Tales from the Frontlines. Building a People-Led Just Transition in Jackson, Mississippi. In: Morena / Krause / Stevis: Just Transitions. S. 155.

326 Ebd., S. 150.

327 Ebd., S. 151.

328 Ebd., S. 163.

329 Ebd., S. 164.

330 Eine Dokumentation des Kampfes der Cooperation Jackson von ihren Anfängen über die Zeit des Bürgermeisters Lumumba und seines Sohnes bis heute findet sich in: Akuno, Kali / Cooperation Jackson / Nangwaya, Ajamu: *Aufbruch in Jackson. Schwarze Selbstverwaltung und solidarische Ökonomie*. Münster: Unrast Verlag 2023. (Anm. d. Ü.)

331 MLK steht für Martin Luther King. (Anm. d. Ü.)

332 Aus persönlicher Kommunikation im April 2021.

333 Cardona, Diana / Conill Hernández, Maria: Vallcarca, fer un barri des de la lluita. La Directa. https://directa.cat/vallcarca-fer-un-barri-des-de-la-lluita (9. Februar 2021).

334 Aus persönlicher Kommunikation im Februar 2021.

335 Manoussaki-Adamopoulou, Ioanna / King, Alex: Inside Exarcheia. The Self-Governing Community Athens Police Want Rid of. The Guardian. www.theguardian.com/cities/2019/aug/26/athens-police-poised-to-evict-refugees-from-squatted-housing-projects (26. August 2019).

336 Crabapple, Molly: This Refugee Squat Represents the Best and Worst of Humanity. The Guardian. www.theguardian.com/commentisfree/2017/jun/23/refugee-squat-city-plaza-greece-best-worst-humanity (23. Juni 2017).

337 O. Strickland, Patrick: Greek Squatters Transformed a Deserted Hotel Into a Sanctuary for Refugees. Now, They Face Eviction. https://inthesetimes.com/article/a-four-star-response-to-the-refugee-crisis-squat-hotel-athens (20. Juni 2017).

338 Karyotis, Theodoros: Criminalizing Solidarity. Syriza's War on the Movements. https://roarmag.org/essays/criminalizing- solidarity-movement-refugees-greece (31. Juli 2016).

339 Νέα Δημοκρατία (›Neue Demokratie‹) ist eine griechische ›liberal-konservative‹ Partei, die mit dem Ende der Militärdiktatur in Griechenland 1974 gegründet wurde und seit 2023 unter Ministerpräsident Mitsotakis die Regierung stellt. (Anm. d. Ü.)

340 baseMjondolo, Abahlali: Guide for NGOs, Academics, Activists and Churches Seeking a Relationship with the Movement. http://abahlali.org/node/1391.

341 Battersby, Jane: Urban Agriculture and Race in South Africa. In: Rachel Slocum und Arun Saldhana (Hg.): Geographies of Race and Food Fields, Bodies, Markets. Abingdon-on-Thames, Routledge 2013. S. 124; Battersby zitiert P. Burger / J. P. Geldenhuys et al: Assessing the Role of Urban Agriculture in Addressing Poverty in South Africa. GDN Working Paper Series Nr. 28. New Delhi: Global Development Network 2009. S. 19.

342 Fanon, Frantz: Black Skin, White Mask. London: Pluto Press 1986 [1967].

343 Miraftab, Faranak: Insurgent Planning. Situating Radical Planning in the Global South. Planning Theory (2009) 8 (1). S. 44. Zitiert in Battersby: Urban Agriculture and Race in South Africa.

344 Buck: After Geoengineering. S. 206. Bezugnehmend auf Naomi Klein: This Changes Everything. Capitalism vs. the Climate. New York: Simon & Schuster 2014.

345 Für ein brillantes Buch zur Geschichte dieses Begriffs siehe: Linebaugh, Peter / Rediker, Marcus: Die vielköpfige Hydra. Die verborgene Geschichte des revolutionären Atlantiks. Berlin/Hamburg: Assoziation A 2023.

346 M. Rosset, Peter / Pinheiro Barbosa, Lia: Autonomía y los movimientos sociales del campo en América Latina: un debate urgente. Aposta: Revista de Ciencias Sociales (2021) 89.

347 Katsiaficas, George: The Subversion of Politics. European Autonomous Social Movements and the Decolonization of Everyday Life. Oakland, CA: AK Press 2006.

348 Klein, Naomi: Warum nur ein Green New Deal unseren Planeten retten kann. Hamburg: Hoffmann und Campe 2019.

349 Die Partei Movimiento al Socialismo – Instrumento Político por la Soberanía de los Pueblos (MAS, bzw. MAS-IPSP) ist seit 2006 Regierungspartei in Bolivien. Der Vorsitzende ist Evo Morales. (Anm. d. Ü.)

350 Ochoa, Javier: DGA lo confirma. Lago Lleu Lleu tiene una de las aguas más limpias de Sudamérica. Diario Concepción. www.diarioconcepcion.cl/economia-y-negocios/2017/12/27/dga-lo-confirma-lago-lleu-lleu-tiene-una-de-las-aguas-mas-limpias-de-sudamerica.html (27. Dezember 2017).

351 Severino, John: With Land, Without the State. Anarchy in Wallmapu. https://theanarchistlibrary.org/library/john-severino-with-land-without-the-state-anarchy-in-wallmapu (18. Oktober 2010). Ich empfehle auch das Archiv der Website paismapuche.org.

352 Gelderloos: Failure of Nonviolence; Gelderloos: Riots and Remembrance on the Streets of Barcelona.

353 Gelderloos: Debunking the Myths around Nonviolent Resistance. https://roarmag.org/essays/chenoweth-stephan-nonviolence-myth (22. August 2020).

354 Hakimi Zapata, Natasha: Extinction Rebellion's Long Overdue Reckoning with Race. The Nation. www.thenation.com/article/politics/extinction-rebellion-climate-race (5. Oktober 2020).

355 Anonymous: The Unquiet Dead. Anarchism, Fascism, and Mythology. Anonyme Publikation und Distribution 2019.

356 AstroTurf ist eine Kunstrasenfirma. Der Begriff bezeichnet, hauptsächlich im US-amerikanischen Gebrauch, Bewegungen, die › künstlich‹ von oben durch PR- und Werbefirmen erzeugt wurden und den Anschein erwecken sollen, organisch von der Basis zu stammen. (Anm. d. Ü:)

357 Gelderloos: Diagnostic of the Future. Between the Crisis of Democracy and the Crisis of Capitalism, a Forecast. https://crimethinc.com/2018/11/05/diagnostic-of-the-future-between-the-crisis-of-democracy-and-the-crisis-of-capitalism-a-forecast (5. November 2018).

358 Robin, Cory: The Reactionary Mind. Conservatism from Edmund Burke to Donald Trump. Oxford: Oxford University Press 2018.

359 Kordik, Andrew: Welcome to the Age of Modern Monetary Theory - It's Turning Conventional Economics Upside Down. Salon. www.salon.com/2021/03/20/welcome-to-the-age-of-modern-monetary-theory-its-turning-conventional-economics-upsode-down (20. März 2021).

360 Paul, Mark: The Economic Case for the Green New Deal. Forbes. www.forbes.com/sites/washingtonbytes/2019/02/20/the-economic-case-for-the-green-new-deal (20. Februar 2019).

361 Arrighi: The Long Twentieth Century. S. 287.

362 *Sharecropping* bezeichnet die Praxis von Landbesitzenden, Ackerland gegen einen Anteil an der Ernte bewirtschaften zu lassen. Für die *sharecropper* war diese Praxis i.d.R. mit Armut, Unsicherheit und Abhängigkeit verbunden. Am verbreitetsten war sharecropping in den USA zwischen dem Verbot der Sklaverei und den 1960er Jahren. (Anm. d. Ü.)

363 Smith, Clint: Stories of Slavery, From Those Who Survived It. The Atlantic. www.theatlantic.com/magazine/archive/2021/03/federal-writers-project/617790 (9. Februar 2021).

364 Klein, Naomi: Warum nur ein Green New Deal unseren Planeten retten kann.

365 Rehman, Asad: The ›Green New Deal‹ Supported by Ocasio-Cortez and Corbyn is Just a New Form of Colonialism. Independent. www.independent.co.uk/voices/green-new-deal-alexandria-ocasio-cortez-corbyn-colonialism-climate-change-a8899876.html (4. Mai 2019).

366 Kothari, Rajni: Rethinking Development. In Search of Humane Alternatives. Delhi: Ajanta 1998. S. 143.

367 Holmes, Phoebe: The Political Economy of Biofuels in Mozambique. https://africasacountry.com/2021/03/the-political-economy-of-biofuels-in-mozambique (3. April 2021).

368 Naomi Klein (*Warum nur ein Green New Deal unseren Planeten retten kann*) hat die richtige Rhetorik, ist aber bemerkenswert arm an Details. Die *Cooperation Jackson* (Akuno: Tales from the Frontlines) setzt einen soliden Fokus auf soziale Gerechtigkeit und Rassismus, geht aber weit über den GND-Vorschlag der Abgeordneten Ocasio-Cortez und des Senators Markey hinaus, der von der Demokratischen Partei als viel zu links abgelehnt wird. Sie scheinen nicht erklären zu können, wie diese Kluft überbrückt und wie die Demokratische Partei unter Druck gesetzt werden kann, um ein Programm zu akzeptieren, dem sie feindlich gesinnt ist. Noam Chomsky und Robert Pollin bieten einen rein technokratischen Vorschlag, der sehr auf finanzielle Interessen Rücksicht nimmt, ohne sich die Mühe zu machen, die menschlichen Dimensionen zu erfassen, soziale Bewegungen in den Blick zu nehmen oder die vielen Kritikpunkte in Bezug auf Rassismus, Kolonialismus, Gender und all die anderen miteinander verbundenen Unterdrückungsverhältnisse und Katastrophen wahrzunehmen (Die Klimakrise und der Global Green New Deal. Die politische Ökonomie zur Rettung unseres Planeten. Münster: Unrast Verlag 2021).

369 Malm, Andreas: Corona, Climate, Chronic Emergency. War Communism in the Twenty-First Century. London: Verso 2020.

370 CrimethInc: 1919: When the Bolsheviks Turned on the Workers. Looking Back on the Putilov and Astrakhan Strikes, One Hundred Years Later. https://crimethinc.com/2019/03/12/when-the-bolsheviks-turned-on-the-workers-looking-back-on-the-putilov-and-astrakhan-strikes-one-hundred-years-later (12. März 2019); Deutscher, Isaac: Chapter II. Trade Unions and the Revolution. Soviet Trade Unions. Their Place in Soviet Labour Policy. 1950 www.marxists.org/archive/deutscher/1950/soviet-trade-unions/ch02.htm.

371 Gelderloos, Peter: Charting Revolt. Resisting the Tendency towards Reactionary Sociology. https://anarchistnews.org/ content/charting-revolt-resisting-tendency-towards-reactionary-sociology (19. Januar 2021).

372 Dawson, Ashley: Extreme Cities. London: Verso 2017.

373 Severino, John: Evo's Highway. Development in Socialist South America. https://theanarchistlibrary.org/library/john-severino-evo-s-highway (22. Dezember 2010).

374 Weinberg, Bill: Indigenous Anarchist Critique of Bolivia's ›Indigenous State‹. Interview with Silvia Rivera Cusicanqui. https://upsidedownworld.org/archives/bolivia/indigenous-anarchist-critique-of-bolivias-indigenous-state-interview-with-silvia-rivera-cusicanqui (3. September 2014). [Auf Deutsch ist von Cusicanqui erhältlich: *Ch'ixinakax utxiwa. Eine Reflexion über Praktiken und Diskurse der Dekolonisierung.* Münster: Unrast Verlag 2018, Anm. d. Ü.]

375 Military Intelligence. Section 5 (MI5) ist der britische Inlandsgeheimdienst. (Anm. d. Ü.)

376 Sabbagh, Dan: MI5 Involvement in Drone Project Revealed in Paperwork Slip-up. The Guardian. www.theguardian.com/ uk-news/2021/mar/06/mi5-involvement-in-drone-project-revealed-in-paperwork-slip-up (6. März 2021).

377 Gardeneyes, Josep: 23 Theses Concerning Revolt. Return Fire 6(1) 2020 [2011]. (12. Dezember 2021). [Auf Deutsch erschienen bei: https://knack.news/1154, hier geringfügig korrigiert, Anm. d. Ü.]

378 Dunlap: Renewing Destruction. S. 138.

379 Dawsons *Extreme Cities* ist ein gutes Buch, um sich die Probleme der Küstenstädte in den kommenden Jahrzehnten vorzustellen, auch wenn der Schwerpunkt auf den Vereinigten Staaten liegt.

380 Álvarez, Dolors: Seat reanuda esta noche la fabricación de respiradores tras recibir autorización de Sanidad. La Vanguardia. www.lavanguardia.com/economia/20200402/48272122466/seat-respiradores.html (2. April 2020).

381 Während ich schreibe, gibt es bereits eine Reihe von Organisationen wie *Open Arms*, die Boote betreiben, um Menschen zu helfen, die Überfahrt über das Mittelmeer zu überleben; eine andere, *Women on Waves*, führt Abtreibungen in internationalen Gewässern für Menschen in Ländern wie Polen durch; und es existiert eine *Cofradía de navegantes anarquistas* oder ›anarchistische Seeleutegilde‹ entlang der iberischen Küste, die mit ähnlichen Gruppen in der ganzen Welt verbunden ist.

382 Kropotkin, Peter: Fields, Factories, and Workshops. Boston, MA: Houghton-Mifflin 1889.

383 Buck: After Geoengineering. S. 207.

384 Alexei Grigorjewitsch Stachanow war ein Minenarbeiter in Irmino in der heutigen Ukraine. Er soll 1935 den Rekord für die an einem Tag geleistete Kohleförderung gebrochen haben und wurde dafür als ›Held der sozialistischen Arbeit‹ ausgezeichnet und zu einer Propagandafigur stilisiert. Diese Werbekampagne wurde als ›Stachanow-Bewegung‹ bekannt. (Anm. d. Ü.)

385 Institut Català d'Energia: Balanç d'energia elèctrica de Catalunya. http://icaen.gencat.cat/ca/energia/estadistiques/resultats/anuals/balanc_energia (2021). Ich habe die hier angegebenen Daten leicht geändert, um das prognostizierte Wachstum der erneuerbaren Energien zu berücksichtigen.

386 Diese Technik wird für Laien erläutert in Buck: After Geoengineering. S. 104–105.

387 Perowskitsolarzellen basieren auf dem Mineral Perowskit (Calcium-Titan-Oxid). Gegenüber herkömmlichen Solarzellen, die auf Silizium basieren, was einen hohen Schmelzpunkt hat und ihre Herstellung damit sehr energieaufwendig macht, sind sie günstiger herzustellen und haben dazu einen höheren Wirkungsgrad. (Anm. d. Ü.)

388 Toh, Michelle: Rio Tinto Blew Up a Sacred Site in Australia. The CEO Left but Still Got a Huge Payout. CNN. https://edition.cnn.com/2021/02/22/business/rio-tinto-annual-report-2020-intl-hnk/index.html (22. Februar 2021).

389 Churchill, Ward: A Little Matter of Genocide. Holocaust and Denial in the Americas 1492 to Present. San Francisco, CA: City Lights Publishers 2001.

390 De Vabres, M: Judgment: Doenitz. The Avalon Project. https://avalon.law.yale.edu/imt/juddoeni.asp.

391 Boehlert, Eric: How the Iraq War Still Haunts New York Times. Media Matters. www.mediamatters.org/new-york-times/how-iraq-war-still-haunts-new-york-times (1. Juli 2014). Ich möchte noch anmerken, dass *Democracy Now* während der Vorbereitungen zum Krieg Tag für Tag gut recherchierte Gegenargumente zu den Behauptungen der *New York Times* – die nur eine einzige Quellen hatten – gesendet hat.

392 Suddath, Claire: Who Are the Gypsies, and Why Is France Deporting Them? Time. http://content.time.com/time/world/article/0,8599,2013917,00.html (26. August 2010) [Ich möchte anmerken, dass allein der Titel dieses Artikels den Punkt veranschaulicht, den ich über ungleiches Gedenken und ungleichen Schutz zu machen versuche.]; Silverman, Carol: Persecution and Politicization. Roma (Gypsies) of Eastern Europe. Cultural Survival. Juni 1995.

393 The Truth and Reconciliation Commission of South Africa Report. 2002 (7).

394 Storey, Peter: A Different Kind of Justice: Truth and Reconciliation in South Africa. The Christian Century. 10.–17. September 1997.

395 Hamber, Brandon / Maepa, Traggy et al.: Survivors' Perceptions of the Truth and Reconciliation Commission and Suggestions for Final Report. The Centre for the Study of Violence and Reconciliation & the Khulumani Support Group. 1998. Archiviert unter https://web.archive.org/web/20060925181412/www.csvr.org.za/papers/papkhul.htm.

396 Guatemala indemniza a los familiares de las víctimas del asalto a la Embajada de España. El País. https://elpais.com/internacional/2007/01/30/actualidad/1170111602_850215.html (30. Januar 2007).

397 Gould-Wartofsky, Michael / Lee, Kelly: Guatemala's Dirty War. The Nation. www.thenation.com/article/archive/guatemalas-dirty-war (15. Mai 2009).

398 Tawinikay: Autonomously and With Conviction. A Métis Refusal of State-Led Reconciliation. https://north-shore.info/2018/10/22/autonomously-and-with-conviction-a-metis-refusal-of-state-led-reconciliation (22. Oktober 2018). Hier Übersetzung durch den Übersetzer jedoch auf deutsch erschienen unter: Autonom und mit Überzeugung. Eine Metische Verweigerung der staatlich gesuchten Versöhnung. In In einer Welt der Ruinen. Gespräche von indigener Anarchie. Ausgewählte Texte. Selbstverlag 2011.

399 Ebd.

400 Indigenous Action Media: Accomplices Not Allies Abolishing the Ally Industrial Complex, An Indigenous Perspective. www.indigenousaction.org/accomplices-not-allies-abolishing-the-ally-industrial-complex (4. Mai 2014); M: From Charity to Solidarity. A Critique of Ally Politics. In: Cindy Milstein (Hg.): Taking Sides. Revolutionary Solidarity and the Poverty of Liberalism. Oakland, CA: AK Press 2015.

401 Tawinikay: Autonomously and With Conviction.

402 Mehr Informationen unter: https://knowingthe-land.com.

403 Pappe, Ilan: The Ethnic Cleansing of Palestine. Oxford: One World Publications 2006. S. 52, 107, 109; Canadian Utopias Project: Sointula, British Columbia. https://canadianutopiasproject.ca./settlements/sointula-bc.

BILDNACHWEISE

Cover und Kapitelstarterseiten: gegenfeuer
S.15, S. 25, S.84, S.109, S.129: earthobservatory.nasa.gov
S. 148: Crimethinc.com
S. 162: feinfrisch.net